经济学名著译丛

The Purchasing Power of Money:
It's Determination and Relation
to Credit, Interest and Crises

货币的购买力

它的决定及其与信贷、利率和危机的关系

〔美〕欧文·费雪 著

张辑 译

The Purchasing Power of Money:
It's Determination and Relation
to Credit, Interest and Crises

Irving Fisher

THE PURCHASING POWER OF MONEY：

It's Determination and Relation to Credit，Interest and Crises．

Copyright © 1911，by the MacMillan Company

根据麦克米兰公司 1911 年版本译出

献给

伟大的科学家
启迪智慧的朋友
研究社会流通的开拓者
西蒙·纽卡姆

译 者 前 言

欧文·费雪（Irving Fisher，1867—1947）是 20 世纪前半叶美国著名的新古典经济学家，也是继 J. B. 克拉克之后最早获得世界声誉的美国经济学家，1931 年因支持挪威青年经济学家弗里希在美国创立计量经济学会而当选为第一任会长。

欧文·费雪的主要经济思想和影响集中在货币利息理论和价值理论，其中尤以货币理论享誉世界，1911 年出版的《货币的购买力》一书是他在古典经济时代的巅峰之作，也是闻名世界的货币理论经典。

众所周知，在凯恩斯的《就业、利息与货币通论》（后简称《通论》）发表前，关于货币的职能及其在经济中的作用是以萨伊的"供给会创造自己的需求"这一论断为圭臬的，即货币的职能只有两种：价值尺度与交换媒介，不具有价值储藏的职能，货币及其数量只决定商品价格的名称及其绝对水平，在经济运行中是"中性的"。本书虽多处涉及货币的其余三个职能，尤其是延期支付手段与世界货币，但贯穿全书的主导思想仍然是商品价格的名称及其绝对水平是由货币及其数量决定的，前者为果，后者为因，不可颠倒，尚未摆脱传统经济思想二分法的窠臼。

按传统的经济学，经济理论分析实际变量（产量等）的决定，货币分析价格水平的关系(货币数量论),两者之间不存在任何联系。凯恩斯用总量分析的方法把货币与生产联系起来,建立起一种生产货币论,即货币供求影响利率,利率影响投资与消费,进而影响总产出和就业水平,最后两个变量又反过来影响货币的供求及其关系。如此就把货币与实际经济融合在一幅相互循环作用的图景,不仅能展示货币固有的非中性特征及其在现代经济运行过程的积极作用,更重要的是正本清源,还货币在经济社会中以本来的地位和应有的作用。

和《通论》的货币观比较虽不免缺憾,但从经济实践史和经济逻辑史交汇的视域看,本书不啻是闪烁经济思想光芒的瑰宝,其宏旨亦为经济史长河颠扑不破的货币真理。20世纪后半叶新古典主义对凯恩斯主义实践结果的责难和理论基础的批判以及货币主义的兴起,很大程度上是向古典主义的复归,而主张政府应该把货币的发行量控制在稳定增长的范围以给市场力量创造一个良好发挥作用的环境的货币主义,正是本书半个多世纪后在政策建议上的翻新。

《货币的购买力》不只因论证的真理攸关每个人的日常生活而广为流传,更因该书主要部分均采用抽象的逻辑推理或生动的语言描述使受众欣于阅读。诚如学数学出身的著者所言,交易方程式虽简洁地揭示了价格水平和各因子的关系,但未表明价格水平的因果关系。故该书通篇紧扣主旨,大部分议理或演绎或归纳或推理或阐述,兼金融和他学于合体,熔人文与理工入一炉,广征博引,管窥蠡测,内容涉及经济学、统计学、贸易学、金融史学、经济史学及法学等,通过剖白交易方程式的六个因子条分缕析地解读货币购买力,严密的逻辑和交叉论证的广度令我肃然起敬;与之呼应,全书叙述方式不只采用物理学或地质学明喻,也取譬生活经验或人体学隐喻,分析时如蚕茧抽丝,总括处似水到渠成,行文措辞的精妙及论据的细腻亦令译者叹为观止。不仅如此,但凡涉及稍嫌艰涩的数学或可用数理另行表述的内容,著者一概以附录形式缀之书末。在给出环环相扣的数学推导及证明的同时,费雪不厌其烦地以数学原理阐释社会经济的利益与成本,虽读之味同嚼蜡,欣赏时难免锱铢必较的感觉,但此部分内容不只让读者领略数学知识之于经济问题分析的力量及效果,亦令读者见识著者的数学造诣及运用数理方法解析货币问题的娴熟技巧。为此,译者不揣冒昧,在现代经济学知识的基础上仿效费雪,用一个简单的数学公式简要阐释本书的核心论点。

按费雪在总结性的第九章阐述的观点,全书逐次集中讨论的交易方程式 $MV + M'V' = \sum pQ$ 最后可归纳为:

$$MV + M'V' = PT$$

式中 M 为货币数量或流通中的货币量,V 为货币的流通速度,M' 为银行存款的数量或存款通货量,V' 是存款通货的流通速度,P 是一般价格水平或物价指数,T 是商品交易量或交易量指数。

现设 $\dfrac{M'}{M} = k$,且 $\dfrac{V'}{V} = h$

则有 $M' = kM$, $V' = hV$ 且 $M'V' = khMV$

从而有:

$$MV + M'V'$$

$$= MV + khMV$$

$$= (1 + kh)MV$$

$$= PT$$

换言之,原交易方程式 $MV + M'V' = PT$ 可改写成如下(1)的形式。

$$(1 + kh)MV = PT \qquad (1)$$

对(1)式两边全微分,有:

$$(1 + kh)\Delta MV + (1 + kh)M\Delta V = \Delta PT + P\Delta T \qquad (2)$$

用(2)式两边同时除以(1)式两边,即 $\dfrac{(2)}{(1)}$ 得:

$$(1 + kh)\left(\frac{\Delta M}{M}\right) + (1 + kh)\left(\frac{\Delta V}{V}\right) = \left(\frac{\Delta P}{P}\right) + \left(\frac{\Delta T}{T}\right)$$

移项,整理后有如下(3)式:

$$\left(\frac{\Delta P}{P}\right) = (1 + kh)\left[\left(\frac{\Delta M}{M}\right) + \left(\frac{\Delta V}{V}\right)\right] - \left(\frac{\Delta T}{T}\right) \qquad (3)$$

现逐一解释上式各项:

首先看等式左边的 $\left(\dfrac{\Delta P}{P}\right)$ 项。略知经济学或货币金融学的人皆熟悉,此项表示价格水平的增长率,或物价指数的增长率,也就是通货膨胀率。这是货币购买力的倒数,或者说货币购买力是它的倒数,它的增长意味货币购买力的缩减。这是本书解读的目标,除第一章基础定义外,几乎各章皆有论述,但重点是第五章、第六章、第七章、第八章、第九章、第十章、第十一章、第十二章与第十三章,皆做了多层次、宽视角及互联式的分析讨论。主要观点是价格水平是结果,不是交易方程式其他因子变化的原因。其他观点读者可参阅第八章和第九章的总结,费雪有精准的概括;而解决的措施或方案在本书最后三章,主要从历史的、现实的视角说明编制统计指数必要性、方法及最优选择。

其次看(3)式右边乘积的第一项$(1+kh)$。显然,这是一个纯量因子,其中的k表示存款对通货的比例,在现代银行业可近似地理解为商业银行的现金漏损率的倒数,或者更一般的信用创造乘数或货币创造乘数。对此本书第三章进行了集中讨论,第四章也有说明,第八章则是结论概括。费雪的主要论点是在银行存款M'与货币数量M之间,一般有一个正常的比例;但在价格过渡期,货币M与存款M'之间的比例关系一点也不稳定;交易方程式计入存款通货后不会影响货币与价格之间的数量关系。

另一个纯量因子h表示存款流通速度对货币流通速度的比例,除第四章、第五章略有涉及外,书中论述较少,主要论点是在价格过渡期,两种通货的流通速度V与V'都会下降。k和h大小都会受银行业务制度、人们利用银行业务制度的习惯和记账的习惯的影响。

再次看(3)式右边的乘积第二项。括弧内有两个表示相对增长率的符号,一是货币数量增长率$\left(\dfrac{\Delta M}{M}\right)$,二是货币流通速度增长率$\left(\dfrac{\Delta V}{V}\right)$。其中货币数量的增长或变化自是本书论述的重点,第二章、第三章、第五章、第六章、第八章着重做了讨论,主要观点是货币数量M的增加将使存款M'成比例地增加,最终成比例地推高价格水平。其他基本观点可参看上述几章目录及总结,概括性的结论读者可参阅第八章的总结。

货币流通速度增长率 $\left(\dfrac{\Delta V}{V}\right)$ 虽非讨论重点,费雪也做了多层细致的分析,论述最多是第五章,第四章也有涉及,基本观点参阅第五章的第三、四及五节。

最后看(3)式右边的第二项是 $\left(\dfrac{\Delta T}{T}\right)$。这一项表示商品交易量的增长率或交易指数的变化率和价格水平的增长率关系密切,故重要性和货币数量增长率一样,也是本书论述的重点。书中第一章、第二章、第五章、第六章、第八章、第十章和第十二章皆有分析讨论,但重点论述在第二章、第五章、第六章。基本观点是商品的交易量(各项 Q)的增加不仅降低各种商品的价格从而导致价格水平跌落,也增加通货的流通速度和存款对货币的比例;商品交易量的变化与价格水平的变化联系密切,但须区别各种个别商品销售数量的原因[①]和商品总交易量变化的原因。

不难看出,费雪的货币流通是严格的货币作为交换商品手段的媒介流通,货币的定义也是现代货币金融学的狭义货币 M_1,即公众与非银行机构持有的通货加所有商业银行的活期存款。进一步说,若假设两种通货的流通速度 V 与 V' 是由银行业务制度、人们利用银行业务制度的习惯、商业交易的记账习惯、文化和习俗决定的外生变量,变化缓慢乃至绝少变化,则有 $\dfrac{\Delta V}{V} = \dfrac{\Delta V'}{V'} = 0$,从而(3)式变成如下形式:

---

① 商品总交易量主要受价格水平影响,或者受货币流通量影响;个别商品除价格水平外,还受供求关系影响。

$$\left(\frac{\Delta P}{P}\right) = (1 + kh)\left(\frac{\Delta M}{M}\right) - \left(\frac{\Delta T}{T}\right) \tag{4}$$

(4)式就是现代货币数量论的基本表述,被货币主义奉为圭臬,由此可见费雪货币观对现代宏观经济学的影响。照费雪本人的告白,他的交易方程式是把西蒙·纽卡姆的公式运用到货币理论的结果,本书扉页的"西蒙·纽卡姆,伟大的科学家,启迪智慧的朋友,研究社会流通的开拓者"[①]可资佐证。

至此,对本书之于现代货币经济学的渊源及影响的梳理暂可告结,现在向读者交待此中译本的来龙去脉。该书主要采用1911年3月第一次出版的英文纸质印刷物,同时参照自由基金会[②]的联网在线资料1922年新修订版的英文译出[③],故译文特作如下处理:

1.各章节标题。原书章节标题由于英文语言习惯通常较长,直译成中文常因字数太多显得冗余,不适宜用为标题,故在不损害原著文意的基础上,尽可能精简字数。

2.各章节引用及注释。注释一律遵循英文原版采用当页脚注形式,分为三类:

---

① 据史载,西蒙·纽卡姆(Simon Newcomb;1835—1909年),是加拿大出生的美国著名天文学家,也讲授经济学,曾在1885年出版过一本《政治经济学》,是在克拉克、费雪之前美国古典经济学的代表人物。在费雪采用其交易方程式后,纽卡姆才引起人们的注意。

② http://oll.libertyfund.org/title/1165/23776 on 2010-10-28.

③ 原书1911年第一版和1922年修订版主要思想内容差异甚微,对此费雪在第二版序强调"I have endeavored to avoid disturbing the plates of the first edition more than was absolutely necessary. Otherwise I should have been glad to incorporate some changes to make use of some valuable but general criticisms. p. 12"。

（1）原书脚注一律按信、达、雅标准译出。对参考文献书目、文章题名悉数照录西文原名，以备读者校阅。

（2）原书部分正文专业术语、词句现代经济学金融学有不同界定或解释的，脚注采用译者注形式说明。

（3）原书各章节图形均无题名，多数表格亦无标题，译者根据著者意思或图表内容，一律按章节序次数给出中文标题。若图表有修改或增补的特别情形，采用译者注形式说明。

3. 原书的序言及增补。此译本保留原著第一版序言和对读者的建议，将第二版增补材料置于书末附录。缘由是第二版序言内容是著者对第一版个别错误的修正和对部分内容的增补，以及增补资料的来源、搜集、整理及计算工作的完成和归功情况的交待，对理解该书内容及通览全貌已无实际意义；而第二版书前的增补材料，译者已悉照著者说明分置译书对应章节，殆无意义可言。

本书1922年修订版出版后，1931年该书最初由金本基先生译介，并由商务印书馆编辑成六本分册出版发行。这次应商务印书馆之约重新翻译，多处参考金先生原译，甚是感荷；并对责任编辑金晔女士就该书的交稿、校对及付梓过程付出的敦促及辛劳亦致衷心的谢忱。限于水平，译者虽尽驱驽钝，殚精竭虑，亦恐不免差误纰漏，故该书中译本是否再现昔日古典名著的光彩，尚祈诸位读者及专家不吝赐教。

是为序！

张辑

2016 年 7 月于上海

序　　言

本书的目的是详尽解释决定货币购买力的各种原理,用这些原理研究货币购买力变化的历史,尤其是近期引发全世界讨论的"生活费用"的变化。

如果本书提倡的各项原理是正确的,则货币的购买力或其倒数物价水平,就唯一地取决于五个明确的因素:(1)流通中的货币量;(2)货币的流通速度;(3)可开支票的银行存款数量;(4)银行存款的流通速度;(5)商品与劳务的交易量。这五个重要因素中的每一个都极为确定,他们和货币购买力的关系可用"交易方程式"给予确切的表述。依本人鄙见,应该把研究货币购买力这五个决定因素的经济学分支,视为一门可用公式确切表述的、用统计数据证明的精确科学。

本书的主要论点实际上不过是对旧的货币"数量论"的重述与扩展。虽然本书对该理论的惯常表述有些许的修正,但仍然可以说这一理论基本上是完善的。长期以来,这种理应受人尊重的理论需要的是忠实的重新考校与修正,而不是批驳。

研究货币的图书资料可谓汗牛充栋,但无论是在理论上还是在统计上,能够精确地用公式表示并予严密证明的文献,似乎极少。

在试图重新阐述上述原理时,我感觉自己在经济学理论上是保守主义者而非激进主义者,窃自欣慰。一些学术性的经济学家受外界喧嚣观点的影响,乃至对有关货币的基本命题都产生了不同的意见,令鄙人反感。究其缘由,是该学科卷入政治争议而又为政治争议抛弃的困惑所致。

诚如一些人所言,倘若一种理论沦为某个政治党派对付其他党派的工具,则即使是欧几里得数学定理,似乎也难幸免挑战与质疑。无论如何,自从货币数量论成为政治争议的问题后,它就失去了昔日显赫的声望,以致被很多人视为已被推翻的谬误。不稳健的货币支持者试图多次不合理地引述货币数量论——如在第一次布莱恩政治竞选(the first Bryan campaign)中——导致许多稳健的货币派完全抛弃了货币数量说。结果,就有必要重新介绍货币数量论,尤其是在美国,使之成为人所共知的常识。

本书的目标不止于详细解释影响货币购买力的各种原理,也致力于用历史事实和统计数据证明并证实这些原理。本书尤其重视详尽地考察近期物价的上涨,并推究物价上涨的诸种原因。

研究影响货币购买力的各种原理和事实,远非学术兴趣问题。因为这些问题会影响文明世界每个居民的福利。在每一次价格波动潮汐中,都会有亿万人受益,又有亿万人受损。

近百年来,全世界一直遭受周期性物价水平波动的肆虐,经济危机与经济萧条更迭而起。只有运用包括影响货币购买力的各种原理和事实的知识,才能阻止或减轻物价水平的未来波动;也只有运用这样的知识,才能避免或减少这种波动造成的损失。说货币标准变动的弊病是文明世界必须应对的最严重的经济祸害,并非言过其实;找到这个难题的解决方案,在国际上是一个极其重要的实践问题。作者已尝试性地提出了各种办法救治货币价值的不稳定性,但因时机尚未成熟,不能接受任何实施的方案。目前亟须的是,公众应明晰全面地掌握货币购买力的原理与事实。

为达到这一目的,本书在如下方面进行了尝试:

(一)重建货币数量论。

(二)讨论最佳的指数构成。

(三)用若干机械方法在视觉上描述价格水平的决定。

(四)一种估计货币流通速度的实用方法。

(五)在统计上探查美国可开支票的银行存款总额,揭示其与平常公布的"私人存款"之区别。

(六)改进对交易量与交易方程式其余各因子的统计计算。

(七)对货币数量论(重建的)进行完整的统计证明。

如果不用数学,几乎不可能对上述一些问题进行充分的讨论。故此,本书视情况地介绍这些问题,尽可能地将其放在附录予以详解。这一编排沿袭我之前的著作《资本和收入的性质》(*The Nature of Capital and Income*)和《利率论》(*The Rate of Interest*)采用的章节安排,使得正文几乎完全没有数学公式。

在著者撰写本书过程中,适逢凯莫来(Kemmerer)教授富有价值的著作《货币与信用工具对一般物价的关系》(*Money and Credit Instruments in their Relation to General Prices*)刊行于世,该书的结论被本书的大多数统计结果所检验和证实。作者深为感荷的是,凯莫来教授通读了本书的全部手稿,写作自始至终都得到他宝贵的批评与指点。

感谢牛津万灵学院（All Souls' College）的 F. Y. 埃奇沃斯（F. Y. Edgeworth）教授与曼彻斯特大学的 A. W. 夫拉克斯（A. W. Flux）教授。承蒙两位同仁不弃，对本书有关指数的附录手稿给予了审查、建议与批评。

衷心感谢现任财政部副秘书长（Assistant Secretary of the Treasury）的 A. 帕特·安德鲁（A. Piatt Andrew）博士。他在任美国金融委员会（National Monetary Commission）特别助理时，将该委员会的各种资料交由作者参考，并从通货监理司（the office of the Comptroller of the Currency）办公室记录中整理出过去各时期用支票提取的存款数量。通货监理官（Comptroller of the Currency）劳伦斯·Q. 默里（Lawrence O. Murray）先生合作参与了这项计算工作，也致以同样的谢忱。这些有价值的数字在同类资料中尚属第一次。

衷心感谢纽约票据交换所（New York Clearing House）的吉尔平（Mr. Gilpin）先生，承蒙他提供本书正文需要的和具体引用的各种数字资料。

律师抵押贷款公司（Lawyers Mortgage Co.）董事长理查德·M. 赫德（Richard M. Hurd）先生曾校阅部分稿件，并提出了宝贵批评，在此表示感谢。

蒙印第安纳波利斯的美国国民银行行长约翰·O. 佩兰（John O. Perrin）先生、国家纽黑文银行和纽黑文城市银行的几位高级职员的帮助，提供了他们客户银行往来账的"活动情况"，促成了对银行"活动"的统计。

感谢《经济学杂志》（*Economic Journal*）许可作者照旧使用论文"复本位制之机制"（The Mechanics of Bimetallism）的几部分。我的这篇文章于 1894 年由该杂志首次录用发表。

同样，感谢英国《皇家统计学会杂志》（*Journal of the Royal Statistical Society*）的许可，允许作者参考论文"一种估计货币流通速度的实用方法"（A Practical Method for Estimating the Velocity of Circulation of Money）。我的这篇文章于 1909 年 12 月由该杂志刊载。

我的许多学生作了统计资料的搜集整理、分门归类工作，殊有价值。特别感谢西明·英奥卡（Seimin Inaoka）先生、摩根·波特（Morgan Porter）先生、N. S. 法伯格（N. S. Fineberg）先生、康奈尔大学教师 W. E. 拉格奎特（W. E. Lagerquist）先生、G. S. 和 L. A. 道尔（G. S. and L. A. Dole）公司、康奈尔大学助理教授约翰·鲍尔（John Bauer）博士、伊利诺伊大学教师约翰·克尔·塔瓦斯（John Kerr Towles）博士、达特默斯学院教师 A. S. 菲尔德（A. S. Field）博士、A. G. 波赛尔（A. G. Boesel）先生、W. F. 希克奈尔（W. F. Hickernell）先生、亚苏伊洛·哈耶卡瓦（Yasuyiro Hayakawa）先生、切斯特 A. 菲利普斯（Chester A. Phillips）先生、R. N. 格芮斯沃尔德（R. N. Griswold）先生。在查明确证交易量指数过程中，格芮斯沃尔德做了繁冗的计算工作。

感荷最甚者莫过于我的兄弟赫伯特·W. 费雪（Herbert W. Fisher）先生和作者的同事哈里·G. 布朗（Harry G. Brown）博士二人！费雪从教学法阐述的视角对全书提出了最尖锐的批评，布朗先生对全书则不啻逐条地给予批评与建议，还提出了普遍性的批评与建议。为志谢其帮助，作者署布朗先生姓名于扉页。

欧文·费雪

1911 年 2 月于耶鲁大学

第二版序言

本书第二版是第一版的重印,有如下的修正:

1.更正了第一版偶然的印刷错误。

2.对第一版(原书)304、307 页(本序言后序所指的页码皆为英文版页码)的表格增加了 1910、1911 与 1912 年的数据,并在 306 和 307 页之间增加一幅插图。

3.修改第一版的图 1(第 13 页),使其符合 1912 年的事实。

4.更正第 147 页的表格及随附文字,使数据符合 1912 年的事实。

5.在第 492 页与 493 页间增插补遗,给出韦斯利·克莱尔·米歇尔教授原来计算出的和更正后的可开支票的存款数量。

6.第二版附录(从第 494 页起)讨论"美元的标准化"问题。

非常感谢许多朋友及读者对第一版印刷错误的更正和各种有裨益的批评,尤其感谢印度合众省埃塔华区印度医药会会长 W. E. 麦克凯西尼(W. E. McKechnie)、科罗拉多州科罗拉多斯普林斯市科罗拉多大学托伦·M. 皮尔森(Warren M. Persons)教授、剑桥国王学院《经济学杂志》(*Economic Journal*)编辑 J. M. 凯恩斯(J. M. Keynes)先生、纽约市著作者卡尔·斯莱德(Carl Snyder)、加拿大渥太华皇家造币厂副主任詹姆士·波纳(James Bonar)、密苏里州圣路易斯华盛顿大学艾伦·A. 杨（Allyn A. Young）教授、瑞士巴塞尔劳动立法院国际处（International Office of Labor Legislation）处长斯蒂芬·波尔（W. E. McKechnie）教授、纽约市韦斯利·克莱尔·米切尔（Wesley Clair Mitchell）教授以及哈佛大学 O. M. W. 斯普拉格（O. M. W. Sprague）教授。

除非绝对必要,我竭力避免改动第一版原貌。其实,本应采纳一些宝贵的、有关原书的一般性批评,对原书做出某些修改。特别地,我应该根据内布拉斯加州大学女老师米妮·斯洛普·英伦（Minnie Throop England）于 1912 年 11 月在《经济学季刊》（*The Quarterly Journal of Economics*）提出的有益批评,修改本书第四章和第十一章有关经济危机理论的解说,也是对凯恩斯先生批评的答复。凯恩斯先生的意思大致是,虽然鄙人的著作说明了货币数量的变动确实会影响物价水平,但并未说明货币数量的变动如何影响物价水平? 对那些感觉需要更详细的解说的读者,建议参阅我的《经济学基础原理》（*Elementary Principles of Economics*）第 242 页至 247 页,以及其他著者尤其是凯恩斯对这一问题的解说。

欧文·费雪

对读者的建议

1. 普通读者对本书的兴趣将主要在第一章至第八章。

2. 偶尔参阅本书的读者将在第二章找到本书的要点。

3. 本书第八章和第十二章分别阐述在理论上与统计上反对数量论的理由。货币数量论反对派能在这两章找到各种反对的理由。

4. 金融史的研究者应该阅读第十二章。

5. 货币改革派应该阅读第十三章。

6. 虽然不是排他性的,各章附录主要是为数理经济学家编排的。他们的主要兴趣很可能是第十章的附录(应予通读),内容关系各种指数的编制及计算;和第六章的附录第六节,内容关系货币流通速度的计算。

7. 本书刊录第十二章附录其余各节的主要目的,是让借统计数据批评的人能够核实正文所描述的各种进程。

8. 对指数研究者来说,主要的兴趣是第十章及其附录。一些人对此问题兴致无穷,另一些人对之感觉枯燥乏味。

9. 为适合各类读者的不同需要,本书特别列出了目录细目、索引与各章各节的标题。

不过,本书在结构上是浑然一体的。希望尽可能多的、持特别观点的研究者最终能通读全书。

目　　录

第一章　基本定义……………………………………………… 1

　　第一节　财富与交换………………………………………… 1

　　第二节　可交换的商品……………………………………… 3

　　第三节　商品与货币流通…………………………………… 6

第二章　货币购买力和交易方程式的关系…………………… 8

　　第一节　各种流通媒介……………………………………… 8

　　第二节　算术表交易方程式 ……………………………… 13

　　第三节　天平图交易方程式 ……………………………… 20

　　第四节　代数交易方程式 ………………………………… 23

　　第五节　结论及例证 ……………………………………… 27

第三章　存款通货对交易方程式及货币购买力的影响 …… 31

　　第一节　流通信用的秘密 ………………………………… 31

　　第二节　流通信用的基础 ………………………………… 38

　　第三节　银行业务的限制 ………………………………… 40

　　第四节　交易方程式的修正 ……………………………… 44

　　第五节　存款通货与货币的比例关系 …………………… 47

　　第六节　本章主要论点 …………………………………… 49

第四章　价格过渡期对交易方程式及货币购买力的扰动 …… 51

第一节 利率调整滞后于物价变动 ······ 51

第二节 物价的轮番上涨 ······ 54

第三节 交易方程式的扰动程度 ······ 56

第四节 价格上涨导致危机 ······ 59

第五节 信用循环的完成 ······ 61

第六节 本章总结 ······ 66

第五章 对货币购买力的各种间接影响 ······ 67

第一节 生产与消费——由影响交易量而影响物价 ······ 67

第二节 生产者与消费者——由影响交易量而影响物价 ······ 70

第三节 个人习惯——由影响流通速度而影响物价 ······ 71

第四节 支付制度——由影响流通速度而影响物价 ······ 75

第五节 由影响流通速度而影响物价的一般原因 ······ 78

第六节 影响可用支票——提现的存款数量而影响物价的外部原因 ······ 80

第六章 对货币购买力的各种间接影响(续) ······ 81

第一节 对外贸易——由影响货币数量而影响物价 ······ 81

第二节 货币的铸造及熔化——由影响货币数量而影响物价 ······ 86

第三节 货币金属的生产与消费——由影响货币数量而影响物价 ······ 88

第四节 各种影响的力学图解 ······ 92

第七章 货币制度对货币购买力的影响 ······ 99

第一节 格雷欣定律 ······ 99

目　录　　*xxi*

第二节　复本位制不能持久的情形……………… 102

第三节　生产超过消费复本位制失败的情形……… 108

第四节　跛足本位制与金汇兑本位制……………… 113

第五节　法国的复本位制…………………………… 117

第六节　法国的历史经验…………………………… 120

第七节　印度的跛足本位制………………………… 122

第八节　美国的跛足本位制………………………… 124

第九节　美国币制大略……………………………… 126

第八章　货币数量和其他因子对购买力的影响及其相互
　　　　影响…………………………………………… 132

第一节　交易方程式——不含因果关系…………… 132

第二节　货币数量变动的影响……………………… 133

第三节　数量原理不适用于价格过渡期…………… 140

第四节　存款对货币比例变动的影响……………… 142

第五节　流通速度变化的影响……………………… 144

第六节　交易量变化的影响………………………… 145

第七节　价格水平是原因还是结果？……………… 149

第八节　价格因果关系和价格水平因果关系的区别…… 153

第九节　本章总结…………………………………… 159

第九章　购买力指数的必要性缘于价格的离中趋势… 161

第一节　有些物价不能适应价格水平的变化……… 161

第二节　其他物价过度适应价格水平的变化……… 167

第三节　交易方程式右边由 $\sum pQ$ 归纳为 PT …… 171

第四节　本章总结…………………………………… 173

第十章 最完善的购买力指数	174
第一节 指数的各种形式	174
第二节 指数的各种功用	180
第三节 指数是延期支付的标准	184
第四节 交易量是延期支付的基础	192
第五节 各种实际的限制	198
第六节 本章总结	204

第十一章 统计证明——购买力总的历史回顾	207
第一节 最近的一千年	207
第二节 最近的四个世纪	210
第三节 19 世纪	211
第四节 19 世纪的五个物价变化时期	214
第五节 五个时期的回顾	220
第六节 将来的预测	221
第七节 纸币	222
第八节 法国的纸币	224
第九节 英国的纸币	226
第十节 奥地利的纸币	228
第十一节 美国纸币初期的经验	229
第十二节 绿背纸币	231
第十三节 绿背纸币的信用	234
第十四节 联盟各州的纸币	236
第十五节 存款通货与经济危机	238
第十六节 各次经济危机的特征	241

第十七节　存款的流通速度和经济危机……………… 243

第十八节　结论……………………………………… 247

第十二章　近些年购买力的统计证明………………… 250

第一节　凯莫莱教授的统计证明…………………… 250

第二节　货币与存款的统计证明…………………… 254

第三节　存款流通额和流通速度的统计…………… 257

第四节　货币流通额和流通速度的统计…………… 260

第五节　交易量和价格水平的统计………………… 265

第六节　直接与间接求出的价格指数……………… 268

第七节　错误的更正………………………………… 273

第八节　最后的结果………………………………… 279

第九节　物价上涨原因的比较……………………… 283

第十节　先行原因的影响…………………………… 287

第十一节　本章的结论及附带结果………………… 290

第十三章　使货币购买力更稳定的问题……………… 294

第一节　币制改革问题……………………………… 294

第二节　以复本位制为解决的方法………………… 297

第三节　其他解决方法……………………………… 302

第四节　计表本位制………………………………… 305

第五节　我们的提议………………………………… 310

第六节　本章总结及结论…………………………… 318

附录一　第二章的参考………………………………… 320

第一节　平均数的概念……………………………… 320

第二节	流通速度的概念	324
第三节	各个 P、Q 与 PQ 的排列表	327
第四节	各个 e、m 与 V 的排列表	331
第五节	货币的周转与周转时期	336
第六节	交易方程式的代数证明	338
第七节	P 和 M、V 及 Q 的关系	339

附录二 第三章的参考 … 341

第一节 各个 k 与 r 的排列表 … 341

第二节 加入存款后的代数交易方程式 … 343

附录三 第五章的参考 … 344

第一节 远期信用对交易方程式的影响 … 344

附录四 第六章的参考 … 347

第一节 加入国际贸易后的交易方程式 … 347

附录五 第七章的参考 … 351

第一节 货币替代物与其他替代物的区别 … 351

第二节 施行复本位制的比例限制 … 353

附录六 第八章的参考 … 355

第一节 耶鲁大学的货币周转统计资料 … 355

第二节 四种商品的比较 … 358

附录七 第十章的参考 … 361

第一节 每种物价指数皆包含关联的交易量指数 … 361

第二节 对偶的价格指数与对偶的交易量指数 … 368

第三节 各个 p 与各个 Q 的一般意义 … 370

第四节 四十四个公式概述 … 371

第五节	八种检验概述——表中各纵列的标题	379
第六节	表的内容——尤其是公式(11)	389
第七节	四十四个公式的比较	401
第八节	实际采用中位数的理由	413
第九节	本章总结	416

附录八　第十二章的参考 419

第一节	凯莫莱教授的计算法	419
第二节	M 的计算方法	422
第三节	M' 的计算方法	424
第四节	1896 年与 1909 年的 $M'V'$ 计算方法	432
第五节	1897 年至 1908 年的 $M'V'$ 计算方法	438
第六节	实际计算 V 的通用公式	441
第七节	计算 1896 年和 1909 年的流通速度	454
第八节	用插入中项的方法计算 1897—1908 年的 V	471
第九节	计算 T 的方法	473
第十节	计算 P 的方法	482
第十一节	M、M'、V、V'、P 及 T 各因子值的相互调整	484
第十二节	信贷与现金交易——和金莱估计值的比较	487
第十三节	本书第二版的补遗	489

附录九　第十三章的参考——论美元价值的标准化 491

增补的内容 499

四十四个指数公式通过八种检验的情况 502

索引 524

第一章 基本定义[①]

为了解释本书讨论的主题和一般经济科学的关系，一些基本的定义是必要的。

第一节 财富与交换

首先，经济学本身可以定义为关于财富的学问，而**财富**可以定义为人类所拥有的物质实体。因此，财富有两个基本属性：物质性与占用性。并非所有物质性的资料都属于财富，只有那些为人类占用的物质资料才是财富。财富不包括太阳、月亮和其他天上物体，甚至不包括一切地球表面，只包括为人类所占用的部分地球表面。因此，只有业已被占用的那部分地球表面及其上面被占用的物体才构成财富。

为方便叙述，可将财富分为不动产、物品与人力三种。**不动产**包括地球表面及其附属的其他财产——诸如建筑物、墙垣、排水道、铁路及街道等。**物品**包括所有除人力以外的财产，不管是原材

---

① 本章内容主要来源于我的专著《资本与收入的性质》第一章与第二章的摘要。参阅 *Nature of Capital and Income*，New York（Macmillan），1906。

料还是制成品。有一种特别类型的物品在本书讨论的问题中极其重要,亦即货币,也属于一种制成品。任何被称为货币的物品必须是**在交换中为人们普遍接受**的,而任何在交换中被普遍接受的物品都应该称之为货币。今天能找到的货币物品最好的例子是各种金币。

人自己也是一种财富,犹如他的牛或者马,本身是一种物质实体,也像物品一样为他所占有。因为如果是奴隶,他就为别人所占有;如果是自由人,就为他自己所占有①。

尽管可以视人类为财富,但人类的特性诸如技巧、智慧与创造性却不是财富。正如钢的硬度不是财富,而只是一种特殊的财富——硬钢的品质;工匠的技术不是财富,而只是另一种特殊的财富——熟练技工的一种品质。同样地,智慧不是财富,但有智慧的人是财富。

由于物质性是财富的两个基本属性之一,任何一种财富都可以用物质单位度量。土地以英亩测量,煤炭用吨度量,牛奶以夸脱度量,小麦用蒲式耳计量。因此,为了估计不同种类财富的数量,就需要使用各种不同的物质测量单位:长度量度单位、面积量度单位、体积量度单位、重量量度单位等。

无论何时,任何一种物质财富在以其物质单位量度时,第一步就是找出那个神秘的、名曰"价值"的量。价值有时候被视为一种心理现象,有时候被视为一种物理现象。虽然价值的决定总是带

---

① 如果财富只包括奴隶而不包括自由人,财富的定义就不得不修改为:财富是由人类占有并外在于所有者的物质实体。对本书之目的来说,采用这种狭义的界说还是广义的界说,并无实质的区别。

第一章 基本定义

有心理过程——判断,但用以表示结果并量度结果的单位却是物质性的。

为厘清价值的涵义,理智的做法是用三个初级概念来推导价值的概念,它们是转让、交换与价格。

财富的**转让**是其所有权的变动。**交换**则由两笔相互自愿的转让构成,每一方的转让都是对方转让的报酬。

当用一定数量的某种财富交换一定数量的另一种财富时,我们可用两者中的一个数量除以另一个数量,便得到后一种财富的**价格**。比如,用 2 美金交换 3 蒲式耳小麦,小麦的黄金价格是 1 蒲式耳小麦值 2/3 元美金;美元黄金的小麦价格是 1 元美金值 $1\frac{1}{2}$ 蒲式耳小麦。需注意的是这些价格都是货物数量的比例,其量度的单位彼此截然不同。一种商品是用蒲式耳测量的,或者说是小麦的体积单位;另一种商品是用美金量度的,或者说是黄金的重量单位。总的来说,任何一种财富的价格都只是两种货物数量之比率,不必细究每一种货物最初是如何量度的。

这一点最终让我们认识了价值的概念。任何一笔财富的**价值**都是其价格乘以其数量之积。因此,如果小麦的价格是每蒲式耳 0.5 美金,则 100 蒲式耳小麦的价值就是 50 美金。

第二节 可交换的商品

上述讨论仅限于财富的第一个要件——即财富必须是物质的——所蕴含的某些结果。现在讨论财富的第二个要件,即财富必须为人类所占有。**占有**财富只不过是藉此拥有财富的收益权，即享受其服务或利益的权利。因此，一块面包的所有者藉此拥有的收益权就是享有吃这块面包、出售或以其他方法处置面包的权利；拥有一所房屋的人即享有居住、出售或出租的权利。这种享有财富利益的权利，或者更简洁地说对财富本身的权利，称为"财产权"（property right）或简称"财产"。

如果对财货的占有始终是完整的，亦即不存在所有权的分割——没有合伙营业权、没有股票、没有股份公司——则几乎没有什么实际必要区分财产与财富。事实上，在普遍流行的用法上，任何一笔财富尤其是不动产，常常被错误地称为"一份财产"。但是，财富的所有权经常被分割。这一事实使得仔细地区分被占有物与所有者的各种权利成为必要。因此，一条铁路是财富，其股票和公债借款是这种财富的权利。每只股票或者债券的所有者有权利分享一部分铁路的营业利润。这些权利的总和构成对铁路的完全所有权。

像财富一样，财产权也可以量度，但测量单位有不同的特征。各种财产权的单位不是物质的，而是由各种对财富利益的抽象权利组成。如果一个人有 25 股某铁路公司的股份，正像他有 25 蒲式耳小麦一样，他的财产数量就是 25 单位，他拥有的是 25 个某种特殊财富的权利。

正像量度财富的单位是各种各样的，有各种各样的财产单位来量度财富；用来界定财富的转让、交换、价格与价值的概念，也完全可以用来解释财产。

除区分财富与财产权外，还应注意另一种区别，即区分财产权

第一章 基本定义 5

和财产权证书。财产权是使用财富的各种权利,而财产权证书仅仅是这些权利的书面证据。因此,从铁路公司分红的权利是财产,但证明这种权利的书面证据是股票证券。乘铁路旅行的权利是一种财产权,证明这种权利的车票是财产凭证。银行承诺是一种财产权,在上面印刻这种承诺的银行钞票是一种财产凭证。

任何一种在交换中为人们普遍接受的财产权都可以称为"货币",印刷的财产权凭证也可称为货币。因此,货币这一名词有三重含义:财富、财产[①];它的意思是字据。从经济分析的视角看,财产的意思最为重要。

直到现在,我们谈论的财产是对财富的各种服务、各种功用或者各种利益的权利。财富的**利益**意指依赖财富发生的值得拥有的事物。像财富与财产一样,利益也可以量度,但测量的单位却有不同的特性。利益可以"按时间"计算——园丁或住宅提供的服务;或者"按件"计算——耕犁或电话的使用。正如适用于财富与财产一样,转让、交换、价格与价值的概念也适用于利益。

我们一直在探讨财富的各种**功用**(利益),但应区分财富的**利益**和财富的**效用**。前者指值得拥有的事物,常在感觉之外;后者是人对这些事物的欲望,永存心念之间。

每当我们谈论各种利益权利时,所指的利益都是**未来**的利益。一所房屋的所有者有权从现在起使用房屋,它过去的功用已经消逝,不再受所有权的限制。

---

① Cf. Menger, *Handwörterbuch der Staatswissenschaften*, Jena (Fischer), Vol. IV, 1900, Article, "Geld," pp. 69 - 71.

"商品"一词在本书简单地用为便利性的集合名词,包括**财富**、**财产与利益**。商品的转让、交换、价格与价值呈现的形式数不胜数。仅以完全适用于商品的价格而言,就有租金、工资、利率、以货币计算的价格和以其他商品度量的价格等。在本书,我们将集中研究**以货币计算的商品的价格**。

第三节　商品与货币流通

到现在为止,我们很少讨论财富、财产及利益与**时间**的关系。一定数量的商品要么是在某一特定**时间点**存在的量,要么是在**一段时间**内生产的、消费的、运输的或者交换的量。前者是商品的**存量或储备**,后者是商品的**流量或水流**。在任一给定的日期,磨面机盛装的小麦数量是小麦的存量,而一月或一周输入或输出的量就是小麦的流量。在任何时间,美国已开采的现有的煤炭是煤炭的存量,而一周开采的数量是煤炭的流量。[1]

这种区分有许多应用,资本与收入即是例子。一堆商品,不管是财富还是财产,存在于某一个时间点称为**资本**,而在一段时间内来自这种资本的利益流称为"收入"。因此,收入是一种重要的经济流量。除了收入,经济流量主要有三类,分别表示**状态**的变化,如生产或消费;**位置**的变化,如运输、出口与进口;以及所有权的变化,我们称之为"转让"。贸易是转让流量,不管是国外的还是国内

---

[1]　经济学将一定时间点存在的量称为"存量",将一段时间内存在或产生的量称为"流量",这两个概念往往成对出现,譬如财富与储蓄、资本与投资、公债与赤字、净国际投资头寸与经常项目等,前者均为存量,后者则是流量。——译者

第一章　基本定义 7

的,都只不过是用商品权利的转让流交换相等的货币转让流或货币替代物流。在这两种转让流中,第二种称为货币的"流通"。介于两种转让流之间的等式称为"交易方程式",而构成本书研讨主题的正是这个方程式。

第二章 货币购买力和 交易方程式的关系

第一节 各种流通媒介

我们将货币定义为:**用来交换商品时普遍可接受的东西**[①]。货币得以交换的便利性或普遍的可接受性是它独有的特征。法律可以增强这种普遍的可接受性,让货币变成众所周知的"法偿货币",但强化并非必不可少。任何商品成为货币唯一必要的条件是带有普遍的可接受性。在没有任何法律约束力的边远地区,货币有时候就是沙金或块金。在弗吉尼亚殖民地,它是烟草。在新英格兰的印第安人之间,它是贝类念珠。"在德国的新几内亚岛,折弯的公猪獠牙被用作货币。在加利福尼亚州,红鸟的头也被用作货币"[②]。在西南太平洋岛群的美拉尼西亚,人们使用石头货币和

[①] 要讨论货币的定义,参阅 A. Piatt Andrew,"what ought to be called Money" in *Quarterly Journal of Economics*,Vol. XIII;Jevons,*Money and the Mechanism of Exchange*,London (Kegan Paul) and New York (Appleton),1896;Palgrave,*Dictionary of Political Economy*;Walker,*Money*,以及其他专题著作和教科书。

[②] Sumner,*Folkways*,Boston (Ginn),1907,p. 147.

第二章　货币购买力和交易方程式的关系　9

贝壳货币。[①]"在东南亚的缅甸,中国赌博的筹码被用作货币。南美洲的公交车公司发行的古塔胶制成的代币物,据说同样被当作货币"[②]。在纽约州的一个城镇,几年前流通类似的代币物,直至被美国政府禁止发行。在墨西哥,质量较差的大可可豆被用作货币,而在非洲的西海岸,小席垫被用作货币[③]。关于货币种类的这一清单可以无限延长,但无论这类物品的实质是什么,使之成为货币的因素是它的普遍的可交换性。

另一方面,即使成为法偿货币的东西,也可能由于普遍的使用习惯,被剥夺了作为货币的实用特性。美国在南北战争期间,政府曾试图流通 50 美元面值的纸币。为容易计算,年利率规定为 7.3%,使利息正好等于每天一分。但是,这种纸币却没能流通起来。尽管政府设法使其容易交换,人们却宁愿为了利息的目的将这种钞票留在手上。[④]除在交换过程中提供便利的意义上讨论外,货币永远不会产生利息。这种便利性是货币的特殊功用,能抵补货币备留在衣袋而未用以投资发生的明显的利息损失。

可交换性的程度是多种多样的,在我们论及真正的货币前,必须逐层给予分析。在所有的商品种类中,**最不易交换的**也许是房地产。只有在发现有人需要房地产的情况下,才可能发生一桩房地产交易,而一笔房地产抵押借款的可交换程度要稍微高一些。但是,即使一笔抵押借款的可交换性,也逊于众所周知的公司的安

---

① 　Sumner, *Folkways*, Boston (Ginn), 1907, p. 150.

② 　Sumner, *Folkways*, p. 148.

③ 　同上。

④ 　参见 Jevons, *Money and the Mechanism of Exchange*, p. 245。

全有价证券;公司有价证券的可交换程度又不如政府公债。事实上,那些不经常购买政府公债的人购买公债只是一种暂时的投资,一旦可以买到能产生更多收益的永久性投资,他们回头就会出售这些债券。汇票的可交换程度比政府公债高;即期汇票的可交换程度比汇票高,而支票的可交换程度几乎与货币一样。然而,上述商品没有一种是真正的货币,因为没有一种是"**普遍**可接受的"。

如果我们将注意力局限在目前的正常情况,只关心货币或者和货币最近似的交换手段,就会发现货币本身属于一种普遍的财产权,可称之为"通货"或者"流通的媒介"。通货包括任何种类的财产权,无论这种财产权是否有普遍的可接受性,都凭借自身的主要目的与用途而在实际中充当交换手段。

流通的媒介主要有两类:(1)货币;(2)银行存款,下一章将予以详细讨论。支票指的是银行存款充当交换其他商品的支付手段。一张支票是转让银行存款的"凭证"或证明,只有征得收款人的同意才是可接受的,陌生人一般不会接受支票。实际上通过支票,银行存款甚至比货币更多地充当了交易媒介。照实际情况说,货币与可开支票的银行存款是唯一的流通的媒介。若包括邮局的汇票与电报公司的电汇,则可视之为一种特殊存款的转让凭证。为了这些特殊的交易,邮局与电报公司提供了存款银行的服务。

虽然流通媒介包括可用支票转让的银行存款,但它不是货币。另一方面,银行**钞票**(bank note)是流通媒介也是货币。最后的界线介于两者之间,用以区分什么是货币,什么不是货币。确实,这个界线很微妙,尤其当我们谈及银行开出的支票(cashier's check)

第二章 货币购买力和交易方程式的关系 **11**

或保付支票时更是如此,因为后者几乎等同于银行钞票。两种支票都是银行的活期负债,都授予持有人随时取款的权利。但是,在交换中银行钞票是**普遍**可接受的;支票则是**特殊**可接受的,亦即只有征得收款人的同意才是可接受的。真正的货币物权是收款人的无条件接受,之所以如此或者缘于"法偿货币"的法律,或者缘于久行不悖的习惯①。

真正的货币有两种:本位货币和信用货币。如果一种物品在非货币用途上拥有的价值和它在货币用途上的价值恰好一样,货币就被称为"本位的"。本位货币的价值完全是自己的,不依赖任何其他财富。相反,信用货币的价值部分地或完全地取决于所有者能否用它来交换其他商品的信心,比如能用它在银行或政府机关兑换本位货币,或至少能用它清偿债务或购买商人的各种商品。本位货币的主要例子是金币;信用货币的主要例子是银行钞票。本位货币有很多有利于交换的优点,最重要的优点是便于携带、经久耐磨与容易分割②。信用货币的主要优点是对本位货币的清偿能力,这使得它是可交换的,否则就是法偿货币的强制性特征。

银行钞票、所有其他信用货币(fiduciary money)以及银行存款,都是凭借票据流通的。这些票据常被称为"代币物"(tokens),"各种代用铸币"(token coins)也属于此类。这些代币物除表达的权利外,其价值微不足道。因此,一块银元作为财富的价值,只有

---

① 参见 Francis Walker, *Money, Trade, and Industry*, New York（Holt）, 1879, Chapter I。

② 参见 Jevons, *Money and the Mechanism of Exchange*, Chapter V。

大约 40 分,这是它包含的实际银子的全部所值。不过,它作为财产的价值却是 100 分,因为持有人有按此金额偿付债务的法定权利,也有用它照此金额支付商品价款的约定权利。类似地,五十分币、二十五分币、十分币、五分币或一分币作为财产的价值,远超过他们作为财富的价值。一元纸币——比如一张银元券——作为财富几乎不值一文,所值不超过用以印制它的纸的价值。但一元纸币作为财产的价值却是 100 分,亦即相当于 1 美金,它代表持有人对社会财富有 1 美元的索取权。

图 2.1.1[①] 显示了美国所有流通媒介的分类,表明流通媒介总量约为 85 亿,其中约 70 亿是用支票提取的银行存款,15 亿是货币;在 15 亿的货币中,约 10 亿是信用货币,本位货币约为6.67亿。

在本章,我们不考虑银行存款或支票流通,将注意力集中在包括本位币与信用币的货币流通。在美国,金元是唯一的本位币。信用货币则包括(1)代用铸币(token coins),亦即银元、低于 1 银元的小额银币与小额硬币(5 分钱的镍币与 1 分钱的硬币);(2)纸币,亦即(a)金券与银券(certificates for gold and silver),和(2)各种本票,或者是美国政府发行的"绿背"(greenbacks)纸币,或者是国家银行发行的钞票。

搁置支票不论,我们可将交换分为三类:用商品交换商品,即物物交换;用货币交换货币,即货币**互换**;用货币交换商品,即商品

---

①　图 2.1.1 在英文原著第一版第 13 页第 1 图,内容合并了 1922 年新修订版资料,标题为译者所加。——译者

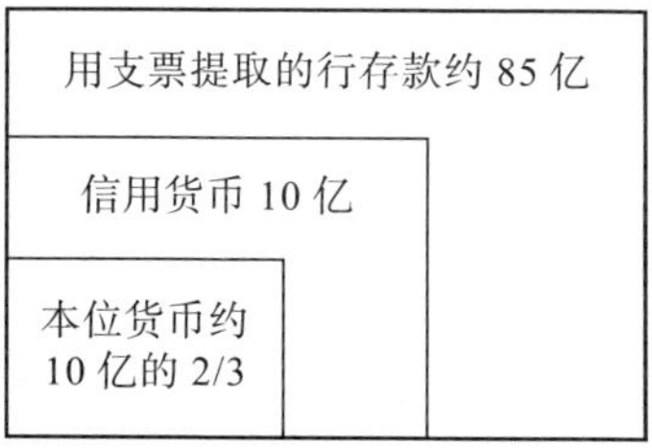

第二章　货币购买力和交易方程式的关系　　*13*

图 2.1.1　美国的各种流通媒介

买卖。只有最后一类交换才构成所谓的货币"流通"。因此,货币流通额的意思是用货币交换商品的总金额。除存放在银行金库与美国政府金库的货币外,人们为流通持有的一切货币,亦即所有的货币称为"流通中的货币"(money in circulation)。

　　本书的主要目标是解释决定货币购买力的各种原因。一定量的货币所能购买的其他商品的数量显示了货币的购买力,商品价格越低,一定量货币购买的商品数量越多,货币的购买力就越高;商品价格越高,一定量货币购买的商品数量越少,货币的购买力就越低。简言之,货币的购买力是价格水平的倒数,所以研究货币的购买力等于研究价格水平。

第二节　算术表交易方程式

　　若不计存款通货或支票的影响,价格水平也许只取决于三个因素:(1)流通中的货币数量;(2)货币的"效率"或流通速度(货币一年交换商品的平均次数);(3)交易量(货币购买的商品数量)。一直以来,货币"数量论"关于物价按照货币变动的比例而变动的观点①，经常得到不正确的解释。但是，如果货币的流通速度与货币必须为之充当流通手段的商品交易量是不变的，那么，在不计算支票时，数量论关于价格水平随流通中的货币数量同比例变动的意思无疑是正确的。

货币数量说一直是争议最激烈的经济学理论之一，很大程度上是因为人们在认识其真理或谬误时受到强大的商业利益与政治利益的影响。人们坚持认为，如果卷入了财政的或政治的利益，欧几里得数学原理也会遭到激烈的反驳——这种断言几乎不是什么危言耸听。

遗憾的是，"数量论"一直是人们论证不健全的通货方案时引用的根据。人们在赞同不兑现的纸币和国民按 16 对 1 的比率可自由铸造银币时，一直在引用数量原理。结果导致不少的"健全货币派人士"认为，用来佐证这类难以预测事件的理论必定是错误的，并担忧这一理论传播的政治效果，逐渐转向反对的立场，不仅反对不正确的宣传，也批驳提倡者赖以寻求支持的各种正确原理②。而那些在错误的起因中如此援引数量原理的人士，由于对数量说缺乏完整的理解，使得货币数量说极易遭受这类抨击。

———————————

① 尽管这一理论经常遭受不成熟的解释，却为洛克、休谟、亚当·斯密、李嘉图、穆勒、沃克、马歇尔、哈德利、菲特、凯莫莱与大多数著作者所接受。公元 200 年左右，罗马的朱利叶斯·保利斯声称，他相信货币的价值取决于其数量。参见 Zuckerkandl，*Theorie des Preises*；Kemmerer，*Money and Credit Instruments in their Relation to General Prices*，New York（Holt），1909。确实，仍有许多著作者反对货币数量论，特别参阅 Laughlin，*Principles of Money*，New York（Scribner），1903。

② 参见 Scott，*Money and Banking*，New York，1903，p. 68。"它（数量论）一直是关于货币问题错误学说的最丰富的源泉，不断成功地被用作保护有害立法的防御屏障，被当作阻止亟须的货币改革的手段。"

第二章　货币购买力和交易方程式的关系　**15**

一些人否认正确的原理却支持正确的实践,原因仅在于有些思想家不正确地应用了这些原理。就个人言,作者认为没有什么心智态度比这种做法更有危害性,结果上更具灾难性。无论如何,在科学研究中除了发现并陈述不加雕饰的真理外,别无选择。

可以用交易方程式更清楚地阐述货币数量说,现在解释交易方程式。

交易方程式是对特定社会一定时期实现的总交易量的数学形式的表述,它只不过是所有个人的交易方程式的加总。譬如,设有一人以每磅 7 分的价格购买 10 磅糖,就是一起 10 磅糖等于 70 分的交换事项。这一事实因此可以表示为:70 分＝10 磅糖乘以每磅 7 分。每一笔其他买卖都可以这样表示,将它们加在一起就得到**特定社会某一时期**的交易方程式。不过,在给定的时期,同样的货币可能服务于数笔交易——事情通常确实如此。由于这个原因,交易方程式货币一方的数量当然大于流通中的总货币量。

交易方程式和特定社会一定时期所有用货币进行的购买都有关系。我们继续忽略各种支票或任何非货币的流通媒介,也不考虑对外贸易,以此将讨论限在假设的社会范围内。然后我们通过连续的假设条件,再将这些因素包括在内,运用一系列的逐次逼近法解释现今的主要实际状况。当然,我们不能忘记,仅仅是在所假设的特定前提下,每一次逐次逼近法得出的结论才是正确的。

交易方程式不过是一年内发生的所有个人交换等式的总和。因此,货币和所交换的商品在每一笔买卖中是相等的。譬如,为糖支付的货币等于所购买的糖的价值。合计一年内所有的交换,支付的货币总量在价值上等于所购买商品的总价值。因此,方程式一方是货币,另一方是商品。货币一方是支付的总货币量,可以看成是货币数量乘以其流通速度的积;商品一方则是交换的商品的数量分别乘以各自价格的积的和。

方程式中的一个重要因子被称为流通速度或周转速度,是一年内为商品支付的货币总量除以流通中的平均货币量的商,商品价款的支付是通过流通中的货币实现的。整个社会的流通速度是一种不同人群周转率的平均数。每个人都有他自己的周转率,用他一年花费的货币总额除以他携带的平均货币数,得数即为他的周转率。

让我们从货币一方开始讨论。如果一个国家1元纸币的数量是5000000,它们的流通速度是一年20次,那么一年转手的货币总量是5000000乘以20,或者是100000000美元。这是交易方程式的**货币方**。

由于方程式货币方是100000000美元,**商品方**必须与之相等。因为如果一年内100000000美元被花费在商品购买上,那么这一年售出的商品一定值100000000美元。实际交换的商品多种多样,数不胜数,为避免必须写出各种商品数量与其价格乘积的烦琐,暂时假设只有三种商品——面包、煤炭与布料,其销售数量与销售价格如表2.2.1所示:

表 2.2.1　假设的三种商品交易的数量及价格①

	面包	煤炭	布料
数量	200000000 块	10000000 吨	30000000 码
价格(美元)	1 块 0.10	1 吨 5.00	1 码 1.00

---

① 表2.2.1在英文原著第一版第18页,标题为译者所加。——译者

第二章　货币购买力和交易方程式的关系　　**17**

这些交易的价值显然是 100000000 美元,亦即 200000000 美元价值的面包加 50000000 美元价值的煤炭再加 30000000 美元价值的布料。因此,交易方程式(注意:货币一边的 5000000 美元交换了 20 次)如表 2.2.2 所示:

表 2.2.2　三种商品的交易方程式表[①](单位:美元)

5000000 × 20 倍一年	
	= 200000000 块面包 × 0.10 一块
	＋　10000000 吨煤炭 × 5.00 一吨
	＋　30000000 码布料 × 1.00 一码

表 2.2.2 方程式货币一方包括两个量值,亦即(1)货币数量和(2)货币的流通速度;处在第二列的商品一方有两类量值,亦即(1)交换的商品数量(块、吨、码),和(2)这些商品的价格。方程式说明这四种量值是互相联系的。由于交易方程式必是一个整体,价格一定和另外三个量值即货币数量、流通速度和交换的商品数量是有关系的。因此,总的来说这些价格必然与货币数量和流通速度成正比例变化,而与交换的商品数量成反比例变化。

譬如,设想货币的数量增至二倍,同时流通速度与交换的商品数量保持不变,那么要保持价格不变是根本不可能的。货币一方现在是一年 10000000 美元×20 倍或者是 200000000 美元;但是,如果价格不变,则商品方仍然是 100000000 美元,违背了方程式的恒等条件。因为交换无论是个人的还是集体的,货币与商品总是等价互换,方程式的两边必须相等。不仅买卖的数量必须相

———————

①　表 2.2.2 在英文原著第一版第 18 页,标题为译者所加。——译者

等——因为一个人所买之物必是他人所售之物——而且所售商品的总价值必须等于所交换的货币的总金额。因此,在给定上述条件下,价格必须发生这样的变化,将商品一边的100000000美元增加到200000000美元。这种增至二倍的结果或由各种价格的同比例上涨实现,或由各种价格增长不同的倍数完成,但不论多少,一些价格的上涨是必须的。如果价格同比例上涨,那显然是各种价格均需加倍,这样交易方程式变成表2.2.3所示:

表2.2.3　商品价格均加倍的交易方程式表[1](单位:美元)

10000000 × 20 倍一年	
	= 200000000 块面包 × 0.20 一块
	+ 10000000 吨煤炭 × 10.00 一吨
	+ 30000000 码布料 × 2.00 一码

若各种价格增长的倍数是不同的,商品一边价值的倍增就需要各种价格截长续短互相弥补。有的价格增长不到二倍,其他的价格增长就必须超过二倍,超增数以恰好补足倍增所需为限。

不论是所有价格一律上涨,每一种恰好增长两倍;还是有些价格上涨多一些,有些上涨少一些,使得所购商品的货币价值总额倍增,两种情况下**"按平均数计算"**的价格都会增至两倍[2]。这一命题通常的表达方式是"一般价格水平"增长两倍。因此,纯粹从事实说,用于购买商品的货币必须等于商品的数量乘以他们的价格。由此可以得出的结论:除非货币的流通速度或交换的商品数量发

---

① 表2.2.3在英文原著第一版第19页,标题为译者所加。——译者

② 当然,这不是说各种商品价格的简单的**算术**平均数恰好增至两倍。关于平均数或"均值"的一般定义,参见本章附录第一节。

第二章 货币购买力和交易方程式的关系 *19*

生了变化,否则价格水平必然照货币数量的变化上升或下降。

如果货币数量的变化影响价格,那么其他因子——商品数量与流通速度——的变化也会影响价格,且影响的方式十分类似。因此,如果流通中的货币数量和用货币交换的商品数量保持不变,那么加倍的货币流通速度将使得价格水平上涨两倍。方程式将会变成表 2.2.4 所示:

表 2.2.4 货币流通速度加倍的交易方程式表[1](单位:美元)

5000000 ×40 倍一年	
	＝ 200000000 块面包 × 0.20 一块
	＋ 10000000 吨煤炭 × 10.00 一吨
	＋ 30000000 码布料 × 2.00 一码

如果情况非上表所示,方程式将会发生如下变化,有些价格增长超过两倍,其余价格增长不及两倍,超过的部分与不足的部分应相互抵平,足以维持销售的总价值不变。

同样,如果货币数量及其流通速度保持不变,则加倍交换的商品数量不会让价格水平增长两倍,反而使其减半。在这种情况下,交易方程式变成表 2.2.5 所示:

表 2.2.5 加倍交换的商品数量的交易方程式表[2](单位:美元)

5000000 ×20 倍一年	
	＝400000000 块面包 × 0.05 一块
	＋ 20000000 吨煤炭 × 2.50 一吨
	＋ 60000000 码布料 × 0.50 一码

---

[1] 表 2.2.4 在英文原著第一版第 20 页,标题为译者所加。——译者

[2] 表 2.2.5 在英文原著第一版第 20 页,标题为译者所加。——译者

若非上表所示,则方程式将变成如下形式,有些商品价格跌落过半,其余商品价格跌落不到一半,才能保持方程式两边的平衡。

最后,在价的影响因素货币数量、流通速度和交换的商品数量中,如有两个或三个同时发生变化,价格水平将是这些不同影响力的复合或综合结果。比如,如果货币数量加倍,而其流通速度减半,同时交换的商品数量保持不变,价格水平将不受影响。同样,如果货币数量加倍,商品数量加倍,同时流通速度保持不变,价格水平也不受影响。因此,货币数量加倍并不总会让价格上涨两倍。我们必须清楚地认识到,货币数量只是三个影响因子之一,所有的因子在决定价格水平方面都同等重要。

第三节　天平图交易方程式

上节用算数表解释了交易方程式,现在也可以用机械图在视觉上以实物描绘之,图 2.3.1① 是这种形象化的表示。

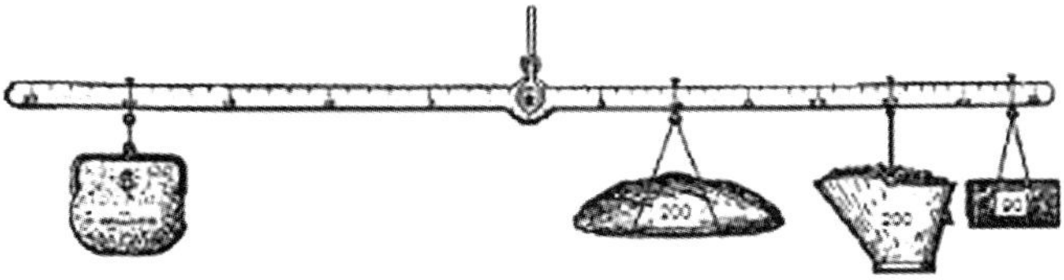

图 2.3.1　机械天平表示的交易方程式

该图是处于平衡状态的机械天平,天平两边分别代表交易方

---

① 图 2.3.1 在英文原著第一版第 21 页第 2 图,标题为译者所加。——译者

第二章　货币购买力和交易方程式的关系 　21

程式的货币方与商品方。左边的砝码用钱包表示,代表流通中的货币;悬挂钱包的臂长或离天平支点的距离表示货币的效率或其流通速度。右边的三个砝码分别用一块面包、一个煤斗与一卷布表示,代表面包、煤炭与布料三种商品;臂长或离天平支点的距离表示它们的价格。为了使天平右边的杠杆臂不致过长,我们发现方便的做法是,将煤炭的度量单位从吨减小至英担,将布料的度量单位从码减小至英尺,两种商品的单位数由此相应地增大。煤炭从 10000000 吨变成 200000000 英担,布料从 30000000 码变成 90000000 英尺。按新的度量单位计算,每英担煤炭的价格是 25 分,布料的价格是每英尺 $33\frac{1}{3}$。

众所周知,当天平处于平衡状态时,朝一个方向倾斜的趋势和朝相反方向倾斜的趋势是相等的。每个砝码都产生一个朝自己一边倾斜的力,大小以砝码乘以其臂长度量。左边的砝码产生朝自己一边倾斜的力,大小是 5000000×20;右边的 3 个砝码则产生反向倾斜的合力,大小是

$$200000000 \times 0.10 + 200000000 \times 0.25 + 90000000 \times 0.33\frac{1}{3}。$$

这两种相反方向力的平衡代表交易方程式。

为维持平衡,增加一边的砝码或臂长就要求成比例增加另一边的砝码或臂长。这是一个简单的为人们熟悉的原理,在此适合采用象征手法解释。譬如,如果流通速度(左边的臂长)保持不变,且交易量(右边的砝码)保持不变,那么左边货币的任何增加都要求右边表示价格的一个或多个砝码臂长的增加。如果这些价格均匀上升,其增长的比例就等于货币增加的比例;如果他们不是同比

例增长,则有些价格上涨就会高于这一比例,有些会低于这一比例,同时保持平均价格不变。

同样明显的是,如果增加左边的臂长,且货币量和右边的各个砝码重量保持不变,则为维持平衡,右边的臂长一定会增加。

同样,如果右边的砝码重量增加,且左边的臂长与货币量保持不变,则为维持平衡,就必须缩短右边的臂长。

总而言之,交易方程式有四个因子,任意一个因子的变动必然伴随其余三个因子的一个或多个的同步变动,这样才能保持方程式的平衡。

由于我们关注的是价格的平均变化而非单个价格的变化,我们只要将右边的所有的砝码悬挂在一个平均点,让整个臂长表示平均价格,就可以简化这种力学表示的交易方程式。现在,右边的臂长是三种先前臂长的"加权平均值",新砝码实际上是先前悬挂在右边的各个砝码。

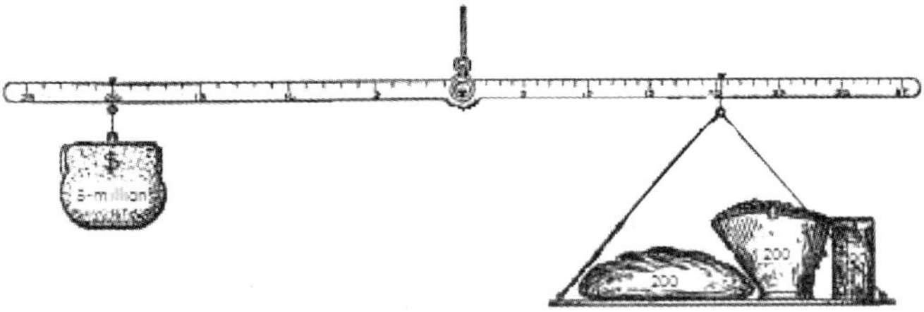

图 2.3.2　右边砝码悬挂在加权平均价格点的交易方程式

图 2.3.2[①] 表示各种价格的平均值,形象化地说明了这样的

---

① 图 2.3.2 在英文原著第一版第 23 页第 3 图,标题为译者所加。——译者

第二章　货币购买力和交易方程式的关系　　**23**

事实:商品平均价格(右边臂长)和货币数量(左边的砝码)及其流通速度(左边的臂长)成正比例变化,而和交易量(右边的砝码)成反比例变化。

第四节　代数交易方程式

现在,我们要对交易方程式进行严谨的代数说明。代数表述通常是杜绝不严密推理的有效手段。松散的推理是各种经济理论常常陷入怀疑旋涡的首要原因。如果各种几乎不证自明的命题在几何学上一开始就值得谨慎地证明,那么,小心地证明各种有关价格水平的命题就值得一百倍的努力。虽然很多人确实信心十足地承认这些命题是成立的,但它们很少是不证自明的,常被其他人轻蔑地抛弃。

让我们用符号 E 表示货币的总流通量(支出额),亦即某个特定社会在计算期年内为商品支付的货币数量;该社会计算年内流通中的货币的平均量用符号 M 表示, M 是存在于连续瞬间的货币量的简单算术平均数,这些瞬间被无限小的等量时间距彼此分隔。如果我们用货币平均量 M 去除该年的支出额 E ,就得到被称为货币交换商品的平均周转率 E/M ,亦即货币的流通速度[①]。流通速度用符号 V 表示,这样就有 $E/M=V$,且 E 可以表示成 MV 。概而言之,在货币支出额的意义上,货币总流通量等于流通中的总货币量乘以其流通速度或周转速度。因此, E 或者 MV 表示交易

---

① 要讨论流通速度概念,参见本章(第二章)附录第二节、第四节及第五节。

方程式的货币一方。再来看商品，方程式商品一方必然要涉及所交换商品的价格与交换的商品数量。任一特定商品销售的**平均**[①]价格——比如特定社会在计算期年内购买面包的价格——都可以表示为 p（价格），购买的商品总量表示为 Q（数量）；类似地，第二种商品（比如煤炭）的平均价格可以记为 p'，它的交换的总数量记为 Q'；第三种商品（比如布料）的平均价格和数量可以分别表示为 p'' 和 Q''；对所有交换的其他商品无论多少，依此类推。显然，交易方程式可表示成如下形式[②]：

$$MV = pQ$$
$$+ p'Q'$$
$$+ p''Q''$$
$$+ \cdots\cdots$$

方程式右边是 pQ 形式各项的合计——一种价格乘以购买数量的价格总额。数学上习惯用和的符号表示各项之和，各项的形

---

① 这是整个时期根据各种不同场合下购买的数量和所考察的国家赋以权重的加权平均数，参见本章（第二章）附录第三节。

② 西蒙·纽科姆在其富有才见却不受赏识的著作中提出了交易方程式的代数表达式，参见 Simon Newcomb, *Principles of Political Economy*, New York (Harper), 1885, p. 346。对交易方程式用代数表达式进行表述的还有 Edgeworth, "Report on Monetary Standard." *Report of the British Association for the Advancement of Science*, 1887, p. 293, 和 President Hadley, *Economics*, New York (Putnam), 1896, p. 197；也可参阅 Irving Fisher, "The Rôle of Capital in Economic Theory," *Economic Journal*, December, 1899, pp. 515 – 521, 和 E. W. Kemmerer, *Money and Credit Instruments in their Relation to General Prices*, New York (Holt), 1907, p. 13。虽然以特定的数学表达式解释货币数量只是最近的事情，但长期以来人们将它理解成货币量、流通速度与交易量几个因素之间的关系。参见 Mill, *Principles of Political Economy*, Book III, Chapter VIII, §3。首次发布货币数量原理的主要功劳，很可能是李嘉图的。

第二章　货币购买力和交易方程式的关系　　**25**

式皆相同。和符号 M,V,p,Q 等不同,符号"Σ"不表示量值,只表示加法运算,应读为"下列各项的和"。因此,货币交易方程式可写为:

$$MV = \sum pQ$$

也就是说,量值 E、M、V、各个 p 与各个 Q 的所有项都是指**整个**社会及**全年**发生的量值。这些量值与组成社会的个人的对应量值和组成一年的单个瞬间的对应量值相一致,并以之为基础。[①]

当然,该方程式的代数推导基本上与先前的算术推导相同,只要**将一年期间社会内所有个人的购买方程式加总**即可。[②]

凭借 $MV = \sum pQ$ 这一方程式,现在可将本章先前解释的三个定理表述如下:

(1)如果 V 和 Q 的各项保持不变而 M 以任一比例变化,则方程式货币一方将以同样的比例变化,从而为维持相等,商品一方也 26 必须以同样的比例变化。因此,或者 p 的所有项以这一比例变化,或者 p 的有些项的变化超过这一比例,而其余各项的变化比例足够小,恰好能抵平与维持相同的价格平均数。[③]

(2)如果 M 和 Q 的各项保持不变而 V 照任一比例变化,则方程式货币一方将以同样的比例变化,从而为维持相等,商品一方也必须以同样的比例变化。因此,或者 p 的所有项以这一比例变化,或者 p 的有些项变化多一些,其余各项变化小一些,最终互相

---

① 这些量值之间存在的各种关系及其与对整个社会和全年量值的关系,以及对应的基本量值和每个人及每个瞬间的关系,看看本章(第二章)附录第四节。

② 参看本章(第二章)附录第六节。

③ 要了解这里与后两例所说的平均数性质,参看本章(第二章)附录第七节。

抵平。

（3）如果 M 和 V 保持不变，则货币一方和商品一方都将保持不变；因此，如果所有的 Q 项以某一特定比例发生变化，则或者 p 的所有项必须以相同的比例反向变化，或者 p 的有些项反向变化多一些，其余各项反向变化足够小，最终互相抵平。

如果我们愿意，还可以进一步简化交易方程式，将它右边写成 PT 的形式。其中 P 是所有 p 项的加权平均值，T 是所有 Q 项的总和。因此，P 表示一个量值即价格水平，T 表示一个量值即交易量。这种简化是对图 2.3.2 机械力学演示的代数解释。在图 2.3.2 中，所有商品不像图 2.3.1 那样分开悬挂，而是合并一处，悬挂在表示它们的平均价格的平均点。

通过将不同个人**支出**的金额加起来，我们已经从正面推导出交易方程式 $MV = \sum pQ$。但是，通过加总不同个人**收到**的金额，同样的推理也能推导出交易方程式。如果社会没有对外贸易，两种方法得出的结果将会一样。因为，若无对外贸易，一个人在社会中**支出**的货币必然是该社会中另一个人所**收到**的货币。

如果我们愿意扩展这一推理，将之应用于对外贸易，我们将会有**两个**交易方程式，一个以支出的货币为基础，另一个以**收入**的货币或社会成员收受的货币为基础。由于该国和其他国家之间存在贸易差额，这些方程式总是大致相等，不可能在一国范围内确切地相等。建立在支出额基础上的交易方程式**右边**将不仅包括业已计入的国内交易数量，还包括**进口**的而非出口的商品的数量及其价格，而建立在收入额基础上的交易方程式则正好相反。

第二章 货币购买力和交易方程式的关系 27

第五节 结论及例证

除了未考虑支票付款因素外,对交易方程式的解释已经完成,支票支付留待下章讨论。我们已经知道,交易方程式的最终根据。是每个人每时刻的简单的交易方程式。换言之,是属于个人交易的方程式。这种简单的方程式意味着在任何一笔交易中,支付的货币和按销售价格购买的商品是等价的。根据这种可靠明显的前提,我们推导出交易方程式是 $MV = \sum pQ$,式中每一项都是不同个人不同时点同类项的合计或平均数,因而包含一年内整个社会的购买量。最后,从交易方程式可看出,价格随 M 与 V 同方向变化,随 Q 的各项反方向变化,条件是在每一种情况下,三种影响价格的因素只有一种发生变化,而其余两种保持不变。改变三种因素之一是否必然影响其他因素,是一个留待后面章节讨论的问题。在此,敬请那些反对交易方程式是真理的人,读完本书第八章后再下结论不迟。

扼要重述,我们发现在假设的条件下,价格水平(1)和流通中的货币数量(M)同方向变化,(2)和流通速度(V)同方向变化,(3)和它实现的交易量(T)反方向变化。这三种关系中值得强调的是第一种,它构成"货币数量论"。

这个原理虽然非常重要,但一直饱受激烈的争议,因而需要进一步举例证明。前已指出,"货币数量"的意思是指流通中的元数,或其他特定的货币单位数。改变这个数字的方式有好几种,下述三种最为重要。说明这些变化方式有助于彻底理解我们已经得出的结论,揭示这些结论赖以成立的货币的基本特性。

第一个例证:设想政府将所有的货币**面额**增至两倍,也就是说,设想现在称之为 1 元的货币一直是半元货币,现在称之为 2 元的货币一直是 1 元的货币。显然,流通中的"元"数将会增至两倍,以新改的"元"度量的价格水平将会较之前涨至两倍。每个人将支付**同样多的铸币**,就好像没有施行这样一项法律。但在每一种情况下,他将支付两倍的"元数"。例如先前须支付 3 元的一双鞋,现在的价格变成 6 元。可见,货币的**名义量**也影响价格水平。

第二个例证:**减少货币的含金量**。设想政府将每元分为两个半元,将这些半元改铸成新"元",并召回所有纸币,按原数量双倍发行新钞——新钞与旧钞面额相同,但一张旧钞发行两张新钞。简言之,不仅对货币**重新命名**,而且像第一例一样,**重新发行**货币。正如第一例,以成色减少的铸币计算的价格将涨至两倍。货币的再次分割与重新铸造无关紧要,除非货币的分割使得计算变得困难,乃至损害货币的便利性。在含金量未减少以前,但凡商品需要支付 1 元的,现在则需支付 2 元——亦即由两个旧半元改铸的两个新元。

在第一例中,货币数量的增加由重新命名引起,只是名义上的;在第二例中,除了重新命名外,还进一步介绍了重新铸造的事实。在第一例中,每种货币的实际数量没有变化,但它们的面值增加了一倍;在第二例中,每枚铸币分割成两半,再铸成两个新币,新铸币与旧币名义面额相同,但含金量只有旧币一半,而同样纸币的数量也增至两倍。

第三个例证:设想政府不是将旧元一分为二,再将半元重铸成

第二章　货币购买力和交易方程式的关系　　29

新元,使货币元数增加了一倍,而是对原有货币悉数复制,各按其数付给原币持有人①。(这种情况下必须进一步假定,有实际屏障阻止货币融化或输出,否则流通中的货币数量不会增至两倍:增加的大部分货币会逃离市场)如果货币数量因此增加一倍,价格将和第二例一样增长1倍,其中货币的面额完全相同。第二例和第三例的唯一区别是铸币的大小与重量。第三例不减少货币含金量,每个铸币的重量保持不变,只是货币的数量增加了1倍。这种铸币数量增加一倍对价格的影响,与将货币的含金量减半一样,使得价格上涨1倍。

如果按李嘉图的所言②,用征收铸币税的方式,从第三例回到第二例,则第三例的影响就更加明显。也就是说,悉数复制所有货币,让货币数量增至二倍后,政府抽取每枚铸币的一半,使征税后的铸币重量等于第二例中的减色铸币,从而消除了第二例和第三例之间的唯一区别。只要货币的数量不变,征收的铸币税将不会影响铸币的价值。

概言之,数量理论断言,在货币流通速度和商品交易量不变的前提下,无论是将铸币改称双数,还是裁减铸币含金量,抑或增加铸币个数,或用其他方法增加货币的"元"数,价格都将以同样的比例上涨。重要的是铸币的"元"数,而非铸币的重量,这一事实需要

---

① 参阅 J. S. Mill, *Principles of Political Economy*, Book Ⅲ, Chapter Ⅷ, § 2. 李嘉图在答复博桑基特(Bosanquet)时用过一个基本上相同的例证,虽然形式略为不同。参见 *Works*, 2nd ed., London (Murray), 1852, p. 346。

② 参阅 *Works*, 2d ed., London (Murray), 1852, pp. 346 and 347 (reply to Bosanquet, Chapter VI);也可参阅 pp. 213 and 214。

特别的强调,它使得货币不同于所有其他商品,并解释了货币购买力与其他商品的特殊关系。例如,人们对糖的实际需求表现为糖的磅数,其价值取决于它的**实际数量**。如果糖的数量从 1000000 磅变成 1000000 英担,不能由此推断说 1 英担糖具有的价值就是先前 1 磅糖具有的价值。货币没有这样的品质。如果流通中的货币从 1000000 单位的一种重量变成 1000000 单位的另一种重量,货币每单位的价值将保持不变。

因此,真实情况是货币没有满足人类欲望的能力,只有**购买**确有这种能力的东西的能力[①],此乃货币在各种商品中独有的基础特性,是货币数量论的最终根据。

[①] 参阅 G. F. Knapp, *Staatliche Theorie des Geldes*,Leipzig,1905;L. von Bortkiewicz,"Die geld theoretischen und die währungspolitischen Consequenzen des 'Nominalismus,'" *Jahrbuch für Gesetzgebung*,*Verwaltung und Volkswirtschaft*,October,1906;Bertrand Nogaro,"L'expérience bimétalliste du XIX siècle et la théorie générale de la monnaie," *Revue d'Économie politique*,1908。

第三章　存款通货对交易方程式及货币购买力的影响

第一节　流通信用的秘密

现在我们开始解释银行存款通货或流通信用的性质。信用总的来说是债权人对债务人享有的权利。可开支票的银行存款是银行的债权人对银行享有的权利，因此，他们可以随时用支票从银行提取一定数量的款项。由于不考虑其他种类的银行存款，习惯上我们把"可开支票的银行存款"简单地称为"银行存款"，它们也被称为"流通信用"。如前所述，银行支票仅仅是提款权或移交银行存款权利的凭证，本身不是通货，他们代表的银行存款是通货。

正是在转让银行存款的过程中，才产生了所谓的"银行业务秘密"或"流通信用"。包括有些经济学家在内的很多人，曾经视信用是一种特殊形式的财富，可以由银行任意制造出来；另一些人则坚持认为，信用根本就没有实际的财富基础，而是一种不真实的膨胀的泡沫，如果不是完全非法的，其存在也是极不稳定的。事实上，银行存款与银行钞票一样容易理解，本章探讨银行存款的理论基本上也适用于银行钞票。两者的主要区别只是一种形式上的不同,钞票的流通是转手,存款通货的流通则凭借一种被称为"支票"的特殊命令。

为理解银行存款的真正性质,让我们想象一个假设的机构——一家早期的银行,主要职能是为了吸收存款与安全保管真正的货币。起初的阿姆斯特丹银行类似我们正在想象的银行。许多人在这家银行存入 100000 美元的黄金,然后收到一张存款收据。如果这家银行发布"资本账户"或报表,则它的金库显示有 100000 美元黄金,同时对存款人负债 100000 美元,其资产负债表显示如下:

表 3.1.1　假想的银行资产负债表①

资产	负债
黄金 100000　美元	存款 100000 美元

报表的右边是由单个存款人的小额存款组成。设存款人 A 与 B 各存入 10000 美元,其余存款人共存入 80000 美元,则银行资产负债如表 3.1.2 所示:

表 3.1.2　假想的银行资产负债表②

资产	负债	
黄金 100000　美元	存款人 A	10000 美元
	存款人 B	10000 美元
	其余的存款人	80000 美元
100000 元	100000 美元	

---

① 表 3.1.1 在英文原著第一版第 34 页,标题为译者所加。——译者
② 表 3.1.2 在英文原著第一版第 34 页,标题为译者所加。——译者

第三章　存款通货对交易方程式及货币购买力的影响　　**33**

现在假设 A 要向 B 支付 1000 美元。A 可以和 B 一起到银行交出存款单或 1000 美元的支票，取出黄金 1000 美元给 B，然后 B 只须通过出纳窗口交回金元，将黄金 1000 美元再次存入这家银行，并取回用自己姓名开出的新存款单。当然，A 和 B 也不必一同去银行交易货币，A 只须将 1000 美元的支票交给 B 即可。无论哪种情况下转账，都意味着 A 在银行的存款由 10000 美元减至黄金 9000 美元，B 的存款则从 10000 美元增至 110000 美元，从而资产负债变成表 3.1.3 所示：

表 3.1.3　假想的银行资产负债表①

资产	负债	
黄金 100000　美元	存款人 A	9000 美元
	存款人 B	11000 美元
	其余的存款人	80000 美元
100000 美元	100000 美元	

这样，存款单或支票就代替了现金在不同银行存款人之间流通。在此情况下，真正让所有权变动或"流通"的是"提款权"，支票只是这种权利的凭证，也是这种权利由一个人转让给另一个人的凭证。

在所考察的上述情形下，若银行为了存款人的便利，动用银行职员的时间与劳动，而又一无所获，则必致损失。但是，和阿姆斯特丹银行一样②，这家假设的银行很快发现它能够把保存的一部

---

①　表 3.1.3 在英文原著第一版第 35 页，标题为译者所加。——译者

②　参见 Dunbar, *Theory and History of Banking*, 2nd ed., edited by O. M. W. Sprague, New York and London (G. P. Putnam's Sons), 1901, pp. 113-116。

分黄金放贷出去"制造货币",收取利息。这样的做法不会遭存款人的反对,因为存款人的想法或要求不是原样取回他们存入的黄金,而只是要求能够随时取回同一数额的黄金。原因在于他们和银行议定的安排,只是要求银行支付一定数量的而非任何特定的黄金,银行也发现可以任意放贷收存的部分黄金,否则闲置在金库就是很大的不必要的浪费。

现不妨假设银行决定放出一半的现金。通常的放款方式是银行用现金交换借款人的借据。**现在的贷款实际上是用货币交换借据**。在本例中,放款人银行收进借据,放出黄金。假定所谓的借款人实际提取 50000 美元黄金,银行收进 50000 美元的借据,则银行资产负债表变成:

表 3.1.4 假想的银行资产负债表[①]

资产		负债	
黄金	50000 美元	存款人 A	9000 美元
借据	50000 美元	存款人 B	11000 美元
		其余的存款人	80000 美元
100000 美元		100000 美元	

注意:虽然总存款额仍然是 100000 美元,银行此时的黄金只有 50000 美元。换言之,存款人在银行"存放的货币"要比银行金库保存的货币多。但是,正如将要说明的,这种表述方式含有对"货币"一词流行的错误见解。每一笔贷款都有充足的**准备**,但不一定是货币。

其次,设想这位**借款人**也变成了某种意义上的存款人,将他们

---

① 表 3.1.4 在英文原著第一版第 36 页,标题为译者所加。——译者

第三章　存款通货对交易方程式及货币购买力的影响　　**35**

借得的 50000 黄金再次存入银行,**换得随时提取同一数量金元的权利**。换言之,借款人从银行借得黄金 50000 美元后,回手将这笔钱贷给银行。由此银行的资产增加 50000 金元,负债也增加同一数额,信用扩大了,资产负债表变为:

表 3.1.5　假想的银行资产负债表①

资产	负债	
黄金　100000 美元 借据　　50000 美元	存款人 A 存款人 B 其余的存款人 新的存款人(借款人)	9000 美元 11000 美元 80000 美元 50000 美元
150000 美元	150000 美元	

这种情况下,所发生的手续如下:银行放贷黄金,收进借据,黄金被换成借据;然后借款人存入黄金,换得随时提款权。因此,黄金实际上一点未动,但银行却收进了借据,存款人得到了随时的提款权。因此,若每个借款人只送交借据,换取提款权,显然会发生同样的结果。鉴于此项业务常常令银行业务的初学者迷惑不解,兹用表格将这些"贷款"——即用借据交换现在的提款权②——前后的变化情况重述如下:

---

① 表 3.1.5 在英文原著第一版第 37 页,标题为译者所加。——译者

② 归根结底,除提供有担保的信用职能外,银行实际上是借款人与放款人之间的中介。凭借撮合借款人与最终放款人,并向前者提供无法从其他渠道获得的贷款来源,银行同时降低了利率,增加了信用通货的供应。参看 Harry G. Brown, in the *Quarterly Journal of Economics*, August, 1910, "Commercial Banking and the Rate of Interest"一文。

表 3.1.6 放款前的银行资产负债表①

资产		负债	
黄金	100000 美元	存款	100000 美元
100000 美元		100000 美元	

表 3.1.7 放款后的银行资产负债表②

资产		负债	
黄金	100000 美元	存款	150000 美元
借据	50000 美元		
150000 美元		150000 美元	

很清楚,在这种情况下,虽然货币有助于在理论上理解提款权和负债的转移,但用货币讨论银行的放款和存款是不必要的麻烦。因此,银行收进的或是金元存款,或是借据,作为交换,银行借出的或是提款权,或是其他客户存入的金元。即使当借款人只有银行的提款权时,也可以设想他像原始的金元存款人一样,在银行有"存放的货币",有权开支票提款。提款权的总值,无论何种起因,都称为"存款"。更多时候,银行贷放的是提款权(或对存款的权利)而非真正的金元。一部分原因是这样对借款人更便利,一部分原因是银行希望保持较多的金元储备,以满足巨额的突如其来的提款要求。确实,银行贷出资金后,借款人在经营过程中会将借得的资金支付给其他往来商户,后者会将部分资金再次存入银行,但不一定是存入同一家银行。因此,一般的银行家宁愿借款人不提

---

① 表 3.1.6 在英文原著第一版第 38 页,标题为译者所加。——译者

② 表 3.1.7 在英文原著第一版第 38 页,标题为译者所加。——译者

第三章　存款通货对交易方程式及货币购买力的影响　　**37**

取实际现金。

除放贷存款的权利外，银行也可以出借他们自己的被称为"钞票"的票据。钞票赖以流通的原理和对存款的权利赖以流通的原理一样，只不过持有人得到的是一口袋的钞票而不是一个银行账户。无论哪一种情况，银行都必须随时准备偿付持有人——"赎回票据"——向存款人付款。两种情况下，银行都是以承诺交换承诺。在借出钞票的情况下，银行用钞票换取客户的借据。钞票没有利息，但随时可用以付款；客户的借据虽产生利息，但需至规定日期才予偿付。

假定银行发行 50000 美元的钞票，则资产负债表变成：

表 3.1.8　发行钞票后的银行资产负债表①

资产		负债	
黄金	100000 美元	存款	150000 美元
放款	100000 美元	钞票	50000 美元
200000 美元		200000 美元	

需要重申的是，通过信用或使用票据，银行的存款就可以**超过它的现金**。如果能诱导人们不把银行业务视为货币交易，这个道理就没有什么神秘或模糊不清的，普通的信用也是如此。这样的表述是隐喻性的，容易误导。说银行经营的是货币交易，不如说他们经营的是不动产交易。存款人平常并没有"存入货币"，而且不管他是否存入货币，都不能说他"在银行有货币"。他真正拥有的是银行随时付款的承诺，银行欠他的货币。当某个私人欠别人货

---

①　表 3.1.8 在英文原著第一版第 39 页，标题为译者所加。——译者

币时，债权人从不会说他有货币存放在债务人的钱袋里。

第二节　流通信用的基础

在任何资产负债表中，负债的价值依赖于资产的价值，但不能过分强调这一点。银行的存款也不例外，我们不能因现金资产比存款少而受蒙蔽。当得知钞票持有人和存款者有权从银行提取的金元数超过银行存放的金元数时，缺乏经验的初学者便贸然下结论说，银行没有清偿钞票与存款负债的资产。其实在有清偿能力的银行，所有债务始终有完全的价值保障。这些清偿保障若不是金元，至少也是**财产的黄金价值**。除非银行已无力偿还债务，否则任何戏法都不能使负债超过资产，即便如此也只是名义上的，因为负债（坏账）的真实价值只能等于他们背后的资产的**真实价值**。

前已指出，这些资产很多是商人的借据，尽管从银行业务理论说，它们也可能是任何种类的财产。如果它们是完全占有的不动产或其他财富，使得始终由财产代表的实际财富明白可见，则一切疑难自会消失，但结果不会有任何区别。银行放款时，不会接收粮食、机器或钢锭作为抵押品，而宁愿接收直接或间接拥有这些粮食、机器及钢锭的公司与个人的生息借据；按照银行业务法，银行甚至**被迫**接收票据而非各种实物。银行感觉自己的负债超过了**现金资产**，但无论哪一种情况，超额负债都由银行占有的非现金资产抵补。银行其他非现金资产通常多是商人的负债，这些负债最终都由商人的资产支持。如果继续追根究底，银行负债的最后基础都是世界上看得见摸得着的财富。

整个信用结构的最后基础是看不见的,但确实存在。的确,在某种意义上,我们可以说银行业务引起了那些看得见、摸得着财富的流通。地主的土地或者火炉商的铁炉虽不能在实际中像金元那样流通,但地主或火炉商却可以给银行开一张借据,银行以此为基础发行钞票或存款,这些钞票或存款就能像金元那样流通。但凡拥有的财富不易交换的人,都可以通过银行业务创造一张流通媒介。他只须给银行开一张借据,即可得到提款权。当然,借据以他的财产作抵押。这样,不太容易兑换的财富变成了流动的货币。不成熟地说,银行业务是一种方法,能将土地、火炉与其他财富模压成铸币,否则这些财货没有普遍的交换性。

研究一下大型的现代"托拉斯"是有趣的。它们的组建对存款通货的流行是相当大的推动力。因为在申请银行贷款时,较之于小公司的债券与股票以及合伙企业的认股权,大公司的证券更容易被用作"附属抵押品"。

表 3.2.1　考虑股东资本的银行资产负债表[①]

资产		负债	
现金储备	140000 美元	存款	150000 美元
放款	100000 美元	钞票	50000 美元
办公楼	10000 美元	股票	50000 美元
250000 美元		250000 美元	

首先,我们把银行视为十足的合作性企业,为存款人提供便利并收取服务费用。但是,一旦银行涉及向 X、Y 与 Z 贷放有期限的货币资金,同时自己负有随时付款的义务,他就为 X、Y、Z 与现

---

① 表 3.2.1 在英文原著第一版第 42 页,标题为译者所加。——译者

金存款人承担了存款人不愿意承担的风险。为解决这个问题，开办银行的责任与费用就由第三方人士股东承担。股东为了获得赢利机会愿意承担加大的风险，且为了担保存款人不受损失，投入他们自己的现金。实际上，他们的契约规定要补偿存款人遭受的任何损失。不妨假设股东投入 50000 金元，亦即 40000 美元和 10000 美元购置银行的办公楼，则资产负债表变成表 3.2.1 的形式。

现在的资产负债表包括了普通现代银行各主要业务，即所谓"银行存款、钞票发行、票据贴现"。

第三节　银行业务的限制

为了清偿负债，资产必须是充足的。知道了这点后，我们还需指出，资产的构成必须能够保证及时清偿负债。因为银行事业是快速提供随时可用的财产（现金或信用），以代替存款人"不易流动"的财产。一旦现金不足，就不能达到目的。不过，银行"赢利"是以充分出借容易流动的财产、将他贷放给需要的人来实现的。由此，银行的策略问题就是既要充分地借出，以增加自己的财产；又不能出借太多，让自己陷于经营困境。迄今为止，尚无人反对银行可以按照现金或资本的一定比例，无限制地增加贷款。果真如此，则存款通货就可以无限扩大。

不过，审慎行事与健全的经济政策对这两方面都有限制。无力清偿债务与现金不足都是银行必须避免的。无力清偿债务是贷款的扩大没有足够的资本支持，银行经营受到威胁的情况；现金不

第三章　存款通货对交易方程式及货币购买力的影响　　**41**

足是贷款的扩大超过对现金的正常比例,银行经营受到威胁的情况。一旦资不抵债,银行不能偿还它的债务,就出现无力清偿的情况;现金不足的情况则出现在下列情况,即虽然银行的总资产完全等于负债,但手头的实际现金不足以满足眼前的需要,银行不能**随时**偿还它的负债。

　　股东投入资本的价值对其他人负债的价值之比率越小,无力清偿债务的风险越大;现金对随时提款的负债之比率越小,则现金不足的风险越大。换而言之,阻止无力清偿债务风险的第一道防线是充足的资本与资本盈余,但阻止现金不足风险的第一道防线是大量的现金储备。无力清偿的风险降临到任何经营性企业都是正常的,但现金不足的风险专属于不能兑换钞票、不能满足客户提取存款要求的银行。

　　不妨举例说明现金不足的情况。在我们假设的银行资产负债表左边有 140000 美元现金储备,右边有 200000 美元的随时可提现的负债(存款与钞票)。银行经理可能认为 140000 美元的黄金太多,或者放出的贷款太少。于是他们向顾客出借现金、钞票与储蓄存款等扩大贷款,直至金储备减至比如说 40000 美元,而对存款人与钞票持有人的负债增至 300000 美元。在这种情况下,若存款人与钞票持有人要求提取现金 50000 美元,则银行不能即刻兑付。确实,银行资产仍然等于负债,有充足的资产可以抵偿客户要求提取的 50000 美元现金。但是,按照契约规定,银行应该**立即**用**现金**偿付存款人与钞票持有人。如果契约不这样规定,银行偿付的可能就是以这笔现金为抵押的权证,将债务人的借据转交给这笔现金的债权人；或者要求客户等至这些抵押品兑换成现金后，再予偿付[①]。

由于两种方法银行都不能使用，故一旦发生现金不足之威胁，银行就会预先收回一部分贷款阻止危险的发生；若无可以收回的贷款，银行就出售一部分抵押品或其他财产筹集现金。不幸的是，银行短时间内能筹集的现金量是有限的，如果众多的钞票持有人和存款人**同时**要求现金付款，银行就逃脱不了倒闭的厄运[②]。如下例子淋漓尽致地描述了恐惧现金不足的矛盾心理，一个人问他的开户行是否有足够的现金可用来偿还他的存款金额，说"如果你能照单偿还存款，我就不要现金；如果你不能照单偿还存款，我就要现金"。这就是1907年的华尔街情形，所有的存款人同时赶到那里，想弄清楚他们的款项"还存在那里"。然而，情况永远不可能是所有人的存款都同时保存在那里。

自此以后，现金不足是一种非常令人讨厌的情形——一旦来临极难逃避，一旦开始极难阻止——银行必须控制他的贷款与钞票发行，在手边保持足够的现金储备，以预防现金的不足甚至威胁的发生。银行或者出售抵押品吸收现金，或者放贷现金收入抵押品，通过两种业务的交替变换来控制现金储备。按照手边现金的一定比例放贷越多，利润就越大，风险也越大。长期看，银行可通过调节贷款利率的方式保持必要的现金储备。如果贷款少，储备足够多，能支持更大金额的贷款，银行就以调低利率的方式尽量扩

[①] 参见 Irving Fisher，*The Nature of Capital and Income*，Chapter V。

[②] 参见 Ricardo，*Works*，2d ed.，London（Murray），1852，p. 217（*Principles of Political Economy and Taxation*，Chapter XXVII）。

第三章　存款通货对交易方程式及货币购买力的影响　　**43**

大贷款；如果贷款多，担忧对现金储备有太多的提款要求，银行就通过收取更高利息的方式限制贷款。因此，通过交替地提高与降低利息，银行将贷款金额维持在储备金可以支持的范围内，但为了利润会尽力保持在储备金可支持的最高水平。

如果银行欠各个存款人的金额很大，则应该根据负债成比例地加大储备金，因为哪怕少数存款人提款，都会很快用尽现金储备[①]。同样道理，对波动较大的存款或临时性存款，储备金也应该大一些[②]。大城市大银行活动的储备金与随时提款负债的比例，必须大于银行业务不太频繁的小城镇。

经验表明，不同银行因一般的营业特点与业务量不同，其储蓄存款的平均规模也不同。各个银行都有一个正常的储备金对存款的比例，整个社会的也有一个正常比例——不同银行比例的平均数，但没有一个绝对的数字规定。法律常常强制实施一个任意的比例，比如，政府规定美国的国家银行要为存款保留准备金，其比例按银行是否位于法律指定的"准备金"市而有所区别，因为位于准备金市的国家银行持有其他地方银行的存款。这些准备金都是保证存款的防线。另一方面，国家银行发行钞票不要求准备金的保证。确实，对银行钞票与存款适用的经济学原理是相同的，但法律对它们的处理是有区别的。政府自己选择承担责任，随时兑现国家银行的钞票。

[①]　Victor Morawetz, *The Banking and Currency Problem in the United States*, New York (The North American Review Publishing Co.), 1909, pp. 36 and 37. Also Kemmerer, *Money and Prices*, 1909, p. 80.

[②]　同上。

州立银行准备金比例的规定则各不相同[1]。各州要求准备金对存款的比率从 12.5% 到 22.5% 不等,通常介于 15% 与 20%。准备金中,要求现金部分占 10% 到 50%,通常要求的比例是 40%。

不过,对银行经营准备金的这种法律规制不是开展银行业务的必要条件。在加拿大,法律规定钞票与存款要配合使用。确实,在根本没有政府各种管制的情况下,银行经营也可以照样运行。"乔治·史密斯的钱"就是例证。乔治·史密斯(George Smith)、亚历山大·米切尔(Alexander Mitchell)与其他人于 1839 年成立了一家保险公司。虽然法律禁止该机构染指"银行经营特权",公司却发行了应付持票人的存款单。这些存款单实际上像银行钞票一样流通[2]。

第四节　交易方程式的修正

对银行经营运行的研究显示,有两种通货:一是银行钞票,属于货币范畴;另一是存款,不属于货币范畴,但却是很好的替代物。如果将这些归入更大类的商品范畴,就有三类商品;首先是**货币**;其次是存款通货,或简称**存款**;再次是所有其他**商品**。使用这三类商品,就会产生六种交换:

(1)货币和货币的交换

---

[1]　"Digest of State Banking Statutes," in *Reports of the National Monetary Commission*, 61st Congress, 2nd Session Senate Document, No. 353.

[2]　参见 Horace White, *Money and Banking*。

第三章　存款通货对交易方程式及货币购买力的影响　　**45**

（2）存款和存款的交换

（3）商品和商品的交换

（4）货币和存款的交换

（5）货币和商品的交换

（6）存款和商品的交换

从本书研究的目的看，只有最后两种交换是重要的，因为这些交换构成**货币的流通**。至于其他四种交换，第一种与第三种前面已经解释，分别是"货币互换"与"物物交换"；第二种与第四种是银行交易业务：第二种是收取支票售出汇票一类，或是银行通过票据交换互相注销应付应收账款；第四种是货币的存放与提取，即存入现金或用支票提取现金。

分析银行的资产负债表为我们修改交易方程式——即将银行存款或流通信用计入交易方程式——做了准备。我们仍然用 M 表示实际货币数量，V 表示货币的流通速度。同样，我们用 M' 表示可用支票提取的总存款数，V' 表示存款的平均流通速度。因此，量度一年中购买的商品总价值不再用 MV，而是用 $MV + M'V'$，所以交易方程式变成：

$$MV + M'V' = \sum pQ = PT \text{ [①]}$$

我们不妨再次用机械图形表示交易方程式。

---

① 在 *Money and Credit Instruments in their Relation to General Prices* 中，凯莫莱对此交易方程式也有说明，虽略有不同，亦包括银行信贷。信用对价格的作用方式一如货币，并非新确证的原理。譬如，参见 Mill, *Principles of Political Economy*, Book III, Chapter XII, § 1, 2。

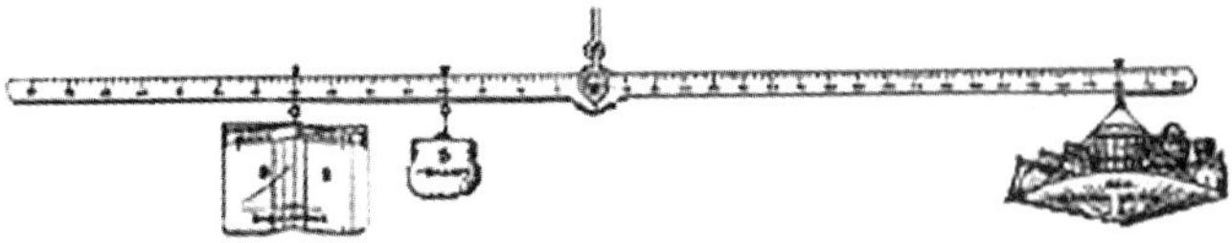

图 3.4.1　包含银行存款的天平交易方程式

如前图 2.2.2,图 3.4.1[①]也表示交换。右边的砝码是各种各样商品的混合体,砝码距天平支柱的距离,或者砝码悬挂点的臂长表示混合体的平均价格。同样,左边的钱包式样的砝码表示货币 M,其流通速度 V 由钱包悬挂点的臂长表示。但是现在,左边有一个存款账簿形式的新砝码,表示银行存款 M'。这些银行存款的流通速度 V' 由新砝码距天平支柱的距离,或者账簿悬挂点的臂长表示。

这种机械天平装置清晰地显现这样的事实,平均价格(右臂)不仅随货币量或银行存款的增加上涨,也随流通速度的增加上涨,而随交易量的增加下降。

再回到交易方程式的左边,或者 $MV+M'V'$,可以看出,在一个没有银行存款的社会,交易方程式左边直接减少为第二章所用公式 MV;因为在这样一个社会,不存在 $M'V'$ 项。M' 进入流通会提高价格,也就是左边悬挂了银行账簿后,就需要增加右边的臂长。

正像 E 符号被用来表示货币的总流通量 MV,也可以用符号 E' 来表示存款的总流通量 $M'V'$。

---

①　图 3.4.1 是英文原著第一版第 48 页第 4 图,标题为译者所加。——译者

第三章　存款通货对交易方程式及货币购买力的影响　　**47**

像 E、M 与 V 一样，E'、M' 与 V' 也是一年不同时期、不同个人对应量值的总和或平均数[①]。

第五节　存款通货与货币的比例关系

扩展后的货币流通方程式包括存款流通，降低了货币数量对物价的直接影响，也使得对这种影响刨根究底的研究更困难更复杂。甚至有人列举理由论证，流通信用的介入破坏了价格与货币数量之间可能存在的关系[②]。如果流通信用和货币无关，则如所论。但事实是流通信用的数量 M' 一般和流通中的货币数量 M 有确定的关系，亦即存款通常几乎是货币的一定倍数。

正常情况下，两个事实使得存款对货币有一定的倍数比。第一个事实已经解释，也就是银行准备金大约是按存款的一定比例保留的；第二个事实是个人、商行与公司在现金交易与支票交易、手头现款与银行存款余额之间，会维持一个大致固定的比例[③]。这些比例是由个人的便利性动机与习惯决定的。总的来说，厂商在支付工资、支付零星杂项交易费用时，用"零用现金"账下的现款；而在结算彼此业务往来时，通常更喜欢用支票。厂商对这些有

---

① 对 E'、M' 与 V' 的数学分析是用一系列的 e''、m'' 与 v'' 等进行的，和第二章附录对 E，M 与 V 的分析完全一样。也可参阅本章（第三章）附录第一节和第二节。

② 拉福林（Laughlin）有一种几乎对立的主张是，正常信用不会影响价格，因为它不是本位币，不会影响唯一决定物价的本位币的价值。参见 *Principles of Money*，New York（Scribner），1903，p. 97。这两种看法都与本书的观点相反。

③ 当拉福林（Laughlin）极力主张，不存在"限制存款通货数量的任何理由，或铸币准备金绝对稀缺的假设"时，他显然忽视了这个事实。参见 *Principles of Money*，p. 127。

区别的支付方式的偏好非常强烈,除了偶然的小范围的例外,极少混淆。鲜有厂商用支票付车费,用现金清偿巨额负债的。每个人都在平衡地使用两种付款方式,除短暂现象外,不会有大的变动。为满足用现款付账或用支票付款的需要,厂商会不断地调整手头的现款与银行的存款余额。每当手头现款变小,银行存款余额变大时,他就用支票提取现金,反之则存入现金,以此方式不断交替变换两种交换媒介。私人通常是取出银行存款,充实他的钱袋;零售商户通常是将钱柜的营业收款存入他的银行账户,银行则充任两者的居间调剂人。

在特定的社会,存款通货①和货币的数量关系,是由对便利性的多方面考虑决定的。首先,一个社会的商业越发达,支票的使用越盛行。发达的商业社会交易广泛,商人们习惯用支票办理彼此间的大宗买卖经营,用现金办理小额交易。其次,人口越稠密,越盛行使用支票。在人口密集的城市,用支票支付巨额款项,对付款人与收款人都方便。相反,在人烟稀疏的乡村,跑一趟银行要耗费大量的时间与精力,极不方便。因此,相对于实现的交易额来说,使用货币的比例要多一些②。再次,一个团体的成员越富裕,使用支票的人就越多。劳动者很少使用支票,但资本家、专业人士与领薪水者习惯为私人事务与商业交易使用支票。

因此,在支票流通与现金流通之间,存在一个便利性与习惯性

---

① "存款通货"这个方便的术语是拉福林使用的,参见 *Principles of Money*,p. 118。

② 参见 Kinley,"Credit Instruments," *Report of the National Monetary Commission*,Senate Document,399,61st Congress,2d Session,1910,p. 188。

的关系；在普通人或公司的银行存款余额和保留在钱袋或钱柜的现款之间，有一个几乎稳定的比例关系。将这一事实推及整个国家，就是由于便利性关系，M 和 M' 之间有一个大致固定的比例。若这一比例暂时遭到破坏，就有一种回复趋势起作用，出现个人或存入多余现金，或支取多余存款的现象。

故上述流通中的货币和前述用作准备金的货币，都有和存款维持一个固定比例的趋势，由此可知货币与存款之间也必然有一个固定的比例。

进一步可推知，若流通中的货币数量 M 有任何变化，通常情况下可开支票的银行存款数量 M' 也会随之成比例地变化，结果一般价格水平也以完全相同的比例变化。当然，这样的变化是不受 V 各项或 Q 各项同时变动的影响。从交易方程式 $MV + M'V' = \sum pQ$ 看，这一命题的真实性是明显的，比如，若 M 与 M' 增至两倍，V 与 V' 保持不变，方程式左边就增至两倍，因此右边也必然增至两倍。但是，如果 Q 各项保持不变，那么很明显所有的 p 项也必定增至两倍，或者若一些 p 项增长不及两倍，则另一些 p 项增长就必须超过两倍，才能相互补足抵平。

第六节　本章主要论点

本章的内容可用几个简单的论点给予确切的阐述：

（1）银行供给两种通货，亦即银行钞票——是货币；银行存款（或提款权）——不是货币。

（2）银行支票只是提款权的一种凭证。

(3)保障存款人与钞票持有人权利的不只有金准备,也包括银行的全部资产。

(4)存款银行业务是一种手段,借此可将不能直接流通的财富变成提款权流通的基础。

(5)这种流通的提款权的基础,一部分必须是实际货币,一部分应该是易于流动的资产,容易兑换成货币。

(6)货币、存款与其他商品这三类商品之间有六种交换,其中货币与商品的交换和存款与商品的交换对我们的研究目的最重要。

(7)扩展的货币流通方程式包括银行存款,变成:

$$MV + M'V' = \sum pQ \text{ 或者 } PT$$

(8)在银行存款 M' 与货币数量 M 之间,一般有一个正常的比例。因为商业经营必需的便利性,要求将可用的资金在存款与货币之间按几乎固定的比例进行分割,尽管这种分割比例是有弹性的。

(9)交易方程式计入存款通货通后不会影响货币与价格之间的数量关系。

第四章 价格过渡期对交易方程式及货币购买力的扰动

第一节 利率调整滞后于物价变动

上一章已经说明,通常银行存款和流通中的货币及银行准备金会保持一定的比例。只要维持这种正常的比例关系,银行存款的作用就只是**放大了**流通中的货币对价格水平的影响,**丝毫不改**变影响的性质。而且,无论交易方程式是否包含银行存款,货币流通速度或商品交易量的变化对价格也发生同样的影响。

但在价格过渡期,货币 M 与存款 M' 之间的比例关系一点也不稳定。

现在我们开始研究这些价格过渡期。构成价格过渡的变化可能起源于货币数量的变化,也可能起源于交易方程式其他因子的变化,抑或起源于所有因子的变化。价格过渡通常会牵涉所有的因子,但我们选择研究的主要因子是货币数量及其对其他因子的影响。如果货币数量突然增至两倍,则这种变化前后的结果是不一样的。如前所述,最终的结果是价格增至两倍,但之前是价格的上下波动。本章单独考察**价格过渡期的暂时影响**,以和前一章考察的**永久性的或最终的影响**区别开来。这些永久性的或最终的结果是在新的均衡确立后产生的——如果确有这样一种均衡状态。本章所要研讨的,只是价格过渡期的暂时影响。

价格过渡期的特征或者是价格上涨,或者是价格下跌。必须对**上涨的**价格与**高价**,**下跌的**价格与**低价**作出清楚的区分。在静态水平,价格或高或低,不属于本章研究的内容。我们要研究的是上涨的或下跌的价格,上涨的价格表示低水平价格向高水平价格的过渡,正像一个斜坡标明平坦低地向平坦高地的过渡一样。

由于研究价格的上涨与下跌和研究利率调整有密切的关系,我们的首要任务是扼要陈述上涨的与下跌的价格[①]对**利率**的各种影响。确实,本章的主要目标是证明,在价格过渡期,利率的异常变动是经济危机与经济萧条的主要原因,而价格变动在危机与萧条中终止。

必须注意的是,虽然工商业贷款是以货币形式提供的,但任何时候一个人借款并非为了储藏货币,而是用以购买商品。因此,无论怎么说,当 A 从 B 借 100 美元,以每单位 1 美元的价格购买 100 单位商品时,可以说 B 实际上向 A 出借 100 单位的那种商品。假如年终 A 向 B 归还 100 美元,商品的价格在此期间已经上涨,那么 B 就要损失一小部分最初贷给 A 的购买力。因为即使 A 归还给 B 的恰好是原初的贷款美元,这些美元代表的商品也少于最初可购买的数量,研究利率须谨记这个道理。为简单明了,现假设价

---

① 更完整的论述参见 Irving Fisher, *The Rate of Interest*, New York (Macmillan), 1907, Chapters V, XIV。

第四章　价格过渡期对交易方程式及货币购买力的扰动　　**53**

格的增长率是每年 3％,某人年初出借 100 美元,在购买力上要获
得 5％ 的利息,则年终应收回 103 美元(此时等于借出的 100 美
元),加上这笔款 5％ 的利息,总计 108.15 美元。也就是说,为了
在**实际购买力**上得到 5％ 的利息,他在**货币**上得到的利息必须比
8％ 高一点。因此,若价格上涨 3％,利率就应该增加大约 3％。所
以,在价格上涨期间,为保持债权人与债务人的关系升涨前后不
变,上涨的价格比固定的价格要求有更高的货币利息。

　　不仅放款人要求如此,借款人也能够用货币支付更高的利息。
在某种程度上,竞争也会渐渐地迫使他们这样做①。然而,我们在
往来交易中是如此习惯于把货币视为某种稳定的事物——不顾时
间流逝地认为"一元就是一元"——以致我们不情愿接受这种重新
调整的过程,使得利率的调节极为缓慢且不准确。当价格以每年
3％ 的比率增长,正常的利率——亦即价格稳定时的利率——是
5％ 时,为补偿不断上涨的价格,实际利率虽然应该是 8.15％,但
通常不会达到这个数字,而可能到达比如说 6％,或迟些时候到达
7％。而且,利率调整的不足与滞后是由法律与习惯促成的,后者
倾向于任意地限制利率。

　　当价格下降时,也可以观察到类似的利率调整不足的情况。
假定年终 97 美元能买到的商品和年初 100 美元一样多。在此情
况下,放款人要收回等于本金的购买力和 5％ 的利息,应该得到的
不是 105 美元,而只是 97 美元加 97 美元的 5％ 或 101.85 美元。
故货币的利率在本例中应该是本金的 1.85％ 或不到 2％,而不是

----

　　① *Rate of Interest*, Chapter XIV.

本金的 5%。换言之,价格下跌 3% 应该将利率减少 3%。但事实上,很少有这样精确的调整,远高于 2% 的货币利率持续了相当长的时间[1]。

第二节　物价的轮番上涨

现在,我们研究交易方程式各因子的暂时性或过渡性变化。先假设有一个轻微的扰动,比如是由美元数量增加引起的。通过交易方程式,这将导致价格上涨。随着价格的上涨,即使经营成本照同样的比例增加,商人用货币计算的利润也会增加。所以,如果一个人销售 10000 美元的商品,成本价 6000 美元,则扣除成本的利润就是 4000 美元,假如成本倍增可以得到倍增的价格,他的利润也会倍增,变成 20000－12000,也就是 8000 美元。当然,这种价格上涨纯粹是名义的,因为它只是保持与价格水平同步上涨。商人不会获得任何实际利益,因为更多的货币利润比此前较少的货币利润不能购买更多的商品。但事实上,商人的利润比价格上升的多,原因是他必须支付的利息不会立即自行调整。利息属于商人的成本,这种成本起初不会上升,所以利润**将会**比价格上升的快。因此,他发现自己比往常赚得更多的利润,并受到鼓励,增加借款扩大经营规模。借款的形式大多是来自银行的短期贷款,前已解释,短期贷款会产生存款。如所周知,贷款与存款之间的相等

---

① 前引书。

第四章　价格过渡期对交易方程式及货币购买力的扰动　　**55**

是严格精确的①,故借款将会增加存款通货 M'。但正如金增加首先会提升一般价格水平②,存款通货的这种增加也会进一步提升一般价格水平。因此,先已超过利率的价格,超过的幅度会进一步增多,使得利润已在增加的借款人能够增加更多的利润。于是贷款需求增加,虽然名义利息可能被迫上升,却依然滞后于正常水平。然而,由于名义上利率**已经**上升,包括银行家在内的放款人会更加雄心勃勃。他们受更高名义利率的蒙蔽,认为公平的高利率正在变成现实,并扩大贷款,结果是银行贷款扩大,业已增加的存款通货 M' 进一步增加。同样,如果价格正在上涨,附属担保品的货币价值可能更高,使得借款人更容易获得巨额贷款③,所以价格会更进一步上涨④。这一系列事件可简要地逐条陈述如下:

(1)价格上涨(无论最初的原因是什么,我们选择金数量的增加作为例证);

(2)利率上升,但不充足;

(3)企业家(用菲特 Fetter 教授的术语)受巨额利润鼓舞,扩大借款;

(4)存款通货 M' 相对于货币 M 扩大;

---

①　参见 J. Pease Norton, *Statistical Studies in the New York Money Market*, Macmillan, 1902, chart at end。

②　参见 Knut Wicksell in the *Jahrbücher für National-ökonomie*, 1897 (Band 68), pp. 228 – 243, entitled "Der Bankzins als Regulator der Warenpreise." 这篇文章虽没有直接研究与金融恐慌有关的信用周期问题,却揭示了贷款的周期性扩张与收缩是导致银行贷款利率引起价格水平变化的根源。

③　参见 Kinley, *Money*, New York, Macmillan, 1904, p. 223。

④　参见 Wicksell, *op. cit*。

（5）价格继续上涨，亦即重复第一种现象，然后重复第二种现象，如此循环不已。

换言之，对价格轻微的初始扰动，都会引起一系列现象相继发生，这些现象趋向自我重复。价格一次上涨，会导致价格再次上涨，如此持续不已，**直至利率调整到正常水平**。

第三节　交易方程式的扰动程度

这种累积性的价格上涨会使 M' 对 M 比例的增加超过正常水平，显示存款通货的扩张。如果价格开始上涨不是由货币数量，而是由方程式中其他某个因素引起，此点就极为明显。因为如果 M 保持不变而 M' 增加，M' 对 M 的比例必然增加；如果 M 有任何比率的增加，M' 会以更大的比率增加。假如两者是以相同的比率增加，价格也会增加同样的比率（假定流通速度和货币数量不变）；如果价格照此比率增加，用于购买商品的贷款就必须根据商品价格作出调整，照同样的比率增加，才能确保买到与先前一样的商品。但是，希望趁利息的滞后性增加利润的企业家，会按超过原来或起初的比例扩大向银行的贷款，所以由贷款派生的存款也必然以超过起初的比例增加，亦即 M' 对 M 的比例增加。换言之，在 M 增加期间，M' 增加得更快，从而扰乱了两种通货形式之间的正常比例。

不过，这不是 M 增加引起的唯一扰动。其他的扰动是对各项 Q（或者说 T）、V 与 V' 发生的，我们依次论述。放松的银行贷款条件会刺激商品交易量 Q 各项，在价格上涨期间总是能观察到的

第四章 价格过渡期对交易方程式及货币购买力的扰动 **57**

这种影响。人们满意地说,"生意好!"与"机运兴隆!(times are booming)"这类赞语表达了普通的"企业家借款者"商人的观点,却未表达债权人、领薪水的人或者劳动者的意见,他们大部分默默地忍受长期支付更高的价格,却未能按比例获得更高收入的现实。

交易量反常增加的第一个原因是这样的事实,像利息一样,价格的充分调整滞后于由购买量增加推高的水平。在初始的推动力来自货币量增加的情况下,尤其如此。首先,增加的货币几乎是在原来价格水平上花销完的,继续花销这些货币就会渐渐推高价格,在此期间,购买量会多于价格陡然上涨的情况。实际上,从那些销售商品人员的观点看,正是在原来价格水平上能销售更多商品的可能性刺激了价格的上涨。一旦发现购买商在原来的流行价格水平需要比以前更多的商品,或者在更高的价格水平需要的商品跟以前同样多,他们就索要更高的价格。

但是,交易量的多少几乎完全是由通货数量以外的因素决定的,故由于通货的增加而增加的交易量不会太多,即在当时也是如此。在平常的好光景,几乎整个社会都在劳动,从事商品的生产、运输与交换。在商业繁荣时期,增加通货本身不能增加人口,增多发明,或提高劳动效率。几乎可以肯定,这些因素都会限制本来可以得到充分发展的商品交易。所以,尽管企业家借款人的收益可能对商业产生一种心理刺激,但受雇佣的失业者寥寥无几,只有少数行业的一些人会加班工作;尽管可能会增加一些投机性的买卖,但几乎可以肯定,增加通货的整体效果是价格的变化。正常情况下,整体效果会如此自我表现出来,但在短暂的过渡期,一些 Q 项也可能增加。

接着我们看到,价格上涨——货币购买力的下降——会加速货币的流通。我们所有的人都会迫不及待地抛售正在手上腐烂的商品,比如熟透的水果①。货币也不例外,当他正在贬值时,持有人巴不得尽快脱手。诚如他们想要的那样,他们的动机是按货币计价购买正在升值的商品,并通过增加的商品价值获得利润,结果不可避免的是这些商品的价格会进一步上升。因此,由上涨的价格触发的一系列变化,可逐条列举如下,较之上文是更完整的表述:

(1)价格上涨。

(2)流通速度 V 与 V' 增加,利率上升,但不充足。

(3)利润增加,贷款扩大,各种商品交易量 Q 增加。

(4)存款通货 M' 对货币 M 的比例增大。

(5)价格继续上涨,亦即重复第一种现象,然后重复第二种现象,如此不已。

读者可能注意到,这些变化现在涉及交易方程式的所有因子。他们是暂时的现象,只属于价格过渡时期。他们就像爬山的汽车,暂时增加了马力,调整了速度。

---

① 要查阅统计证据,参见 Pierre des Essars, *Journal de la Société de Statistique de Paris*, April 1895, p. 143。这些数字只与银行存款的流通速度有关系,没有对应的货币流通速度数字。皮埃尔·埃萨尔(Pierre des Essars)的统计证明,欧洲银行的 V' 在经济危机时期达到最大值,丝毫不差。著者发现本国的情况相同。对此,纽约、波士顿与费城的票据交换总额对存款的比率可以证明。

第四章　价格过渡期对交易方程式及货币购买力的扰动　　59

第四节　价格上涨导致危机

显然,导源于这种因果循环的存款扩张不可能永久持续下去,最终会将自己消失殆尽,而阻止它继续运行的力量又在于利率,正是利率上升的滞后性造成了这种反常的现象。但是,虽然利息的上涨迟钝缓慢,毕竟是在上涨的,而且一旦超过价格的上涨率,整个情况就会改变。如果价格以每年 2% 的比率上涨,那只有当利率的上涨超过 2% 时才能结束繁荣景况,因为此时利率能抵消价格的上涨率。银行被迫采取正当的防卫措施提高利率,因为他们不能容忍贷款对准备金的比率如此反常地增大。一旦调高了利率,借款人就不能指望赚得丰厚的利润,贷款的需求就停止了扩张。

还有其他力量会限制存款通货的进一步扩张,引发缩减趋势。法律与审慎要求都会限制存款通货数量,使之对银行准备金的比例不超过某个最大倍数,而银行准备金本身又受可用作准备金的货币数量的限制。而且,随着利息的上升,一些附属担保品,比如债券的价值开始下降,而它们是发放贷款的基础。这些有价证券的价格是固定收入额的贴现值,随利息的上升下跌,故用作贷款的附属担保品能担保的金额不如利息上升之前多。前已解释,这种阻止贷款扩张的原因也是阻止存款扩张的原因。

随着利息的增加,那些盘算照先前的利率补充贷款、贷到先前数量的款项的人的愿望落空,接着一些人注定要破产。已从银行借用大量资金的厂商的破产或破产预兆,引发很多存款人担心银行不能收回这些贷款。银行自己因之落入存款者怀疑的对象,故存款者要求提取现金。于是发生"银行挤兑(runs on the banks)",银行的准备金在银行最需要的时候濒临用尽[1]。由于缺乏准备金,银行不得不减少贷款,导致利率上升至令人恐慌的高度。那些贷款正好到期的企业家**必须**有[2]清偿债务的通货,愿意为得到通货支付高利息,其中一些企业注定要破产,随着他们的破产,对贷款的需求相应减少。价格上涨的顶点是所谓的危机[3]——一种以破产为特征,在最需要现金的时候缺乏现金的状况。

人们普遍意识到,不论丧失信心起于何因,由丧失信心导致的银行信用的崩溃是每一次危机的基本事实。在此描述的典型的商业危机中,信心的丧失乃是利率调整滞后的结果,这是人们尚未普遍认识到的也正是本章想要强调的。

讨论危机的非货币原因不是此处文字的目的,我们要进一步说明的是,**当危机和利率的失调联系在一起时**,货币原因是最重要的。人们经常强调的其他因素只是这种利率失调的结果,"过度消费"与"过度投资"就是例证。许多人的花费超过其支付能力的原

---

[1] 这里表述的一部分危机理论,哈里·G. 布朗作了类似的解释,参阅 Harry G. Brown, *Yale Review*, August, 1910, "Typical Commercial Crises *versus* a Money Panic."。

[2] Irving Fisher, *Rate of Interest*, pp. 325, 326.

[3] 这一危机定义由朱格拉(Juglar)提出,和对危机的描述相对应,他详细地介绍了危机的历史。参见 Juglar, *Des Crises Commerciales et de leur retour periodique en France en Angleterre et aux Etats-Unis*, 2d ed., Paris (Guillaumin), 1889, pp. 4 and 5。也可参见德·库赛·W. 汤姆翻译的研究美国的章节。De Courcey W. Thom, *A Brief History of Panics in the United States*, New York (Putnam), 1893, pp. 7 – 10.

因,是当美元的购买力在事实上迅速下跌时,他们却仍然将之视为一个稳定单位的美元。比如,债券持有人受蒙骗积累他的资本,做梦也没想到下降的货币购买力在侵蚀本金的价值,他应该以偿债基金方式储蓄。同样,股票持有者与企业家普遍遭受蒙骗,徒劳地以为利率稳定,导致投资过度。事实上,他们暂时获得的利益正是债券持有人损失的资本,有正当的理由花销和投资比价格不上涨时多的资金,在最初的时候走向繁荣。但是,利率迟早会超过他们过去指望的水平,等他们清醒过来,发现实际上他们已经着手的事业不能支付这么高的利率。

接着奇怪的事情发生了:借款人不容易得到贷款,便归咎于利率太高,殊不知这种情况正是以前利率不够高导致的。倘若以前利率足够的高,借款人永远不可能过度投资。

第五节　信用循环的完成

伴随贷款与存款的收缩,货币流通速度减缓。这些因素合力阻止价格继续上涨,使其趋向下降。浪潮已抵巅峰,落潮开始。由于价格已经停止上涨,为抵补上涨价格已升高的利率**应该**再次回落。但正如起初缓慢上升一样,现在的下降也很缓慢。事实上,利率暂时仍然趋向上升。

过去过度借贷的失策迫使不幸的失策受害者继续借贷,以维持他们的偿付能力,这种特殊的异常情况,正是"危机"期间的标志。贷款的目的或为了延展旧债,或为了偿付旧债再借新债。人们需要贷款并非因为新的投资,而是因为和旧的走厄运的投资联系在一起的清偿义务。问题是如何摆脱过去的还款承诺的困境，亦即结清债务。即使利率开始下降，下降得也很慢，破产继续发生。现在借款者发现虽然利率名义上很低，但仍然很难清偿。他们发现，在价格刚停止上涨或刚开始下跌前签订合同，情况尤其如此。在这些情况下，利率是在条件发生变化前商定的，所以如果名义利息有任何低调，也是微不足道的。由于照付利息极为不易，破产继续发生。结果是银行越发不愿意放款，除非有最好的抵押品；借款人愈益不肯借贷，除非经营成功的希望极大。由于银行贷款趋向下降，存款 M' 减少，收缩的存款通货使得价格下跌得更多。现在，那些当初借款的目的是为了购买商品囤积的人发现，他们销售这些商品得到的价款甚至不够偿还当初的借款。由于利率下降到一个更低的正常水平的滞后性，一系列和此前相反的现象就会依次发生：

（1）价格下跌。

（2）利率下降，但不充分。

（3）利润微薄，企业家借款人受挫，缩减他们的借款。

（4）存款通货（M'）对货币（M）的比例收缩。

（5）价格继续下跌，亦即重复第一种现象，然后重复第二种现象，如此循环不已。

价格一次下跌，会导致价格再次下跌，如此不已。显然，只要利率下降滞后于价格，这种现象就会自行循环。损失最惨重者是负债的商人，他是典型的企业家，现在抱怨"生意凋敝"，这就是经济萧条时期。

在萧条时期，货币流通速度 V 与存款通货流通速度 V' 都异

第四章　价格过渡期对交易方程式及货币购买力的扰动　　**63**

常低。在货币或支票代表的金元购买力上升期间，人们不再仓促花钱。各种商品交易量 Q 降低，因为(1)交易的发起人——企业家借款人——信心受挫；(2)只有跌落的支出额才能消除高价格惯性；(3) Q 仅代表的商品与货币的交换，一定范围内会被物物交换替代。因为价格依然很高，人们暂时没有足够的货币在现行的价格做生意，这些价格不会即刻调整至骤跌状态。当存在这种"钱荒"时，除了以物物交换弥补货币交易的不足外，并无办法维持所有的生意。但是，物物交换的做法虽缓解了价格下降的第一轮压力，但物物交换的不便立刻会作为另一种迫使价格下跌的压力发挥作用，只要能把货币弄到手，卖方宁愿减价出售商品，避免物物交换。不过，人们在这种不利条件下试图达成的交易额的减少，会暂时地部分地抵消这种影响。对这些因素的说明，可逐条陈列如下：

(1)价格下跌。

(2)流通速度 V 与 V' 下降；利率下降，但不充分。

(3)利润减少，贷款与各种商品交易量 Q 减少。

(4)存款通货 M' 对货币 M 的比例收缩。

价格继续下跌，亦即重复第一种现象，然后重复第二种现象，如此循环不已。

一旦利率的跌落速度超过了物价，这种因果循环造成的通货收缩就变成自我限制的过程，一段时间后开始恢复正常情况。最易被击败的生产商被迫离开生产经营，或者至少扩大经营已被增加的贷款阻止，留下最强壮的厂商建立新的信用结构。持续下跌的价格使得多数借款者不能支付原来的高利率，贷款需求萎缩，利率终于下降到借款者能够支付的水平。借款者又一次愿意冒险了,破产现象减少,银行贷款不再减少,价格停止下跌,借贷与从事企业经营变得有利可图,人们又需要贷款了,价格再次开始上涨,然后重复发生已经描述的轮番向上的运动。

我们已仔细考察了价格的上涨、到达峰顶、下跌与恢复。这些变化是由某个初始扰动引起的价格的异常摆动。上升的与下跌的运动共同构成一个完整的信用循环,就像钟摆的向前运动与向后运动一样[1]。大多数情况下,商业钟摆完成一个前后摆动占用的时间大约是 10 年。虽然这个钟摆不断地寻求一个稳定的状态,实际上总会发生某个事件阻止完全的均衡。一经开始的摆动虽有自我矫正的趋向,但各种新的干扰不断地让他始终处于摆动状态。在这类干扰原因中,最常见的就是货币数量的增加[2];其次是经营信心遭受冲击,影响了企业的进取心、贷款和存款;第三是农作物歉收,影响了各种商品交易量 Q;第四是发明创造。

因此,交易方程式各个因子在不断地寻求向正常状态的调整。一艘航行在风平浪静海面的船舶,停泊前有偶尔的颠簸;但船舶若在公海航行,就会不停地颠簸,虽不断地寻求平衡,却会频繁地遭遇各种加剧摇摆的事件。寻求相互修正的各种因子是流通中的货币、存款、流通速度、交易量 Q 的各项与价格 p 的各项。这些量值一定是由交易方程式 $MV + M'V' = \sum pQ$ 联系在一起,始终代表

---

① 对这种类比的数学表述,参见 Pareto, *Cours d'économie politique*, Lausanne, 1897, pp. 282 - 284.

② 这种说法似乎是对 1907 年经济上的大恐慌的解释。参见 Irving Fisher, *Rate of Interest*, p. 336.

第四章　价格过渡期对交易方程式及货币购买力的扰动　　　**65**

交换的机制。为了维持这种关系,交换机制任何一部件的移动,都在价格过渡时期影响其他所有的部件。由于价格过渡期是常态,均衡期属反例,交换机制总是处在运动的而非静止的状态。

不能认为每一次信用周期都是人为的,特征是,一些时候商业活动过多,另一些时候处于低潮。在波动的范围内,节奏几乎可能是极端的。在价格上升期间,如果银行在贷款上是保守的,信用通货的扩张就受到限制,价格的上涨也会受到同样的限制,以后的下跌就比较小,程度也更具渐进性。倘若人们对价格水平的变化有更深的理解,并努力通过调整利率平衡这种变化,也许会大大地减轻价格水平的波动。正是利率调整的滞后性纵容了价格的摆动,使之达到如此大的比例。对此,马歇尔曾论述:"商业活动膨胀期与萧条期相互交替的原因……和货币购买力变化引起的实际利率的变化有密切的联系。因为当价格可能上涨时,人们心急火燎地借钱购买商品,由此助推价格的上涨,交易量迅速上升,经营鲁莽又不经济。那些靠借贷资本经营的人偿还的实际价值少于借入的价值,损公肥私。之后当信用动摇、价格开始跌落时,每个人都想抛售跌价的商品,攥住迅速涨价的货币,由此加速了价格的跌落,而价格的进一步跌落使得信用甚至缩减更多,故因为价格已经跌落,价格会长时间下跌"[①]。

一种略为不同的周期是每年发生的季节性波动,这类波动多数不是由于偏离了均衡状态,而是缘于适应不同交易状况的连续

---

　　① Marshall, *Principles of Economics*, 5th ed., London (Macmillan), 1907, Vol. I, p. 594.

调整。这些交易状况虽在变化,却是正常的预料中的事。随着秋季农作物收获与搬运的临近,价格水平常有跌落趋势;过了这段时间,接踵而至的冬季价格水平上涨。

第六节　本章总结

本章分析了价格过渡期现象的各种特征,发现所谓的"兴隆"会走向它的反面,作用与反作用完成一个"繁荣"与"萧条"的循环。

我们一直在说明,上涨的价格趋向提高名义利率,下跌的价格趋向降低利率,但一般情况是利率的调整是不充分的。任何源自贷款扩张的价格的初始上涨,缘由都是利率未能立即往上调整。这会为企业家贷款人带来利润,刺激他的贷款需求,使得存款通货进一步扩张。而存款通货的扩张又进一步推高价格,虽然增加的交易量一定程度上可以减轻价格上涨压力,但增加的货币流通速度会强化这种结果。当利率调整至和上涨的价格一致时,贷款与存款就到了银行准备金及其他条件规定的界限。价格不再上涨的事实使得重新调整利率成为必要,经营过度扩张的企业家现在感觉高利率难以承受,结果是企业破产,爆发商业危机。反作用力介入后,开始返回运动,价格下跌,一旦开始,便会加速跌落,其理由和价格上涨运行的理由正好相反。

第五章 对货币购买力的各种间接影响

第一节 生产与消费
——由影响交易量而影响物价

迄今为止,我们讨论的价格水平是受交易量、货币与存款的流通速度和货币与存款数量的影响。只有这些因素对价格水平的影响是**直接的**,任何其他影响价格的力量都必须通过这五个因子起作用。交易方程式以外,通过这五个因子影响价格的力量非常多。本章的目标是考察其中的主要影响力量,但影响货币量的各种力量除外,至于后者,留待下两章讨论。

我们首先考察影响交易量并通过交易量影响价格水平的各种外部因素。决定交易程度的条件很多,具有技术性,最重要的可以分类如下:

Ⅰ. 影响生产者的条件

(a)自然资源在地理上的差异。

(b)劳动分工。

(c)生产的技术知识。

（d）资本积累。

Ⅱ．影响消费者的条件

（a）人类欲望的程度与种类。

Ⅲ．联结生产者与消费者的条件

（a）运输的便利程度。

（b）贸易的自由程度。

（c）货币制度与银行体系的特点。

（d）经营信心。

Ⅰ（a）显然，如果所有地区的自然资源及生产的比较成本完全相同，则这些地区之间很少或不可能发生贸易。同样正确的是，不同地区不同物品生产的成本差异越大，则这些地区越有可能发生贸易，贸易量也越大。原始贸易存在的理由在于这样的事实，地球上不同地区的物产是不同的，商人是距离遥远国家之间的旅行者，商业地理的变化更会导致贸易分布与贸易量的变化。美国内华达州的金银矿的耗竭与密歇根州木材的耗竭，曾使得这些地区的内外贸易量均趋于减少。相反，得克萨斯州的养牛业、宾夕法尼亚州的煤炭生产、佛罗里达州的柑橘种植与俄勒冈州的苹果种植，却分别增加了这些州的贸易额。

Ⅰ（b）同样的，劳动分工的影响也是显而易见的。劳动分工某种程度上建立在比较成本差异或人与人之间努力差异的基础上，相当于国家之间的地理差异。这两个因素一起导致劳动的地区差异，以制造业为例，英国英格兰舍菲尔德以刀具闻名，德国德累斯顿以瓷器闻名，意大利威尼斯以玻璃器皿闻名，美国的帕特森以丝绸闻名，而美国匹兹堡以钢铁闻名。

第五章　对货币购买力的各种间接影响　　**69**

Ⅰ（c）除了地区的与人力的差异外，生产的知识状况也会影响贸易。非洲与澳大利亚的矿藏不是由无知的本地人开采为国家造福，而是被拥有冶金学知识的白人开采。中国大量的煤田在等待开发的原因，很大程度上是缺乏如何采掘与如何推销的知识；埃及在等待科学农业的到来，以引领贸易扩张。今天，德国、英国与美国的中等专科学校正在增加，正在传播生产技术知识。

Ⅰ（d）但是，知识要有用，就必须应用，知识的应用要求资本作为辅助。任何一个社会资本设备越大越多，它能投入贸易流的商品也越多。一台磨粉机可以使一个镇变成贸易中心。码头、升降机、货栈与火车站都有助于一个港口变成商业港。

由于贸易的增加有降低一般价格水平的趋势，所以任何增加贸易的事物都趋向降低一般的价格水平。由此推断，地理的或个人的专业化、改进的生产技术与资本积累的增加都有降低价格的趋向。商贸的历史表明，包括上个世纪在内的很长时间，所有这些因素发挥的作用日益增强。因此，至少由于这些原因，价格一直有跌落的趋势。

Ⅱ（a）现在看消费者一方。显然，他们的欲望是随时间变化的。甚至所谓的自然欲望也不例外，但更明显的是后天习得的欲望或人为的欲望。

可以说，欲望是最后要分析的维持经济世界运行的主要动因。因为有和别人穿得一样好、更好或者穿得不同的欲望，才有了多种多样的丝绸、罗缎、鞋带等；同样的道理也适用于家具、文娱、书籍、艺术品及其他让人满足欲望的财富。

通过促进贸易的增加，欲望的增加一般会降低价格水平。从历史角度看,近时期源自人口中心地区的联系增加,人类的欲望通过发明创造、教育与模仿得到了极大的强化与多样化,并因此增加了贸易。由于这些原因,价格一直有跌落的趋势。

第二节　生产者与消费者
——由影响交易量而影响物价

Ⅲ(a)任何能促进交换的事物都会增加贸易,任何妨碍交换的事物都会减少贸易。首先,运输有机械设施。正如麦考利(Macaulay)所说,除了文字与印刷术,没有哪一种发明创造比缩短距离的发明对文明改造得更多——诸如火车、大轮船、电话、电报与信息及广告的载体报纸等。因此,所有这些因素都会降低价格。

Ⅲ(b)贸易壁垒不仅是物质性的,也有法律上的。像一座山脉会减少人们的交往一样,国家之间征收关税的影响是减少商品贸易。贸易越自由,关税越多。在法国,很多城市有货物入市税,一般会妨碍地方贸易。在美国,国内贸易是自由的,但在美国与其他国家之间有高额的保护性关税。恰恰是越来越多的运输设备降低或消除了物质性壁垒,刺激了很多国家与城市在本区域设置法律壁垒。关税不仅会减少交换的次数,并在阻止国际或区际劳动分工的意义上,会使各国更相似,缺乏生产效率;还会减少可以交换的商品数量,最终的结果是提高了价格。

Ⅲ(c)发展有效率的货币制度与银行体系一般会增加贸易。世界历史上曾有这样的时期,货币处于如此不确定的状态,以致人们不愿签订很多贸易合约,因为他们不能确定在履行合约时,应该支付什么。同样地，当人们不能依赖银行的良好信誉或稳定时，也不情愿使用存款与支票。

Ⅲ(d)信心，不只是特别对银行的，也包括对整个经济的，是名副其实的"贸易的灵魂"。没有信心，就不可能有大量的交易合约，任何能增加这种信心的事物都会增加贸易。在南美洲，很多地方等待开发，仅仅是因为资本家感觉那里的合约不安全，担忧他们的投资成果会被不择手段地剥夺掉。

现在我们清楚了，价格一般会由于贸易的增加下跌，而贸易的增加可能是由改善的运输工具、增进的贸易自由程度、改良的货币制度与银行体系以及增加的经营信心创造的。从历史角度看，近几年来除贸易自由程度外，这些因素的影响力一直在增强。不过，关税壁垒只是部分地抵消了物质性壁垒消失带来的利益，总的效果一直是不断地降低贸易限制，所以就这一类因素说，趋势是促使价格下跌。

第三节　个人习惯
——由影响流通速度而影响物价

检查了交易方程式之外影响交易量的各种原因后，下一个任务是考察方程式之外影响货币流通速度与存款流通速度的原因。多数情况下，影响一种流通速度的原因也会影响另一种流通速度，这些原因可以分类如下：

Ⅰ. 个人的习惯

（a）节俭与储蓄习惯。

（b）记账（账面贷项）习惯。

（c）使用支票的习惯。

Ⅱ．社会的支付制度

（a）现金收支频次。

（b）现金收支的规律性。

（c）现金收支金额与次数的一致性。

Ⅲ．一般原因

（a）人口密度。

（b）交通速度。

Ⅰ（a）若按次序，先考察节俭对流通速度有哪些影响。货币的流通速度与周转率是一回事，等于一年用货币实现的支付总额除以当年流通中的货币量，由组成社会的每个人的货币周转率决定。若手头平均现金量是给定的，则个人花费越多，他的流通速度或周转速度就越大；或者给定了一年的支出总额，他持有的平均现金量越少，他的流通速度或周转速度就越大。

可以认为，一个肆意挥霍的人的流通速度大于普通人[1]，他总是"缺"钱——手头货币余额少。但是，节俭的邻居却谨慎储蓄，有足够的现金应对一切急需用钱的意外开支。后者通常会积攒节留货币，所以有较慢的流通速度。当人们把货币堆积起来存放数月时，货币的流通速度一定非常慢，法国曾有过这样的习惯。同样的道理适用于存款。在某些大学城，银行经常拒绝接受习惯大手大

---

[1] Jevons, *Money and the Mechanism of Exchange*, New York (Appleton), 1896, p. 336.

第五章　对货币购买力的各种间接影响　　　73

脚花钱学生的存款,因为他们留存的平均余额太低;或者坚持特别规定,要求他们的留存余额不得低于 100 元。

储藏的货币有时被说成退出了市场流通,只不过是储蓄会减少货币流通速度的另一种说法。

在某种程度上,节俭的人通常是货币的储藏者①或银行的存款人。劳动者通常以货币形式储蓄,直到攒够本金再存入储蓄银行。类似地,那些准备投资的人士,银行账户会积存很多的存款。据说,那些"赚钱快"、定期给银行的活期账户存入同样金额的存款人,其账户存款的流通速度不及那些"收支恰足相抵"存款人的活期账户存款。

Ⅰ(b)"记账"的习惯,也就是使用账面信用的习惯,能**增加**货币的流通速度,因为得到"记账"东西的人,**手头留存**的货币不需要像一切款项用现金支付的那么多。一个每天用**现金**付款的人,必须存有应对日常不时之需的现金。和账面信用制度不同,现金付款制度要求购物**前**手头备有货币。显然,如果事前必须备有货币,则备存的数量必须多于仅用以清偿过去债务之所需,其正确性基于两个理由:其一,若购物前备存货币总是不能确定何时需要货币、需要多少货币;若记账后到期偿还,可以知道所需要的确切金额。其二,作为第一种情况的结果,手头持有备存货币的时间,要比持有用以签约后再取现的货币时间长。简言之,事前备存货币要求(a)数量多于未预料的应急费,(b)支出前时间较长,在此期间

---

①　Harrison H. Brace, *Gold Production and Future Prices*, New York (Bankers Publishing Co.), 1910, p. 122.

货币闲置。按现金付款制度,一个人必须**事先**备存货币在空闲状态,以免在最需要的时候因缺乏而陷入尴尬的窘迫;按记账法,他知道即使陷入身无分文的窘迫,依然可以通过赊账购得商品,等货币到手时再予偿还。而且,货币无须长时间留在衣兜,一旦收讫,即可用以偿还累积的债务。可见,缩短货币待用时间,即使最后收支的金额相等,也可明显地减少平均结转余额。比如,一个每周收入与花费 7 元的劳动者,若不能"赊欠",就必须将一周的工资分配于全周的花销。如果他每天花费 1 元,他每周的货币持有循环必然依次是至少 7 元、6 元、5 元、4 元、3 元、2 元及 1 元,然后又分得 7 元,这使得他的日平均持有余额至少是 4 元。但是,如果他买什么东西都能赊账,等到发工资日再清偿积欠的债务,则他一周无须备存货币,只需等至收入日悉数付出即可。这样他一周持有的货币循环余额必然不比 7 元、0 元、0 元、0 元、0 元、0 元、0 元多,日平均持有余额只有 1 元。

因此,记账可减少每个人为满足给定支出必须备存在手头的平均货币量或银行存款余额,这意味着周转率增加。因为若花费的金额和先前一样多,但手头备留金额减少,花费的金额除以手头备留金额的商数必然增加。

但前已说明,周转率的增加趋向提高价格水平。所以,记账会增加价格水平[①]。此外,在交易兴隆、货币余额不足,需求很少能依靠货币供给实现时,社会凭借记账法能在一定程度上克服货币

---

① 不要混淆这种对价格水平的间接影响和有时所说的直接影响。参见本章(第五章)附录第一节。

的相对稀缺。否则,要维持一般价格水平不变,商业兴隆必然要求更多的货币,且这种货币必须是某种形式的弹性银行通货,可以注销并退出流通,否则在商业冷淡的季节,这些货币就会闲置起来。

简言之,记账虽不能减少货币**付款额**(E),却能节省**货币**(M)的使用量并增加货币的流通速度(E/M)。

Ⅰ(c)用支票而不用货币的习惯,也会影响流通速度,因为存款人的剩余资金会立即存入银行,换回用支票提款的权利。

所以,任何剩余的私人零用钱或剩余的商业备用款都可以存入银行,避免了存在闲置的储备货币。同样地,剩余的存款也可根据需要变成货币——亦即换成现金。要言之,那些同时使用现金与存款的人,通过两者的变换调剂——即可避免任何一种成为闲置资金。

至此我们清楚了,三种习惯——肆意挥霍的习惯、记账的习惯与使用支票的习惯,都会通过影响货币或存款的流通速度而推高价格水平。或许除第一种习惯外,另外两种习惯在近代迅速扩展蔓延。

第四节　支付制度
——由影响流通速度而影响物价

Ⅱ(a)货币或支票的收入与支出的次数越多,则其收入与支出间隔的时间就越短,流通速度就越快。

最好举例说明这个道理。工资从每月支付改成每周支付能增加货币的流通速度。如果劳动者每周工资是 7 美元,每天平均减少 1 美元,每周结束时用完,则他每日平均持有的现金余额稍多于 3.5 美元或者约为 4 美元,他的货币周转率近乎一周两次。如果按月支付工资,劳动者每天平均收支 1 元,则他必须把大约 30 元的工资均匀地分配于接下来的 30 天使用,如果到下一个付酬日时工资用尽,则在本月他持有的货币余额就是 15 元,周转率是大约一月两次,所以按周付酬的周转率要比按月付酬的周转率快。

如果我们假设这位劳动者不在一个周期花完工资,而在周期结束时留存一部分——比如一半的工资,则会有同样的结论。若按周付酬,他每周开始有 10.5 美元,周末有 3.5 美元,周平均花费 7 美元;若按月付酬,他每月开始有 45 美元,月末有 15 美元,月平均花费 30 美元。在前种情况下,货币的平均流通速度是每周 1 次,在后种情况下则是每月 1 次,所以按周付酬的周转率仍然是按月付酬周转率的 4 倍。因此,如果两种周期的支出分布有完全相同的"时间形状(time shape)"[①](在时间上的分布(distribution in time)),则按周付酬增加的流通速度比例,恰好等于一月对一周的比例。不过,历史上的实际情况是,按周付酬代替按月付酬不太可能将工人的货币流通速度增至 4 倍,因为另一个因素的变化——记账——很可能在一定程度上抵消了流通速度的增长。按周付酬的工人购物记账的可能性不及按月付酬的工人,凡是盛行记账习惯或习惯"赊账"的地方,付酬日都要花费大量的资金。情况很可能是,按周付款代替了按月付款后,让很多先前觉得必须用记账交

---

① Adolphe Landry, "La Rapidité de la Circulation Monétaire," Extrait de *La Revue d'Économie politique*, Février, 1905.

第五章　对货币购买力的各种间接影响　　77

易的工人,现在可以用现金付款,从而降低了货币的周转率。

显然,支出的次数与收入的次数有同样的作用,亦即增加货币的周转率或流通速度。

Ⅱ(b)支付的**规律性**也会加速货币的周转。当工人能够完全预计他的收入与支出时,就可以通过近似的计算精确安排收支,在每个支付周期末用尽货币。在一些城市劳动者的阶层,这种习惯极为普遍。另一方面,如果收入与支出在数量或时间上不规律,审慎之余要求工人手头备留较大金额,以应对小额意外支出[①]。即使事先能确定支出,不规则的收入也要求手头备留较多的平均余额。至少,当我们假设一年的支付**次数等于**有规律支付的次数,且收入之间支付的"时间形状"一样时,这个判断就是有效的。如前例的工人每日花费 1 美元,每日**平均**收入 1 美元;若每两周收入工资一次,他手头需要备留的平均货币量,就少于隔三周和隔一周分别收入工资一次交替发生的情形。因为,如果他想正好在每次付款前用尽收入的工资,在前一种情况下,显然他每两周需要持有的平均货币余额是 7 元;但在后一种情况下,第一个阶段的三周或21 天是 10.5 美元,第二个阶段的一周是 3.5 美元,两个阶段持有的平均货币余额将是 8.75 美元——记得 10.5 美元是前三周的,3.5 美元是后一周的。所以,我们可以得出这样的结论,收入与支出的规律性,一般会增加货币的流通速度。

Ⅱ(c)再考察收入与支出的同步性,亦即支出的间隔时间与收入相同。凡租金、利息、保险与税收的缴纳时间和货币收入时间

[①]　Adolphe Landry,同上。

不同的地方,通常必须事先积累货币或存款,由此增加了手头持有的平均余额,货币暂时退出流通丧失交换作用,从而降低了流通速度。不过,如果个人愿意并能够借款缴纳税收与其他特别开支,日后方便时再偿还贷款,就能避免这种现象。正如先前解释的,这正是银行业务通过贷款与存款向公众提供便利、增加货币与存款流通速度的一种方法。同样的,记账也可避免由于收入与支出时间不协调带来的不便。因为我们业已解释,对货币或存款的花费者来说,如果他欠商人的债,商人允许他延迟付款,等他收到货币或存款再予清偿,就是很大的便利。这种安排可避免手头备留大量货币或存款的必要,从而增加了它们的流通速度。

由此我们可以得出结论:支出与收入的同步性与规律性,以及支出与收入次数的增加,都能通过增加流通速度使价格上涨。

第五节　由影响流通速度 而影响物价的一般原因

Ⅲ(a)一个地区的人口越稠密,货币的流通速度就越快[①]。

有确切的证据表明,银行存款也是这样,表 5.5.1 数字[②]给出了十个城市的存款流通速度,按城市大小排序:

---

① 这一点是金莱(Kinley)指出的,参阅 *Money*, New York (Macmillan), 1904, p. 156。

② 这些数字是皮埃尔·埃萨尔(Pierre des Essars)给出的关于欧洲银行的资料,参阅 *Journal de la Société de Statistique de Paris*, April, 1895。补充材料为作者从少数几家美国银行获取的。

第五章　对货币购买力的各种间接影响　79

在表 5.5.1 中,马德里是唯一的流通速度和城市人口密度严重不相称的城市。

Ⅲ(b)同样,总的来说运输越广泛,越迅速,货币的流通速度越快[1]。凡能使货币从一个人更容易地交付给另一个人的事物,都能促进货币的流通,铁路就有这样的作用。电报增加了存款的流通速度,因为这些存款现在几分钟内就能转移至数千英里以外。类似地,邮件与快递方便了银行存款与货币的传送,也增加了他们的流通速度。

表 5.5.1　十个城市的存款流通速度[2]

巴黎	116	里斯本	29
柏林	161	印第安纳波利斯	30
布鲁塞尔	123	纽黑文	16
马德里	14	雅典	4
罗马	43	圣·巴巴拉	1

所以,结论是人口密度与运输速度能增加流通速度,造成价格上涨。美国历史上,人口向城市的集中一直是造成价格上涨的重要因素。

通常情况下,同样的原因对货币的流通速度和存款的流通速度有同样的影响。不过,在经济危机期间,如果存款人的信心动摇,就会出现提款的趋势,同时货币为私人储藏。因此,在有些时间段,货币的流通速度和存款的流通速度变化方向**可能**相反,虽然

---

[1]　Jevons, *Money and the Mechanism of Exchange*, New York (Appleton), 1896, p. 336,也可参阅 Kinley, *Money*, New York (Macmillan), 1904, pp. 156 and 157。

[2]　表 5.5.1 在英文原著第一版第 87 页,标题为译者所加。——译者

没有确凿的统计资料证实这一推测。

第六节　影响可用支票
——提现的存款数量而影响物价的外部原因

最后,影响可开支票存款数量的主要的明确的外部因素有:

(1)银行业务制度和人们利用银行业务制度的习惯。

(2)记账的习惯。

首先,毋需多说,银行业务只有在设计与产生后,才能利用。银行业务发明后,才可能有存款通货。的确,银行业务的采用导致存款大幅度的增加,结果是价格的上涨。甚至在最近的十年,一直在扩张的美国存款银行业务的这种影响极其强大,而欧洲的存款银行业务尚处于初始阶段。

其次,"记账"常常是用支票而非现金付款的第一步。如果顾客没有让人将他的债务"记账",他就会用货币付款,而不是用支票付款[1]。因此,这种习惯的最终结果是,增加了支票付款对现金付款的比例(E' 对 E 的比例)和存款对手持货币的比例(M' 对 M 的比例),所以增加了既定货币数量能支持的信用通货数量,也就是存款对准备金的比例。

用支票付款代替现金付款,这种结果很可能是"记账"最重要的影响,对提高价格产生了强大的影响。

---

[1]　Andrew, "Credit and the Value of Money," Reprint from *Papers and Proceedings of the Seventeenth Annual Meeting American Economic Association*, December, 1904, p. 10.

第六章　对货币购买力的
各种间接影响(续)

第一节　对外贸易
——由影响货币数量而影响物价

前章考察了交易方程式之外影响交易量 Q、货币流通速度 V 与存款流通速度 V' 以及存款数量 M' 的各种因素,本章则专门讨论交易方程式以外影响货币数量 M 的各种因素。

主要的影响因素可归类如下:

1. 输出货币与输入货币的影响。

2. 铸造货币与熔化货币的影响。

3. 货币金属的生产与消费的影响。

4. 货币制度与银行业务制度的影响,留至下一章讨论。

首先要考察的是对外贸易的影响。到目前为止,我们研究的价格水平只限于一种孤立的社会,与其他社会无贸易关系。但是,现代世界不存在这样一种孤立的社会,国际贸易给今日的货币与价格水平问题赋予了国际特征,观察这些特征极为重要。如果所有的国家都有自己不兑换的纸币,没有其他国家可接受的货币,就不可能存在金融事项的国际调解问题,不同国家的价格水平也就不存在密切的联系。的确,这种关系实际上在现有的不同金属本位货币的国家之间多少有一点破裂,比如在以黄金为基础的金本位国家和以白银为基础的银本位国家之间就是如此,尽管两种金属通过非货币的用途仍然有某种程度的联系。但是,在使用**同样的**本位货币、彼此有贸易往来的两个或多个国家之间,每一方的价格水平都有深刻影响其他一方价格水平的趋势。

像瑞士这样的小国家,价格水平很大程度上是由其他国家的价格水平决定的。大多数文明国家的标准金币重量充足,始终能在不同地区或国家之间流通。因此,如果考察的只是一个单独的小国,与其说该国的价格水平是由境内的货币数量决定的,不如说该国的货币数量是由整个世界的价格水平决定的。单个国家与世界的关系正如潟湖与海洋的关系一样。当然,海洋的水平线取决于海洋中的水量,但论及潟湖,应该反过来说,潟湖中的水量由海洋的水平线决定。外面的海洋潮涨潮落,潟湖的水量自行随之亦增亦减。

为了使不同地区的货币分配的问题简单化,姑且不论制造货币的材料通常可用于非货币用途、可以熔化与可以铸造这样的事实。

然后,让我们考察决定类似康涅狄格州这样一个地区的货币数量的原因。如果康涅狄格州的价格水平暂时下跌,低于周围的罗德岛、马萨诸塞与纽约各州,结果货币从这些州输出至康涅狄格州,原因是人们会在最廉价处购买商品,然后运至最贵处售卖。康涅狄格州商品价格低廉,是购物的好去处,却非售货的好地方。但

第六章　对货币购买力的各种间接影响(续)　　**83**

是,外来人从康涅狄格购买商品,必须携带货币,所以货币不断流向康涅狄格州,直到这里的价格上涨至可以阻止货币继续输入的水平。反之,若康涅狄格州的价格高于周边各州,康涅狄格就成了售卖商品的好地方,却非购物的好去处,外来人来康涅狄格销售商品,换得货币而返,货币不断流出康涅狄格州,直至这里的价格水平跌至更低的水平。

但是,不能推断各种商品的价格,甚至一般价格水平在不同国家的变化都完全一样。距离太远、不知道何处寻找最佳市场,各种保护性关税以及运输费用都有助于维持价格差异。各地区的地方产品在当地销售,价格一般比较低廉;只要国外高价超过本地价格的差额多于运输费用,这些商品就会输出。实际上,出口价格至少应等于原产国售价加运输费用,否则一种商品不能输出。多数商品的运输是单向的,所以小麦是从美国运往英国,而不是从英国运往美国。通常小麦在美国比较便宜,大量的出口使美国的小麦价格上涨,逐渐接近在英国的售价,但通常比英国的售价低,差额即是运输费用。其他可输出入的低价商品,视市场情形决定输送方向。

但是,虽然国际贸易与区际贸易永远不可能导致完全相同的价格水平,但在可能的范围内,贸易会通过上面描述的方式调节货币分配,并由此调整不同国家或地区的价格水平趋于一致。倘若一种商品进入了国际贸易,虽然迟缓,单独就足以调节货币分配。因为作为商品的交换物,货币会流动,且随着价格的上涨或下跌,出售的商品数量也得到相应的调整。在平时的国际贸易中,即使各方蓄意采用保护性关税试图阻挠这种调节,总是有大量商品的输出或输入调节货币分配。由于**货币数量本身**会影响**所有种类商品的价格**，国际贸易对价格的调整作用就不只适用于参与贸易的商品，也适用一切其他商品，所以，今天的国际贸易与区际贸易在世界范围内不断地调节价格水平。

对本主题的探讨，不能不强调关税对货币购买力的影响。若一国实施关税，价格水平就有上涨的趋势。关税显然会提高"受保护"商品的价格，但提高的商品价格若多于一种，也能提高所有商品的价格，所以，关税首先引起进口的减少。虽然长期看进口减少会导致出口对应地减少，但起初不会有这种调整。一段时间内，外国人继续从关税保护国购买的商品几乎与先前一样多，引起关税保护国的出口额暂时超过进口额，或者所谓的"贸易顺差"，接着就是货币的流入。货币流入最终提高的不只是受保护商品的价格，也包括其他商品的价格。各种商品价格会持续上涨，直到出现一个足以消除贸易顺差的高价。

尽管关税创造的贸易"顺差"是暂时的，却会留下货币量增加与价格上涨的永久性结果。关税壁垒有似一种水坝，能使拦截在其中的商品价格上涨。

通常讲述的国际贸易理论有时忽视这个事实，强调国际贸易归根结底是用商品交换商品，不是用货币交换商品。进口关税不仅会减少进口额，也会减少出口额——即进口关税只是暂时阻断了国家之间实质上的物物交换。进口税的效果与出口税的效果一样，但就对价格水平的影响而言，进口税与出口税截然相反。如果对出口商品征税，最初的影响是减少出口，直至货币外流，将一般价格水平降低到足以颠覆最初导致的贸易逆差，进口才会减少。

第六章　对货币购买力的各种间接影响(续)　　**85**

所以结论是,货币的一般购买力因实施保护性关税降低,因征收出口税增加。

也许,这正是为什么许多人视保护性关税为繁荣起因的主要理由。保护性关税不仅刺激受保护的工业,也会刺激一般的行业,其实质只是刺激了货币的膨胀。

不过,我们现在感兴趣的是国际贸易,主要研究他对国际价格水平的影响。除了凭借货币的输出或输入调整价格水平外,国际贸易说到底只是一种商品交换。若不考虑价格水平,一国出售的商品的货币价值将恰好等于他购买的商品的价值。只有当进出口价值出现差异或者"贸易差额"的时候,才会发生货币在国家之间的流动,也才有调整价格水平的趋势[①]。

上面说明了单独货币数量的不同变化如何扰动国际贸易与区际贸易的均衡价格。均衡价格的扰动也可以由存款数量、货币的流通速度、银行存款的流通速度或交易量的不同变化引起。但不论什么原因造成价格水平的差异,通过由国际贸易与区际贸易引起的货币和商品在国际或区际的重新分配,最终都可以恢复均衡。除货币和商品外,交易方程式的其他因子不能在异地之间运输。

除价格过渡期的影响外,价格水平的国际差异只能导致交易方程式一个因子的变化——货币数量。当然,价格过渡期实际上也有暂时的或长期的。很少发生一国不存在贸易差额的情况。以前实行复本位制时,白银从欧美各国流向东方各国历经数十年之

---

① 这一论点的数学表述参见本章(第六章)附录第一节。

久,甚至当白银和黄金有稳定的比例时也是如此。结果尽管发生价格过渡期的其他影响,欧洲出现长期持续的价格下跌趋势,亚洲出现长期持续的价格上升趋势。

第二节 货币的铸造及熔化
——由影响货币数量而影响物价

我们已经解释货币的输出与输入是如何影响交易方程式中 M 的,M 是指所考察的任何一个国家的货币数量,所有其他国家的 M 都是该国货币数量的"外部影响因素"。

进一步说,研究 M 的各种影响,不仅必须考虑特定国家交易方程式以外的各种影响因素,也须考察全世界交易方程式以外的各种影响因素。除了通过商品进出口发生货币的输出与输入外,货币的熔化与铸造也会引起货币的流入与流出。换言之,全世界的货币存量不仅像各地连通的储水池那样互相连接,而且以同样的方式和交易方程式之外的**金条银块存量**互相连接。近代世界多用贵金属——例如金——铸造本位货币,这种贵金属有两种用途:用作货币与用作商品。也就是说,金不仅是货币材料,也是一种商品。作为商品,金是制造珠宝、艺术品与其他镶嵌金的产品的原材料,只有未经加工或原始状态的金才称为金块。

金铸币可以熔化成金块,**反之亦然**。事实上,两种变化都在经常发生。因为金铸币的价值和金块的价值比较,一种用途大于另一种用途,金会立即流向利润更多的用途。金块的市场价格决定流动的方向。因为重 100 盎司、纯度 9/10 的黄金,可以铸造金币

第六章　对货币购买力的各种间接影响(续)　　**87**

1860 美元,所以 9/10 纯度的 100 盎司金块的市场价值必然是 1860 美元。如果金块铸成硬币不耗一文,硬币熔成金块不费一钱,则金币熔化成金块和金块铸造成金币将是自动的此消彼长过程,能阻止金块价格的过大变化。另一方面,如果金块的价格大于其可铸造的金币,无论差额多小,那些想要金块的使用商——最明显的是珠宝商——都会将金铸币熔化成金块以截留差额;相反,如果金块的价格小于金铸币的价值,金块所有人就不会在金市场出售金块,而是把金块送到铸币厂铸成金币,即可截留差额。一方面,熔化铸币的结果是减少金币的数量,增加金块的数量,所以会降低金块形状的金的价值,提高货币形状的金的价值,从而降低价格水平,恢复金块价值和金币价值的相等。按相反的过程,将金块铸成金币的结果是,使得金币形状的金的价值与金块形状的金的价值复归于相等。实际上,维持两者价值相等的主要原因,很可能是新开采的黄金是按市场价格决定投入何种用途的①。这种根据两种用途的各自需要补充储水池的做法,使得游离于货币与艺术品之间的大量黄金不再必要。

凡将金块铸成金币需要交纳费用——称为货币铸造税——或者铸造过程必有耗费或延误时日的地方,金块变成通货的流动将因其程度受阻。但在自由铸造的现代制度下,借助冶金学的现代方法,实现金币的熔化与金块铸成金币皆所费甚少,极其迅速,几乎没有成本或耽延。事实上,很少有例子说明,价格调整比金块与

_____

①　De Launay, *The World's Gold*, New York (Putnam), 1908, pp. 179 - 183.

金币之间的调整更精确,所以结论是,金块的数量直接决定货币的数量及其购买力。

金块的价格是用金币表示的。金块价格的稳定性导致很多人的认识产生混乱,留下了货币的价值没有变化的错误印象。确实,人们常常引用这种稳定性来说明金是固定的价值标准。1 盎司金在美国总是约等于 18.6 美元,或者在英国约等于 3 镑 17 先令 10.5 便士,金货交易商似乎误解这个事实的意义。这个事实的意思不过说明,用一种方式计量的一种形状的金,总是与用另一种方式计量的另一种形状的金有着固定的比例。1 盎司的金块等于一定数量的黄金,同样的道理,1 磅的金块也等于一定数量的金铸币,或者 1 枚金鹰等于一定数量的金铸币。

因此,除极微小的暂时性的波动外,金块与金币必然总有相等的价值。后文讨论影响到两者的更大的波动时,把两者的价值都替换地说成"金的价值"或"金价"。

第三节　货币金属的生产与消费
——由影响货币数量而影响物价

金块存量不是交易方程式以外影响货币数量的根本原因,金块存量与货币存量互相影响,两种存量的总和又受金的生产与消费的影响。金的生产源自金矿的产出,它总是不断地增加现有的金块与金币存量;金的消费包括艺术品镶嵌、镀金等对金块的使用以及磨损、船舶失事等造成的金丢失。如果我们要考察金储水池有多少金铸币和金块,那么金的生产可视为源自金矿的流入,金的

第六章　对货币购买力的各种间接影响(续)　　89

消费可视为向艺术品与损耗的流出。源自金矿的流入还应加上源自金制艺术品的**重新流入**,这些先前用金制成的艺术品因样式过时被熔化,金块生产企业将黄金制成的画框熔化成金块即是例证。

我们首先讨论金的流入或生产,然后讨论金的流出或消费。金的流入实际上指从金矿生产黄金。调节金生产活动的是人们对黄金"生产的边际成本"的估计。

采矿是一种危险的事情,成本估计常出现严重的错误。但不论估计的成本如何错误,对生产都有调控能力。但凡生产一枚金铸币的估计成本低于一枚金铸币的现存值,通常都有黄金的生产;但凡生产的成本超过一枚金元的现存值,通常都不会生产黄金。在前一种情况下,生产黄金有利可图,在后一种情况下,生产黄金毫无得益。两者之间有一个中间点或中立点,获利的生产在此止步,失利的生产就此开工。在中立点,生产100元金铸币费用恰好等于100美元,此点的费用就是所谓生产的边际成本。在最丰裕的金矿,生产成本极低,从这个低标准开始,其他可开采金矿的费用逐渐递增,直至找到一个生产费用通常等于金产出的价值的边际金矿。事实上,不仅在各个不同的金矿中存在一个生产的边际金矿,每个金矿也有一个生产的边际点。由于金是一种以自然资源为对象的采掘业,实际情况是成本一般随产量的增加而增加,受成本递增规律或经常称为"收益递减规律"的支配。如果一处金矿的开采强度是适度的,每盎司金的生产成本就会低于近乎全负荷生产能力的开采费用。始终存在一个开采强度,照此强度增加金的开采,使得每盎司金的开采费用几乎抵消了开采增加的利益。在增加的报酬恰好等于因之增加的成本点以前扩大金的生产,才能获利，而不可超过此点。金矿采掘者可能无意识地或暂时超过这个点，或未达到这个点，但此类错误会刺激他改正，在生产的边际成本加上利息等于产品的价值时，金的生产会达到均衡。

无论用什么标准计算生产成本，这一结论都适用。金的生产成本可用金计算或用其他商品如小麦计算，或用一般的商品计算，或用任何假设的"绝对的"价值标准计算。在金本位国家，金开采者实际中确实用金计算生产的成本，在他们看来，把金的生产成本与金产出的价值换算成其他非金的标准，是不必要的重复。他们关心的是两者的关系，这种关系不受计算标准的影响。

要把金的生产成本与金产出的价值从金铸币换算成小麦，只需用小麦的金铸币价格去除生产成本与产出价值即可得到。这种生产成本与产出价值表示方法的变化不会影响他们的相互关系。

为了说明金生产者如何用金计算各种物品的价格，不妨假设价格水平上涨。如果价格上涨发生在工资、机器、燃料与其他生产金的费用，这位掘金者就必须为工资、机器、燃料等支付更多的金铸币，同时他的**产出**得到的售价（以同样的金铸币表示）将总是保持不变。相反的情况是，价格水平的下降会减少以金铸币计算的生产成本，同时他的产出的价格仍然保持不变[①]。所以金产出的价格是一个**固定数**，而其生产成本却是一个**可变数**。

同样的物品，若不用金而用小麦，或者用一般商品计价，则情形正好相反。当价格上涨时，货币的购买力下降，这种购买力的下降是用一般商品表示的金产出的价值下降。如果金的开采成本随

[①] 参阅 Mill, *Principles of Political Economy*, Book Ⅲ, Chapter Ⅸ, § 2.

第六章　对货币购买力的各种间接影响(续)　　*91*

一般商品价格的变化而变化,金的生产成本和**其他商品的关系**不会发生变化,但是,金产出的价值将发生变化,也就是说,表示金产出的价格将是一个**可变数**,而表示其生产成本的将是一个**固定数**。

因此,不论用金或者其他商品作为计价标准,都要比较金产出的价格及其生产成本。一种观点是若用金计价,价格上涨意味着金开采者的生产成本增加;另一种观点是若用其他商品计价,同样的价格上涨意味着金产出的价值(购买力)跌落。无论哪种情形,掘金者的积极性都会受挫。在前一种情况,**他**的忧虑是如何阻止生产成本的增加;而我们发现,研究后一种情况的忧虑,亦即金产出购买力的跌落更有帮助。无论哪一种情况,都要比较金的生产成本和金的购买力。任何一个金矿,只要金产出的购买力高于生产的成本,其开采就能获利。如果某个金矿的金购买力低于生产成本,则其开采无利可图。所以生产成本随黄金购买力的增减而增减。

我们用了如此多的篇幅描述金的流入或生产及其调控情况,现在转向金的流出或消费。金的消费两种形式,亦即工艺品的消费与货币用途的消费。

先考察工艺品对金的消费。如果一件金制成的物品很廉价,亦即其他物品的价格相对较高,那么金制品的相对廉价性就会导致人们增加金的使用与消费。这个问题用货币价格表示为,当一切其他物品价格较高,人们的收入也同样较高,而金制成的表、金装饰品大致依旧是先前的价格时,人们就会使用、消费更多的金表与金饰品。

这些例子都是消费品形式的黄金。金硬币的消费与损失,实际上关键是磨损、船舶失事与其他事故,随金使用量及其交换速度的变化而变化。这种金储水池的泄出代表金硬币消费的损耗。正如生产要受所生产的产品的边际成本调控一样,消费要受所消费的物品的边际效用调控。此处不是讨论两种边际量之间基本对称性的地方。这种对称性常常被人忽视,因为通常计算成本以客观材料为准,计算效用以主观判断为准,成本与效用均可以采用其中任一种方法计算。主观计算法更重要,但会让我们远离眼前的议题,既无必要亦无益处。

现在清楚了,金价值(购买力)的跌落会刺激金的消费,同时减少黄金的生产,所以货币的购买力受金生产与消费这两个相反力量的作用,视情况的变化上升或下降[①]。

第四节　各种影响的力学图解

在任何一幅有关货币购买力的完整图画中,都必须明显地标示三个因素:(1)金的生产或"流入"(源自金矿);(2)金的消费或"流出"(用于工艺品或损耗);和(3)金的"存量"(金铸币或金块),或调剂金流入或流出的储水池。这三个量值之间的关系可用力学

---

① 此处论述的理论即金块的价值和金的生产成本通过货币数量影响价格,这是经济学家曾经普遍坚持的观点。拉福林提出了一种不同的观点,他说"一国记录的文件会说明售出的土地,跟记录登记的契约及转让书不决定土地的价格一样,用作实际交换媒介的货币数量也不决定价格",又说:"不论货币商品是否被用作交换媒介,价格是商品与标准货币商品之间的交换比例。"参见 *The Principles of Money*, New York (Scribner), 1903, pp. 317 and 318。

第六章　对货币购买力的各种间接影响(续)　　　93

图形作详细的解释,见图 6.4.1①。

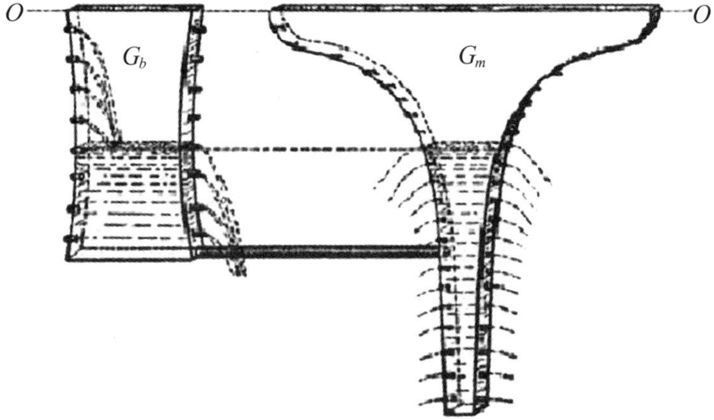

图 6.4.1　金块及金币储水池和货币购买力的关系

此图表示两个连接的液体储水池 G_b 与 G_m,第一个储水池 G_b 盛装的是存量的金块,第二个储水池 G_m 盛装的是存量的金铸币。由于货币购买力随金的稀缺程度的增加而增加,故用储水池顶端 OO 到液体表面的距离来表示金对其他商品的购买力。由于自水塔顶 OO 线到液体表面的高度度量的是货币购买力,故液体水平高度降落象征货币的购买力增加。著者不尝试在图中明显地标示其他形式的通货,因为正常情况下,其他通货的数量和本位货币亦即金铸币的数量保持着一定的比例,故这种本位货币购买力的变动代表所有其他通货购买力的变动。

现在我们解释这些储水池的**形状**。储水池 G_m 的形状应该使

――――――――――

①　图 6.4.1 是英文原著第一版第 105 页第 5 图,标题为译者所加。——译者

得液体表面低于 OO 线的距离随液体的增加而缩短,**恰如金的购买力随其数量的增加而减少**。也就是说,储水池 G_m 的液体增至两倍,液体表面距离 OO 线的长度应该缩短一半。同样的道理,金块储水池的形状应该使得液体表面低于 OO 线的距离随液体的增加而缩短,恰如金块的价值随金块存量的增加而减少。两个储水池的形状不必相同,通常也不可能相同,因为很难想象金的购买力减半总会使金块数量恰好增至两倍。

两个储水池皆有流入口与流出口,先考察这些管口和金块储水池 G_b 的关系。这里每一个流入口都代表生产金块的金矿,每个流出口代表特定用途的工艺品消费的金块。每个金矿和每种用途都有自己与 OO 线的距离,所以,与 OO 线的距离有三类:流入口的距离、流出口的距离和液体表面的距离。每个流入口的距离代表每个金矿按商品计算的生产成本,每个流出口的距离代表某一特定用途的金按商品计算的价值,液体表面的距离我们已经解释,代表按商品计算的金块的价值,亦即它的购买力。

显然,这三种距离是不相等的,可用以解释金块和各种流量——流入量与流出量——之间的关系。如果在某个特定时期流入口位于液体表面上方,亦即距 OO 线距离较短,可解释为金的生产成本小于金块的购买力。因此,金矿所有者会打开流入口闸门注入金,直到液体水平高度上升到他的金矿的高度——也就是直到液体表面距 OO 线的距离和生产成本一样小——亦即直到金块的购买力跟生产成本一样小,在这一点,采矿不再有任何利润。流入口解释了这么多,现在考察流出口。如果某个特定时期流出口位于液体水平高度下方,亦即**与 OO 线距离较长**,可解释为金在特定用途的价值大于金块的购买力,所以金块会流入这些用途。用在这些地方用途的金,价值大于它作为金块的价值,也就是说,金从所有位于储水池表面下方的流出口向外流出。

因此,在任何特定时期,显然只有位于液体水平高度上方的流入口和位于液体表面下方的流出口,才会要求动用金,所以,随着液体表面的升高,更多的流出口投入使用,但使用的流入口减少。也就是说,金作为金块的购买力越小,被用于工艺品就越多,金矿生产金的利润就越少,金矿的产量就越少;随着液体表面的降落,更多的流入口投入使用,但使用的流出口减少。

现在我们把考察的目光转向金铸币储水池 G_m。由于金可在金块与金铸币之间转换流通,所以无论是金块还是金铸币,黄金都有同样的价值。这个事实的图解方法是将图中的金块储水池和金铸币储水池连接起来,由此可使两个储水池有同样的水平高度(像水一样)。两个储水池的液体表面离 OO 线的间距相同,这个间距代表金的价值或它的购买力。任何时候,如果流入量超过流出量,结果必然是现有金的存量增加,导致金的购买力或价值的下降。但只要液体表面升高,运行的流入口减少,运行的流出口增加。也就是说,流入量超过流出量,金的生产会减少;流出量少于流入量,金的消费会增加,从而阻止流入量和流出量之间的出现不均衡。另一方面,如果流出量暂时多于流入量,储水池水面就下降,购买力增加,这样就能阻止过多的流出并刺激流入的增加,使均衡恢复。精确的均衡点极少或永远不能实现,但正如来回摆动的钟摆要**穿过**均衡位置一样,金的储水池流入量与流出量总是有寻求均衡的趋势。

无需赘言,力学图解的目的仅仅是描绘了所讨论问题包含的一些主要变量,本身并不构成一个论点或能增加任何新的因素,人们也不应妄想图解能明确地包括必须考察的**所有**因素。但是,图解确实能让我们能抓住决定货币购买力的主要因素,观察并追踪他们的重要变化及影响:

首先,让我们假设由于新的金矿的发现或旧矿改进了开采的方法,金的产量增加,这可以表示为金块储水池流入口径的变大或流入口数量的增多。结果显然是金块储水池的"流入量"增加,从金块储水池流向金铸币储水池的流入量也增加,然后渐渐充满两个储水池,因而降低了货币的购买力。这个过程最终被金消费的增加阻止,且当生产与消费相等时,就会达到一个均衡,而金矿的资源耗尽过程的运行方式正好相反。

其次,如果金消费增加——比如某种流行时尚——可以表示为金块储水池 G_b 流出口数量的增加或流出口径的变大,结果是金块储水池的金漏出,导致金铸币储水池的储量减少,金的购买力因之增加。购买力的这种增加最终会被金矿产量的增加与金消费的减少阻止,当增加的产量和减少的消费相等时,重新到达均衡。

如果金铸币储水池与金块储水池之间的连接被某个阀门阻断,譬如造币厂不接受金从金块流向货币(尽管可以反向流动),那么作为货币金的购买力可能大于作为金块金的价值。这样,任何增加的金生产只会填充金块储水池,缩短液体表面至 OO 线的距离,亦即降低金块的价值。金铸币储水池液体表面不会离 OO 线越来越近,甚至因金铸币的渐渐损失而越来越远,换言之,这样一个阀门完全阻断了货币的购买力对金块价值的依赖,而货币起初

第六章　对货币购买力的各种间接影响(续)　　**97**

是用金块铸造的。

在印度的银币史里可找到案例证明这个原理。经过长期的讨论后,印度铸币厂自1893年停止接受银块,之前银币的价值紧随银块的价值变动,但停止铸造银币立刻导致两者价值的背离。自此以后,卢比的购买力不再由银块的价值决定,且在1899年之前的前六年里,也不由金的价值决定。现在的卢比与金的关系,我们在下一章讨论。

目前,除了一个影响交易方程式的外部因素外,我们已讨论了所有其余的外部影响因素。这个未讨论的因素是货币制度和银行制度的特性,它影响货币的数量与存款的数量,我们留到下一章专门讨论。同时值得注意的还有,几乎所有影响货币数量与存款数量或流通速度的因素,多数在过去一直导致价格上涨,几乎唯一的反向因素是交易量的增加,但这种影响力却被流通速度的增加部分抵消了,而流通速度的增加却起因于交易量本身的增加。在此可以指出的是,在本章与前一章讨论的影响因素中,有一些因素发挥的影响**是多方面的**。例如,技术知识与发明创造通过增加交易量影响交易方程式。只要这些因素能增加贸易,就有降低价格的趋势;只要他们开发的冶金术与其他技巧能增加贵金属的生产及运输的便利性,就会**促使价格上涨**;只要他们能使货币与存款的运送与转让更快,也会促使价格上涨;只要他们能促使银行业务技能的发展,就增加存款通货 M'、增加货币与存款的流通速度,由此也会促使价格上涨;只要他们能导致城市人口的集中,也会通过增加流通速度促使价格上涨。

最后,只要技术知识与发明创造或其他原因能使人均交易量增加,价格就有下跌的趋势。在任何一个特定时期,各种技能开发的总效果如何,是由这些技能开发的主导方向决定的。

第七章　货币制度
对货币购买力的影响

第一节　格雷欣法则

前面几章考察了当只有一种货币流通时,决定货币购买力的各种影响因素。上一章举例说明了使用一种金属时货币机制的运行方式,现在讨论使用两种以上金属的货币制度。

在早期的货币历史中,最困难的问题之一就是维持两种或多种金属同时在市场流通。其中的一种金属比另一种金属低贱,贱金属将贵金属驱逐出流通。大约 1366 年,李西克斯(Lisieux)的毕晓普伯爵(Count Bishop)在上法王查尔斯五世的报告(Charles V of France)中,首次提到此种现象;大约 1526 年,哥白尼(Copernicus)在呈交给波兰国王西吉斯蒙德一世(Sigismund Ⅰ)的报告或专题论文中,再次述及这个问题。这以后,尼古拉斯·埃斯米(Nicolas Oresme)观察到这种趋势[1]。在对早期埃斯米和哥白

---

[1]　Henry Dunning Macleod, *The History of Economics*, New York (Putnam), 1896, pp. 37 and 38.

尼①的明确表述毫无知晓的情况下,麦克劳德(Macleod)在其 1857 年出版的《政治经济学纲要》(*Elements of Political Economy*)② 中,为表示对托马斯·格雷欣爵士(Sir Thomas Gresham)在 16 世纪中叶叙述这一原理的敬意,称这种趋势为"格雷欣法则"。事实上,甚至古希腊人似乎也认识到了这种趋势,阿里斯托芬(Aristophanes)在《咏蛙》(*Frogs*)一诗中说:③

> 昔日的标准货币分量充足,许可通行,曾受考验;
>
> 在此希腊的各个民族与整个世界;
>
> 各方畛域公认是可信赖的媒介,成色纯粹;
>
> 却遭拒绝,被当成昨日的灰烬抛弃;
>
> 掺杂碎屑的劣质的伪造货币与材质;
>
> 在雅典城的市场买卖中替代他们流通。

格雷欣法则或埃斯米法一般表述为"劣币驱逐良币"法则。因为人们经常观察看到,磨损大、图案模糊、重量轻、"边缘缺损"、"热析熔焊"的货币,或用任何其他方法"贬值"的货币会逐渐驱逐重量充足的新铸造的货币。不过,这种说法并不准确。认为"劣币"驱逐其他货币,仅仅是由它们磨损的、弯曲的、模糊的或边缘缺损的状态引起是不正确的。简单地说,这个定律的确切意思是:**低价货币将驱逐高价货币**。在两种货币流通时,总是低价货币盛行的原

---

① Macleod, *The History of Economics*, pp. 38 and 39.

② 同上书,p. 477。

③ 同上书,pp. 893 – 898, Frere's translation.

第七章　货币制度对货币购买力的影响　　*101*

因在于选择使用何种货币的权利，主要是由交换中给付的人操控的，不是由收受的人操控的。无论谁，若有权任意选择两种货币之一偿付债务时，经济的动机会促使他选择价低的货币。如果主动权与选择权不是由交付货币的人操控，而主要由收受货币的人操控，则情况正好相反，高价货币或"良币"将驱逐低价货币或"劣币"。

那么，良币会发生什么情况呢？它可能被储藏起来，或投入铸币熔炉，或被输出境外。储藏与熔化是出于经济动机。输出境外的原因是，但凡发生国际贸易，外国贸易商是货币收受方，有权指定接受何种货币；我们自己是货币给付方，必须服从。外国人只接受价值最高的货币，因为我们的各种法币（法偿货币）法律对他没有约束力。

可以想象，价高的货币在交换中非常珍贵，按生金银条块有额外的价值。若用以安排付款，交易双方都会满意。但用高价货币安排付款的困难非常大，实际上从未有过用大批量高价货币付款的情况。事实是格雷欣法则的影响力非常大，甚至会牺牲整个国家的便利。例如，意大利15年前纸币发行过量，不仅把金币驱逐到阿尔卑斯山脉以外，也驱逐了银币与铜币。因为法国与意大利都属于拉丁联盟，这些被驱逐的货币在法国南部可以照当地对应的铸币价值流通。结果，一时间意大利奇缺面额低于5里拉钞票的找零钱币。零售店的顾客常常发现无法购物，因为缺乏必需的小额货币；店主因为缺少同样的小额货币，也不能找零。为解决支付困难，意大利发行了30000000张1里拉面额的纸票，结果需求非常旺盛，以致交易商愿意溢价购买。

格雷欣法则不仅适用同一金属制造的两种竞争性货币,也适用同时流通的各种货币。在给硬币边缘"轧齿边"的技术发明及规定铸币采用"公差限度"(不符合标准重量的偏差)之前,减轻铸币重量和降低铸币成色是一种通行的做法,商贸人士常感局促不安。不过今天,任何一枚这样"降低成色"或略微减轻重量的货币,都不再是法币;若交易收款人普遍拒绝接收,也不再是货币。但在习惯[①]或法律容许的界限内,即只要劣币仍然保持"货币"的权力,它就驱逐高价货币。

第二节　复本位制不能持久的情形

格雷欣法则的明显影响是,只要有机会就会减少货币的购买力。世界货币史记载的多数货币贬值,通常发生在执行君主命令的时候。著者现在考察格雷欣法则的主要目的,是在受格雷欣法则支配的银行制度下更充分地论述决定货币购买力的各种原因。首先用此法则分析复本位制。

为了充分理解货币制度对货币购买力的影响,我们首先必须弄清楚货币制度的运行方式[②]。既然低价金属驱逐高价金属,复本位制曾起过的作用或可使之发挥的作用,一直以来遭到否决。姑且不论它是否合乎人们的意愿,我们的任务是说明,复本位制在

---

① 有时候习惯不及法律严格。例如在加利福尼亚州,重量低于铸币厂公差限度的金铸币被称为"银行金币",继续在市场流通。

② Irving Fisher, "The Mechanics of Bimetallism," (British) *Economic Journal*, September, 1894, pp. 527 - 536.

第七章　货币制度对货币购买力的影响　103

某些情况下能够"起作用",也确实"起作用",但在其他情况下不起作用。为了解释复本位制何时有效,何时失效,我们沿用上章的力学图解方法[①]。在图 7.2.1 与 7.2.2[②] 中,储水池 G_b 盛装的液体表示金块数量,像前章一样,水平面低于 OO 线的距离表示金的购买力或价值。在上一章,图中只有一种金属金,两个储水池——金块储水池与金币储水池——都表示黄金。现在,我们将依次详细说明这个图形。

首先,给图 7.2.1(a)加上一个表示银块的储水池 S_b,其形状及大小和储水池 G_b 略有不同。这个储水池可用以表示银的价值或购买力和它在工艺品及作为块银的数量之间的关系,这样图中就有三个储水池。开始时,银块的储水池是完全孤立的,过一段时间和中间盛货币的储水池连接。现在,假设装有货币的中间储水池里面装的全是金铸币(图 7.2.1a),银尚未用作货币。换言之,货币制度和前一章讨论的一样,图形唯一的变化是加了另一个完全分离的银储水池 S_b,表示银块的数量与价值。

然后假设右边开了一个管道,把银块储水池 S_b 与货币储水池 G_m 连接起来,亦即引入复本位制。在复本位制下,按白银与黄金之间的一定比例,政府的铸币厂自由铸造两种货币。例如,一个包含 16 格令银的银元等于一个只有 1 格令金的金元,就说比例是 16∶1。在这种制度下,除非合约另有规定,债务人有权选择用银币或用金币付款。实际上,这是完整复本位制的两个前提,亦即

---

　①　现在使用力学图解的方式,有点类似杰文斯暗示的象征主义,参见 Jevons, *Money and the Mechanism of Exchange*, New York (Appleton), 1896, p. 140。

　②　图 7.2.1 是英文原著第一版第 116 页第 6 图,标题为译者所加。——译者

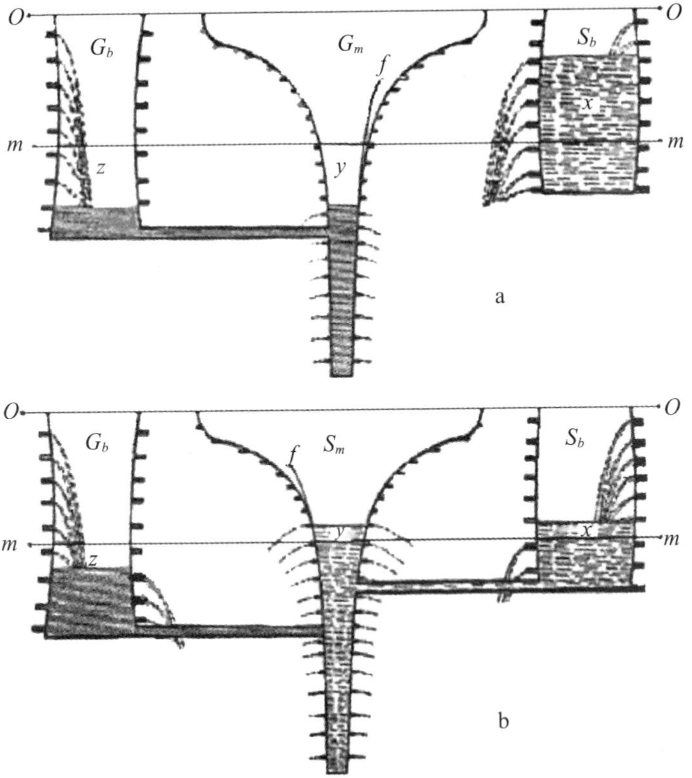

图 7.2.1　加入银块储水池后的复本位制

(1)两种金属按固定比例自由地、无限制的铸造货币;(2)按照这一比例铸造的任一种金属货币都是无限制的法币(法偿货币)[1]。图 7.2.1b 与 7.2.2b 表示了这些新的情形,其中的管道为银流进货

---

①　能否由政府规定一个金与银兑换的任意的固定比例,让市场遵守? 此问题由来争论非常激烈。除了正文包含的肯定性论据外,本章(第七章)附录第一节介绍了否定性的批评,这些否定观点被认为是支持争论的主要的错误的见解。

第七章 货币制度对货币购买力的影响 **105**

币或中间储水池提供了入口[①]。

我们要描述的不是金银矿、金条银块与工艺品之间的关系,而是金银块与金银币之间的关系。所以,我们暂时可以忽略所有的流入口与流出口,只关注金银块储水池与货币储水池。

前已说明,这些储水池低于 OO 线的距离表示金与银的购买力。但每一单位银(也可说成每滴银水,无论是铸币还是条块)包含的格令是每一单位金(也可说成每滴金水,无论是铸币还是条块)的 16 倍,一单位水表示一金元或一银元,我们想要表示的不外是对应金银单位的相对购买力。

表示金铸币与银铸币的液体用一层可移动的隔膜 f 分开,在图 7.2.1a 中,隔膜在最右边;在图 7.2.1b 中,隔膜在最左边;在图 7.2.2a[②] 中,隔膜仍是在右边,但在图 7.2.2b 中,隔膜在中间。两个 a 图表示铸币厂收铸银币**之前**的情形,两个 b 图表示铸币厂收铸银币、格雷欣法则起作用**之后**的情形。

如果在引入复本位制以前,银块储水池 S_b 中银的水平高度低于金块储水池 G_b 中金的水平高度,则实施复本位制的法令是无效的,亦即银块不会向上方流进货币储水池;但是,如果像图 7.2.1a 与图 7.2.2a 标示的那样,银块储水池的液体水平高度比金块的高,那么只要铸币厂收铸银币,银就会进入流通。最初银价低于金价,银通过左边的管口(熔化)将金铸币驱逐至金块市场,金铸币可能

———————

① 当然,一单位的水表示金或银的铸币重量。如果复本位制的比例是 16∶1,则储水池液体的结构是 1 立方英寸的水表示 1 盎司黄金或 16 盎司白银。将液体表面与 OO 线分隔开的立方英寸数,分别表示 1 盎司黄金或 16 盎司白银的边际效用。

② 图 7.2.2 是英文原著第一版第 119 页第 7 图,标题为译者所加。——译者

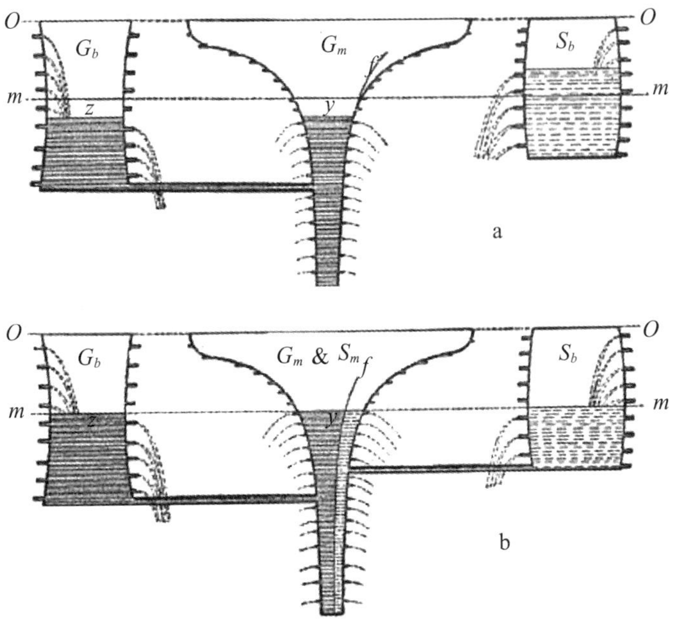

106　　　　　　　　　　　　货币的购买力

图 7.2.2　铸币厂收铸银币后的复本位制

被完全逐出,如图 7.2.1b 所示;也可能被部分逐出,如图 7.2.2b。只要金价高于银价,也就是说,只要银块储水池的水平面比货币储水池金铸币的水平面高,银块的价值不及金铸币的价值高,银驱逐金铸币的过程就会继续。

如图 7.2.1a 所示,用 mm 表示平均水平高度,位于此线上的 x 容量等于位于此线下方 y 与 z 的空间容量之和。无论溶液在三个储水池中如何分配,mm 线始终维持在平均水平高度。根据格雷欣法则,只要插入管道连接银块储水池与货币储水池,银就会流入货币储水池代替金。

第七章 货币制度对货币购买力的影响 *107*

这里必须区分两种情况:(1)银的容量 x 位于平均水平高度线 mm 的上方,**超过位于此线下方的货币储水池的总容量**;(2)银的容量 x 少于上述货币储水池的容量。在第一种情况下,如图 7.2.1b 所示,银显然会完全将金逐出流通,隔膜 f 从最右边移动到最左边,现在银块储水池中的容量比先前少,金块储水池的容量比先前多。

但是,这种溶液的重新分配只是铸币厂收铸银币的第一次结果。金、银的生产和消费之间的均衡一直遭受破坏,银价值的增加(储水池 S_b 的水平高度降低)刺激银的生产,银矿进入开采(右边未遮盖的流入口);另一方面,金价值的减少(储水池 G_b 的水平高度增加)抑制金的生产,金矿关闭(左边遮盖的流入口)。类似的变化也会发生在流出口——亦即两种金属的消费、损耗与其他行业的吸收上。

结果,第一次重新分配造成的各个储水池溶液的水平高度不一定是持久的,它们也许会返回各自初始的水平高度,在所有正常条件下都会如此。但无论如何,需要强调的是,他们不可能完全恢复原状。下面的推理表明,完全恢复原状的推测是站不住脚的。姑且假设银储水池恢复初始的水平高度,则银的流入量(生产)也会退回到由此水平高度决定的原初流入速度,但银的流出量(消费、损耗等)却比原初增多。工艺品的消费可能一样,但银铸币的损耗与其他行业的吸收构成额外的消费,所以,现在银的消费超过其生产(以前相等),不能维持原初的水平高度。故可以得出结论,不论银持久均衡的新水平高度是多少,都低于原初的水平高度。如作了必要的修正,同样的论据可证明金的持久均衡的新水平高度,都高于原初的水平高度。这样,就减少了两个储水池原初的水平高度之差。尽管复本位制未能实现两种金属货币的同时流通,按铸造比例使两者相等,但却导致了价高金属(金)价值的减少,价低金属(银)价值的增加。这种价值互相趋近的结果将在下文展开的第二例中予以讨论。

第三节　生产超过消费复本位制失败的情形

在详细讨论过的第一种情形中,银储水池容量 x 多于在 mm 线以下的货币储水池容量;在第二种情形中,银容量 x 少于在 mm 线以下的货币储水池容量,也就是说,银容量不足以将**所有**的金铸币从流通驱逐出去。在这种情况下,若暂时不考虑生产或消费的任何变化,管道的开通即铸币厂收铸银币,将使整个系统的储水池液体容量水平达到共同的平均水平高度 mm 线。换言之,金块价值高于银块价值的现象消失(图 7.2.2b),它的购买力和银块的购买力将是介于它们最初购买力之间的平均值,这种平均值就是平均水平高度 mm 线低于 OO 线的距离。换句话说,复本位制在这种情况下获得成功,在短时间内实现并维持货币储水池金铸币和银铸币之间有相等的价值。

不过,上面刚说的均衡只是不同储水池的金和银**现有**存量重新分配导致了液体水平高度的均等化,一旦这些存量受到干扰,均衡就会受到破坏。持久的均衡要求各个存量保持不变,换言之,要求两种金属的生产与消费之间相等。银从银块储水池注入货币储水池后,金的生产与消费彼此显然不必继续相等,银的生产与消费

第七章 货币制度对货币购买力的影响 *109*

也不必彼此相等,前节考察的案例中所发生的刺激银的生产并抑制金的生产的情况将再次发生,结果可能是:最终金被银完全替代,或者金未被完全逐出。

所以,有两种可能的情况,一种可能的情况是明显的,金被完全逐出,和图 7.2.1b 描述的情况相同;第二种可能的情况是金未被逐出。

如果先尝试否定第二种可能的情况,则其真实性就会更加清楚。因此,假设隔膜 f 在最左边时最终达到了持久均衡。在图解机制中,金的水平高度将比先前高,银的水平高度比先前低。显然,高多少、低多少是由当时相应的生产与消费的技术状况决定的。当然,不能想像金水平高度的增加和银水平高度的减少会使得它们的相对位置颠倒,以致金的水平高度比银的还高。若是这种情形,隔膜 f 根本不可能在左边,因为现在金价低廉,会进入流通排挤银价。照我们现在的设想,隔膜不可能处在最左边或最右边。如在最右边,银价低于金价,将隔膜向左推移;如在最左边,金价比银价低,会将薄膜向右推移。显然,在这些情况下,如图 7.2.2b 所示,均衡必然位于两个极端之间。因此,复本位制得以成功的生产与消费条件是:(1)在银单本位制下,均衡时金价比银价低;(2)在金单本位制下,金价比银价高。所以,实行复本位制时,复本位制的货币储水池水平高度总是介于金单本位制下两种金属条块储水池水平高度之间,此时金是货币而银不是货币;同样的理由,它也介于银单本位制下两种金属条块储水池水平高度之间[①],此

---

① 但是,复本位制的货币储水池水平高度不必然介于金单本位制下的货币储水池水平高度和银单本位制下的货币储水池水平高度之间。

时银是货币而金不是货币。上述所有的推理一直假定两种金属之间有一个法定比例。但是,在一种比例上不能实现的复本位制,总能在另一种比例上实现,复本位制的实现比例总是介于两个极限比例之间[1]。

容易证明,在单独一个施行复本位制的国家,两个极限比例的差幅要小于多个联合的国家,因为一个国家的货币储水池小于多个联合国家的货币储水池,而条块储水池实际上要比实行单本位制的多个国家联合体大,多出的量就是其余各国实行单本位制的货币量。当复本位制在一种比例上瘫痪时,总是能在另一种比例上运行起来,**但在过渡时期,货币的价值必然跌落**。将已挤出货币储水池的金属重新投入使用的唯一方法,是减轻货币单位的重量,否则采取更激烈的措施,将已在流通的铸币的法定重量提高。

还应该指出,若两个国家同时施行复本位制,两种金属不能有不同的法定比例。如果比例不同,其差也应小于运输成本,否则,其中一个国家会丢失他低估价值的金属,发现自己实行的是单本位制。

也许现在可以讲讲几个附带的说明。曾分别考察过的暂态均衡和正常均衡,实际上在时间上是有区别的,此点一目了然。根据新颁布的法定比例重新分配现有的金属存量,所需时间由运输、熔化与铸造的速度决定,时长按月或周计算;然而,正常均衡的形成时间,是由生产与消费比例变化的缓慢作用决定的,时长须按年计算。正常均衡一旦确立,只要生产与消费的状况不变,就会持续下

---

[1]　参见本章(第七章)附录第二节。

第七章　货币制度对货币购买力的影响　　*111*

去。这些状况的细微变化——矿山资源的采尽、新矿的发现等——将导致金铸币与银铸币比例的细微变化,亦即导致隔膜 f 位置的微小变动。隔膜 f 的摆动(和两种无关商品的价格比的变动**不同**)反映了这些正在变化情况。很可能隔膜迟早移动到其中的一个极限,但这样的结果大约需要的时间很长。世界的金铸币大约有 5000000000 美元;按目前的市场价格计算,银的年产量大约是 100000000 美元。假定一种国际复本位制按 36 : 1 的比例最初达到正常的均衡,考虑银产量巨大增加的结果,比如年产量的增加数是原产量的一半或 50000000 美元。若不考虑银不断地在流通中排挤金,银生产超过消费的量将持续减少的事实,银铸币完全将金铸币挤出流通需要一百年时间;如果银生产超过消费的量从 50000000 美元逐渐均匀地减少至零,则银完全挤出金需要的时间将加倍,变成二百年。

上述各种考虑须补充如下事实:首先,虽然对一种金属生产的刺激会很快起作用,但由于"沉没"资本的固定性,对另一种金属生产因之发生的抑制作用却非常迟缓,所以最后的货币数量会大于开始的货币数量;其次,货币储水池自身也在不断地增大;最后,事实是两种金属生产的波动方向都可能或增或减。我们有理由相信,**若最初国际复本位制在隔膜接近货币储水池中间位置是成功的**,则能继续成功运行好几代。而如前所述,初始的成功是由法定比例决定的。

必须注意的是,复本位制永远不能避免**细微**的价差,即一种金属价值略高于另一种金属的价值。恰好相反,正是这种货币金属储水池水平高度的差别,产生了迫使从一个均衡点向另一个均衡点变化的力量①。

多年来,两种金属块储水池的水平高度各自在发生变化,复本位制货币储水池的水平高度维持在这两个变化的水平高度之间,将任一金属条块储水池单独波动的影响散布至合并的金银市场②。复本位制的稳定效应是由各个储水池的口径面积决定的,和薄膜 f 的位置无关。无论金铸币与银铸币的比例是多少,复本位制的稳定效应都在全力发挥作用,且一个国家实行复本位制的稳定效应和整个世界实行复本位制的稳定效应是一样的。甚至当只有瑞士一个国家采用的复本位制成功运行时,只要还未瘫痪,它也会将全世界的金币银币合并起来使之价值均等,而无论各国实行金本位还是银本位。事实上,全世界都在分享瑞士实行复本位制的各种利益,而不分担它的祸患或危险。一旦复本位制失败,则此种国际功效立刻终止。

---

① 只要继续存在高价金属和低价金属的价差,和无价差情况比较,低价值的金属将无疑流通得快一些,高价值的金属流通得慢一些。如愿意,这种情况可以描述成想象货币储水池 f 一边的密度减少,另一边密度增加,使得一种金属比平常"流通得更快"(在图中覆盖更多面积),加速了隔膜 f 向均衡点的运动。下文再解释货币呆滞(密度增加)现象,"私人储藏"是一个主要的实例。

② 要描述复本位制对单个储水池波动的稳定效应,须注意在复本位制下三个储水池一起发挥作用,因此,和单本位制比较,波动与波动散布的液体表面积成反比例减少,所以,如果左边两个储水池液体水平面积和是三个储水池液体表面积的三分之二,黄金的流入量只在左边两个储水池散布就能产生深一英寸的液体层,那么这样的黄金流入量在三个储水池散布能产生的液体层深度就只有三分之二英寸。同样地,右边的储水池液体表面积是三个储水池液体表面积和的三分之一,只用作货币金属的银块流入储水池的量若能形成一英寸深的液体波动,则当银块储水池保持和货币储水池的连接时,液体深度就减至三分之一英寸。此处发挥重要作用的储水池液体表面积,是和边际效用减少的货币商品的增加速度相对而言的。波动与液体表面积大小成反比递减的定律只适用于静止的短期的调整。

第七章　货币制度对货币购买力的影响　**113**

应该指出的是,复本位制维持价值均等化的效应是相对唯一的。可以想象只使用一种货币金属要比使用两种货币金属更有稳定性。在后面,我们将用一章考察价值均等化效应能带来多大程度的利益,此处的讨论范围仅在说明复本位制[1]的机械力学**运行**。

第四节　跛足本位制与金汇兑本位制

今天,复本位制是一个各国币制不再施行的有趣的历史问题,但以前的流行却给包括法国与美国在内的很多国家留下一种货币制度,有时被称为"跛足"本位制。在复本位制的货币制度中,当无论那一种金属都不能将另一种金属完全逐出流通,铸币厂拒绝收铸低价金属,但并未召回此前已铸成的货币时,就产生了"跛足"本位制。在法国与美国,遭铸币厂拒绝收铸的金属是银,任何用银铸成且尚在流通的货币仍照金铸币价使用,如果偶尔**有限地**增铸银币数量,这种平价也许继续维持下去。此后银块与银铸币之间产生价值差,银铸币价值高于银块价值,这一情况可用图 7.4.1 表示[2]:

如图所示,连接货币储水池与银块储水池的管道被切断,或者说一个阀门阻断了银从银块储水池流向货币储水池,而不是相反(因为从未有法律禁止银币熔化成银块),新铸成的银币现在不能变成货币,由此提高了货币的购买力。

另一方面像从前一样,新采的金块继续影响货币的价值——

---

[1]　Leonard Darwin, *Bimetallism*, London (Murray), 1897, p. 341; Bertrand Nogaro, "*L'expérience bimétalliste*," *Revue d'économie politique*, 1908.

[2]　图 7.4.1 是英文原著第一版第 128 页的第 8 图,标题为译者所加。——译者

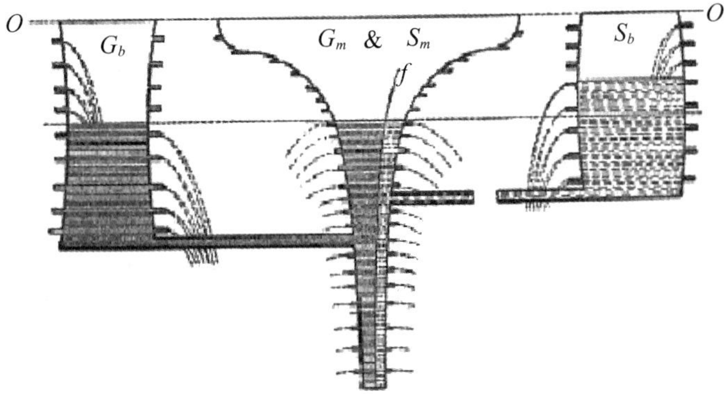

114   货币的购买力

图 7.4.1　铸币厂拒绝收铸银币后的跛足本位制

不只是金铸币的价值，也影响同时流通市面、价值高估的银铸币的价值。如果更多的金流入货币储水池，就会增加货币的水平面高度，倘若这个水平面高度竟至比银块储水池的水平面高度还高，银就从货币储水池流向银块储水池，因为**朝这个方向**（也就是熔化）的管道依然是畅通的。不过，只要货币储水池的水平高度低于银块储水池的水平高度，亦即只要铸成货币的银比未铸造的银的价值高，就不会出现银向任一个方向的流动，因为法律禁令阻止它朝货币储水池方向流动，相对水平高度规律阻止它朝银块储水池方向流动。

在刚才讨论的例子中，铸成货币的银的价值按法定比例等于金的价值。确切地说，同样的原理适用于任意一种货币。已铸成货币的材料的价值大于用以铸造货币的原材料的价值。譬如，以纸币为例，只要它有货币的显著特征——按法定价值是普遍可接受的，数量有限，它的价值通常按法定比就等于金铸币的价值。像

第七章　货币制度对货币购买力的影响　　**115**

生产数量庞大的银在复本位制下将金逐出流通一样，如果纸币的数量无限制地增加，就会渐渐地排挤掉所有的金铸币，最后完全充满货币储水池。同样，信用货币和银行存款形式的信用也有这样的效果，它们按照使用的数量多少减少对金铸币的需求，降低金作为货币的价值，导致更多的金用于工艺品或流向其他国家。

只要银的数量或其他代用货币比如纸币的数量还很少，不足以完全代替金铸币，金铸币就会继续流通。在这种情况下，其他货币的价值不能低于金铸币的价值。因为一旦比金铸币价值低，按格雷欣法则就会代替金铸币，我们已假定它没有足够的数量做到这一点。因此，在"跛足"本位制下，银铸币与金铸币之间的平价或许仅仅是银铸币数量受限制的结果，不一定是由银铸币兑换金铸币的能力决定。即使没有兑现金铸币的能力，这种数量限制通常足以维持银铸币和金铸币的平价。不过，这一点不总是正确的，因为如果人们对某种形式的不能兑现的纸币或代用货币失去信心，即使未过量发行，也会贬值，其货币形式的价值就会接近它的制造原料的价值。一个人愿意按票面价值接受货币，缘于他相信其他任何一个人都会做同样的事。例如，也可能**只是担心**过量发行就破坏了这种信心。平时耐住性子忍气吞声地接受任何习惯的货币或法币的收款人，此时就会跟随众人，坚持"拒绝签订"收受不合标准货币的合同①。也就是说，他坚持签订的未来所有合同皆须以

129

---

①　在力学图解中，由于格雷欣法则现在不起作用，隔膜不再受来自右边压力的影响，隔膜两边的水平高度会出现明显的差异。这样一种机制例证了两种价值独立的金属可以同时流通，但经验表明这种情形太不方便，难以持久。银将进一步被禁止流通，也就是银的流通速度会渐渐下降。正如已经解释过的，这一点可用图形表示为隔膜右边的货币储水池液体增稠，使得隔膜朝右边移动。如果完全禁止银的使用，隔膜会完全移至右边，出现金单本位制。这种歧视银铸币的货币结果是金币升值。

更好的金属货币,比如金铸币付款,从而使已贬值的纸币价值进一步跌落。

所以,不兑现的纸币正像不兑现的银元一样,如果数量受到限制,未丢失太多的信任,就可以按其他货币的票面价值流通市面;如果数量渐渐增加,这种不兑现纸币就可能驱逐所有的金属货币,无可争辩地占据流通市场。

但是,不兑现纸币是唯一的通货的情形虽然是可能的,却很少被证明过是可取的——如果有过证明的话。除非有保障措施,不兑现性始终是导致人们滥用纸币的诱因,单这个事实就会破坏商业信任,挫伤长期合同的签订和长期计划的制订。凡使用不兑现纸币的国家,都证明了纸币始终是一个祸根,所以,尽管兑现能力对维持纸币等于本位币价值不是绝对必要的,事实上也是一种明智的预防措施。在美国,银元缺乏兑现能力是不令人满意的货币制度的一个主要缺陷,也是一种持续的风险。

兑现的程度可以有各种各样的,最有趣味的是大家熟知的金汇兑本位制的部分兑现。采用这种制度的国家自己并不实行严格的金本位制,而是利用外汇维持本国纸币价值基本等于金的价值。按照这一制度,政府或其机构兑现本国货币不用金,而用可兑换国外金的汇票。也就是说,政府在伦敦或纽约按牌价出售汇票回收本国货币,即有兑现的意义。直到外汇价格跌落,兑现的要求停止时,再将这些货币投入流通。

金汇兑本位制可视为一种带部分兑现附加特征的跛足本位制。

不过,这种附加特征很大程度上改变了跛足本位制的性质。

如果银铸币相对于商品交易量(无论何种价值高估的货币)太多,乃至将金铸币完全逐出流通,不带金汇兑特征的跛足本位制就可能随时瘫痪。金铸币一旦悉数输出国外,就不能维持银铸币价值与金铸币价值相等,但借助金汇兑本位制可避免这种灾难。事实上,借助金汇兑本位制,金无必要任何时候都在市场流通。政府主动按固定价格出售外汇,封存由此收入的银币,使其退出流通,效果恰如等价的金输出国外。只要政府乐意并愿意维持汇票的价格和一个金本位国家货币的比例,就能够大致维持本国货币与金铸币的兑现平价[①]。

第五节 法国的复本位制

现在,我们用历史事例证明上面解释的原理。第一个也是最重要的例子就是法国。1785 年,法国采用的金银比价是 15.5∶1,1803 年的法律沿用这一比例。自 1785 年尤其是 1803 年始到 1873 年这一段时期,法国与拉丁联盟的历史极具借鉴意义。这段历史为理论提供了实践例证,当各种状况有利时,实行复本位制可以使金和银并用很长的时间。在这一时期,公众平常不会察觉金银比价有任何变动,只是发现货币有时从金比银多变为银比金多,有时与之相反。确实,在条块批发市场,15.5∶1 的金银比价有过数次微小的变动,但这些变动只是提供了恢复均衡的力量。

————————

① 参见 Charles A. Conant, "The Gold Exchange Standard," *Economic Journal*, June, 1909, pp. 190–200。

从 1803 年至大约 1850 年,出现银铸币替代金铸币的趋势。照我们力学图解术语,大多时候是货币储水池右边的白银流入,隔膜渐渐压向左边。在 1830 年前,有关金与银变动的统计资料不是分开计算的,但从 1830 年到包括 1847 年在内,虽然有 5 年时间是金输入,但整个期间金净输出 73000000 法郎,平均年输出金超过 4000000 法郎[①]。从 1830 年到 1851 年,每年都有白银的输入,整个时期输入总量是 2297000000 法郎[②],或者年平均输入量超过 104000000 法郎。银的统计资料截至 1851 年,因为从此以后白银开始流向国外,而金向法国的流入是从 1848 年开始的。整个时期是银驱逐金,银铸币充满货币储水池。不过,货币储水池扩大得非常快,即贸易量的增加非常快,所以价格没有上涨,反而下跌。等到 1850 年时,隔膜实际上已经抵达储水池最左边。若非加利福尼亚州忽然发现金矿,缓解了法国金铸币奇缺的状态,此时复本位制本应已经瘫痪,法国应已实行银单本位制。新矿增加了金产量,结果是往回流动,法国货币储水池开始流入金铸币并流出银铸币。从 1848 年到 1870 年,法国金净输入总计 5153000000 法郎,或者年平均净输入金超过 224000000 法郎;而银从 1852 年开始包括 1864 年在内,净输出总计 1726000000 法郎,或者年平均净输出银近 133000000 法郎[③],金驱逐银,充满了货币储水池。此时法国似乎濒临银铸币悉数流出,变为金本位制的国家。1865 年,

---

① W. A. Shaw, *The History of the Currency*, 3d ed., London (Clement Wilson), 1899, p. 183.

② 同上书,p. 184。

③ 同上书, pp. 183 and 184.

第七章　货币制度对货币购买力的影响　　　*119*

法国和比利时、意大利及瑞士缔结为拉丁货币同盟,继之希腊于1868年加入。银制辅币数量减少,但标准银铸币(本位银币)仍按与金铸币的旧比例流通。然而,随着新发现金矿的渐渐采尽,银产量的不断增加,结果又出现金银的反向流动。从1871年到1873年,法国金净输出375000000法郎,或平均年输出金超过125000000法郎,而从1865年到1873年,法国银净输入860000000法郎,或平均年输入银超过94000000法郎,所以,甚至在1871年金开始流出前,银就已在1865年开始流入。若非法国和其他拉丁货币同盟国家在1873年至1878年间相继停止银的自由铸造,银铸币必会逐渐将金铸币逐出流通,他们将发现本国实行的是银本位制,而不是金本位制。复本位制论者曾宣称,废止银自由铸造货币的行动本身是复本位瘫痪的原因,事实则是复本位制瘫痪是废止自由铸造银币的原因,因为禁止银铸币流通维持金铸币流通这种贬弃银铸币的做法,确实扩大了两种金属货币之间已有的阻隔。

换言之,隔膜现在趋近最左边,装满货币储水池的液体主要是银。有理由相信,如果有其他国家的加入,拉丁货币同盟或许可以维持复本位制更长的时间。但是,它不得不吸收各个银矿开采的大多数银,也必须吸收相当数量的、先前构成德国货币存量的银,这部分银是德国继普法战争采用金本位制后抛入市场的。也就是说,不只是各个银矿,还有废止银铸币的国家,都向拉丁货币同盟倾倒银,加之斯堪的纳维亚各国和美国也改用金本位制,故对一个由少数几个不重要的国家构成的同盟来说,继续实行复本位制显然是障碍重重。

现在,拉丁货币同盟得以继续维持仍在流通的银铸币的价值和金铸币价值相等,遵循的原理就是本章前面已解释的,限制银铸币的流通数量,使之成为完全的法偿货币,可用以缴纳公款。

第六节　法国的历史经验

很奇怪的是,法国的教训与其他国家的经验,似乎既未被单本位制论者也未被复本位制论者普遍理解。比如,不妥协的单本位制论者曾援引 19 世纪前 75 年中金和银价值的多次变动,来证明不可能维持金银的法定比价。或许,他们也可援引池塘的波纹与江河的细小坡度,来否认水会变平的事实。实际上这些波纹是水趋向平面过程的证明,和金银没有法定比价时可能发生的巨大波动相比,微不足道。W. A. 肖在《货币史》中使用的图表和本文给出的相似图形都说明,在 1803 年至 1850 年银流入期间,尽管银的产量大幅增加,金银比价变化偏离 15.5∶1 法定比的程度最多只有 0.75,或某一年稍超过 4.8%,平均偏差只有 0.29 或 1.9%。而且,差值的大部分是法国当时强制征收铸币税造成的。[1] 其后在 1851 年至 1870 年期间,币制特征是金大量地流入,金银法定比价最大偏差(反方向的)是 0.31 或 2%,平均偏差是 0.14 或 0.9%。而在接着的 1871 年至 1873 年期间,银铸币流入金铸币流出,金银比价高于 15.5∶1 法定比的最大值是 0.42 或 2.7%,平均值是 0.21

---

[1]　J. F. Johnson, *Money and Currency*, Boston (Ginn) 1905, p. 227.

第七章　货币制度对货币购买力的影响　　　*121*

或 1.4%。和这些数字形成鲜明对比的是 1873 年[①]之后的数字，金银比价超出 15.5：1 法定比的最大偏差是 23.65 或 152.6%，平均偏差是 10.4 或 67.1%[②]，图 7.6.1[③] 描述了这一比例变化的历史。

另一方面，复本位制论者常常未能看到，这次实践既证明了有可能实现复本位制，也说明了它的局限性。1850 年法国的复本位制几乎崩溃，若非增加的金生产逆转了货币金属流向，继之而来的将是银单本位制；

1865 年，金铸币将大部分银铸币逐出流通，到了 1873 年，金再次大量流出，若非之后停止自由铸造银币，似乎很明显，金铸币将被银铸币完全逐出流通。无疑，仅由法国与拉丁货币同盟按 15.5：1 的法定比价继续实行复本位制是不可能的。虽然失败，但他们努力维持的金银比价较之实际情况更接近 15.5：1 的法定比价，因为同盟可以为银提供广阔的市场。若不是其他几个国家在此关键时候采取金本位制，或许复本位制还可以维持更长时间，尽管这时银的生产增加了。复本位制实践的结果是拉丁货币同盟各国的金铸币被国外抽空，银铸币充斥市场。为维持金与银的法定比价，这些国家不得不承担各种费用，蒙受各种困难，而其他国

---

①　尽管法国直到 1876 年才完全停止铸造 5 法郎的小额银币，但限制铸造的确始于 1874 年。参见 W. A. Shaw, *The History of the Currency*, pp. 194, 196。

②　这些数字是从 W. A. Shaw, *The History of the Currency*, p. 159 和 *Reports of the Director of the Mint* 中提供的资料收集整理的。

③　图 7.6.1 是英文原著第一版第 137 页的第 9 图，标题为译者所加。——译者

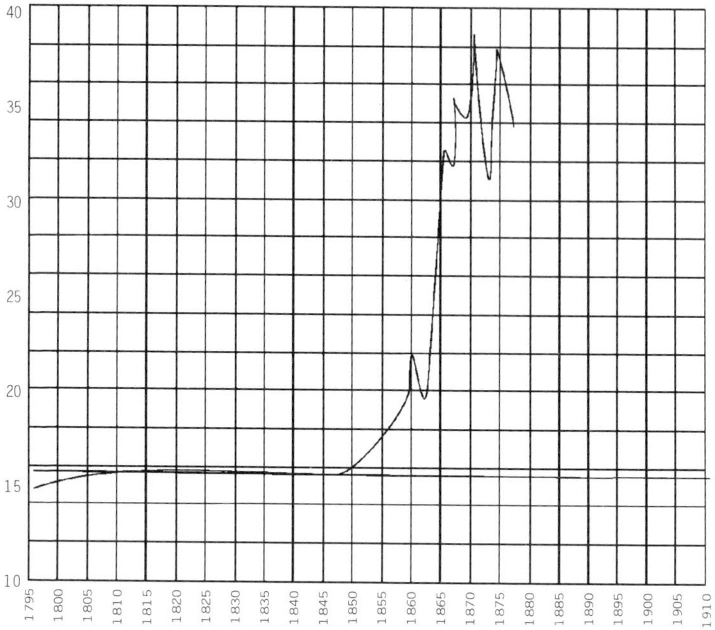

图 7.6.1　1795—1910 年金银比较偏离法定比价的历史变化

家则收获了大部分利益,所以每个国家都宁愿其他国家采用复本位制,这正是复本位制作为实际的政治主张的一个弱点。因此,未来几乎不会有一个国家单独率先实行复本位制,更不会有任何关于复本位制的国际协议。

第七节　印度的跛足本位制

那时候,法国采用的币制也为许多其他国家所采用。像法国一样,这些国家(或地区)被迫采用复本位制,否则就变成银本位制

第七章 货币制度对货币购买力的影响 *123*

国家。1873 年以前，复本位制纽带将所有用金与银的国家连成一体。纽带断裂后，商业世界分裂成两个阵营，金本位制国家（或地区）和银本位制国家（或地区）。很多国家（或地区）希望加入前者的行列，却有被推入后者的危险。为挽救自己，这些国家（或地区）的铸币厂拒绝收铸银币，并采用跛足本位制，英属印度就是其中之一。

印度的例子饶有趣味，因为他从未实行复本位制。在采用目前币制时金是标准货币，市场却无金的流通。印度铸币厂1893 年6 月停止收铸银币，卢比的法定价值是 16 便士，起初未能维持这个价值，那些赞成新币制的人遭遇失败。不过，初始的失败乃预料中的事，因为市场没有金铸币流通，且未料到大量的已铸成的银铸币堆积如山。虽铸币厂不再收铸银币，市场流通却因之膨胀。而且，在铸币厂停止收铸银币前，政府从银行与其他国家（地区）接收了大量的运往印度的银铸成银币，其中又有大量的银币从国库提出投入流通，及至 1895 年卢比价值跌至 13 便士。但是，即使从开始算起，卢比的价值也比它包含的银高。它与当时升值的金比较是跌价的，而与银块的价值比较是涨价的。无疑，这一点可证明货币的价值除制造材料的数量与价值外，还与自身的数量有关系。此外，即使按金本位标准计算，卢比的价值也逐渐上升，从 1895 年1 卢比值 13 便士，1898 年上升至 15 $\frac{1}{3}$ 便士，到 1899 年达到法定价值 16 便士，之后未再变动。过去 10 年来，由于政府一直照此比价随时用卢比购买金铸币，卢比价值不可能再上升；倘若卢比价值真的上升了，人们会用金币购买卢比，政府就需要发行更多的卢比，直到他的价值跌至每个卢比 16 便士为止[①]。

印度的币制实际上是本章第四节描写的金汇兑本位制，同样的制度现在在菲律宾、墨西哥与巴拿马得到成功的实施[②]。1908年金汇兑本位制在印度经受了严厉的考验，其时印度贸易收支出现"逆差"，需要政府在伦敦出售逾 8000000 英镑的汇票，印度货币才得到足够的收缩，以阻止贸易逆差的加剧。

第八节　美国的跛足本位制

美国是现今实行跛足本位制的国家之一。1792 年，国会采用完全的复本位制，对金币与银币皆赋予完全的法偿货币性质，皆可以自由铸造，按 15 盎司银对 1 盎司金比例无限制地铸造。

由于受国外情况尤其是法国的影响，法定比例很快低于市场比例，结果金逐渐流出美国。要准确地说出金输出美国始于何时是不可能的，但拉福林教授确证最早始于 1810 年，并断定到 1818年时，美国的货币流通中几乎没有金[③]。美国名义上虽是复本位

---

① 读者如要了解印度经验的简史与有关讨论，参见 E. W. Kemmerer, *Money and Credit Instruments in their Relation to Prices*, pp. 36 – 39。

② Charles A. Conant, "The Gold Exchange Standard in the Light of Experience," *Economic Journal*, June, 1909, pp. 190 – 200; Hanna, Conant, and Jenks, *Report on the Introduction of the Gold Exchange Standard into China*, *the Philippine Islands*, *Panama*, *and other Silver-using Countries and on the Stability of Exchange*, Washington (Government Printing Office), 1904; Kemmerer, "Establishment of the Gold Exchange Standard in the Philippines," *Quarterly Journal of Economics*, August, 1905, pp. 600 – 605.

③ *The History of Bimetallism in the United States*, New York (D. Appleton and Company), 1901, 4th ed. , p. 29.

第七章　货币制度对货币购买力的影响　　**125**

制的,实际上变成了银本位制国家。

部分原因是希望金倒流回国内市场,部分原因是认为南方也该发现金矿,美国国会分别于 1834 年与 1837 年通过法案,规定金银比价是"16∶1",或更准确地说,法定比 1834 年为 16.002∶1,1837 年为 15.998∶1。比较而言,以前的旧法抬高银铸币的价值,这些新法抬高金铸币的价值。也就是说,商业比例仍然接近 15.5∶1,而货币比例较之稍大。这种情况一直维持到 1850 年,结果与格雷欣法则一致,低价值的金币将银铸币逐出流通,美国变成了金本位制国家。1853 年,为防止银辅币的输出,它们的重量被减轻。

南北战争爆发前,美国一直是用金的国家。而在南北战争期间,"绿背纸币"或美钞发行量太多,格雷欣法则再次发挥作用,金铸币最终被逐出流通,美国成了纸币制国家[①]。战争结束后好多年,美国继续保持纸币制,除了太平洋海岸,很少有金铸币流通,无论什么地方,几乎也看不见银铸币流通。

1873 年,美国国会通过一项法案(被复本位制论者称为"73 犯罪"(Crime of 73)),从法定铸币清单删除了标准银元。

当然,这个法案不可能立即影响金铸币与银铸币的价值,因为美国当时是纸币制。但等到 1879 年恢复铸币支付(亦即用金铸币与银铸币付款)制度时,这个废止自由铸造银币的法案使美国走向金本位制国家,而不是银本位制国家。如果不是因为 1873 年废止

---

① 特别要参阅韦斯利·克莱尔·米切尔(Wesley Clair Mitchell) *History of the Greenbacks*, Chicago (The University of Chicago Press), 1903;也可参阅他的 *Gold, Prices, and Wages under the Greenback Standard*, Berkeley, California (University of California Press), 1908。

铸造银币的法案,美国在 1879 年恢复金属货币本位制时,应该成为一个银本位制的国家,其标准币价值远低于他实际已经实现的金本位制,美国的货币问题也必然和昔日的实际情况大不相同。

但在恢复金本位制过程中,美国又将银元用作小额辅币,虽未能恢复银币的自由铸造,但银铸币支持者却通过 1878 年的《布兰德与埃力逊法案》和 1890 年替代前者的《谢尔曼法案》,成功地让政府承诺购买银块,大量的无限制地铸造银元。布兰德与埃力逊法案要求财政部长每月购入价值 2000000 美元到 4000000 美元的银,铸成标准银元(standard silver dollar);《谢尔曼法案》则要求每月购入 4500000 盎司的银。

按照两项法案的要求,共铸造 554000000 个银元,却只有不及 20% 的数量实际进入流通,代替这一庞大数量银铸币进入市场流通的,是随时用银元兑现的银票,有时则是国库券。主要是由于数量有限,得以维持银铸币(也包括银票)的价值和金铸币价值的相等。倘有银元价值不等于金铸币,财政部很可能拨一定数量的金铸币兑换。虽无法律直接规定用金铸币兑换银元,但为维持银元价值与金铸币相等,采取这类措施是财政部部长(the Secretary of the Treasury)的职责。

1893 年废除了《谢尔曼法案》,1900 年专门通过一项法案,宣布美国实行金本位制。

第九节　美国币制大略

现在,美国通行的跛足本位制,合乎逻辑地成为一个衔接复本位制和"混合币制"（"composite" system）之间的纽带。"混合币制"可以有任何数量的各种货币同时流通。大多数现代文明州解决多种货币同时流通问题的方式，是把金用作标准币，用作辅币的主要是数量受限制的银、镍与铜币，大多数情况下还会发行数量受限制的纸币，后者通常可以兑现。这种混合币制可能有无限的变种。美国现在的币制非常复杂，许多特征令人反感，尤以缺乏我们将要讨论的弹性为最。金是标准货币，可自由铸造；银元的数量有限，价值不菲。货币形态的银的价值比块状银的价值高出二倍多，是对先前复本位制法的继承，而南北战争期间的纸币和1873年的废止法案早已使之失效。1878年与1890年，政府两次购买银，试图小范围地采用复本位制——1893年停止了这种努力——此举极大地增加了银铸币的数量。商业世界不接受银铸币进入市场流通，所以国会发行了上述两种形式的纸币，主要是"银券"（silver certificate），每张银券都有一枚银元存放在美国政府国库。

这种情形的荒谬性存在于虚构的小说，银美元怎么能维持纸美元的价值和金美元相等？即使没有银铸币，纸币照样能维持其价值与金铸币相等。1个银美元作为银的价值小于1个金美元的价值，正如1张纸美元的价值小于1个金美元的价值。完整的1美元是金铸造的1美元，只要银铸1美元本身的价值低于完整的1美元，1个银美元的价值大于1张纸美元的价值的事实，一点也无助于使1元纸币的价值等于完整的1美元。一个只及屋顶一半高的檩柱和一个一英寸高的檩柱一样，都不能支撑屋顶。

即使纸币没有"银的支持"（silver behind them），代表银元的纸币也会跟现在一样继续流通。尽管这种情形的荒谬性会太明显，乃至这些纸币可能停止流通。借助布兰德与谢尔曼法案，进入流通的 50 亿元新币不管是用价值高估 50% 的银制成，还是用价值高估 100% 的纸制成，实际上都不会影响维持银铸美元价和金铸美元价相等的跛足本位制的原理。财政部国库闲置的银元只是一项耗费，属于政府鼓励采掘银矿的补贴。它在今日唯一的实际影响是误导公众相信，银铸美元以某种方式维持或帮助维持了银券的价值和金铸美元的价值相等[①]，实则两者的价值相等是以限制银券的数量维持的。由于银铸币及其代表纸币的数量皆不充足，不能代替金铸币，既然不能代替金铸币，银铸币及其代表纸币的价值就不可能跌至法定面值以下。

另外一个同样无效的异常现象是"绿背纸币"现有的数量，他们是美国政府发行的钞票。按 1875 年的法律，到 1879 年召回的绿背纸币数量应足以恢复其余量的价值与金价相等；而按 1878 年修改的法律，留存 347000000 张绿背纸币在市场流通，至今仍在流通。这些绿背纸币一旦兑现，就必须重新发行，不能停止流通，它们是美国货币罐里固定的组成部分，不能增加也不能减少，之所以能维持他们的价值与金币价值相等，是因为它们(1)数量是受限制的；(2)随时可兑换金铸币；(3)可用以缴纳税款，是法币(法偿货币)。但是，只兑现而不停止流通是荒谬的——实际上是自相矛盾的说法——这种荒谬性有时让政府非常局促不安。

下一个有待考察的美国货币是银行钞票。虽然国家银行法废

---

① 西格尔敦促政府设法处理掉这些银币，代之以价值相等的金币。参阅 Seager, *Introduction to Economics*, 3d ed., New York (Holt), 1908, p. 317.

第七章　货币制度对货币购买力的影响　　**129**

除了旧的、不相配的州立银行钞票,却将新发行的银行钞票和战时的债务联系在一起。而且之后的联系非常紧密,以致不顾这种关系的优点早已用尽,弊端日益严重的地步。不论需要如何急迫,国家银行钞票的发行量在法律上不能超过政府的债务,政府偿还债务,就必须强制国家银行赎回钞票。

这种情形有一种奇怪的异常现象,美国公债券的价格非常高,债券的利率因之非常低,导致在利率高的地方发行银行钞票的吸引力不及利率低的地方,比如在西部发行银行钞票的吸引力实际上没有在东部大。

结果是美国的钞票缺乏弹性,不能根据交易量的季节性变化自行调整,由此减少了因之发生的价格水平的波动。而钞票成为一种呆滞的不流动的货币,使得交易方程式的其他因子必须自行与之相适应[①]。

美国币制的其余各种货币,诸如分数的小额硬币,能根据公众的需求调整,令人满意。金存款单与货币存款单几乎不能成为独立的币种,因为他们不过是为了公众的便利而开出的政府收据,代表金或绿背纸币存款。[②]

表 7.9.1 是从货币司与财政部报告摘录整理的,说明了 1912 年 7 月 1 日美国的货币状况。因为只能得到大致的估计值,表格

[①]　1908 年的《阿尔德瑞希-弗瑞兰德法案》(*Aldrich-Vreeland and Act*)未能改变这一情形,不管该法案对缓解经济危机的危害多么有益,在正常时期都不能使货币具有弹性。至少截至目前,该法案还未表现出这样的倾向。

[②]　本章之后的内容由于原著者对第一版文字做了大幅度的删减更新,故译文主要参照 1922 年修订版译出,和本书主要参考的第一版原文内容出入较大。——译者

省略了州立银行和信托公司的数字。在美国的货币制度中，如果这些估计值大约是正确的，金就是美国所有货币的基础。除在国库与银行的金外，金铸币占流通货币的数量介于 $\frac{1}{3}$ 与 $\frac{1}{2}$，在银行的货币有超过 $\frac{1}{2}$ 的数量用作存款准备金（也用作银行钞票的准备金，虽然银行钞票也受政府的担保），其余的流通货币几乎全部是无弹性的数量固定不变的货币。因此，流通中的金数量的变化不会引起流通中所有货币数量的同比例变化，最多只能导致其他货币数量变化至 $\frac{1}{3}$。不过，由于几乎所有的货币都可以用作银行准备金，甚至银行钞票就被州立银行与信托公司用作准备金，所以在正常情况下，市场流通的货币、用作准备金的货币和银行存款之间也必须维持大致相同的比例。法律上对准备金的规定也会增强维持这种关系的趋势。

因此，在美国的货币制度中，金是一切货币的基础。金铸币直接或以金券（gold certificates）形式占流通货币总量的三分之一，其余形式的货币几乎全是无弹性的、不能调整的。所以，要符合交易方程式其他因子的变化——比如交易量——流通中的金铸币就必须吃苦耐劳完成全责。

正如我们已经分析的那样，在美国的货币制度中，唯一真正可调整的货币是金铸币。但由于金币的铸造或运输颇费时日，和其他国家实行的可随时发行与回收的银行钞票比较，显得迟缓而笨拙，从而极大地、不必要地加剧了货币购买力的季节性变化及其在经济危机与信用周期中的变化。本书第二版正在付印时，似乎出

第七章 货币制度对货币购买力的影响 **131**

现了这样的可能性,国会也许最终会通过立法补救币制现状。

表 7.9.1 美国的货币(单位:百万)①

	金币	银币	美国纸币	银行钞票	辅币	合计
国库(In U. S. Treasury)	264 [I]	26 [II]	9	40	26	365
银行(In banks)	801 [III]	217 [IV]	253	108	38	1417
市场(Outside both)	752 [V]	323 [VI]	85	597	107	1864
合计	1817	566	347	745	171	3646

I."自由的"金币,即国库中除用作公众持有的金券准备金之外的金币。

II."自由的"银元,即国库中除用作公众持有的银元券准备金之外的银元。

III.包括 563000000 金券,有准备金存放在美国政府金库。

IV.包括 194000000 银券,有准备金存放在美国政府金库。

V.包括 380000000 金券,有准备金存放在美国政府金库。

VI.包括 275000000 银券,有准备金存放在美国政府金库。

---

① 表 7.9.1 在英文原著第一版第 147 页,内容根据 1922 年修订版译出,标题为译者所加。——译者

第八章　货币数量和其他因子对购买力的影响及其相互影响

第一节　交易方程式——不含因果关系

前述各章的主要目的是详尽地解释决定货币购买力的各种原因，一直把购买力看作是货币及其流通速度、存款及其流通速度和交易量五种原因的结果。这五个因子及其所影响的价格可以用称为交易方程式的恒等式 $MV + M'V' = \sum pQ$ 联系起来，它们本身又受交易方程式以外的各种原因的影响。比如：人类欲望的差异化、行业的多样化与运输的便利性会造成交易量增加，价格水平因之跌落；挥霍的习惯、记账的习惯和愈加迅速的交通会造成货币流通速度增加，导致价格水平上涨；货币的输入、货币的铸造、先前开采的货币金属、由复本位制引入的其他天然的贱金属币材，以及发行银行钞票与其他纸币，都会引起货币数量的增加，造成价格水平上涨；而银行制度的发展与记账的使用会造成存款数量增加，导致价格水平上涨。当然，反向的原因会产生反向的结果。

所以，在这五种直接影响货币购买力的原因之后，又受先行的十余种原因的影响。若进一步追根究底，每一步都会发现原因在增加,恰似一个人寻根问祖,由己溯往,一代多于一代。归根结底,有无数的原因影响货币的购买力,但条分缕析地逐一穷究,既不可行,亦无裨益。我们分析的价值在于简化问题,清晰详细地解释这五个直接因子,因为无论什么其他原因,都必须通过这些因子发挥作用。正如开始一样,研究濒临尾声,都说明交易方程式是货币购买力的主要决定因素。借助交易方程式,可知正常情况下存款通货的数量随货币的数量成正比例变动,所以流通中加入存款不改变先前的货币数量和价格的关系。也就是说,下述三种关系依旧成立:(1)如果交易量与流通速度保持不变,则价格与货币数量同方向变动;(2)如果货币数量与交易量保持不变,则价格和货币与存款的流通速度(两种流通速度同时变动)同方向变动;(3)如果货币数量——因而存款数量——及它们的流通速度保持不变,价格与交易量反方向变动。

第二节　货币数量变动的影响

本章要研究上述三种关系,探讨这些命题在多大程度上是实际的**因果**关系。我们将详细地研究六个因子中的每一个因子对其余五个因子的影响,以此解答货币数量论一直以来遭遇的各种反对观点。

要对因果关系的所有事实与可能情形做出详尽的解释,我们需要逐一研究交易方程式各个因子变化的影响,对每一个因子值都区分为价格过渡时期的影响与过渡期完成后的正常的最终影响。为简单起见,我们首先考察常态的最终的影响,然后考察异常的过渡的影响。

由于前述各章对交易方程式各因子变化的所有可能影响已做了详尽解释,本章的主要任务是回顾与重新编排这些影响。

第一个问题是:如果流通中的货币数量 M 增加一倍,对交易方程式中的其他因子如 M'、V、V' 及各个 p 与各个 Q 常态的最终影响是什么?

第三章已经解释,如果流通中的货币数量 M 增加一倍,存款 M' 也增加一倍,因为在给定的工业与文化条件下,存款通常和流通中的货币保持一个固定的正常的比例,所以 M 增加一倍的最终影响与 M 及 M' 都增加一倍的影响相同。我们将要证明的是 M 与 M' 都增加一倍通常不会改变 V、V' 及各个 Q 项,而只会改变各个 p 项,交易方程式本身不会证实或否定这些论点。

不能否认,交易方程式本身表明,货币与存款数量有可能和各自的流通速度成反向变化。如果这是真的,货币数量的增加在降低流通速度时就可能抵消其所有的效果,对价格不产生任何影响。尽管有交易方程式,如果"数量论"反对派能够证明这样一种关系,也就证实了他们的论点,但他们甚至都没有尝试去证明这一命题。事实上,货币与存款的流通速度是由各种技术条件决定的,和流通中的货币量并无任何明显的关系。流通速度是平均"周转"率,是由无数的个人的周转率决定的,后者是由个人的各种习惯决定的。每个人都会照自己的便利,调控自己的货币周转。任何一个人既定的周转率都是指一定时间的周转——亦即一元钱保持在手中的平均时长。按支出需要,他通过调节衣袋内平均的零用钱或柜台的平均零星货币,就能调整周转时间。为避免某些场合陷入极度

第八章　货币数量和其他因子对购买力的影响及其相互影响　**135**

的窘迫,他必不会留备太少;另一方面,为避免累赘不便,损失利息,遭遇抢劫的风险,他必不会携带太多。当然,实际情况是每个人的调整都是大致的,主要根据各时候的花费而定。但在长期,对很多人来说,可以非常准确地决定平均周转率,换而言之是货币保持在一个人手中的平均时间。它是由人口密度、商业惯例、运输速度与技术状况决定,而不是由货币与存款数量或价格水平决定,这些因素的变化不会影响流通速度。如果货币与存款数量增加一倍,就流通速度而言,绝不会阻止价格水平上涨一倍。相反,货币、存款与价格增加一倍,必然会保持流通速度完全不变,各人为同样的货物花费更多的货币,且手头备留的款项也更多,花费的货币与备留的货币比例不会改变。如果流通的货币与存款的货币皆增倍,一元的购买力只有先前的一半,这种变化只意味每个人花费的货币量与手头备留的货币量是先前的两倍,不影响支出的货币与手头存放的货币的比例。

这**意味**随着 M 与 M' 的倍增,价格也会倍增。倘若有人反对,我们可用稍微不同形式的论证答复。不妨暂时设想流通中货币增加一倍不立即提高价格,而使流通速度减半,这种结果显然会打乱每个人对手头备留现金的调整。因为价格未变,方便性要求他备留手头的货币与存款现在增至两倍,他会通过购买商品的方式试图消化多余的资金与存款,但付款给其他人后,货币的转手不会减少社会的货币量,只是增加了他人的剩余资金。每个人手头的货币都超过据经验与便利所必要的程度,都想将这些不太用的多余货币换成商品,这样做的念头必然推高价格。不能否认,每个人都想支出更多货币的趋势是推高价格。显然,直到留备的货币数量被重新调整至和支出的需要相适应，每个人的流通速度 V 和先前相同的时候，这种趋势才会终止。也就是说，如果各种商品的销售数量 Q 不变，M 与 M' 增加一倍，唯一可能的结果是各种商品价格上涨一倍。因为适才已经解释，每个人的货币流通速度不可能一直减少而不引起各人皆有多余的资金与存款，有多余的资金与存款不可能没有花费的意愿，有花费多余资金与存款的意愿不可能不引起价格的上涨。简言之，解决多余资金的唯一途径是对应的价格上涨。

仅就多余的存款而言，似乎有一个消除办法，就是取消银行贷款，但这会降低 M' 对 M 的正常比例，它是 M' 对 M 保持的一种趋势。

我们重申，货币与存款的流通速度不是由货币或存款的数量决定的。迄今为止，没有什么理由可以或能够明显地用以证明，货币或存款的流通速度在它们数量多的时候和在数量少的时候是不同的。

增加流通中货币数量的唯一结果是价格的增长这一结论，似乎仍然有可能失谬。曾有人断言——事实也的确如此——流通中货币数量增加的结果是交易量的增加。现在我们就证明除在价格过渡期外，交易量与货币的流通速度一样，不受货币数量的影响。通货膨胀不可能增加农场与工厂的产出，也不会增加货运车或货船的行驶速度。商业交易量的大小是由自然资源与技术状况决定的，不依赖货币的数量。生产、运输与销售的整个体系是一种物质能力与技术问题，没有一个是由货币数量决定的。货币量是影响交易量的唯一途径，似乎只有通过与货币制造及货币金属生产相

第八章　货币数量和其他因子对购买力的影响及其相互影响　**137**

近的工商业。如前所述,若增加金币的铸造,金制物品的交易量会增加,金矿采掘机器的销售量、金矿矿工的各种工作、金成色的鉴定仪器和工作人数也会增加。这些变化都可能需要相关行业的变化,所以如果金饰物的销售量增加,银饰物和与金刚石的销量就会减少;同样,发行纸币会影响造纸业、印刷业、银行雇员与政府职员的工作等。上述这些变化提及的各种商品交易的微小变化以及可能发生的其他变化,实际上不可穷尽,但从实用的或统计的观点看,没有什么意义,因为他们不能增减整个交易总量的十分之一,只有极少数的商品交易量 Q 会受明显的影响,但又是一些极不重要的商品。大概不会有人反对这个观点,但有些反对者可能声称,尽管生产与交易的技术决定了商品的交易量,但各个 Q 项——**用以交换货币与存款通货**的实际商品量——很可能因是否诉诸物物交换而变化。如果物物交换像买卖交易一样方便,这个争论就非常有力,也就没有必要对普遍可接受的交易媒介货币和其他不能普遍接收的财产做出区分。如果所有的财产都同样是可接受的,所有的财产同样都是货币;或者如果有很多种财产几乎像货币一样具有可交换性,采用物物交换就会非常容易,用有些商品交换货币几乎等同于以之交换其他商品。但只要所有的人偏爱使用货币,人们就不愿以物易物,采用物物交换也只是权宜之计,这一点在研究价格过渡时期已经做过说明。在正常条件下,长期中只有一小部分现代交易是通过物物交换完成的,可忽略不计。因此,我们可以得出结论,货币数量的变化不会明显影响现款交易出售的商品数量。

　　所以,若货币数量增加一倍,则:(1)一般使可开支票的存款以同样的比例增加一倍,且(2)既不会明显影响货币或存款的流通速度,也不会影响商品的交易量,由此在数学上必定推出价格必然增加一倍的结论。因此,尽管交易方程式本身并未断言货币数量与价格水平之间有因果关系,亦未断言任何其他两个因子之间有因果关系,但当我们把人们熟悉的方程式之外的情况纳入考虑,亦即货币 M 的变化会引起存款 M' 成比例的变化,不会引起他们的流通速度 V 与 V' 以及各种商品交易量 Q 各项的变化时,则通常情况下货币数量 M 的变化必然引起价格水平(各个 p)成比例的变化这一结论,就不可能失谬。

一位数量论的反对者试图驳倒纽科姆(Newcomb)所说的交易方程式,称之为只是一种起码的常识。虽然根据所有商品购买中支出的货币或支票总是和购进的货物相等这一点,可以偏颇地认定交易方程式是一种起码的常识,但从 M 与 M' 有关系,M 与 V、V' 及各个 Q 无关系的相关补充知识看,交易方程式是证明通常情况下各项 p 随 M 同比例变化的一种方法,是货币数量理论的一种证明手段。永远不应忽视"起码的常识",物理科学最伟大的归纳结论,如力与质量和加速度是成正比例的,都是起码的常识,但补充以若干适当的特定的材料,这些起码的常识就是有用的机械力学知识的最富成效的源泉。对经济科学而言,由于交易方程式是如此显而易见的真理,轻蔑地放弃对它的研究,无异于放弃确切地阐述一些方程式能够说明的、最重要的、严谨的经济规律的机会。

现在可以重述在怎样的因果意义上数量论是正确的。数量论的正确意思是:**货币数量增加的正常结果之一,是一般价格水平严**

格照相同的比例增长①。

要否定这个结论,就必须否定一个或几个该结论赖以成立的下述前提:

(1)交易方程式 $MV + M'V' = \sum pQ$ 。

(2)货币 M 的增加通常引起存款 M' 成比例的增加。

(3)货币 M 的增加通常不影响 V 与 V' 以及各个 Q 。

如果承认这三个前提,就必须承认结论。如果要否认任何一个前提,反对者就必须指出错在何处。前提(1)在第二章与第三章中已经证明,并在第二章与第三章附录中作了数学证明;前提(2)在第三章中已经证明;前提(3)将在本章中证明。

为证明这些前提并强调以之为基础进行推理的结论,著者费尽了辛苦,因为对这样一个基础性的原理倘若有任何争议的理由,似乎都只是经济科学的公愤。

因此,已叙述的数量论不否认在货币数量增加的同时,**其他**原因可能影响 M 、V 、V' 与各个 Q ,并由此加重或抵消 M 对各个 p 的影响。但这些不是 M 对各个 p 的影响,就 M **本身**来说,他对各个 p 的影响是严格成比例的。

这个原理的重要性与真实性一点不因以下的事实受损,即上述其他原因在历史上并非不起作用,而能观察到的只是 M 增加对各个 p 的影响。M 的各种影响与交易方程式其他因子变化的各种影响是混合在一起的,恰如重力对自由落体的各种影响是与空气

---

① 参见 Albert Aupetit, *Essai sur la théorie générale de la monnaie*, Paris (Guillaumin), 1901。

阻力的各种影响混合在一起的一样。

最后，应该注意的是，根据前面解释的各种原理，任何一个国家或地区货币 M 的大量增加，不可能不散播至其他国家或地区。一旦本地价格上涨得足够高，使得在本地高价销售、在异地低价购买有利可图时，货币就会输出。科罗拉多州与阿拉斯加州的黄金生产先引起两州的价格水平升涨，继之将黄金输送到美国其他地方，再导致整个美国价格升涨，然后将黄金输出国外，最终导致整个使用黄金货币的世界各国的价格升涨。

第三节　数量原理不适用于价格过渡期

必须强调的是，M 增加对价格的影响是严格成比例的事实，只是价格过渡期结束后的**正常的**或**最终的**结果。只有在比较两个假设的时期，每一个时期的价格都是静止的或者以同样的速度发生类似的上涨或下跌时，价格随货币成比例变化的命题才是成立的。

至于价格过渡期，我们已经解释 M 的增加不仅对各个 p 产生影响，也会影响交易方程式的各个量值。在第四章讨论价格过渡期时，我们知道 M 的增加不仅照 M' 对 M 的正常比例增加存款 M'，而且常常会暂时超过这个比例，此外 M 的增加也会暂时加快流通速度 V 与 V'。

如前所述，虽然 V 与 V' 通常的变动方向是相同的，但当金融恐慌降低了人们对银行存款的信心时，他们的变动方向才可能是相反的。因为此时人们会尽可能快地取用存款，尽可能慢地支出货币——后一种趋势是所谓私人货币储藏。

第八章　货币数量和其他因子对购买力的影响及其相互影响　　**141**

我们还知道,在各种商品价格上涨期,M 的增加会刺激各种商品交易量 Q 各项。最后,M 的减少引起反向的结果。和上面详尽解释的各种影响相反,M 的减少会降低流通速度 V 与 V',不仅绝对减少,而且照与 M 的比例减少存款 M',并减少各种商品交易量 Q 各项。交易量 Q 各项减少的原因,部分是人们认为商品的货币价格跌落是暂时的,不愿意按低价格售卖;部分是少量的物物交换代替了商品的买卖交易,因为如果 M 极其突然减少,人们就不得不另觅办法维持交易的继续,尽管不方便,也会暂时代之以物物交换。这样虽能缓解交易的压力,但物物交换的不方便吸引销售商,但凡可能就要求买主用货币付款;而潜在的买主也设法寻找货币,货币匮乏的巨大压力会提高货币的价值,亦即降低其他物品的价格。价格的跌落使得通货变多,多到足以完成必需的交易,并使得物物交换的必要性减少。非至由物物交换不便引起的货币匮乏的异常压力消失,价格继续跌落的趋势不会停止。实际上在现今世界,甚至这类临时采取的物物交换也不常见,因为用货币交换的便利性较之于物物交换非常明显,价格几乎可以立刻得到调整。如果真的把物物交换视为缓解货币紧缺的一种方法,完全公正的待遇是将它描述成一道安全阀,阻挡着非常巨大的抵制使用货币的压力。这种抵制使用货币的压力几乎从不发生,若发生也只在短暂的过渡期间才起作用。事实上在一切正常情况下,可以说货币与支票是现代商业交易的必需品。

价格过渡期的各种特有的效果,类似于一长串列车起动或停止时特有的效果。正常情况下最后一节车厢和火车头保持完全相同的步速,但当火车起动或停止时,这种关系就会受中间各个车厢逐渐传动效果的影响,任何一节车厢的特有震动都会以同样的方式传送到所有其余的车厢与火车头。

比如,我们已解释过,货币与存款数量的突然变化会暂时影响它们的流通速度与交易量。相反,交易量的季节性变化会影响流通速度,在弹性货币制度下甚至会影响货币与存款的数量。在繁忙的季节,正是"需要货币运输农作物"的时候,流通速度显然要大于农闲的运输淡季。货币时而闲置在手,时而用于交易,这类流通速度的季节性变化很大程度上会减少价格水平的波动,否则价格水平必然发生变化。同样,若银行通货是弹性的,则交替的扩张与紧缩也会减少价格水平的季节性波动。在这种情况下,可以说以法币通货数量限定的程度为界,货币或存款或两者自身都能与交易量相适应。因此,价格的上涨或下跌都会通过这两种方法减轻[①],所以,"数量论"在价格过渡期不是严格、绝对有效的。

现在完成了对有关 M 各种影响的概括,我们继续描述交易方程式的其他因子。

第四节 存款对货币比例变动的影响

就存款 M' 来说,其数量始终随货币(M)而变化。银行存款要用货币随时满足存款者的提现要求,需要货币作为存款的准备

---

① 参见 Hildebrand, *Theorie des Geldes*, Chapter XI。虽然似乎不清楚交易量季节性变化与流通速度的关系,希尔德布兰(Hildebrand)却要求读者注意区分两个社会的货币支出,一个社会的交易量在各个季节是一样的,另一个社会的交易量会集中在某些季节,亦即收获的季节。

第八章　货币数量和其他因子对购买力的影响及其相互影响　　**143**

金,而且流通中的货币数量(M)、准备金的数量(μ)和存款的数量(M')之间必定有某种关系。前面已说明,正常情况下这三个量值彼此之间保持着一定的比例。但是,在一种工业与文化状况下的正常比例,未必适用于另一种工业与文化状况,人口、商业、商人习惯和银行设施与法律都可能导致这一比例发生很大的变化。从统计资料看,十四年来 M'/M 的比例从 3.1 变到 4.1。

由于 M' 是随 M 变化的,我们不必研究 M' 增加对价格有何影响,因为 M 的影响已经涵盖这些影响。但是,由于 M' 对 M 的比例可能变化,我们确实需要研究这种变化对价格的影响。

正如最近几年的实际情况一样,假设美国 M' 对 M 的比例增加,和美国有贸易往来的其他国家交易方程式的各个量值保持不变,则由于黄金从美国的输出增加或向美国的输入减少,这种比例增加对 M 的最终影响使得价格的变动小于其他国家 M' 对 M 比例也增加时的影响,因为没有什么方法可以阻止美国的价格水平不升涨至其他国家的价格水平之上,而我们假设这些国家的价格水平与交易方程式的各个量值是不变的。因此,虽然最终的结果是增加了流通媒介的数量,但这种增加会散布至整个世界。银行业务的扩展是纯粹地方性的,但它的影响却是国际性的。事实上,不仅金币在所有使用黄金国家之间会重新分配,还会产生一种将金币熔化成金块用于工艺品的趋势。

我们已经研究过,其余的影响与 M 增加的影响相同。也就是说,M' 对 M 的比例增加不会对 V、V' 与各种商品交易量 Q 产生影响,而只会影响商品价格各个 p 项。与比例不变的情况对比,这些价格将在世界范围内增长。在外国,由于美国黄金的输入,正常的结果是价格按流通中货币数量增加的比例增长；在美国，价格不会按流通中存款数量 M' 的增加成比例地增长，因为货币 M 是向国外输出的。如果 V 与 V' 相等，价格将按 $M+M'$ 增加的比例增长；如果 V 小于 V'，价格增长的比例小于 $M+M'$ 增加的比例，事实也正如此。

不管怎样，如果这些影响散布至整个商业世界，对价格的影响就非常小。若将世界视为一个整体，最终的结果就如我们已经解释的，会轻微地提高世界价格，并熔化一些金铸币。一国 M' 对 M 比例增加唯一可见的影响是把货币从该国驱逐至其他国家。所有这些影响都和增发银行钞票的影响一样，条件是银行钞票能继续以金币或其他可输出的货币兑现。倘若发行数量超过这个界限，发行国就会陷入孤立，国内价格迅速增长，而不会分散至其他国家，这正是美国南北战争期间发生的情况。

至于价格过渡期间的各种影响，很显然，在黄金未被逐出美国以前，一定有明显的价格增长，商人利用这个机会在美国售卖商品牟利，运走货币并在国外购买商品。在价格上涨期间，所有专属于这一阶段的其他暂时影响，著者已在其他地方做过详细解释，都是显而易见的。

当然，若 M' 对 M 的比例减少，就会发生完全相反的结果。

第五节　流通速度变化的影响

我们接着讨论流通速度（V 与 V'）变化的各种影响。这些影响与刚才描述的影响极为相似，最终影响的是价格，而非货币数量

第八章　货币数量和其他因子对购买力的影响及其相互影响　**145**

或交易量。但是,任何一个与其他国家有国际贸易联系的国家,一旦货币流通速度发生变化,就会引起该国流通中货币数量的反方向变化,货币将在世界各国重新分配,并在货币用途与工艺品用途之间重新分配。

因此,任何一个国家 V 或 V' 增加的正常影响,都是以输出的方式减少货币 M,并成比例地减少存款 M',引起全世界各种商品价格 p 的稍微上涨。正常情况下,没有理由认为对交易量有任何影响。很可能两种流通速度的任一个发生变化,引起另一个发生相应的变化,无论如何,大多数引起一种流通速度增加的原因都会引起另一种流通速度增加。比如,人口密度的增加很可能同时加快货币与支票的流动,遗憾的是,对两种流通速度我们尚无以观察为依据的足够的知识,让我们能确切地断言他们之间的任何关系。

在价格过渡期,流通速度变化的影响无疑和通货增加的影响一样。

第六节　交易量变化的影响

我们要讨论的下一个问题是 Q 各项亦即商品交易量普遍增加或减少的各种影响。

一国交易量的增加最终会增加流通中的货币 M,比如美国与其他国家比较,不可能避免价格水平的下降。货币 M 的增加会引起存款 M' 成比例地增加。除这一影响外,交易量的增加无疑还有一种影响,即改变社会使用支票交易与现金交易比例的**习惯**,因此一定程度上会增加 M' 对 M 的比例。一国随着商业交易越来越多，需要使用支票的感觉也会越来越强烈[①]。

至于对流通速度的影响，可以分为三种情况。第一种情况是交易量的变化是随人口的变化发生的，比如当殖民新土地时，交易量会增加，而原有居住地的人口密度并未增大，人均交易量或各级人群之间的交易分配也未变化。在这种情况下，为什么交易量较大时的货币流通速度要大于交易量较小时的货币流通速度，不需要理由或不需要明显的理由予以说明。

第二种情况是交易量的增加是由人口**密度**的增加引起的，但人均交易量并未变化。在此情况下，住宅密集地方可能有稍大的流通速度。

第三种情况是交易量的变化的确影响到人均交易量或人口中的交易量分配。

这样流通速度可能受到的影响方式就有三种。首先，任何交易的变化若涉及商品运输方式的变化，都必然包含货币运输方式的变化，更快的运输通常意味着更快的流通。

其次，交易分配的变化将改变不同个人之间的支出比例，若他们的周转率是不同的，则支出的变化显然会影响他们的周转率在总平均周转率中的相对重要性或权数，从而在不必改变个人周转

---

① 这与拉福林的"合法信用交易增加的限度总是随商品实际运输交易量的增加而扩张"的断言相去甚远。参见 *The Principles of Money*，New York（Scribner），1903，p. 82。第四章已经解释过，存款通货与货币数量是成比例的，交易量的变化可能间接地通过改变社会的习惯影响这一比例，但除价格过渡时期外，不能直接影响这一比例。

第八章　货币数量和其他因子对购买力的影响及其相互影响　*147*

率的情况下改变平均周转率。比如,美国南部各州货币的流通速度比较小,其交易量的增加会降低全美国的平均流通速度,只是因为要给流通速度小的地区更大的权重。

第三,个人支出的变化。若由所购买的商品数量的实际变化引起,就会造成个人流通速度的变化。事实似乎是,在给定的价格水平上,一个人支出额越大,其周转速度越快;也就是说,富人的周转率高于穷人的。富人花钱不仅绝对比穷人迅速,而且也快于他们手头备留的货币,耶鲁大学收集的许多个人周转率的统计资料,能清楚地说明这一点[①]。换言之,虽然一个花费多的人比一个花费少的人要携带更多的货币,但携带的货币量不必与支出额成比例。这也应该是预料中的事,一般说来,一笔交易支出额越大,货币的管理也越经济。埃奇沃斯[②]教授证明,同样的规则适用于银行业务,如果两家银行合并,所需的准备金就少于先前两家银行准备金的和。

由此可以推断,如果一个国家人均更富有了,则货币流通速度就会增加。当然,这个论点并不是指**名义**支出额的增加。正如我们已解释的那样,所有的价格与收入都增加一倍不会影响任何人的货币周转率,每个人对同样一笔交易都需要支出正好两倍的款项,对同样一桩不时之需备留正好两倍的货币。流通速度的决定因素是实际支出,而非名义支出,一个人的实际支出额只是交易量

①　参看本章(第八章)附录第一节。

②　"Mathematical Theory of Banking," *Journal of the Royal Statistical Society*, March, 1888.

的另一种称呼。所以我们的结论是,交易量的变化一旦影响到**人均交易时**,也必然影响流通速度。

所以交易量的增加,不像货币、存款以及他们的流通速度的增加,不只是简单地影响价格,还会产生其他影响——事实上会使交易方程式另一边因子 V 与 V' 的量值增加,并通过影响商业的便利性与习惯,间接地增加 M' 对 M 的比例。如果这些影响使得方程式左边增加的数值和交易量 Q 各项直接增加的右边数值相等,对各种商品价格的影响就是**零**;如果方程式左边增加的数值超过右边增加的数值,价格就会上涨;只有当左边增加的数值小于交易量的增加时,价格才会下跌,且与交易量的增加不成比例。

前一章已说明,**如果货币与存款**(M 与 M')以及他们的**流通速度**(V 与 V')**保持不变**,交易量的变化会导致价格反方向变化。但现在我们发现这一附带条件与前提不相符合,因为要使货币、存款及其流通速度保持不变,只有严格地假设影响它们的各种其他不同原因的变动,恰好抵消了交易量的增加变动。如果各种其他原因保持不变,货币、存款及其流通速度就不可能保持不变。

这是我们研究中的第一例,即在正常情况下,也就是除暂时的或价格过渡期的影响外,通过假设**原因的逐次变化**与假设**交易方程式的代数因子**的逐次变化得到的结论是不同的。在假设其他**原因**保持不变,且仅仅假设其他代数**因子**也保持不变时,"数量论"仍然是有效的——亦即各种价格 p 随货币量 M 而变化;只有关于交易量变化的定理除外,所有其他用代数表述的定理都在因果关系上是有效的。虽然本章的主要目的是用因果关系与代数关系证明

"数量论"，但指出因果定理与代数定理并不总是等同的却非常重要。

至于交易量变化在价格过渡期的各种影响，则主要取决于价格变化的方向。如果价格增长，过渡期的影响就跟我们在价格上涨期间业已说明的一样；如果价格跌落，则过渡期的影响与此类变动发生的影响相同。

第七节　价格水平是原因还是结果？

除商品交易量各个 Q 外，我们已研究了交易方程式每个因子变动对其他因子变动的影响，发现在每种情况下（交易量除外），最终结果都是对各个价格 p 的影响。我们尚未作为原因研究的唯一一组因子是各种商品价格 p，一直仅仅把它当做其他因子的结果。但数量论的反对者坚持，应该将价格视为原因而非结果，因此我们的下一个问题就是仔细检查并评论这一观点。

就我们发现的情况而言，认为价格水平是其他因子 M、M'、V、V' 与各个 Q 量值变化的独立原因的观点，**除了在价格过渡期或过渡季节比如秋季有限程度地**成立外，没有丝毫的真理性。为说明这种观点是站不住脚的，出于辩论的目的不妨先假设由于受其他原因的影响，而非受 M、M'、V、V' 与各个 Q 变化的影响，美国的价格水平比原先增加了一倍，再来看这种原因对交易方程式的其他量值会产生怎样的影响。

显然，必须设法维持方程式货币一方与商品一方的相等，如果价格上涨，货币数量、存款数量，抑或他们的流通速度就必须增加，再不然就必须减少商业交易量,但仔细检查,没有一个解决方法是可行的。

货币的数量不可能增加,不会有外国货币的流入,因为我们已经解释过,价格高的地方会驱逐货币。美国价格升高的结果是商人将在价格高的美国销售商品,并用收入的货币在价格低的外国购买商品。要让货币流入价格高的国家,正如要让水流上山岗一样困难。

同样的理由,货币也不会通过铸币厂流入。因为金块与金币最初与商品比较有相同的价值,在商品价格涨至两倍后,金币丢失了一半的购买力,没有人会将金块送到造币厂铸成金币,使之丧失一半的价值。相反,正如前面的章节所说,高价格的结果是导致人们去熔化铸币。

最后,高价格不会刺激金矿的开采,相反会抑制开采的积极性;高价格也不会抑制黄金的消费,相反会刺激消费黄金的欲望,这些趋势都已经详细地研究过。每种调节不同国家货币分配的原理(即调节货币金属在货币与工艺品之间或在金生产与金消费之间分配的原理),产生的效果都恰恰和要证明的货币将适应价格而不是价格将适应货币的结果相反。

同样荒谬的是预计高价格会增加存款的数量 M'。我们已经解释,高价格的影响是减少流通中的货币数量 M,但这种货币是存款 M' 的基础,前者的缩减必然导致后者的缩减。M 与 M' 的减少不会助长高价格,相反会抑制我们假设的高价格走势。

认为价格会影响流通速度 V 与 V' 也不能令人信服,因为已调整过的流通速度须和各个人的便利相适应,要让它们增至两倍,实际上没有可能性，反而带来极大的不便。

剩下的唯一希望，是各种商品交易量 Q 因为高价格而减少。但是，如果包括工资（劳务价格）在内的所有价格都增至两倍，则交易量无任何减少的理由。因为普通人固然支付高的商品价格，但也有高的工资报酬。很显然，他得到的高工资恰好能让他抵付增高的价格，而不需减少要购买的商品数量。

我们的结论是，价格增至两倍是影响交易方程式其他因子并不受其他因子影响的独立原因，这种假设是站不住脚的。如前所述，任何企图人为地维持高价格的必然结果，不是将交易方程式的其他因子调整至和这些高价格相适应，而是导致这些因子的反向运动。金币会流向国外，归入熔炉；金的生产减少，消费增多，非至金币的稀缺程度开始压低物价时不止。故**价格水平通常是交易方程式中一个绝对被动的因子**，唯一受方程式其他因子以及这些因子之前各种原因的影响，而不对其他因子产生影响。

但是，尽管认为一个社会的价格水平在长期能够影响**这个**社会的货币数量是一个错误的见解，一个社会的价格水平可能影响**另一个**社会的货币数量的观点却是正确的。我们的讨论曾经反复引述这一论点，应该清楚地区分它与上述错误见解的不同。一个社会之外的价格水平是该社会交易方程式以外的影响力，是通过影响流通中的货币而不是直接影响它的价格起作用的。比如，纽约市以外的价格水平只有**通过**改变纽约市的货币量才能影响纽约市的价格水平，在纽约市内，是货币影响价格水平而不是价格水平影响货币，价格水平是结果而非原因。而且，尽管纽约市以外的价格水平是纽约市货币量变化的直接原因，但按次序只是次要原因，它本身是纽约市之外交易方程式的其他因子的一个结果。在全世界，价格水平甚至算不上次因，而只是整个世界货币、存款、流通速度与交易量的结果。

我们已经说明，任何**地方**的价格若高，皆不能增加本地的货币数量，因为货币会从此地**流出**；同样，任何**时间**的价格若高，皆不能增加当时的货币数量，因为货币会在这段时间**被私藏**。因此，如果1月份价格水平比当年其他月份的高，当时不可能大量地发行银行钞票。相反，人们试图在价高时避免购物支付货币，而是等价低时再买。待至价格跌落时，他们需要更多的通货，因之发生对贷款的超额需求，银行钞票与银行存款皆须扩张才能满足。故货币在价格低时扩张，在价格高时收缩。这种扩张与收缩降低高价，提高低价，使两者趋向相等。因此，说高价格引起货币供给的增加绝对是不正确的，正确的是在高价的地方与时间货币减少；在低价的地方与时间货币增加，从而缩小不同地方、不同时间的价格水平落差。

上面所说的情况，都预先假设采购者有改变采购地点与时间的选择权，若他们选择市场或时间的自由受到干预，就阻止了货币数量的纠正性调节。反常时期的经济危机甚至会有这样的特征，必须履行没有延期付款条款的旧合同。若人们当时预见到情况的变化，是绝不可能签订这些合同的，现在必须照未结清的到期合同付款，就可能导致"货币饥荒"，为救急亟须增发非常时期的通货（经济危机或金融危机时期发行的一种支付手段）。这种异常情况不能否定前述的一般结论，即价格是货币（包括存款货币）造成的结果而非造成货币的原因，明妮·思鲁普·英格兰（Minnie

Throop England）对此作了统计证明[1]。

第八节　价格因果关系和
价格水平因果关系的区别

若非一些经济学家断然拒绝承认价格水平是最终分析的结果而非原因，我们本不应痛心疾首地证明它是无可挑剔的。科学的责任在于证明它的真理性，但要履行这样的责任又附带一种尽可能解释的责任，为什么如此显而易见的真理还没有被人们完全接受？

前面已例证过一个原因，即担心帮了所有稳健经济学家的敌人——不稳健货币派的忙，让他们感觉有人支持。现在，另一个原因受到关注，即认为价格水平已由其他原因决定了，不可能由交易方程式中的其他因子决定的错误观点。这里的其他原因通常暗示"供给与需求"。这种模糊的措辞掩饰了不严密的经济分析家的很多愚蠢错误。那些暗自认为供给和需求能够决定价格，而无视货币、存款、流通速度与交易量的经济学家，若分别推理每一种商品价格的因果关系，其信心就会遭受急剧的动摇。他们将发现始终只有**一个方程式**决定要求解的未知量[2]，在每一种情况下，供求方

---

[1]　"Statistical inquiry into the influence of credit upon the level of prices," *University Studies*（University of Nebraska），January，1907，pp. 41 - 83.

[2]　参见 Irving Fisher，"Mathematical Investigations in the Theory and Value of Prices," *Transactions of the Connecticut Academy of Arts and Sciences*，Vol. IX，1892，p. 62。

程式都需要交易方程式的补充。

因占用的篇幅太大,此处不宜完整陈述价格决定的各种原理。但为了研究的目的,本节通过着重研讨(1)各种商品价格彼此之间的关系和(2)价格**水平**的区别,让读者充分理解交易方程式和研究单个商品价格方程式之间的一致性。交易方程式只决定后者即价格水平,本书研究的主题也只是价格水平。若将决定各种商品价格相互关系的原理和对价格水平的讨论混为一谈,只会妨碍读者的理解,而无助于读者的把握。很多人坚持的错误观点是各种商品的价格虽以货币表示,但货币对价格的决定不起任何作用,且根深蒂固的程度令人吃惊。另外一些人士思想要开明得多,但差不多一样混淆不清,虽认为决定各种商品价格的原因必须包括货币数量,但却抱一种粗枝大叶的折中主义态度,简单地将货币数量和其他各种影响价格的因素混杂陈述,而不考虑他们之间的关系。应该清楚地认识到,价格**水平**必须予以独立的研究,不应受单个商品**价格**研究的影响。

要明了价格水平与各种商品价格须分别研究的合理性,就得清楚单个商品的价格完全由供给、需求与生产的货币成本等决定时,无形中不可能不涉及价格水平本身。商品的"供给与需求"或以货币计算的"生产成本"不决定或不完全决定商品的价格,这个事实怎么强调都不过分。完整表述的每一句措辞,都包含**货币**在内,一般的价格水平总是隐含的原因。然而,很多像戴维·A. 韦尔斯(David A. Wells)[①]的著作者,在分别考察各种不同商品价格

---

① *Recent Economic Changes*, New York (Appleton), 1890, Chapter IV.

第八章　货币数量和其他因子对购买力的影响及其相互影响　**155**

的单个变化中,曾经认真地寻求解释价格水平的整体变化,但多数推理不过是用一种价格解释另外一种价格。倘若试图用原材料的**货币**价格和其他生产费用的**货币**成本来解释制成品的**货币**价格,显然只是在辗转推移问题,**仍然**需要解释先前的价格。许多基础性的教科书大都强调"需求"与"供给"是不完整的指称,要使它们有意义,就须给每一个措辞加上"在一种价格上"。但也需要强调的是,"在一种价格上的需求"与"在一种价格上的供给"**仍然**是不完整的指称,要使它们有意义,就必须加上"在一种价格水平上"。糖的需求不仅和糖的价格有关系,也和其他物品的一般价格水平有关系。若其他物品的价格水平给定,糖的需求在 10 美分 1 磅时大于 20 分 1 磅时的需求,但在**高价格水平上**的 20 分 1 磅的需求要大于在**低价格水平上**的 20 分 1 磅的需求。事实上,如果价格水平增至两倍,20 分 1 磅价格时的需求将和先前 10 分 1 磅价格时的需求一样多,前提是工资与收入同样普遍地增至两倍。一元的价值由它能购买的数量决定,糖与元的等价实际上是糖与**这些元所能购买的数量**的等价,这些元所能购买的数量的变化像糖的数量的变化一样重要。以元数计算糖的价格,部分由糖决定,部分由元数决定——亦即由一元能购买的数量决定,所以一定数量的糖的价格有一个特定的基础价格,即价格水平,故一般的价格水平是决定糖的价格的根本原因之一。为准备研究糖的价格而研究价格水平的必要性,大于为准备研究价格水平而研究糖的价格的必要性。大海的水平高度不能用大海的各个波浪来解释,相反,这些波浪的位置可以部分地用大海的总体水平高度解释。每一条"供给曲线"或"需求曲线"的基础,都是无意识的假设已有一个价格水平。虽然两种曲线表示的都是商品,但只有在与货币的比较中这种关系才成立。价格是商品与货币的交换比例,绝不能忘记每一次交换的货币代表一般的购买力,也不能忘记货币在购买者的观念里已经代表一般的购买力。虽然每个买方与卖方在对某种特定商品出价或报价时,都会默认出价或报价货币有给定的购买力,但通常都是无意识的,就像一幅画的观赏者没有意识到这样的事实,它是利用图画的背景来估量突出位置的人物肖像。结果,如果一般价格水平发生变化,所考察的特定商品的供求曲线也会发生相应的变化。如果一元的购买力减至先前数量的一半,坐标中的供求曲线高度也会增至两倍,因为每个人为同样数量的商品支付的货币是先前的两倍。如果这种商品由于特殊原因的影响,供求曲线及交点的位置升高或降低,其他商品的供求曲线就会朝相反的方向移动。也就是说,在商品数量和其他物品的买卖数量没有变化,流通媒介数量和流通速度不发生任何变化的情况下,如果一种商品价格升涨,其他商品价格必然**跌落**,购买这种商品支付货币的增加量就是购买其他商品支付货币的减少量。换言之,在商品价格的海洋,波浪有波谷与波峰,交易方程式可以证明。若货币数量和流通速度保持不变,方程式左边就会保持不变,所以右边也会保持不变,因此,若任一种商品价格增长,导致方程式任一种因子增加,都必然使其余的商品价格跌落。

当然,任何一种商品价格若发生跌落,通常其交换数量必随之增加,价格与数量的乘积可能不会减少;若交换数量增加足够多,乘积甚至可能增加。在这种情况下,因为交易方程式右边保持不变,一种商品数量增加的结果必然是另一种商品数量减少,右边的

第八章　货币数量和其他因子对购买力的影响及其相互影响　**157**

其余商品数量必然略微减少,结果可能是多数商品价格的跌落,甚至是商品价格的普遍跌落。即使在这种情况下,价格水平的降低和特定商品价格的跌落也无直接的关系,而是由交换数量增加引起的①。

虽不能忽视一种商品价格对其他商品价格的反作用,但若放弃试图从各种单个商品的价格直接推导一般的价格水平,就可以避免许多迷惑。生产的各种改进影响价格水平仅仅是因为它们影响交易量,故关于各种生产方法改进对价格水平影响的任何理性研究,首先要把注意力聚焦在因之产生的交易量,目标应该是揭示交易量是否导致了价格的涨跌。

人们猜测今天价格增长的原因之一是行业与劳动界的各种联合,现时讨论甚多。从前述原理看,若其他条件不变,托拉斯不可能通过操纵一些特殊的商品影响一般价格水平,除非他们能同时改变商品的销售数量。若一种商品的价格发生变化,而其销售数量没有变化,则由于其他商品价格会发生抵消性的变化,结果价格水平不会变化。如果行业工会寻求提高劳动的价格,托拉斯同时提高商品的价格,则所有物品的一般价格水平可能上升,也可能下降;但只有销售的商品、劳动等数量普遍减少,或者通货增加,或者通货的流通速度增加,一般价格水平才会上升;如果交易的数量无增亦无减,货币与代币物的数量及其流通速度保持不变,价格水平就不可能变化。价格水平任何一部分的变化,必然使另一部分发生反向的变化。

---

①　若要进一步讨论,参看本章(第八章)附录第二节。

我们已经清楚,价格水平不由单个商品价格决定,相反,任一单个商品的价格以价格水平为先决条件。我们也知道,对价格水平完整的最好的解释只有在交易方程式的各种因子以及影响这些因子的先行原因中寻找。用以解释特定价格的"供给"与"需求"术语,绝不能解释各种价格水平的升涨与跌落。在考察影响单个商品价格的因素时,我们说供给的增加会降低价格,而需求的增加会提高价格;但在考察影响各种价格水平的因素时,我们要用完全不同的一组概念,绝不能混淆下述两个论点:交易量(各项 Q)的增加趋向降低价格水平,供给的增加趋向降低个别商品的价格。交易量(各项 Q)不是供给——实际上它和供给的关系与和需求的关系一样——各项 Q 是供给者最后售卖的数量,也是需求者最后买进的数量。

在此可以讲述一种有矛盾特点的情况,有助于清楚区分个别商品价格彼此间的因果关系和各种价格一般水平的因果关系。这个似非而是的悖论是,对任何单个商品需求增加的结果是**价格上涨**,消费增加;但对各种商品总需求增加的结果是**价格下跌**,交易量(各项 Q)增加。

所以,不能从特定的价格直接推论一般的价格水平,而只有从影响交易数量的关系上间接推论。单一商品价格的升涨有时候提高一般价格水平,有时候降低一般价格水平[①]。在此用一个物理现象做比喻,假设有 1000 个木桩已打入流沙,主人想把它们的水平高度提高 1 英尺,于是找来起重设备装在木桩上,依次将每一个

———————————

① 若要进一步讨论,参看本章(第八章)附录第二节。

第八章　货币数量和其他因子对购买力的影响及其相互影响　**159**

木桩起高 1 英尺,直至 1000 个木桩通起一遍为止。但是,当他每次将其中一个起高 1 英尺时,其余 999 个木桩被压低 1/999 英尺,等工作完毕时,他会发现 1000 个木桩的水平高度比开始更低,因为每次起高 1 个木桩,所有其余木桩的平均高度下降。

需求普遍增加的结果是交易量的增加,趋向于使一般价格水平降低而不是升涨,可以说这个命题是初学者难解的问题(*pons-asinorum*)。可用来检验一个人是否知道,影响一般价格水平的原因和影响涉及价格水平的特定价格涨跌的原因之间有本质的区别。

第九节　本章总结

在交易方程式中,不同因子有不同的因果关系。各种商品价格是一个被动的因素,其一般水平必须和交易方程式其他因子保持一致。价格过渡期结束后,正常情况下成立的因果关系命题可简述如下:

181

1.货币数量 M 的增加趋向成比例地增加存款 M',这两者的增加趋向成比例地提高价格。

2.若一国的货币数量增加,只要该国的价格水平或货币与金块的相对价值和世界其他国家的差距足够大,使得货币金属的输出或熔化有利可图,并略能提高世界价格时,增加的货币数量就会散布至使用同样货币金属的其他国家和各种工艺品。

3.存款 M' 对货币 M 的比例增加,也有输出货币、熔化货币并提高世界价格的趋势。

4.各种通货流通速度的增加也会产生同样的效果。

5.交易量(各项 Q)的增加不仅会降低各种商品的价格,也会增加通货的流通速度和存款对货币的比例,因之部分地或完全地抵消它使价格跌落的趋势。

6.价格水平是结果,不可能是交易方程式的其他因子变化的原因。

7.交易方程式**以外**有数不清的原因影响 M、M'、V、V' 和商品交易量各个 Q 项,并由此影响商品价格各个 p 项,周边国家的各种价格水平就属于这类交易方程式以外的原因。

8.单个商品价格的因果关系只能解释它们相互之间的价格关系,不能解释一般价格水平与货币的关系。

9.上述各种关系有些在价格过渡期是需要修正的。比如,在价格过渡期,货币数量 M 的增加除了上述影响外,还会暂时地改变存款 M' 对货币 M 的比例,暂时使 V、V' 与商品交易量各个 Q 项发生扰动,造成信用的循环。

总之,我们对各种原因与结果关系的结论是,价格水平(各个 p 项)是交易方程式所有其他因子(M、M'、V、V' 与各个 Q 项)的结果;在这些其他因子中,给定 M' 对 M 的正常比例,存款 M' 主要受货币的影响;这种 M' 对 M 的正常比例部分受交易量(各个 Q 项)的影响;所有这些因子 M、M'、V、V' 和各个 Q 项的量值,都是无数的、在交易方程式之外影响它们的先前原因的结果。

主要的结论是,没有什么理由可以动摇数量论的真理:货币数量 M 的变化通常会导致价格等比例的变化。

第九章　购买力指数的
必要性缘于价格的离中趋势

第一节　有些物价不能适应
价格水平的变化

前已解释，一般价格水平是由交易方程式的其他因子决定的。但迄今还未确切地界定"一般水平"的含义。如果仍像前述各章一样，假定所有的价格变化完全一致，我们就不需要这样一种定义。实际上，各种商品价格的变化永远都不可能完全一致，若无一种实用的方法表示价格的总体变化，价格的离中趋势会使得无法对之进行统计研究。用一个简单的数字表示数千种商品价格的总体趋势，是统计上的一个很大的便利。把有成千上万种价格的交易方程式右边转换为简单的一项，交易方程式也因之简化了。

这种表示法称为价格水平"指数"。当然，它的倒数表示货币的购买力。

因此，本章研究价格的离中趋势，下一章研究购买力指数，价格的离中趋势使得在实践上研究购买力成为必要。再后的两章则是对购买力指数的实际统计应用。

前述研究的主要结论是若其他条件不变,货币增加会使得价格水平按比例地增长。换言之,商品价格总额 $\sum pQ$ 中的各个 p 一般按货币增加的比例增长。不过,需要注意的是,这种价格变化不必然是一致的,如果有些价格 p 的增长没有达到这一比例,其他价格的增长就会超过这一比例。在这种关系中,我们看到有些价格不能立即调整,还有些价格根本就不能调整,以适应增加的货币量。比如,合同规定的价格就属于后一种情况。合同签订日期至其履行日期之间发生的任何变化,都不能影响合同规定的价格。即使没有白纸黑字的明文合同,心照不宣的默契和风俗的惯性也会阻止价格的调整。价格的自由变化除了这些限制外,通常还有各种法律限制。譬如,铁路客运每人每英里的火车费不超过二分,市内电车票价限制在五分或三分以下就是例子。

不论价格不能调整的原因是什么,结果是那些实际发生变化的价格,必然要比那些没有发生变化的价格以更大的比例发生变化。正如河流的一半受阻必然引起另一半水流湍急一样,一些商品价格缺少变化必然导致另一些商品价格的过度涨跌。

为了明晰描述价格的涨跌分类,我们必须调查全部的商品价格。按照计量习惯,价格是以货币度量的,是货币和其他商品的交换比率。如前所述,"商品"一词是一个包括所有的财富、财产和劳务的集合名词,特指这些物品售卖的量值。在这三类商品目录下,实际售卖的各种主要子类可列示如下:

$$
\text{财富(wealth)}\begin{cases}\text{不动产(real estate)}\\\text{货物(commodities)}\end{cases}
$$

第九章 购买力指数的必要性缘于价格的离中趋势 **163**

财产（property）
- 股票（stocks）
- 债券（bonds）
- 抵押借款（mortgages）
- 私人借据（private notes）
- 远期汇票（time bills of exchange）

服务（services）
- 不动产的租赁（rental real estate）
- 货物的租赁（rental commodities）
- 劳工的雇佣（hired workers）
- 上述几种或全部劳务源泉的不同组合（some or all of these agencies combines）

这些不同种类商品价格的涨跌不可能完全一致，有些商品价格的调整要快一些，其他的商品则要慢得多。只有靠极端歪曲的假设，我们才能想象所有商品价格的调整是完全同步的。根据可调整性的程度，按由高到低的次序可将各类商品价格大致罗列如下[1]：

1. 财产或劳务的合同价格，尤其是长期合同规定的包括债券、抵押票据（mortgage notes）和不动产租赁使用（use of real estate by leases）的价格。

2. 财产或劳务的合同价格，短期合同规定的包括汇票（bills of

---

[1] Cf. Jevons, "Classification of Incomes according as They Suffer from Depreciation," *Investigations in Currency and Finance*, London（Macmillan），1884, p. 80 and after，其中的观点令人钦佩。也可参阅 *The Gold Supply and Prosperity*, edited by Byron W. Holt, New York（The Moody Corporation），1907，尤其是编辑从第 193 页开始的结论或总结。

exchange)、租赁的不动产与货物使用（use of rented real estate）以及工人的劳务等价格。

3. 用货币金属制造的商品的价格。

4. 上述这些商品的替代品的价格。

5. 由法律规定的各种价格，如诉讼费、邮费、过桥费、公共设施使用费、薪水等。

6. 由习惯规定的各种价格，如医疗费、教师的薪水等，有些工资也属于这一类。

7. 不动产的价格。

8. 大多数零售商品的价格。

9. 大多数批发商品的价格。

10. 股票的价格。

譬如，以公债券与抵押借款为例，要使这些资产的价格完全可以调整，我们就必须假设，不仅习惯或法律不限制这些资产价格的调整，而且合同对价格水平的每一次变动能做出完全同步的调整。比如，在价格水平由于货币增至两倍而提高至两倍后，按理原来1000美元的公债券现在必须变成2000美元的公债券，但情况显然不是这样。1000美元公债券的持有人，除了在债券未到期前得到利息报酬外，债券到期能收回的款项只有1000美元，倘若在此期间价格水平增至两倍，收回之数也不会多过1000美元。确实，价格水平增长两倍最终会改变贷款的数量，因为若商人贮存的商品数量固定不变，其所需借贷的金额在价格高时一定大于在价格低时的金额。私人借据与汇票所需的借款数量，在价格增长至两倍时是价格未变化前所需数量的两倍。同样，为新的项目发行债

第九章　购买力指数的必要性缘于价格的离中趋势 **165**

券筹资的公司,也不得不发行更多的数量。但是,未清偿的债务工具不能随价格水平的变化调整。从发行日至到期日期间,他们的价格只能发生很小的变化。因为既已用货币表示票面价值,其价格的变化就要受十分明确的限制①。如果货币数量增至两倍,以货币计算的铁路公司的价值和利润也增至两倍,不能由于这个缘故,铁路债券持有人即可用债券换回更多的货币。只要铁路公司的价值与利润能担保债券的足额偿还,就不会对债券的价值有太大的影响。铁路债券是一种在规定的时间按规定的数目偿还债务的协议,代表从铁路公司的货币价值中划分出的一小部分。只有当货币利率与债务偿还的确定程度发生问题时,债券或可销售债务的货币价格才能发生变化,即只有利率与债务偿还的确定性受到货币数量变化的影响时,债券的价值才受影响。比如,通货膨胀发生时会提高利率②,导致债券价格在过渡期跌落③。同样,如果价格水平的极大波动增加或减少了破产的企业数,由此影响了债务偿还的确定性,最终结果就会影响债券的价值。不过,这些以货币表示的证券价格的受影响方式有不同的特点,其重要性不及通货膨胀或通货紧缩和其他原因对价格水平的正常影响。

---

①　参阅 Walter S. Logan on the "Duty of Gold," in *The Gold Supply and Prosperity*, edited by Byron W. Holt, New York (The Moody Corporation), 1907, p. 106。也可参阅 Ricardo, "Essay on the High Price of Bullion," *Works*, 2d ed., London (Murray), 1852, p. 287。

②　参阅本书第四章第一节。

③　参阅 Robert Goodbody, "More Gold means Higher 'Time' Money and Lower Bond Prices," in *The Gold Supply and Prosperity*, edited by Byron W. Holt, New York (The Moody Corporation) 1907, p. 163 and after。

这些资产形式的主要特点是用货币表示它们的价值,因之不得不与货币保持一种独特的关系。由于以合同为基础,在合同有效期内,其货币价款不能变化,不像其他财产的价值,可以受任何影响自由地变化。这些合同的存在,是将货币购买力的不确定性减少至最低程度的货币制度的主要论据之一,因为不确定的货币本位制扰乱合同的履行,挫伤人们签订合同的积极性。

合同期限越长,价款的不可调整性越大。一张期限50年的债券,通常意味着价格在半个世纪是相对固定的。只有在到期时,如果价格已经上涨,为购买商品,才可以重新发行与价款对应的更多数量的债券或与价款对应的更大面额的债券。另一方面,一张30天期限的汇票虽价格变化很小,但在月底即可注销,所以价格的相对固定性是短期的。

有一些特殊的商品,价格不会随其他商品价格大幅度波动,这些特殊商品多半是由货币金属制造的。因此,在实行金本位制的国家,金牙、金项链与金首饰、各种金表、金边眼镜、镶金画框等商品的价格不会和其他商品价格同比例变化,它们变化的比例总是很小。变化的幅度越小,这些商品价格越明显地由金决定,因为金是制作它们的原材料之一。

因此,各种金制品的价格几乎都与金的价值捆绑在一起,比较稳定。从这一事实可推知,这类商品的替代品的价格通常也比一般商品价格的变化小。各种银表、银质首饰与各种形式的珠宝,不论是否含金,皆属此类替代品。替代品的价格和所替代商品的价格涨跌一致,是相关商品**相对价格**的基本原理,如果是完全的替代

第九章　购买力指数的必要性缘于价格的离中趋势　　**167**

品,则彼此价格总是相等或保持一个固定的比例[①]。

上面列表中的其余商品名目不须过多的解释,因为大家都熟悉,由法律与习惯规定的商品价格是不能完全调整的。商品的批发价格是可以完全调整的,股票的价格也具有完全的适应性。

第二节　其他物价过度适应价格水平的变化

工资、薪水与非货币形态的金的价格,尤其是各种抵押证券的价格等,都不能和货币数量的波动同比例变化,这意味着其他普通商品和股票价格变化的比例一定超过货币数量的波动。股票对货币量(或其流通速度或交易量)影响的敏感度无与伦比,可谓登峰造极。倘若铁路公司的货币价值增至二倍,由于铁路债券的货币价值增加很小,结果必使股票的货币价值增至二倍以上。股票是物质财富的份额,其价值按货币计算可以变动。相对来说,由于债券的货币价格不易变动,股票的货币价格的变动就会超过整个物质财富的价格变化。原因是这类证券不仅像所有可调整的商品价格一样,会感受一般价格水平的变化,还和固定价格的债券有联系。债券价格是刚性的,不能适应货币数量进行调整,股票价格就必须有大幅度的调整,弥补债券价格刚性留下的价格增减空间。

---

①　参见 Irving Fisher, "Mathematical Investigations in the Theory of Value and Prices," *Transactions of the Connecticut Academy of Arts and Sciences*, 1892, p. 66 and after。

举例证明这一点,假设构成交易方程式右边的各项如表9.2.1所示:

表 9.2.1 假设的交易方程式右边的各项

项序	交易的商品	价值
一	不同种类的价格可调整的财货,如各种商品的价值	95000000 美元
二	股票五千张,每股 1000 美元的总价值	5000000 美元
三	以同一笔财富担保的债券五千张,每张 1000 美元的总价值	5000000 美元
四	各种价格不可调整的项目,如债券、票据、政府薪水、政府开支、金牙等的总价值	20000000 美元
合计		125000000 美元

假定流通速度与交易量不变,通货数量增加 40%,则已交换的商品的总价值将从 125000000 美元增至 175000000 美元。不妨假设三、四两项的价格绝对不能调整,不随增加的 50000000 美元货币量而发生变动,价格仍分别保持为 5000000 美元与 20000000 美元,合并总值仍为 25000000 美元。因此,前两项增加的总值必须达 50000000 美元,亦即从 100000000 美元增至 150000000 美元或增加 50%。为了将增加的 50000000 美元分配至一、二两项或可调整的项目,让我们假设总价值为 10000000 美元的实际财富(二、三两项)一半是股票,一半是债券,其价值和可调整价格的 95000000 美元的商品按同一比例增长。这样,由前三项构成的总价值显然会从 105000000 美元增至 155000000 美元,增加了 47.6%,这是我们认为适用于第一项和合并的第二、三项共同增加

第九章 购买力指数的必要性缘于价格的离中趋势 169

的百分率。因此,第一项从 95000000 美元增长至 140200000 美元,第二、三项合并值从 10000000 美元增长至约 14800000 美元。由于一半财产是债券,不能增长,故整个增长值 4800000 美元皆属于股票,所以股票的价值将从 5000000 美元增长至 9800000 美元,增加了 96%,因此方程式右边的四项变化如下:

第一项——从 95000000 美元增至 140200000 美元,或增加了47.6%。

第二项——从 5000000 美元增至 9800000 美元,或增加了 96%。

第三项与第四项——不变。

四项变化合计——从 125000000 美元增至 175000000 美元,或增加了 40%。

对决定价格水平的各个因子 M、M'、V、V' 和各项 Q 的变化,有些商品的价格反应灵敏,有些商品的价格反应迟钝,这种现象导致了价格变化的离中趋势。此外,单个商品的价格也会受供给与需求的特别影响,引起它们的相对变化,导致商品价格出现进一步的离中趋势。正如前文强调指出的,虽然供求力量不必然影响一般的价格水平,但确实影响偏离一般价格水平的单个商品价格的数量,以及单个商品价格高于或低于一般价格水平的程度。每一种商品价格都有自己的涨跌原因。

192

在通过供求起作用的各种特定因素中,应该特别注意利率的变化。无论是否缘于货币数量的变化,利率的变化会使各种不同商品的价格发生不同方向或不同程度的变化。凡收益只能在很远的将来享受的商品,价格都是随利率变化的。标准的范本是债券或其他证券的价格,另一个有效的例子是不动产的价格。若是获得固定租金的农业耕地,利率的降低却会比例地增加其价值,如果利率由 5％降到 4％,耕地的价值就会从租金的 20 倍增加到租金的 25 倍,增加的比率是 4：5。如果每年的收益或获得的利息是不固定的,而是积攒至未来很久以后一起收付,其价格对利率的变化更敏感。用来种植树木的林地,几十年后才能砍伐木材,其价值对利率极其敏感,利率从 5％降到 4％,使林地的价值从租金的 20 倍增加到近乎租金的 35 倍,增加的比率不是 4：5,而是 4：7[①]。另一方面,采矿地或采石场存在时期有限,对利率不太敏感。住宅、机器及其各种附属固定设施,和其他耐用但不易毁坏的器具,以至诸如食品与服装等各种易腐、应时性的商品,只会间接地受利率变化的影响,对利率也不太敏感。

因此很明显的是,不论总体价格水平如何,各种商品价格**彼此间的比例**一定处在不断的变化中。预期各种商品价格发生同样的变动,正如期待一大群密集的蜜蜂同样飞行一样,没有根据;另一方面,因为各种商品价格变动不一致而否认有价格的**总体**变动,正如因为每个蜜蜂飞行不一样而否认蜂群的整体飞行一样,亦无根据。

---

① 结果是从记录美国新罕布什尔州五针松森林收益的数字算出,参阅 *New Hampshire Forestry Commission Report*,1905－1906,p. 246。参见 F. R. Fairchild,"Taxation of Timberland," *Report of the National Conservation Commission*,60th Congress,2d Session,Senate Document 676,Vol. II,p. 624。

第九章 购买力指数的必要性缘于价格的离中趋势 *171*

第三节 交易方程式

右边由 $\sum pQ$ 归纳为 PT

和每种商品的单个价格变化相对应,在每一种价格交换的给定商品**数量**也发生变化。换言之,每一次 p 发生变化,与之相关的 Q 也发生变化。这是因为,任何影响一种商品价格的因素通常也会影响该商品的消费量,供给或需求或两者的变化都会造成交换数量的变化,除非用别的方法表述,供给曲线与需求曲线的交点既可能水平移动,也可能垂直移动。

各项 Q 的变化使得问题更为复杂。前述很多地方在讨论货币量或流通速度的变化引起各种商品价格 p 变化时,一直假定所有 Q 各项保持不变。这在理论上是可以接受的,但实际上永远不可能有机会研究这样一种情况。同样,为了说明交易量变化对一般价格水平的影响,我们假定所有 Q 各项发生同样的变化。这种假设不仅实际中不可能发生,甚至理论上也难以想象。因为我们刚才解释过,每一种商品交易量 Q 都和一定价格 p 联系在一起,在说明交易量的变化对一般价格水平的影响时,不能假设所有 Q 各项都朝一个方向变动,所有的 p 各项朝另一个方向变动。若各个 Q 项发生同样的变化,则各个 p 项不可能发生同样的变化,因为所有商品销售量增至二倍,或几乎同样的说法是消费量增至二倍,就会使得人们对它们的需求欲望发生变化,从而改变它们的相对价格。盐的数量增至二倍可能会使得人们对它的边际欲望为零,但玫瑰的数量增至二倍几乎不会减少人们对它的边际欲望[①]。

所以,说价格 p 各项发生同样的变化或交换数量 Q 各项发生同样的变化意义不大。现在,必须着手解决这样的难题,设计一种合适的方法能监测这两类变化,用以确切地说明两个量值:**价格水平**与**交易量**,以代替同样变化的假设。这个问题尤其棘手,因为要测量价格水平的变化,计算平均值的过程必须用各种商品交易量 Q 项作为权数。我们发现,不仅要计算其平均值的各种商品价格极易变化,而且用以构造平均值的各个权数也是易变的。

因此,有必要将交易方程式右边的 $\sum pQ$ 项转换成 PT 形式,其中 T 代表交易量,P 表示价格"指数",是实现交易量的价格水平。这些量值——价格水平 P 和交易量 T ——现在需要用公式给予更确切的说明,尤其要重视 P ,因为自此以后它是我们研究的焦点。

正如下一章将要解释的,设计、编制价格与交易量指数的方法非常多,这里说一种最简单的。T 可以设想为所有商品交易量 Q 的和,P 可以设想为所有 p 项的平均值,只有选对了合适的度量单位,这种方法才能用于实际。必须记住的是,不同的商品交易量是用不同的单位度量的,煤炭用吨,糖用磅,小麦用蒲式耳等,不可穷尽。倘若我们将这些吨、磅与蒲式耳等相加,称此庞大的总数是许多"单位"的商品,得到的只是一个随意的总和,例如,用吨或英担度量煤,得到的结果必不相同。为度量任何一种商品,若我们不

---

① 参见 Jevons, *Theory of Political Economy*, London (Macmillan), 1888, pp. 155 – 156。

用商品的销售单位,而是按照某一特定年份(被称为基础年份或基年)的价格,以一元价值的商品数量为单位,这种做法的随意性就要少一些。因此,每一种商品价格在基年就是一元,从而所有商品价格的平均数在基年也是一元。在任何其他年份,平均价格(亦即新界定的商品单位数的价格的平均数,这些商品单位数在基年价值一元)是表示价格水平的指数,这种单位的数量就是交易量。

现在,交易方程式有如下形式:

$$MV + M'V' = PT$$

式子右边是各种商品价格的指数 P 乘以交易量 T 的积。

第四节　本章总结

本章解释了各种商品价格不会、事实上也不可能完全一致地变化,价格出现离中趋势的原因主要有三点:(1)许多商品价格要受先前合同、法律禁令或习惯力量的限制;(2)有些商品价格与货币金属有密切的关系;(3)每一种商品的价格在供给与需求的影响下,会发生特殊的变化。不过,价格变化有一种补充机制,当一些商品价格不随影响价格水平的因素发生变化时,相应地,就使得另一些商品的价格必然有更大的变化。

商品的销售数量也有变化,且它们的变化与价格的变化联系密切。

为了用一个数字表示各种商品价格的**总体**变动,编制了价格指数 P;为了用一个数字表示交易量的总体变动,编制了交易量指数 T,这两个指数的性质构成下一章讨论的主题。

第十章 最完善的购买力指数

第一节 指数的各种形式

上一章阐明了编制指数 P 的必要性,并提议编制二种特殊形式的指数。在第二章及其附录中已经说明,这种形式的指数必须满足交易方程式 $MV + M'V' = PT$ 规定的某些条件,如价格水平和货币数量之间的比例关系等。本章将这种指数和其他指数作比较,讨论各种指数的一般功用,包括和交易方程式直接联系极少的功用。

各种指数可在两个方面作比较:(1)形式,包括决定权重的方法和确定"基础"年份价格的方法;(2)所选择的应予包括的商品价格。本节考察指数的形式问题。

指数的形式枚不胜数,其复杂程度、计算的难易程度及其对不同试验的符合程度都迥然有别。这里列举几个最简单的指数形式,简要地予以讨论,很多情况下可能是教条武断的,充分的证明与详细的讨论包含在本章的数学附录里[①]。

---

① 参见本章(第十章)附录第一节到第八节,比较了四十四种指数。

第十章　最完善的购买力指数　　　**175**

若每磅糖的平均价格在 1900 年是 6 分,在 1910 年涨至 8 分, 198
则 1910 年糖价对 1900 年糖价的比例就是 8/6 或 $133\frac{1}{3}$ %;若在
同一时期,每吨煤炭的价格从 4 元涨至 6 元,则对应年份煤炭的价
格比例就是 6/4 或 150% ;反之若在同一时期,一种等级既定的布
的价格从每码 10 分跌至每码 8 分,则布的价格比例就是 8/10 或
80% ,P 就是所有这三种价格比例和其他价格比例的平均数,亦
即 $133\frac{1}{3}$ %、150% 与 80% 等的平均数。若取近似值,这三种比
例的

简单的**算术**平均数是: $\dfrac{133\frac{1}{3}\% + 150\% + 80\%}{3} = 121\%$;

简单的**几何**平均数是: $\sqrt[3]{133\frac{1}{3}\% \times 150\% \times 80\%} = 117\%$ 。

这些平均数是简单的或未加权的平均数的例子。不过,由于
各种加权平均数在理论上有很多优点,在实践上也比较便利,下面
讨论各种加权平均数。

加权[①]的方法与平均的方法都非常多,但从理论角度看没有
一个是完美无缺的,我们必须从实用的立场选择最完善的。货币

---

①　要讨论已有人提出的各种不同加权法,参阅 Walsh, *The Measurement of General Exchange Value*, New York and London(Macmillan), 1901; Edgeworth, "Report on Best Methods of Ascertaining and Measuring Variations in the Value of the Monetary Standard"; *Report of the British Association for the Advancement of Science for* 1887, pp. 247 - 301; ditto for 1888, pp. 181 - 209; ditto for 1889, pp. 133 - 164. Nitti, *La misura delle variazioni di valore della moneta*, Turin, p. 624;也可参阅本章(第十章)的附录。

数量的变化或流通速度的变化对整个商品价格系列的影响极为复杂,甚至在理论上也不能压缩成一个数字表示所有商品价格的变化。这多少有点像制造一个透镜,收集所有来自一个给定点的光线,然后聚焦在某一点。但是,虽然从光学可知,在理论上制造完美的透镜是不可能的,但在各种实用的目的上,透镜可以制造得近乎完美,因此透镜有研究和制造的价值。同样,虽然理论上似乎不可能设计一个指数 P,通过我们的一切检验[①];但从实用目的看,编制一个顺利通过这些检验的指数还是可能的。故认真致力于各种指数的研究与编制,亦有裨益。

第九章所说的指数可以按下述步骤编制:假设 1910 年是要用交易方程式 $MV + M'V' = \sum pQ = PT$ 考察的时期,选择另外一年比如 1900 年作为"基础"年份,这意味着 1910 年的价格将表示成 1900 年交易方程式的价格的百分比。

其次我们研究交易量(或 T)的表达式。正如本章附录说明的,价格指数 P 的每个形式皆含有关联形式的交易量指数 T,反之亦然。先解释 T 比较方便,注意交易量(或 T)不是按 1910 年的**实际**价格计算的各种商品交易的总值,因为这个值是 PT 或 $\sum pQ$ [②],亦即整个方程式的右边代表的总值。必须把交易量 T

---

① Cf. Mill, *Political Economy*, Book III, Chapter XV; Sidgwick, *Principles of Political Economy*, Book I, Chapter II; "Report of Committee on Value of Monetary Standard," *Report of the British Association for the Advancement of Science*, 1887; Wesley C. Mitchell, *Gold, Prices, and Wages under the Greenback Standard*, Berkeley, 1908 (University of California Press), p. 19;和本章(第十章)附录。

② 此处的总值在现代宏观经济学中称为"名义国民生产总值",是按报告期价格计算的产值,未考虑价格变化。——译者

本身和价格水平 P 分开,将它视为以基年价格计算的全部已售商品的交易总值。因此,交易量 T 是各种商品销售额的和,每一项商品销售额都是 1910 年的销售量 Q 和基础年份 1900 年的价格或 p 的乘积。在代数上交易量 T 可表示为 $p_0Q + p_0'Q' + p_0''Q'' + \cdots$,或简写成 $\sum p_0Q$ [①],式中 1910 年的各种商品价格简单地表示成 $p, p', p'', \cdots$,基础年份 1900 年的各种商品价格表示成 $p_0, p_0',$ $p_0'', \cdots$。

把理想值 T 界定清楚后,再来解释 P,P 是 1910 年各种交易的实际值 $\sum pQ$ 和其理想值 $\sum p_0Q$ 的比例 [②]。更完整地说,P 是 1910 年交易的各商品分别按当年价格计算的实际值和按 1900 年价格计算的理想值的比例。这个比例实际上是各商品价格比例的加权算术平均数 [③],前述方法的思想与数学表达式都很简单,至少在理论上提供了最完善的 P 或最好的商品价格指数形式。因此,刚才描述的这种特定形式的 P(即 $\sum pQ \div \sum p_0Q$)是和特定形式的 T(即 $\sum p_0Q$)联系在一起并随之变化的,T 可称为**交易量**指数,T 的特定形式 $\sum p_0Q$ 可谓最完善的交易量指数或气

---

① 此处的总值在现代宏观经济学中称为"实际国民生产总值",费雪称之为理想值 T,是按不变的基期价格计算的。——译者

② 此处的价格指数 P 在现代宏观经济学中称为"国民生产总值折算指数/缩减指数/平减指数",实际上是最具综合性的价格指数,和消费物价指数 CPI、批发物价指数 WPI 均属于度量通货膨胀率的指标。——译者

③ 参见本章(第十章)附录关于四十四种样本指数的表格与讨论。

压计。

前一章结尾提到另外一种编制指数的方法,可得同样形式的价格指数,其步骤如下:用一种新的物质单位——在基年(1900年)价值1元的商品数量——来计算各种商品,其余各年像1910年一样,也采用这种单位计算。因此,糖的单位不再是磅,而是1900年1元所能购买的数量,所以1900基础年份的糖价是1元,其余各种商品价格也是1元。如果糖的价格在任何其他年份(比如1910年)按新的单位(1900年1元所能购买的数量)计算是1.25元,可知糖的价格上涨了25%。按这种方法编制,P只是一种平均**价格**,而不是平均**价格比例**;T是各种商品按新单位计算的售出总数,交易方程式右边,现在是售出单位总数乘以平均价格的积。

上面给出的关于P的两种定义(即实际值对理想值的比率,和按1900年值1元的数量计算的各种商品在1910年的平均价格)可以互换使用;T的两种定义(按1900年价格计算的1910年交易的理想值,和按1900年1元所能购买的数量为单位计算的1910年售出的单位总数)也可以互换使用。还有其他的方法界定P和T,而不改变含义。因此,"P是各种商品1910年的价格对1900年价格比例的加权算术平均数,这些比例的权重是按1900年价格计算的1910年售出的商品总值"。不论我们采用何种定义,求指数的方法都一样,且这种方法比其他大多数方法优越。首要的是它能够让我们不受严格限制地说,如果销售的商品数量没有变化,则交易量指数T保持不变,P将和交易方程式左边同比

第十章 最完善的购买力指数 **179**

例变化①。

故此,我们选择的最完善的价格指数,是以基础年份 1 元所能购买的数量为单位计算的已售商品的平均价格;换言之,它是已售商品数按实际价格计算的总值对按基础年份价格计算的总值的比例;再换个说法,它是所有商品价格比例的加权算术平均数,每种商品价格比例的权重是以基础年份价格计算的已售商品的价值。

我们还需要考虑基础年份的选择问题,不同年份的选择造成上述指数的不同。比如,基础年份是 1900 年抑或 1860 年不仅会造成指数的绝对不同,也会造成其相对的差异。

除杰文斯几何平均数的指数外,功用不在某种程度上被削弱的指数很少,原因是这些指数确定的基础年份距离急需比较的年份相隔太远。正如马歇尔教授(Professor Marshall)曾坚持的、弗拉科斯教授(Professor Flux)曾强调的,任何一年的最佳基础年份似乎都是前一年。

因此,我们不选择使用一个固定的基础年份,该年所有商品价格都记为 100 分(百分之百),其他各年的商品价格都表示成此年价格的百分数来编制指数,而是将每一年都用作后续一年的基础年份,得到一个连锁式的指数,每一个指数都和前一年相比较,而不是和一个共同的基础年份相比较。

这种连锁式的指数的极大优点是在比较最多也最需要的情况下能提供最精确的比较。每年,我们都会关注沙伯克指数(Sauer-beck's index number),将之与前一年的指数做比较,而很少与其

---

① 参见第二章附录和本章(第十章)附录第五、六、七节。

余各年做比较。不过,这个指数正如实际构造的那样,提供的信息与其主旨截然不同。按其方法,本年度指数只能和 1867 年至 1877 年间的指数相比较,才能得到最好的或最精确的结果,很少或无人采用。凡使用这种统计数据的人实际要做的是比较两个指数的比例,即 1909 年指数和 1910 年指数先分别和 1867 年至 1877 年间的指数相比较,然后相互比较。但是,若直接比较 1909 年价格指数和 1910 年价格指数,会得到一个不同的结果,也更有价值。统计上使用共同的基础年份比较指数,就像在地板上测量了每一个人的身高后再比较两个人的相对高矮一样,而不是直接让两个人背对背靠拢直接测量他们头顶的水平差距。虽然在测量人高矮的情况下,两种方法在理论上是一致的,但直接比较更为精确。遗憾的是,就比较价格水平而言,基础年份一旦发生变化,甚至在理论上也没有几种指数能得出一致性的结果[①],且这些少数指数也不能通过其他同等重要的检验。

可以说,连续移易基础年份或连锁式方法的主要优点,是便于指数涵盖新的商品,剔除废弃过时的商品,不断调整权衡方法和市场新情况相适应。无疑,若用固定基础年份的方法,不久将绝对地和时代背离。

第二节　指数的各种功用

我们的下一个问题是:编制指数应该包括哪些商品价格? 这

---

① 　参见本章(第十章)附录第五节检验七。

第十章　最完善的购买力指数　　181

个问题的答案很大程度上由指数的**功用**决定。到目前为止,我们只考察过指数的一种功用,亦即最好地满足交易方程式的调整需要。但是,指数可以用于许多其他目的,其中最主要的两个是度量**资本**和度量**收入**。这三种功用,每一种都可以根据所需要的比较按**时间**和**地点**再做分类。所以,指数可以用来比较各个地方的商品交换、资本或收入。比如,当英国贸易部①(the British Board of Trade)要比较英国、德国与美国不同城镇的生活费用时,就必须比较工人阶级的生活必需品的价值(或他们的收入)。

因此,指数的主要功用至少分为六种,亦即比较不同地方所交换商品的价格、资本品的价格、消费品的价格;和这三类商品价格各自在不同时间的比较。

在上述六种比较中,每次比较的商品价格和商品数量是互相联系的,知道了商品的价格指数(P),就能求出商品的交易量指数(T)(此处的 T 是一般意义上的交易量指数,而不区分交易的商品是资本品还是消费品)。

显然,六种比较中要做何种比较,决定了我们对要比较商品价格的选择,差异甚大。譬如,假设我们要度量诸如铁路、船舶、不动产等资本品价格总水平的涨跌②,并度量这些商品数量的相对增减。若有些种类的资本品价格已经上涨,另外一些业已下跌,又有一些资本品价格的上涨幅度不同于其他资本品,我们如何度量资

---

① 参见 *Report*(*to Parliament*)*of an Enquiry by the Board of Trade into Working Class Rents*,*Housing and Retail Prices*,London(Darling),1908,1909。

② 该观点由尼克尔森提出,参见 Nicholson,*Journal of the Royal Statistical Society*,March,1887。

本品价格的总体变化？同理,若有些种类的资本品如铁路的数量,增长的速度要比其他资本品如帆船快,还有一些资本品的数量业已减少,如何断定资本总量是否增加了,增加了多少？可以说,这两个问题(资本品的价格与资本品的数量)的主要内容,就是在同一数量上度量资本品价格的平均变化和在同一价格水平上度量资本数量的平均变化。

上述两种指数只考虑资本品,不管是存量还是流量,没有涉及消费品或其他指定的商品。故在上述两种指数中,任何一个表示的应该只是资本品的价格和数量,而非所有商品的总体价格和总体数量。故此,各种服务的价格与数量应予忽略,资本的使用以及为之支付的租金亦应忽略,譬如为租住房屋支付的租金。也就说,两种指数包括的应该只是各种资本实物,而非这些资本提供的各种服务。[①] 我们可以先计算价格指数,然后用价格指数去除任意一年的资本价值即可求得资本的数量指数,或者反向计算[②]。在编制资本品的价格指数与数量指数时,我们自然选择把重要的资本品编列成表,并据此赋予权重。

要计算资本价格的总体变动,就应该对每一种资本价格比例

---

① 经济学上在讨论生产要素时将要素实体称为"生产服务的源泉",而将要素的使用称为"生产服务本身"。这里,资本实物就是"生产服务的源泉",而这些资本提供的各种服务就是"生产服务本身"。换句话说,此处著者所说的资本仅仅指劳动者赖以把自己的脑力与体力传导到劳动对象的"生产工具"或劳动资料。——译者

② 吉芬(Giffen)虽然并未尝试构造一个特别的资本指数,但对有关资本价格各种变化的观点做了修正,详细论述参见 Giffen, *Growth of Capital*, London (Bell 8 Sons), 1899, pp. 50 - 54。

第十章　最完善的购买力指数　　183

赋予权重,权数是这一比例所属特定资本的价值。在这种情况下,每一种价格比例的权数由现有**资本量**决定,与资本品年**销售额**无关。显然,这两种赋予权重的方法差别很大。因此,在所有现存资本量中,很大一部分是不动产;但在所有资本品销售额中,不动产**销售额**只占相对很小的部分。另一方面,食物产品几乎不构成资本,多数属于交换品。因此,各种食物产品的价格与数量不计入资本指数,但却在与交易方程式有关的各种指数中占有重要地位。

同理,倘若编制价格指数的目的不是度量资本要素,而是各种消费品的数量与价格,则为指数编列成表的商品及其权重将与编制资本指数的商品清单不同。

如果考虑的是工人阶级的收入,我们就得编制进入工人消费预算的商品的价格指数,以及这些商品的数量指数。第一个表示工人的生活费用,或工人工资的购买力;第二个说明什么是"实际工资"或"消费"。在这种情况下,编制指数的目的不是比较两个时间点的存量,而是比较两个时间段的流量。一种求得实际工资指数的方法是,用花费工资的商品的价格指数修正名义工资或**货币工资**。因此,如果1908年的货币工资是1900年的两倍,但生活必需品与享受品的货币价格也涨至两倍,则实际工资没有变化。

很明显,各种用于工人生活类商品的数量与价格的指数,和那些用于资本类商品的指数是不一样的。每一种商品在指数中都有各自的重要性,其大小由在工人消费预算中的重要程度而定。收入指数讨论的商品是流量,而资本指数讨论的商品是存量。要比较资本,指数包括的商品必须是资本品;而要比较收入,指数包括的商品必须是消费品。

第三节　指数是延期支付的标准

也许,指数最重要的功用是用作贷款合同的基础[①]。我们需要确定一个最适合这种目的的指数形式、权重方法以及应予选择的商品价格。

指数用于度量贷款合同价款的增减,或用为延期付款目的之基础,明显归属时间上的比较,而和地域比较无关。但是,在交换、资本和收入三种比较分类中,这种比较究竟属于那一类,开始时是不易确定的? 在考虑这个问题前,我们首先要就"什么是贷款合同最理想的基础?"这个问题达成一致意见,它是为借款人与贷款人之间的合同找到最好指数的初步准备。

---

①　编制表示物价总体变化指数的一系列最早尝试有:Sir George Shuckburgh Evelyn, Bart, F. R. S. and A. S. in 1798 in an article entitled "An Account of Some Endeavors to Ascertain a Standard of Weight and Measure," in the *Philosophical Transactions of the Royal Society of London*, Vol. LXXXVIII, pp. 133 – 182, inclusive。1707 年,毕晓普提出并讨论了如下问题,成立于 1440 年和 1460 年之间的学术奖金只向年财产价值不到 5 英镑的人士开放,若这种奖金的持有人有 6 英镑,但在此期间英镑大幅贬值,他是否可以公正地发誓,他拥有的货币价值没有那么多,参见 Bishop William Fleetwood, *Chronicon Preciosum*, *an Account of English Money*, *the Price of Corn and Other Commodities for the Last Six Hundred Years*。后来,卢沃尔提出了使用货币价值指数或货币价值记表本位制的思想,参见 *The Present State of England in regard to Agriculture and Finance*, London, 1822 (see pp. 261 – 291, Appendix, pp. 89 – 101)。这之后斯科鲁普也有相同的提法,参见 G. Poulett Scrope, *Principles of Political Economy... applied to the Present State of Britain*, London, 1833, pp. 405 – 408。虽然我们已经知道,指数思想本身是先于这些提法的,参见 Correa Moylan Walsh, *The Measurement of General Exchange Value*, New York and London (Macmillan), 1901; Bibliography, p. 555。

第十章　最完善的购买力指数　　**185**

首先应该指出的是,虽然价格水平变化会导致借贷双方发生损益,但未必"不公正"。因此,若某人借入 1000 元,签订的合约承诺 5 年底偿还本金,加 40 元作为利息。在此期间,价格出乎意料地增长了 2 倍,那他注定处在获利的地位。虽然他必须偿还同样数目的货币数,但按预期只需出售大约半数的存量商品。他按本金偿还的购买力只有原来借入的实际购买力的一半。另一方面,因一般价格水平的增长,放款人必然蒙受损失。

但是,合同是完全公平的。各方当事人知道或应该知道价格水平可能变化,缔结契约要承担风险。当小麦按某一确定价格以便未来售卖签订合同,而市价出乎意料涨跌,或当保险公司在合同未到期即因风险受损时,均不存在任何欺诈行为。

的确,如果政府试图通过立法剥夺获利者的利润,这种做法一般来说本身是不公平的[①],因为当事人为保护自己不受损失主动承担了风险。失利的人在签订合同**后**,也不能不公正地依靠法律逃避自己应承担的责任。

如果价格水平变化完全被预料到了,则考虑以调整利率的方式给予一定程度赔偿的做法,即依靠政府通过法律干预合同当事人的损益的做法就愈发显得不公正了[②]。如果价格水平正在上升,名义利率很可能会高一些,从而对放款人的部分本金价值损失给予了补偿;而如果价格水平是下跌的,则较低的名义利率可以部分地减少借款人的损失。任何一方都不能借助政府的影响来削弱

[①]　参见 Irving Fisher, "Appreciation and Interest," Part 3, *Publications of the American Economic Association*, 1896.

[②]　*Rate of Interest*, Chapter XIV.

已签订的合约义务[1]。不过,正是健全的公共政策预先、及时地降低了风险因素,才使得各方当事人有可能在更确定的基础上签订期货合约。就借贷双方之间的长期贷款合同来说,理想的基础是债权人与债务人都不因未预期的价格变化而利益受损。经验证明,由于只能部分预见价格水平的变化,利率很少能够完全调整至和价格变化保持一致的水平。因此,我们的目标应该是尽可能保持货币的稳定或可靠。从实践上说,这意味尽可能保持货币价值的恒久不变。

在理想的价值标准中,价格指数总是表示为百分之百[2]。但因为不存在、也不可能拥有绝对稳定的货币,价格指数本身就成为签订长期合同的标准。由于这一标准以商品价格表为根据,被称为"表格标准"(tabular standard)。因此,倘若某人在指数为100时借入1000美元,答应偿还的不是同样数量的美元,而是同样一笔带利息的一般购买力。那么,若偿还日指数已上升至150,则债务本金理解为1500美元,因为这代表与所借入款同样的购买力。相反,若偿还日价格水平已下跌至80,则债务本金自动变成800美元。这样,贷款合同双方当事人都得到保护,不受货币价值变动

---

[1] *Appreciation and Interest*, Part 3, § 4.

[2] 曾有人坚决主张,理想的标准应该是保持主观的价格,而非客观的价格固定不变,这样就能以给定量的"劳动"或"效用"偿还债务。但是,这种主观数量的度量有不可逾越的实际困难,使得对它的讨论也是纯粹学术性的。撇开此种障碍不说,这一观点在理论上甚至遭到更多的反驳。因为事实是随着人们渐渐贫穷或渐臻富裕,价值标准对一些人会增长,对另一些人则会下降,且这些变化在签订贷款合同时就为当事人预计到了。事实上,度量主观价格的困难正是鼓动人们签订合同的原因。参见 § 4 *infra* and Irving Fisher, "Appreciation and Interest," Chapter XII, § 2, *Publications of the American Economic Association*, 1896。

第十章　最完善的购买力指数　　**187**

影响。同样的修正方法也适用于利息的支付，每一笔利息都可以根据偿付日的指数进行调整。

现在一切就绪，我们要考虑价格指数应该包括哪些商品的价格，能使之发挥度量贷款合同价值变动的功用。

如果所有商品都保持同样的价格比例，则贷款合同不论以哪种指数作为计算基础，效果都一样。譬如以小麦的斛数、煤的吨数，抑或糖的磅数。由于商品价格**不发生**同样的变动，变动的比例不一样，故必须有度量**一般价格水平**的指数。按相当于某种商品的购买力偿还本金加利息，和按等价于其他商品的购买力偿还本金加利息，多少有出入。所以，生产者和消费者依照交易、生产或消费的商品种类不同，必有一方或另一方蒙受损失。即使签约的每一方都能按照关系最密切的商品种类的价值，安排收回或偿还相当他放贷的或借入的金额加上利息的购买力，投机性因素也会导致一方得益另一方受损，因为这样虽能减少损益的程度，却不能完全免除损益的发生①。

譬如，假设一个放款人按照他要使用的商品的价值收回相当于放贷金额加利息的购买力②，再假设贷款期间这种商品价值增长，其他商品价值未变，则这个放款人的收益实际上已经增加，因为他现在可以用原来要使用的商品交换更多的其他商品——这样的交易在别的时候他是不愿意做的，但现在是难以抵挡的诱惑。

———————————

① Cf. Kinley, *Money*, New York (Macmillan)，1904，p. 267.

② 本节其余的论点大部分和哈里 G. 布朗提出的观点相同，参阅 Harry G. Brown，"A Problem in Deferred Payments and the Tabular Standard," in the *Quarterly Journal of Economics*，August，1909。

对借款人来说，和他从事生产的商品相比较，偿还贷款若以价值增加的商品为计算基础，必将使他遭受损失。这种情况意味着，据以计算偿付贷款的商品的购买力，要大于按照他生产的商品计算的购买力。

很明显，只有一种商品不可能是公平的标准，用作延期支付标准的指数必须以多种多样的商品为基础。

如果把所有的借款人和所有的放款人都只当做消费者看待，即假设放款人牺牲自己的眼前消费，意在放出款项，至期满收回时可增多享受；借款人宁寅吃卯粮增加现时消费，不惜减少后来的享受。那么，一个让每个人都满意的完美无缺的指数似乎是不可能的。在任何时候，放款人欲求的商品对借款人未必最重要。故只能求得一个大概的平均数，各方当事人皆可用作缔结契约的指数。在这样一个平均数里，每一种商品价格比例的权衡数自然是各商品的消费量，亦即根据所考察国家所有放款人和借款人的总消费量决定权重。

然而，商品价格的选择较之上述问题还要复杂，因为许多借款人和放款人对消费的兴趣不及投资[1]。选择放贷资金还是选择其他投资活动，和选择放贷资金还是选择消费一样重要。同理，借款人为了投资与消费，可能借入资金；也可能为了偿还贷款，采用减少投资而非降低消费的方式筹集资金。换言之，借款人与放款人对购置制造厂、铁路、土地、耐用房屋等将来能提供长期服务的商品的兴趣，可能要比购买直接满足需求的食物、住宅、文娱节目的

---

[1] Cf. Kemmerer, *Quarterly Journal of Economics*, August, 1909.

兴趣浓厚。因此，若长期贷款合同所根据的指数唯一地以各种服务和各种可直接消费的商品为基础，是没有道理的。虽然这种差异实践上可能微乎其微，但至少它们在理论上非常重要。

我们不妨假设在一个给定时期，指数中的每种价格比例的权重，是按标准价格计算的可快速消费的商品及服务的价值，不包括此期间购置的耐用资本品的价值，再假设利率在贷款偿还日期前已经上涨。由于利率提高，资本、铁路和其他耐用资本品的价值下跌。因为价值是由未来收益或未来服务决定的，这些收益或服务现在要以更高的利率折成现值[1]。借款人按消费品及服务的价值偿还的等价购买力，若按土地、住宅和制造厂的价值计算，要比他借入的购买力高得多，即一个按**未来**收入计算高得多的购买力。因此，按照这些耐用资本品价值计算，放款人收回的购买力要大于他放贷的资金的购买力。虽然按可快速消费的商品及服务的价值计算，购买力并没有变大。换言之，他收回的当前收入没有增多，却得到更多递延收入的购买力。倘若一开始他没有把资金放贷出去，而是投资土地，利率的上升就会给他留下同样数量的但价值更少的土地。事实上，放款人收回的是**更多**的资金和**同样**价值的土地。利率的意外上升让他的境况变得比预期的好，结果是放贷资金让他比投资土地更富有了。

相反，如果利率下降，借款人将会受益，放款人则遭受损失。相对于食物、栖息处等，土地与其他不动产的价值将会增加，因为

---

① 要讨论利率变化对价格的影响，参见 Irving Fisher, *Nature of Capital and Income*, New York (Macmillan), 1906, p. 227, and *Rate of Interest* New York (Macmillan), 1907, pp. 226 and 227。

这些商品的收入会延伸至很远的未来。一间房子的价值是它提供栖息处的未来租金或服务的贴现值。如果利息率已经下降,和每年的租税款比较,房子的价值将比以前增高。按租赁房屋租金的购买力偿还的等价金额,要比按房价的购买力偿还的等价金额少。借款人获得的利益是他偿还的贷款虽按消费能力计算是相同的,但照投资能力计算已减少,故他必将减少投资,偿还债务。因此,他须削减的土地与机器等项投资,必然比别的时候少。另一方面,放款人则遭受了同样多的损失。如果他想投资诸如办公楼、矿山或铁路股票等耐久性资本品,用收回的本金能购买的这类商品数量必不及放贷时本金能购买的数量。假如他先已预见利率下跌,他或许拒绝放贷,而将资金用以投资,然后获得的不是贷款利息,而是投资报酬和已增多的可用以产生未来收入的资本。所以,利息跌落的效应不是减少他的投资报酬,而是增加他投资的资本化价值。

不难看出,若指数的基础是服务和不太耐用的商品,虽可以适合一种长期贷款合同,其中借款人耽溺眼前的消费享乐,放款人意在把消费延期至贷款偿还日。但这种指数却不能完全适合一方或双方当事人对经久投资品感兴趣的贷款合同。

因此,指数的基础不能只是享受一段时间的消费品与服务,应该让它部分地以不耐用的商品与服务为基础,部分地以耐久性的资本品为基础。每个借款人与每个放款人都可能希望按不同的时间分配他的收入流量[1]。一个人可能在将来有很多收入,但他现

---

① *Rate of Interest*, pp. 121 - 125.

第十章　最完善的购买力指数　　　　191

在想投资；另一个人可能在目前就有很多收入，却不想投资。因此，有些放款人关心的是他收回的耐久性资本要和放贷的资本一样多；还有些放款人看重的是按服务与消费品计算，他收回的购买力和放贷出去的一样大。

不同的个人花费资金虽有不同的开销意向，但他们彼此之间却会签订贷款合同。即使某个经过特别加权的指数可以为每一对缔约方使用，这种标准也不可能平等地适用于合同双方当事人。但是，同一笔债务不可能用两种不同的标准偿还，故绝对的公平是不可能的。我们可以减少标准货币变动的弊病，却不能完全消除来自长期贷款合同的投机因素。

虽然不同的人、不同的阶级可以为签订特别的合同确定不同的标准，但对大多数涉及延期付款的商务合同来说，一种包括各个阶级采购使用的商品及服务的单一系列指数，可能是最值得采用的。这种指数最适合于不同阶级之间、消费习惯不同的个人之间签订合同，也最适用于确定公债券的货币报酬，因为公债券总的来说是销售给公众的有价证券。

我们无意为特殊人群与阶级有时拟用的标准编制各种指数，而只研究普通指数的编制问题。正如已指出的，这种指数必须包括所有的商品和服务。但对这些商品和服务应赋予多大比例的权重？在编制指数过程中，对耐久资本品**存量**应赋予多大的权重，对存在一段时间的商品与服务的**流量**——一种反映消费的朝向个人的商品流——应赋予多大的权重？这两种东西是不能用同一标准衡量的，难道我们要给全国的铁路和全国一个月的糖或一年的糖的消费赋以同样的权重吗？

第四节 交易量是延期支付的基础

要解开这些戈耳迪之结[①]，也许最好最切合实际的方法是在解释交易方程式中的 P 时用过的方法。在需要计算价格水平的年份，指数 P 中的每一种商品与服务，都是按基础年份价格计算的交易量赋予权重的[②]。用这种方法，加权的不仅包括为了当前消费购买的商品，也包括指数覆盖时期内交易的所有耐久资本品。贷款合同据此计算延期支付的款项，偿还的金额和原借款项的一般购买力相等。这种购买力包括按已购买的各种商品计算的购买力和按可购买的各种商品计算的购买力，涵盖不动产、各种有价证券、劳动、由公司提供的其他服务和各种商品。

关于指数是否应包括人类或所谓"劳工"的服务问题，已有很多讨论。若按产品件数计算工作量，计入或不计入"劳工"服务对指数结果实际没有什么影响。从这个角度看，问题已自行解决。

众所周知，工资可以"按件计酬"或"按时计酬"。无论哪一种情况，它们都要计入并影响表示价格水平的普通指数，但两种计酬方式对指数的影响是不同的。若以劳动工时为基础，按小时或按

---

① Gordian knot：（古代费吕加国王）戈尔地雅斯（Gordius）的戈耳迪之结。在希腊神话中，按神谕，能解开此结者即可为亚细亚国王，后来亚历山大大帝解开了此结。此处作者借喻难题或问题焦点。——译者

② 关于延期支付的最好标准，H. S. 福克斯威尔教授运用略微不同的推理得出了同样的结论。参见 remarks of Professor F. Y. Edgeworth (as Secretary of the Committee on Variations of the Monetary Standard)，*Report of the British Association for the Advancement of Science*，for 1889，pp. 134 – 139。

第十章 最完善的购买力指数 **193**

日支付工资,就可能在工艺提高期间发现货币工资在涨但商品价格在跌,或者货币工资比商品价格增长得快,或者货币工资比商品价格下跌得慢。若工资按件计酬,就会发现货币与商品之间矛盾较少。如果商品比货币增加得快,商品价格一般会下跌,计件工资总的来说也多以相同的比例趋向下跌。由于机器的改良使得劳动每小时的产量增加,每件产品的价格也会下跌。

两种计算方法求得的价格指数不同,进而求出的交易量指数也不相同,只是计算的方向相反。随着发明创造的进步,计件工作量增加得比计时工作量快。

在考虑将指数作为延期支付的标准时,假设计件工资随商品价格而变化,合理性很大程度上在于编制指数要包括计时工资的难度及其后续的无法运算。若以计件工资为基础,则可用其他商品的货币价格变化近似地度量劳动的货币工资变化。

若以这样的指数为基础签订长期贷款合同,则当事人知道他们将偿还或收回以同样数量商品计算的购买力,等于他们原先借入或借出的购买力,这种形式的指数是商品的客观标准。

如果指数单纯以计时工资编制,不包含商品,则债务人偿还的和债权人收回的购买力按劳动时数计算。当指数包含了计时工资与商品价格两项时,问题就变成了给每项多少权重。凯莫莱(Kemmerer)教授将总权重100%中的3%分配给工资,故在任何情况下工资的影响都不会很大;倘若指数包含的是计件工资,则根本感觉不到工资的影响。也就是说,指数是否包含工资无关紧要。由于实际上我们没有与计件工资有关的统计数据,也极少有计时工资的统计数据,所以总的来说可完全省略掉工资一项。

这种方法还有另外一个优点,如果指数的目的是用作向靠工资为生的人延期支付的标准,则明显不应该包括工资。靠工资为生的人不会以他能购买到的劳动量为基础来判断货币工资的购买力[1]。

关于此点,不妨呼吁人们注意另一种货币购买力的标准,即效用标准。有时候会有人提议依照效用标准调整贷款合同偿还条款。根据这一标准,每个人都理应收回或偿还边际效用等于他先前放贷的或借入的边际效用。但是,同样的商品对不同的人的边际效用是不同的,对同一个人在不同的生活时期也是不同的。因此,这样一种标准不能应用于实践。

价格是一个客观数据,可以度量,对所有人都相同。另一方面,边际效用不仅不能度量,而且对每个人是不同的,在各个人之间的变化也不相同。因此,客观意义的货币购买力是可确定的份额,对所有人的内涵是相同的。当然,货币的边际效用确实是一个基本的标准,部分是由货币购买力决定的,但它也取决于每个人的收入。**如果**所有的商品价格和所有的**货币收入**以相同的比例变化,或者收入是按照(至少大致上)平均价格变化的比例变化的,那么货币的边际效用将和货币的购买力发生同比例的变化。理想情况是,价格过渡期结束后当货币数量发生变化时,边际效用和购买力之间的这一固定比例应该保持不变(假定各项存款发生同样的变化,而流通速度和贸易额保持不变)。然而,实际上,所有这些因

---

[1] Cf. Edgeworth, in Palgrave's *Dictionary of Political Economy*, "Index Numbers."

第十章　最完善的购买力指数　　195

素都会变动,变化程度也不相同。货币收入比起价格来,有时候增加快一些,更经常的是要慢一些,结果货币购买力的变化和货币边际效用的变化是不相等的。

在贷款合同期限内,社会或迟或早会变得更加繁荣。可想而知,这一事实应该对偿还金额与借贷金额的关系产生影响,故有人主张社会进步的各种利益应在借款人与贷款人之间平等地分享[①]。

但是,虽然签订贷款合同可以参照边际效用,但反对此论的人主张,在修正货币价值标准时,不能也不应包括因收入变化而引起的货币的主观价值的变动,只能包括货币购买力的客观变动。无论如何,在考虑任何更属奢望的步骤前,最合理的步骤是确立一个货币的客观购买力的价值尺度。寻求一种能自动公平地分配"社会进步的利益"的延期支付标准,和寻求点金石一样,是愚蠢的探索。由于效用在统计上无法测量,也就无法测算"社会进步利益"再分配需要调整的效用量。即使效用标准在理论上是成立的,若没有统计测度,就不可能有任何可行的修正。

关于完美的延期支付标准,一种多少类似的理论是以下述思想为基础的,即生产一元的价值需要的劳动应该总是相等的。在

———————

[①] 譬如,可将克拉克(J. B. Clark)教授的论文"The Gold Standard in Recent Theory," *Political Science Quarterly*, September, 1895 中的观点和下述文献比较: "The Standard of Deferred Payments," by Professor Edward A. Ross, *Annals of the American Academy of Political and Social Science*, November, 1892; Lucius S. Merriam, "The Theory of Final Utility in its Relation to Money and the Standard of Deferred Payments," *ibid.*, January, 1893; Professor Frank Fetter, "The Exploitation of Theories of Value in the Discussion of the Standard of Deferred Payments," *ibid.*, May, 1895。

某种意义上,通常由于边际效用和边际努力是相等的,劳动标准与边际效用标准也是相等的。但不管在何种意义上界定"劳动",它都是一个难以捉摸的量,根本不能作为可测量的购买力的统计标准。劳动看起来似乎可以按时间度量,在这个基础上曾有人建议"日劳动"可用作度量延期支付的正常单位。但是,甚至"日劳动"也不是一个足够确定的单位,能精确地测量货币的购买力。因为不管是体力劳动还是脑力劳动,"日劳动"在小时数、工作强度、努力程度以及劳动质量等都存在差异。一个在测度上有许多理论困难的单位,绝不可能用作实际的延期支付的标准。

可见,建立效用标准或劳动标准的企图是好高骛远,不切实际的[①]。若能最大程度的改善延期支付标准,而不是照理想分配"社会进步的利益",我们即应知足。

如果能牢记我们的首要理想,不是保证币价的**固定不变**而是它的**可靠性**(*dependability*),问题就简单了。凡是可预见的、可未雨绸缪的货币价值的波动,都不构成什么祸害。可以相信,每个人都会考虑到自己的财富、效用和劳动的变化,甚至考虑到科技发明和社会进步的普遍影响。但不论如何,他都不应指望货币单位保障他不受任何价值变动的影响。

每个人按所预料的币价变化为未来做出筹划,方式是调整贷款或借款的规模及其利率。如果普通人的平均收入在增加,借款人的偿还能力就增强,贷款人就能收回更多的款项;反之,如果普

[①] Cf. Charles A. Conant, *The Principles of Money and Banking*, Vol. II, Chapter VII.

第十章　最完善的购买力指数 **197**

通人的平均收入在下降,则能收回的款项就减少。事实是,这些都是平均收入的增加或减少可以预料时的事态趋势。如果平均收入在上升,放款人不会急于用尽他的相对微薄的当前收入,以增加看似大得多的未来收入。因此,社会财富的增加(此处的意思不是富甲天下,而是变得越来越富)一般会限制贷款的供给,同时趋向于增加贷款的需求,因此推高利率。反之,若平均收入在不断减少,利息率必将跌落[①]。

　　仅仅当收入的增加或减少被预见到了,才会发生上述现象。若未被预见,就不会对利率产生任何大的影响。贷款合同签订后,若这些变化是出人意料的,说明合同未能虑及,就这一点来说,贷款合同是投机性的。如果收入减少,放款人获利,借款人失利,因为放款人所得的利息要比收入变化被预见时所得的更多。因收入变化造成的损失全由借款人负担。如果收入意外增加,借贷双方的地位就会互换。全部利益归入借款人囊中,收入继续增加的正常结果是利率上升。

　　不过,我们目前的问题不是保护债务人与债权人的利益不受所有可能变化的因素的影响,而是避免受纯粹的货币价值变动的影响。工业变革是一种自发的过程,签约各方必须自谋避免损失。我们的责任是给他们提供一个稳定的或可靠的货币标准。一种可靠的货币标准不能担保人们免受震灾,也不能担保公平地分配社会进步的利益,但可以减少因货币和商品比例关系的变化而引发

---

　　① *Rate of Interest*,pp. 95 – 98 and 304 – 306. 沃尔什持这种观点,参见 Correa Moylan Walsh, *The Fundamental Problem in Monetary Science*,New York(Macmillan),1903,p. 345,footnote.

的各种损失。

统计资料证明,实际的或按商品计算的利率的波动,远大于名义的或按货币计算的利率的波动[1]。若缺乏补偿金,则结果就是罪恶。首先,这种情形会阻挠财富和收入的正常分配。如果价格水平上涨,由于名义利息在长时间内的上涨程度不足以补偿物价的上涨,放款人收回的财富量或利益值要少于他之前的合理期望值。债权人蒙受损失,债务人获得利益。还应该注意,一切拥有相对固定货币薪水的个人也会因各种物价上升而蒙受损失。相反,当价格水平下跌时,债权人和拥有相对固定收入的个人获得利益,债务人蒙受损失。在这两种情况下,财富分配的改变都源于纯粹的货币原因。若能使延期支付标准更加稳定,就可以避免财富分配的变化。

第五节　各种实际的限制

因此,我们又回到先前的结论。总的来说,商业用延期支付标准的最完善指数,和我们找到的能最好标示所有已完成交易的价格变化的指数是同一个指数——换言之,这就是交易方程式右边的 P [2]。

当然,要获得所有商品交换的数据是根本不可能的,也是不明

---

[1]　*Rate of Interest*, Chapter XIV.

[2]　这实际上和沃尔什(Walsh)推理的结论是相同的。在《货币科学的基本问题》一书中,沃尔什对这一题材的文献做了彻底的、批评性的审查后,得出的结论是,就延期支付标准的稳定性而言,"交换价值的稳定性"是值得可取的。

第十章　最完善的购买力指数　　　*199*

智的。只有那些标准化的商品、那些可使用许多年的商品才能获
得统计资料,也才有足够的重要性包含在指数内。因为这些限制
性规定,房地产、几种工资、零售物价与有价证券等不能计入指数,
实际上只剩下了各种商品的批发价可列入编制指数的商品清单, 225
用以复合成价格指数。不过,这些限制不像人们猜想的那么重要。
1909 年房地产交易活跃,纽约市曼哈顿区和布朗克斯区(Manhat-
tan and the Bronx)的全部房地产交易的估定价值共计只有 6.2
亿美元,大概占市场价值的 4/5。只要跟纽约市银行票据交换的
1040 亿元做个比较,则完全无关紧要。但是,纽约的房地产交易
在整个同类交易中占的比重很可能高于美国全国[①]。因此,说美
国的房地产交易只相当于全国全部商品交易的 1% 是安全的。至
于有价证券交易,凯莫莱以纽约股票交易所的交易为基础,估计证
券转让交易大约只占全国商品总交易量的 8%[②]。前文已述,他估
计工资只占全国全部交易的 3%[③]。至于零售价和批发价比较的
相对重要性,我们可采用货币委员会金莱教授的数据[④]。在这个
基础上,由于批发价和零售价的变动大约一致[⑤],我们可以忽略零 226

---

　　① 无论如何,纽约市的房地产要比多数其他城市"活跃"。这个印象很强烈,因为
曼哈顿岛的狭窄导致了其地点特征变化迅速,随之发生朝北面一个方向的加速增长。
所以,总的来说,城市的房地产交易不仅绝对比乡村多,而且相对于其他交易也比乡村
多。

　　② *Money and Prices*, 2d ed., New York (Holt), 1909, p. 138.

　　③ *Ibid*., p. 138.

　　④ 批发交易约为零售交易的 2 倍。参见 *Credit Instruments*, 1910, 61st Con-
gress, 2d Session, Senate Document 399, pp. 69, 73, 134, 136.

　　⑤ 诚如大家预期的那样,劳工局对零售价的研究似乎证明了零售价和批发价之
间有普遍一致的变动。

售价。零售价的变化通常滞后于批发物价不假,但有些零售价的滞后程度要比实际的明显。那些收集了这类统计数据的专家证明,像目前一样,当价格迅速上涨时,零售商为避免不得不频繁地立即提高商品价格,通常的做法是报同样的价格,用劣等品调换原物,或在某些场合下代之以小块、小包的食物或裹袋照原价出售,就能解除客户的窘迫。

确实,批发交易只占全部交易的少数,也许只有 1/5[①],但批发价要比其他价格更具代表性。

在很大程度上,它们代表在它们之前的生产者的价格,以及在它们之后的零售价格。它们是许多大规模的、常常难以归类的、全部交易赖以完成的价格群的代表。在呈交给货币委员会的报告中,金莱(Kinley)将批发价归类为"其他订金(other deposits)",包括旅馆费、专业人士酬金、各种工资等。批发价不具代表性的价格项目包括有价证券交易(投机性交易和其他交易)、铁路及其他运输费和保险费。后来,股票证券的价格上涨得比批发价快,运输费和保险费的上涨相对较慢。凯莫莱(Kemmerer)和我试图将批发价、股票价格与工资合并成一个平均数,求得的结果和以批发价为基础求得的平均数只有稍微的差异。从注重实际的观点看,只有各种商品的批发价已实现了充分的标准化,这些商品的用途长期以来也相当固定,因此具有通用性,可用以编制一般的指数。

我们不仅可以认为批发价大致代表所有的商品价格,也有更

---

① 注意批发商和其他商人在银行存款的总金额数。虽然这些数字不能提供精确的比较,但有助于做出大致的猜测。参见 *Report of National Monetary Commission on Credit Instruments*。

第十章　最完善的购买力指数　　　201

大的信心把批发价的统计限制在比较小的范围。埃奇沃斯（Edgeworth）和其他人已经证明,无论在实践上还是理论上,采用过多的商品价格并非必要,甚至妨碍指数的编制。《经济学家》杂志采用 22 种商品,编制的指数有相当大的价值;沙伯克（Sauerbeck）指数是采用 45 种商品编制的,给我们提供的标准很有价值;阿尔雅奇报告（Aldrich Report）报告和劳动局公告使用了 200 多种商品,既不能说太多,当然也足够编制最精确的价格指数。

英国科学进步协会委员会（the Committee of the British Association for the Advancement of Science）建议,价格指数应包括的商品分六类,合计 27 种。这些商品价格的权数应该是大致表示这些商品在社会上的销售额的整数。这六类 27 种商品[①]及其权重如下[②]:

商品类别	具体商品	权重
面包原料	小麦 5,大麦 5,燕麦 5,土豆、大米等 5	20
肉类与乳制品	大肉 10,鱼 2.5,奶酪、黄油、牛奶 7.5	20
奢侈品	蔗糖 2.5,茶 2.5,啤酒 9,烈酒 2.5,葡萄酒 1,烟草 2.5	20
服装	棉花 2.5,羊毛 2.5,丝绸 2.5,皮革 2.5	10
矿产品	煤炭 10,铁 5,铜 2.5,铅、锌、锡等 2.5	20
杂货	木材 3,石油 1,靛蓝 1,亚麻及亚麻籽 3,棕榈油 1,天然橡胶 1	10

---

①　六类商品权重在原书第 229 页是顺次分段文字叙述,译者将其整理成为表格。——译者

②　参见 Report of the Committee in *Report of the British Association for the Advancement of Science*, for 1888, p. 186。

报告是经过委员会对商品的详细考察后编撰的。编撰委员会在能力上非之莫属,其成员有波尔纳(S. Bourne)、埃奇沃斯(F. Y. Edgeworth)教授、佛科斯威尔(H. S. Foxwell)教授、吉芬(Robert Giffen)、马歇尔(Alfred Marshall)教授、马丁(J. B. Martin)、尼科尔森(J. S. Nicholson)教授、帕尔格雷夫(R. H. Inglis Palgrave)、赛奇维克(H. Sedgwick)教授等知名人士。报告对采用的商品的价格行情给出了精确的技术描述(比如,铁价是"苏格兰生铁"的价格),还给出了商品的价格清单或价格行情的其他来源(比如,小麦的价格来源于《平均价公报》(Gazette Average))。

略加修改后,就可将英国委员会的建议应用到美国的数据。在美国,我们曾有过很多批发价指数,其中最重要的是:

(1)福克纳(Roland P. Falkner)批发价指数,见《阿尔雅奇参议院报告》(*the Aldrich Senate Report*)。该指数从 1860 年开始编制,覆盖的时间跨度是 1840—1891 年,包括 223 种商品,结果有两种,即加权指数和未加权指数。其中,加权指数的权数是按照各种商品或劳工使用的同类商品的销售额给出。

(2)美国劳动局批发价指数。该指数从 1890 年开始编制,包括 251—261 种商品,现在每年都有刊布。

(3)顿氏批发价指数。该指数是在 1860—1906 年期间编制的指数,最近又由 J. P. 诺顿博士为吉布森(Gibson)继续编制。

(4)布拉德斯里特(Bradstreet)批发价指数。该指数从 1895 年开始编制,包括 96 种商品。

我们不需详细评论这些批发价指数。总的来说,这些指数似乎都计入了太多的商品,同时都采用了容易遭人反对的"固定基础

第十章 最完善的购买力指数 203

年份制"。如果美国能由权威专家确立一种指数制度,至少每年按时刊布一次结果,则社会受益匪浅。

从实用目的看,中位数是最完善的指数之一。它需要的计算时间仅占计算在理论上更准确的指数所需时间的一小部分,而且能够显著地通过完善指数必需的许多检验。它还有一个优点,很容易通过四分位数方法显示中位数两边价格的离中趋势(每一年作为下一年的基础年份)。跟已讨论的、更具理论性的完善指数赋权相类似,中位数应以整数为权数①。一个数列的中位数是其前面的项数和后面的项数一样多的数。如果数列的项数是奇数,中位数就是数列按大小排序的中间项;如果项数是偶数,中位数就介于两个中间项之间。如果两个中间项相等,则中位数就等于两个中间项;如果两个中间项不相等,中位数就介于它们之间,然后直接取它们的算术、几何或任何其他平均值。事实上,两个中间项几乎总是非常接近,不管采取哪种平均方法,都不会有明显的差别。 230 权衡求出中位数各项的方法就是由权衡数标示的计算各项的次数。举例说明这些加权法。若数列按大小升序排列,则 3,4,4,5,6,6,7 的中位数显然是 5,而 3,4,4,5,6,6 的中位数是 $4\frac{1}{2}$。

如果对第二个数列各数赋以权重如下:

数字 3 权重是 1

数字 4 权重是 2

---

① 参见本章(第十章)附录第八节。

数字 4 权重是 3

数字 5 权重是 4

数字 6 权重是 2

数字 6 权重是 1

则中位数可从下表找出：

数列⋯⋯　3，　4,4，　4,4,4，　5,5,5,5，　6,6，　6

权重⋯⋯　1　　2　　　3　　　　4　　　　2　　　1

此表中位数是 5。对应上述三个中位数（5、$4\frac{1}{2}$ 和 5）的算术平均数分别是 5、4.67 和 4.69。

实际上，不必将数列所有的项按大小精确地排序。极易辨别的小项和极易辨别的大项可成对排除，只有保留下来的少数中间项需要精确排序。接近中间项的通常几乎或完全等于中位数，故非常容易找出中位数。

要将中位数用作价格指数，我们先排列各商品的价格比例，然后选择中位数比例。

第六节　本章总结

在本章，我们的目标是要证明，优越的价格指数形式是商品的实际总值和按基础年份计算的理想总值的比例[①]；由于指数编制的目的不同，纳入编制指数的商品价格有所差异。如果指数是用

[①]　这里的理想总值在现代宏观经济学中称为"实际国民生产总值"，是按基期（基础年份）价格计算的产值。——译者

于度量资本品，则不应包括服务的价格，只包括任意一个时间点的不同财产的价值。如果目的是寻求度量实际工资的方法，则只应包括劳工购买的各种商品，按给定时期的标准价格计算的销售总值计入。

本章也考察了物价变动造成的损益在借款人和放款人之间的公平分摊问题，目的是把最完善的指数固定为延期支付的标准。前文已阐释，由于本位币价值的变动而导致一个人受益另一个人受损并没有破坏公平，因为贷款合同是自由签订的，正常情况下各方为了获得赢利的机会，都应承担任何可能发生损失的风险。若政府人为地把从一开始就承担了损失风险的人的收益剥夺掉，我们坚持这样的做法是错误的。不过，我们竭力主张减少未来签订合同标准的投机性，却是合同当事人的共同愿望。

本章坚持认为，一般价格指数没有阻止实际收入增加或减少的功用。这种指数的功能是测度价格水平的变化，以保证涉及延期付款的合同不存在任何由币价变动造成的风险。倘若没有指数作为标准，这类合同就完全是高度投机性的。调整利率只能在某种程度上补偿币价变动造成的损失，但远远不够。货币价值的变动会影响个人之间、阶级之间的财富分配，导致经济危机和商业凋敝。因此，合理的做法是确定一种签订长期合同的基础，可用以纠正或补救这些弊病。我们认为，这样一种基础可采用交易方程式中表示价格水平的指数。理想的目标是，债务人与债权人都不应因商品买卖价格水平的变化而遭受损失。因此，必须寻求一种可依赖遵循的货币制度，使履行合同的实际结果在所有情况下几乎等于预期的结果。

我们已说明,为签订长期合同,不同的人群、不同的阶级对指数的编制可能的希望多少有点不同,因为不同的人群喜欢消费的商品种类不同,将利润用于投资的比例也有高低之分。但是,为了具有普遍的适用性,也为了迎合不同阶级的要求,最佳的折中方案是根据某一时期交易的所有商品的价格为基础编制指数。不过,要指出的是,已公认的不同形式的指数实际得出的结果是一样的。

最后,本章证明,中位数由于简便易算,具有所有其他形式的指数不能比拟的优点。

第十一章 统计证明
——购买力总的历史回顾

第一节 最近的一千年

精确测量价格水平和流通中的货币数量实际上是不可能的，因为决定价格水平不只是货币数量，还有其他一些因素——流通信贷的数量、这些贷款和货币的流通速度以及商业销售额——认为流通中货币数量的变化和价格水平的变化会发生完全一致的增减是荒谬的；而同样荒谬的是，有些人断言，若两者不存在精确的统计一致性，就证明货币数量对价格水平没有**任何**影响。但是，当货币数量很快地发生大幅度变化时，各种物价受此原因的影响通常很大，乃至非常明显。

如图 11.1.1 所示，各种物价的总体趋势通常是上升的[1]。根据图表，目前的价格大约是 1000 年以前价格的 5 倍，是公元 1200

---

[1] 这张图表显示的价格水平的变化情况，是由戴维尼尔（D'Avenel）、汉诺尔（Hanauer）和赖波尔（Leber）各自估计的。摘自 Aupetit's *Essai sur la théorie générale de la monnaie*，Paris（Guillaumin），1901，p. 245。

年至 1500 年期间价格的 2 至 3 倍[①]。自 1500 年开始,或自美洲发现后不久,各种物价几乎都稳定地上涨了。

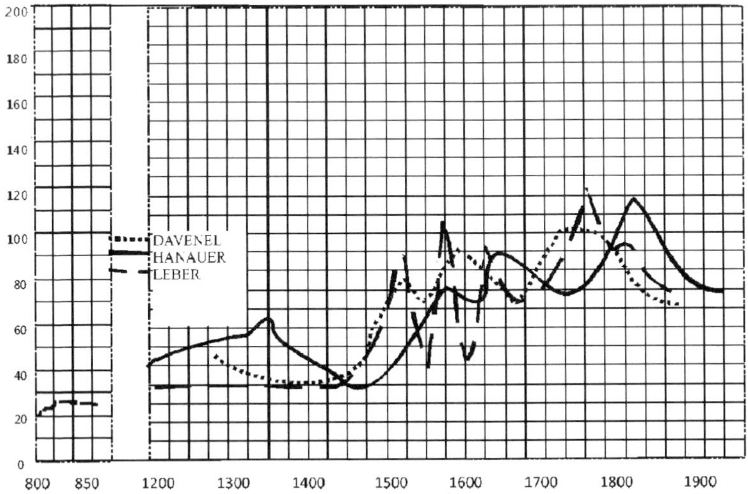

图 11.1.1 最近一千年三种价格指数的历史变化

美洲发现后,1519 年考特兹(Cortez)率领墨西哥人入侵,20年后皮扎尔(Pizarro)征服秘鲁。这些对新世界的征服战争及其后续的对贵金属采矿业的开发,使得在 16 世纪的黄金,尤其是白银的生产量刷新历史纪录。从发现美洲至人们感觉到这一发现的事后影响——或者更准确地说——到 1544 年时,黄金的平均年产

---

① 这些数字是用 19 世纪的杰文斯和沙拨克的数字增补戴维尼尔、汉诺尔和赖波尔数字时发现的。若无这种增补,价格上涨幅度还要大,在一千年间增长了十倍,在1200 年至 1500 年期间增长了四至六倍。

第十一章　统计证明　　　*209*

量少于 500 万美元,白银也大约一样①。1546 年人们发现玻利维亚的波托西(Potosi)富矿。从 1545 年至 1560 年,白银的年产量平均 1800 万,比先前的采出速度高出 4 倍多。虽然微不足道,黄金的产量也增加了。除自 1811 年至 1840 年期间略有间断外,两种贵金属的合并采出速度持续增加至目前的水平。

这些新世界的矿井将它们的产品大量输出到欧洲。先运输给矿井的主要所有人西班牙,再经过贸易运输至荷兰和欧洲其他地方,然后输送至被称为大"银池"(sink of silver)的东方。因此,正如莱斯利(Cliffe Leslie)已证实的那样②,最先是西班牙、接着是荷兰、然后是其他地方的物价依次上涨。

但是,尽管新开采的贵金属只是逐渐经过欧洲运销,一些地方的物价上涨也慢很多,但毫无疑问的是物价上涨了,或者说涨幅很大。在发现美洲到 19 世纪初这段时期,物价上涨了好几倍。和物价上涨同时发生的是贵金属存量的增加,因为其生产超过了消费。

虽然 1810 年之前贵金属的总产量一直在增加,但年产量对现

---

①　这些数字和后面的数字摘自梅吉"The World's Production of Gold and Silver from 1493 – 1905," J. D. Magee, *Journal of Political Economy*,January,1910,pp. 50 ff. 梅吉先生的数字截至 1885 年以苏特比尔的(Soetbeer's)数字为根据,此后的数字则以"the Reports of the Director of the United States Mint"为根据。要查阅苏特比尔的数据,参阅 Dolf Soetbeer, *Edelmetall-Produktion und Werthverhaltniss zwischen Gold und Silber seit der Entdeckung Amerika's bis zur Gegenwart*,Gotha(Justus Perthes),1879,p. 107。这些数字和之后的其他数字也出现在著者的《物质的价值》(*Materialen*)一书中并被引用,艾尔的著作讨论了它们的重要性,参阅 L. L. Price, *Money and its Relation to Prices*,London(Sonnenschein),1900,New York(Scribner's),pp. 82 ff. 。

②　*Essays in Political Economy*,2d ed. ,No. 19.

210　　　　　　　　　货币的购买力

有存量的比例却渐渐缩小。和生产减少相对应，也很可能是由于这一点，物价不再像最初那样的速度继续上涨。此外，随着对东方贸易的发展，越来越多的新采出的贵金属运往那里。只是在 16 世纪，物价发生了最快的增长。

第二节　最近的四个世纪

很明显，任何一个国家在任何时候的货币金属存量是总产量扣除消费量与净出口之和的差额。雅各布(Jacob)曾经大致估计了欧洲不同时期的货币存量[①]。表 11.2.1 是对欧洲货币金属存量估计值和价格水平估计值的比较。

货币与物价[②]

伴随贵金属数量的大幅增加，物价的上涨也就不足为奇了！

---

① William Jacob, F. R. S., *An Historical Inquiry into the Production and Consumption of the Precious Metals*, 2 vols., London (Murray) 1831; Vol. II, p. 63. 也可参阅 Price, *Money and its Relation to Prices*, p. 78。

② 贵金属产量和存量估计值来自三处，雅各布(Jacob)使用的数字、苏特比尔(Soetbeer)运算和引用的数字，德尔玛引用的数字 Del Mar, *History of the Precious Metals*, New York (Cambridge Encyclopaedia Co.), 1902, p. 449。除 1900 年外，价格水平数字的来源是：Vicomte D'Avenel, *Histoire Économique de la Propriété des Salaires et des Denrées*, Vol. I, pp. 27 and 32, Leber and Hanauer (参见 A. Aupetit, *Essai sur la théorie générale de la monnaie*, Paris (Guillaumin), 1901, p. 245。) 这三个估计值都折合为 18 世纪近后 25 年(或大约 1770—1790 年)的百分之百。每个世纪各年的数字是由三个权威给出的前四分之一世纪或后四分之一世纪数字的平均值。1900 年的数字 125 是差值很大的各种数字的折中结果。赖波尔、汉诺尔和戴维·尼尔的

第十一章 统计证明 211

从上表可以看出，贵金属存量和价格水平都增加了，16世纪是两者增加最多的时候。还可以看出，物价的增速不及货币数量的增速快。物价增速相对较慢乃预料中的事，因为交易量已经增加。我们知道，交易量之增加是由于人口的增加、艺术的进步，尤其是商业技艺的进步和交通的发展。至于货币流通速度是否发生变化，我们则毫无所知。

表 11.2.1　欧洲贵金属的产量、消费与存量的估计值（单位：百万）

年份	产量	消费与出口	存量	物价
1500			170	55
1600	670	290	550	75
1700	1640	740	1450	97
1800	4280	3880	1850	100
1900	13000	8960	5890	125(?)

第三节　19世纪

19世纪的价格变化有更详细的记录，表明价格发生了多起涨

———————

数字相当吻合，戴维·尼尔在1890—1894年期间撰写《工资和食物所有权经济史》时发现（第32页），法国现在的价格水平是1776—1790年的二倍，这会使得要计算的结果是200。但对英国，这些数字由两部分构成：1782—1818年期间的数字由杰文斯计算给出，参见 *Investigations in Currency and Finance*，London（Macmillan），1884，p. 144；从1818年到现在的数字采用沙伯克指数，参见 *Course of Average Prices in England*，London（King），1908. 这些数字说明了物价的实际跌落，1900年的数字是在上述75到80的基础上算出的。和戴维·尼尔、赖波尔和汉诺尔给出的大陆数字比较，英国的数字非常完整，因此计算时也赋以更多的权重，125似乎是欧洲适当的粗略平均数。但是，各种数字之间巨大差幅使得这个估算值125或者可以选择的任何其他估算值都极不确定。

跌。英国的沙伯克统计数字最完整,图 11.3.1[①] 显示了这期间价格的涨跌情况。

如所周知,在拿破仑一世战争期间,英国的物价由于发行不可兑现的纸币而膨胀。这种纸币本位制从 1801 年持续至 1820 年,但以纸币计算的物价只是稍微高于以黄金计算的价格。除少数的几年外,物价发生的主要变化受纸币本位制的影响较小。从 1789 年开始,英国物价发生变化的主要时期可表述如下:

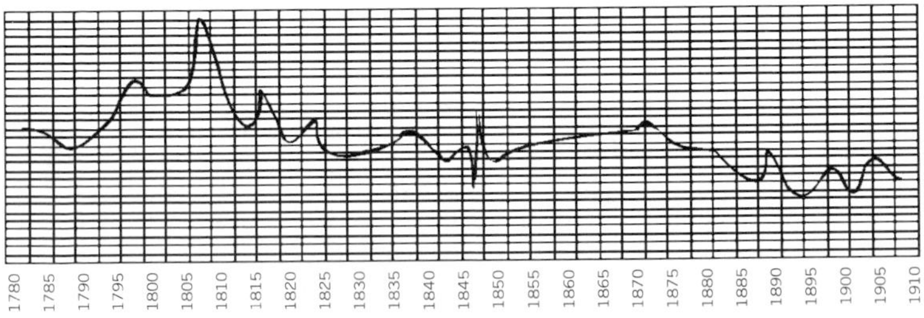

图 11.3.1　1780—1910 年英国沙伯克统计的物价指数

1789—1809 年,物价上涨,货币金属存量增加;

1809—1849 年,物价下跌,货币金属存量未变;

1849—1873 年,物价上涨,货币金属存量增加;

1873—1896 年,物价下跌,货币金属存量略增;

1896 至今,物价上涨,货币金属存量增加。

每个时期的欧洲货币金属存量的变动,引用的都是德尔玛

---

①　图中的数字转引自 *Journal of the Royal Statistical Society*. 多年来,沙伯克每年都会在该刊 3 月期刊载所编制的指数。

第十一章　统计证明　　　　213

(Del Mar)表格数字[①]。

乍看起来,倘若我们关于价格水平和货币的理论是正确的话,只有一个时期不符合我们的预期,那就是1873—1896年这段的时间。在其他四个时期,三个时期是物价上涨,货币金属存量增加。还有一个时期是货币金属存量保持不变,因为交易量必然要增加,自然可以预见物价跌落。

唯一的例外是在1873—1896年期间,物价是跌落的,原因或许是交易量的增加和各个国家相继贬弃了白银用作货币的材料。

鉴于数据的完整性,上述货币存量和物价之间的平行关系还是有点引人注目的[②]。在表11.2.1中,不仅缺少交易量与任何流通速度的精确统计数据,也没有钞票数量、政府纸币数量与存款通货数量的统计资料。不过我们知道,在法国大革命之前几乎没有发展起来的现代银行业,在整个19世纪发展迅速。我们还知道,在表中的第三个时期(1849—1873年),银行业和存款通货的发展要比第四个时期(1873—1896年)快得多[③]。这一事实对解释这两个时期物价的反向变化多少有些帮助。

---

①　参见 *History of the Precious Metals*,p. 449。德尔玛给出的数字是以金(King)、哈姆博尔特(Humbolt)、雅各布(Jacob)、图克(Tooke)、纽玛奇(Newmarch)、麦克库洛赫(McCulloch)和自己的估计值为基础。像上面表示的,日期大致对应物价变化各时期末。下面的表格概括了德尔玛的存量数据,单位以十亿美元计算:

年份	1776	1808	1838	1850	1870	1876	1893	1896
金属存量	1.4	1.9	1.3	2.0	3.6	3.7	3.7	4.5

②　参见 Albert Aupetit, *Essai sur la théorie générale de la monnaie*, Paris (Guillaumin),1901,pp. 271 - 285。

③　参见 Mulhall, *Dictionary of Statistics*, article on "Banks"。

第四节 19世纪的五个物价变化时期

因此,19世纪的物价变化的历史过程也许可以归纳为几条概略性的陈述:

1. 在1789年至1809年期间,物价增长迅速。用金属货币表示价格时,杰文斯指数从85上升至157;用纸币表示价格时,该指数可能上升至161[①]。也就是说,实际上物价在20年内翻至两倍。物价上涨是由于金银存量的增加,金银剧增又是因为该时期金银的生产量比之前后各时期都要大,白银的生产量尤其大[②]。拿破仑一世的战争毁灭财富、阻碍商务的结果,很可能是助推了金银生产的剧增和物价的上涨[③]。

2. 在1809年至1849年期间,物价跌落。根据杰文斯的测算,价格水平从金属货币表示的157(或纸币表示的161)跌至64。也就是说,在40年内,物价跌至不到原价一半的水平,或更精确地说,跌至原价2/5的水平。杰文斯认为,物价跌落很可能是由于贵金属生产的暂时停滞使得贵金属总存量跟不上商业交易量的增长所致。当时实际交易量已增加,贵金属总存量未变,虽银行存款通货已发展起来,仍满足不了继续增加的交易量的需要。有趣的是,

---

[①] Jevons, *Investigations in Currency and Finance*, London (Macmillan), 1884, p. 144.

[②] 参见 Magee, "World's Production of Gold and Silver," *Journal of Political Economy*, January, 1910, pp. 54, 56。

[③] 参见 Harrison H. Brace, *Gold Production and Future Prices*, New York (Bankers' Publishing Go.), 1910, pp. 16 and 17。

第十一章 统计证明 215

这个时期价格跌落在 1833 年后发生中断,出现短暂的回升,杰文斯对此茫然无从解释,但明显的原因是 1830 年西伯利亚发现黄金后,俄罗斯的黄金流入所致[1]。

3. 在 1849 年至 1873 年期间,物价上涨,但有两次显著的间断。仅仅根据沙伯克指数,价格水平从 74 上升至 111;而杰文斯指数根据沙伯克指数增补后,显示价格水平从 64 上升至 86[2]。也就是说,物价在 24 年内增长了,一种计算说增长了 1/3;另一种计算说增长了 1/2。物价增长很可能是由于 1849 年发现了闻名遐迩的加利福尼亚金矿,1851 与 1852 年又发现澳大利亚金矿后,导致金币通胀的结果。虽然交易量持续增加,但银行业的同步快速发展也助推了物价的增长。

4. 在 1873 年至 1896 年期间,物价下跌。价格跌落的可能原因有:黄金生产量的缩减;先前实行银本位的国家采用了金本位,随之发生新使用金币的国家对原实行金本位国家金币的吸收;铸币厂关闭白银自由铸造后银币数量不再增加;银行业制度发展缓慢;和一直在增加的交易量[3]。

――――――――――――――――

[1] Price, *Money and its Relation to Prices*, p. 112.

[2] 给杰文斯表格里加入 1873 年的虚构数字 86,就能知道物价的上涨。虚构数是按照沙伯克指数的变化率――1873 年的指数 111 对 1865 年的指数 101 的比率――计算杰文斯 1865 年的指数 78 至 1873 年时的变化结果得出,即:$[1+(111-101)/101]\times 78 \approx 86$。

[3] 不是交易方程式左边的货币量没有增加,而是它的增加不及交易量增加得快,因此价格跌落。通过诉诸这一时期存款通货的大幅增长既未推高物价亦未阻止其跌落的事实,拉福林似乎认为他在推翻穆勒的观点:信贷对物价的作用和货币类似,其他条件不变,增加信贷会推高物价。但是,倘若交易量增加得再快一些,则物价的跌落就不会构成米尔理论的反面,而是与之完全一致。拉福林虽然否认这是一个让人满意的答案,但他本人也坚称交易量是增加的。参见 Laughlin, *The Principles of Money*, New York (Scribner), 1903, pp. 319 and 320。

216　　　　　　　　　　货币的购买力

在 1873 年至 1896 年物价长期跌落时期,各国相继采用了金本位制。德国在 1871—1873 年期间采用金本位制,因之使得拉丁联盟(the Latin Union)不再可能维持复本位制。斯堪的纳维亚货币同盟(the Scandinavian monetary union)1873 年采用金本位制。从 1873 年到 1878 年,拉丁联盟各国先后停止白银的自由铸造,实际上采用了金本位。美国在 1873 年之前除小面值硬币外,已铸造银币数十年,虽然金额不是很多。1873 年制定的法律规定到 1879 年要回复金兑现制,由此走向金本位。实际上荷兰在 1875—1876 年采用的是金本位。埃及在 1885 年、奥地利在 1892 年、印度在 1893 年、智利在 1895 年、委内瑞拉和哥斯达黎加在 1896 年、俄罗斯、日本和秘鲁 1897 年、厄瓜多尔在 1899 年、墨西哥在 1905 年先后采用了金本位制。事实上,大多数重要国家现在都明确采用金本位。

先前的数字仅适用于采用金本位的国家。但在 1873 年,金铸币采用国和银铸币采用国分裂为两个阵营。因此,研究金本位国和银本位国的价格变化是否相平行抑或相背驰,亦为趣事。诚如所料,二者的价格呈反方向变化。金本位国贬弃银币让银本位国可以利用的白银陡增,因此,价格指数在印度从 1873 年的 107 增长到 1896 年的 140[1],在日本从 1873 年的 104 增长到 1896 年的 133[2],

---

[1]　F. J. Atkinson, "Silver Prices in India," *Journal of the Royal Statistical Society*, March, 1897, p. 92. 印度铸币厂 1893 年关闭白银的自由铸造,降低了 1893、1894、1895 和 1896 年的价格指数。

[2]　1873 年至 1893 年的数字来自 1895 年的 *Japanese Monetary Reports*, 1895。耶鲁大学的萨卡塔先生(Sakata)为我做了翻译;1894、1895、1896 年的数字也采自日籍学生提供的日本官方资料。

第十一章 统计证明 217

在中国从 1874 年的 100 增长到 1893 年的 109[1]。这些数字虽不像采用金本位国家的数字那么可靠和具有代表性,但在表示物价上涨方面是一致的。数字显示物价的增长是不一样的,幅度从大约 10%到 35%。

表 11.4.1 金本位国和银本位国的物价变化[2]

时期	金本位各国	银本位各国
1873—1876	100	100
1890—1893	78	117

表 11.4.1 显示了金本位采用国和银本位采用国两时期物价的反方向变化,其中 1873—1876 年为第一时期,1890—1893 年为第二时期,印度铸币厂关闭自由铸造白银是在最后一年[3]。从表中可以看出,以金币计算的物价下跌,跌幅比 20%稍多;以银币计算的物价上涨,涨幅比 20%略少[4]。

倘若能设计出一种方案,令金币与银币一起流通使用,比如世界范围的复本位制,则金币制国家的物价就不会下跌这么多,或银

----

① 摘自上面注释提及的《日本货币报告》(*Japanese Monetary Reports*)。

② 参见 Irving Fisher," Prices in Silver Countries," *Yale Review*, May,1897, p.79.计算金本位各国的价格指数基础包括沙伯克的英国数字、苏特比尔(Soetbeer)、海因茨(Heintz)、康拉德(Conrad)的德国数字,和福克纳(Falkner)的(Aldrich Report)中的美国数字。计算银本位各国的价格指数基础包括安特金森(F. J. Atkinson)的印度数字,和上文提及的"the *Reports of Japanese Currency Commission* "中的日本数字。

③ 当然,不像对应的欧洲指数或美洲指数价值巨大,印度的这些价格指数太单薄、地方性太强。参见 figures cited by J. Barr Robertson's article (1903),*Report of Commission on International Exchange*, 58th Congress, 2d Session, H. R. Document 144,Washington, 1903, pp. 357-378.

④ 我们可能不经意地看到,这两种物价之间的反向差距要比金和银本身价格之间的差距大。

币制国家的物价也不会上涨如此大。情况可能是实行金本位国家的物价稍微下跌，在 1890—1893 年间跌幅约 10%，在 1896 年跌幅比 10% 稍大。这是因为，包括实行"跛行金本位"国家剩余的银铸币在内，银币制国家的铸币存量不及金币制国家铸币存量的一半①，所以如果把东方银币制国家的一定数量的白银输送至西方的金币制国家，东方亚洲的物价受到的影响将是西方欧美的两倍。

印度从银币制过渡至金币制后，在金币与高估价的银币存量中，金铸币约为 9/10②。换言之，现在全世界货币都以黄金为基础。结果是印度的物价变动和欧洲保持一致，而不是相反③。

5. 从 1896 年到现在，由于黄金生产的急剧增加和随之而来的各种货币媒介的增加，物价一直在涨。南非的黄金，和采自克里克沼泽地（Cripple Creek）和落基山脉高原（the Rocky Mountain Plateau）其他地方富矿的黄金一起，加上从加拿大克朗代克河（the Klondike）输入的黄金，促发了半个世纪之前景象的复现，其势头丝毫未减。

这次物价的上涨极明显，从所有指数的数值看一目了然。表 11.4.2 录入的数字是《经济学人》（The Economist）杂志、沙伯克、顿（Dun）、劳动局报告（the Labor Bureau Reports）和布拉德斯特里特（Bradstreet）给出的指数。

---

① 参见 Muhleman, *Monetary Systems of the World*, New York（Nicoll），1897，p. 177。

② 同上。

③ 参见 J. B. Robertson, "Variations in Indian Price Levels since 1861 expressed in Index Numbers," *Department of Commerce and Industry*（Government of India）。

和 1896 年的低水平比较,1900 年和 1907 年指数处于高点,究其原因至少部分是由信贷扩张造成的。最公平的做法也许是将1896、1903 和 1909 年进行比较,以消除信贷变化过大的影响。物价的增长曾经是世界范围的,这一点不仅为有限的少数国家可利用的指数所证实,也被消费者的总印象、专题报告与专题调查所证实[1]。

表 11.4.2 英国和美国的各种价格指数

时间	英国		美国		
12 月底	经济学家	沙伯克	顿	劳动局	布拉德斯特里特
1896	1950	61	74	90	59
1897	1890	62	72	90	61
1898	1918	64	77	93	66
1899	2145	68	85	102	72
1900	2126	75	91	111	79
1901	1948	70	91	109	76
1902	2003	69	102	113	79
1903	2197	69	99	114	79
1904	2136	70	97	113	79
1905	2342	72	98	116	81
1906	2499	77	105	123	84
1907	2310	80		130	89
1908	2197	73		123	80
1909	2373	74		127	85

下一章将更详细地研究美国在 1896—1909 年期间的物价变

---

[1] 参见 *Report of the Select Committee on Wages and Prices of Commodities*,Senate Report 912,61st Congress,2d Session,1910。

化情况。

第五节　五个时期的回顾

不难看出,物价变化的历史实际上是交易媒介(M与M')和交易量(T)之间的一场赛跑,期间交易媒介流通速度的变化微乎其微。由于对商业交易的发展所知甚少,我们姑且假设它是稳定增长的,而主要关注流通媒介的变化。有时候流通媒介会先于交易量变化,然后物价上涨。毋容置疑,在刚才分析的五个时期中,(1)、(3)与(5)时期就是这种情形;另一方面,有时候流通媒介滞后于交易量的变化,物价随之下跌,(2)与(4)时期属于此种情形。

在此强调前一章曾提及的一个事实非常重要,即复本位制的崩溃和世界随之分化成金本位地区和银本位地区,使得每个地区对贵金属产量变化的反应都比以前更敏感。1849年加利福尼亚金矿发现后不久的实际情形是黄金分流至世界各地,与之不同的是,当前大量生产的黄金只能分流至世界金本位地区,而不能在全世界流通。在同一时期,在复本位制的法国,金代替了银,将银输出至东方亚洲。东方亚洲吸收西方流出的银、为西方金的流通让出空间,以此缓解了复本位制各国的货币膨胀,而复本位制各国又以相同的方式缓解了金币制国家的货币膨胀。

因此,自1873年以来,欧洲和美洲的金储备和东方的银储备一直是相互分离的,结果是欧美的金储备水平对黄金的匮乏或富余都极为敏感,加重了1873—1896年时期和现时物价的跌落,唯一的不同是现时物价的跌落因前段时期各国相继采用金本位制比

第十一章 统计证明 221

较缓和。

第六节 将来的预测

显然，由于黄金供给的持续增加，未来的情形是物价将会持续上涨。今天，每一年的黄金产量相当于整个16世纪的产量。

对现今黄金采掘条件做一番仔细的评估显示，黄金膨胀预计还会持续一代人或更长时间。"我们可以期望黄金的产量至少有30年高于或至少相当于最近几年的产量。"[1]最先采掘的将是美国的阿拉斯加、墨西哥、南非的德兰士瓦省和非洲与澳大利亚其他地区的黄金，然后采掘哥伦比亚，玻利维亚，智利，俄罗斯的乌拉尔、西伯利亚和朝鲜的黄金。要记住的是：影响价格水平的是黄金的存量而非年产量。事实上，只要生产量高于消费量，即使产量已开始下降，存量仍可继续增加许多年。

一个湖泊在注入的河水暴涨抵达峰值后很长一段时间，湖面会继续上升。与之类似，在金的年产量停止增长后很长一段时间，黄金的存量会继续增加。物价是否继续上涨，是由金和以金为基础的流通媒介的增加是否继续超过交易量的增长决定的。影响物价的主要因素是金与交易量的关系。即使黄金存量增加了很多年，物价也可能不曾上涨，因为交易量可能增长得更快。如果金的总存量的年增加量保持不变，金存量因之不断增加，则保持不变的年增加量和越来越多的存量之比例明显会下降，物价随金存量的

---

[1] L. de Launay，*The World's Gold*，English translation，New York（Putnam），1908，p. 227.

增加而上涨的趋势也会越来越小[1]。

预测未来交易量的增长是困难的,因此要断言还有多长时期金存量的增加会领先于交易量的增加是不可能的。但是,金存量似乎极有可能超过交易量很多年,原因是尚无直接的迹象显示黄金存量增加的百分比会下降,交易量增加的百分比会上升。不仅采矿工程师报道了数不清的偏远地方有可采掘的矿藏,比如仅加利福尼亚州一个地区就有足足十亿美元的金矿,而且往长远看炼金的费用必会减少。现代氰化物法炼金工艺使得低品位金矿也有利可图。倘若我们想象得稍微远一些,可预见未来的工艺会有类似的改进,更低劣的金矿将被开采,或海洋中的金矿也被开采。像大陆地壳一样,海洋水域储存的黄金是迄今为止在整个世界历史中已采掘出的黄金的数千倍。可以预见,如何挖掘这种隐藏的宝藏的知识可能是买不到的。不论发明家和采矿工以此多么富有,很难想象一种经济灾难比货币贬值还要糟糕。不过,也许只有这种灾难才能唤醒世界各国,让它们意识到贬弃以贵金属为货币标准的必要性。

第七节　纸币

我们已简要地总结了自美洲发现后物价变化的历史及其和贵金属存量的关系。但是,一如我们前几章强调的,贵金属并不包括

---

[1]　参见 Jevons, *Investigations in Currency and Finance*, London (Macmillan), 1884, pp. 64, 65, 66; 也可参见 Harrison H. Brace, *Gold Production and Future Prices*, New York (Bankers' Publishing Co.), 1910, p. 113。

第十一章　统计证明　　223

所有形式的流通媒介。在 19 世纪,纸币和银行存款在通货制度中占有极其重要的地位。

这里不想完整地回顾纸币对物价的各种影响。最好是简要说明,引人注目的纸币通货膨胀和通货紧缩情形都和不可兑现的纸币有联系。当纸币可兑现时,它增加的程度就要受可兑现的限制,更重要的是它增加的影响消散的地区很广阔,乃至对物价没有什么可察觉的影响。纸币影响的消散是纸币发行国通过输出金属铸币发生的。纸币虽本身不能出口,但能驱逐金银币,使之输出国外,结果无异于输出纸币,使各国的物价分受影响,消散纸币的影响。

但是,若纸币不可兑现,则金银铸币(不论是输出、熔化或为预防灾情的储藏)退出流通后,纸币增发对物价的影响就不再有消散效应。这时纸币对物价的影响完全发生在境内,物价会因之大幅度上涨[①]。

因此,价格通胀最显著的事例,都是不兑现的纸币。当其他的或更好的货币逐渐代替不兑现纸币,或者交易诉诸物物交换时,常常会加剧各种物价的上涨,进一步限制不兑现纸币的使用范围,使得该区域范围的不兑现纸币越发多余。凡在纸币不受欢迎的地方,无论出于什么原因,或者因为它承诺的兑现被无限期延长,或者因为眼睁睁的事实是它在贬值,或者因为任何其他的考虑——

[①]　参见 Ricardo, Essay on the "High Price of Bullion," *Works*, 2d ed., London (Murray), 1852, p. 278.

它的使用范围受到限制①。债权人和交易商都会竭力避免使用这种纸币。方式是或在签订合同时事先载明不接受；或通过物物交换避免；或签约时定两种价格，一种是纸币价，一种是其他货币价；或当即拒绝，最后可能发生纸币完全停用的情况。在此情况下，不兑现纸币就会无限制贬值，物价（只要还以纸币计价）会因之无限制上涨。

不论什么情形，交易方程式仍然是有效的，但意义的重要性在变小。因为 T 实际上不再包含所有的交易，而仅代表正在减少的、仍然以纸币为媒介的交易。

因此，不可兑现纸币的价值是极不稳定的。无论出自什么原因，一旦开始贬值，就很可能进一步贬值，不只缘起始终存在的增加发行量的诱惑，亦因公众日趋强烈的反感情绪会迟早限制纸币的使用范围②。在很多情况下，因为仍有足够的可接受性，不兑现纸币继续在市场流通，独占实际的交易媒介的地位。

尽管从理论上说，不兑现纸币也许是最廉价的最易调控的通货形式，某些情况下在相当长的时期是稳定的通货，但历史教训强调的是，不兑现纸币导致的结果是货币操纵、商业失信、投机性交易条件以及源自这些条件的各种罪恶。

第八节　法国的纸币

法国最早的发行纸币的方案之一是罗伊（John Law）计划，他

---

① 参见 Francis A. Walker, *Money*, New York (Holt), 1878, p. 199。参见 Joseph French Johnson, *Money and Currency*, Boston (Ginn), 1906, p. 269。

② 比较在" Bullion Report, III"提及的这种对贬值的影响。

第十一章 统计证明　　**225**

1716 年在法国成立了发行银行。两年后的 1718 年 12 月 4 日,该银行被法国皇室收购。不久,精明的商人用银行钞票购买金银铸币,然后秘密出口,尽管输出金银铸币是非法的。仅仅成立 4 年后,在 1720 年的 5 月 27 日,银行停付金银铸币。同年 9 月,纸币价值跌至不及票面值的 1/10,然后完全变成废纸。

　　法国大革命时期发行的指令币(assignats),堪称不可兑现纸币的经典[①]。指令币表面上以全国的土地所有权为抵押,在 1789 年 12 月按指令初次发行 4 亿法郎。这种纸币在 1790 年 4 月发行,利息 3/100。按原初计划,凡因购买土地收缴的纸币一律焚毁。但就指令币来说,原初的计划似乎从未贯彻。相反,又再次发行了 1 亿法郎的小面额指令币,物价开始上涨。1791 年 6 月指令币增发 6 亿法郎,货币随之贬值 8/100 至 10/100,金银铸币迅速消失。同年 12 月指令币按指令再次发行 3 亿法郎,次年 2 月币值跌至面值的 30/100 以下。1792 年 4 月,颁布命令增发 3 亿法郎,7 月增发同一数额。大多数物价非常高,但工资似乎仍停留在 1788 年的水平。到 1792 年 12 月 14 日,指令币总计发行 34 亿法郎,其中 6 亿焚毁,剩余 28 亿在流通。限制最高价的法律曾颁布多项,但皆未奏效。到 1796 年,指令币总计发行 45 亿法郎,其中 36 亿在流通。同年 2 月,价值 25 法郎的金路易(the gold louis)竟值 7200 法郎的指令币,而指令币价值只有其票面价值的 1/288。后来,发行了一种新的纸币称授权币(mandats),但价值很快跌至

---

　　① 对下述事实,参见 Andrew D. White, *Paper Money Inflation in France*, Economic Tracts, No. VII, No. 3 of Series, 1882。

其名义值的 5/100。最后,人们在市场拒绝接受 25 亿法郎的授权币和 36 亿法郎的指令币,二者完全成为废纸。

第九节 英国的纸币

和法国相比,英国不兑现纸币的经验要温和得多。在拿破仑战争的压迫下,英格兰银行 1797 年暂停现金付款,使自动限制滥发纸币的力量化为乌有。1821 年银行回复现金付款。在大多纸币流通的时期,以纸币计算的物价极高。表 11.9.1 是杰文斯给出的纸币价和铸币价在 1801 年至 1820 年期间的比较[①]。

表 11.9.1 英国 1801—1820 年的纸币价和铸币价

年份	按金币计价	按纸币计价
1801	140	153
1802	110	119
1803	125	128
1804	119	122
1805	132	136
1806	130	133
1807	129	132
1808	145	149
1809	157	161
1810	142	164

---

① *Investigations in Currency and Finance*, London (Macmillan), 1884, p. 144.

续表

年份	按金币计价	按纸币计价
1811	136	147
1812	121	148
1813	115	149
1814	114	153
1815	109	132
1816	91	109
1817	117	120
1818	132	135
1819	112	117
1820	103	106

著名的《金银条块报告》(The Bullion Report)讨论过物价上涨的各种原因。总的结论是,任何一个国家的地方通货"若不能兑换金币,或任何时候发行过量",则"金的市场价格将增长,超过造币厂给它的法定价"。过量的纸币不能输出至国外,不能兑换成金币,也不必然返回至发行者那里,它停留在流通渠道,渐渐被所有商品价格的增长所吸收。某一特定国家地方通货数量的增加将使该国物价上涨,其方式恰如贵金属总供给的增加将使全世界的物价上涨一样。由于数量增加,既定份额的流通媒介在交换其他商品时,价值会跌落。换言之,所有其他商品的货币价格会增长——金银的价格也随其余商品上涨。当一种货币在境内充分得到普遍的使用时,这是关于不兑现纸币真理的精辟陈述。报告只字未提因价值丢失,人们部分或完全弃用不兑现纸币的情况。毫无疑问,

原因是纸币在英国从未超过其数量极限,而在法国、澳大利亚、美国和其他地方,很多情况下纸币的确超过了数量极限。

第十节　奥地利的纸币

奥地利的纸币经验颇富教益[1]。像许多欧洲银行一样,奥地利政府把银行当作获取贷款的手段,方法是允许银行大规模发行钞票。因拿破仑的战事需要补给,故战事期间发行的钞票数量大幅度增加。纸币发行量在 1796 年是 4700 万基尔德(gulden);在 1800 年是 2 亿基尔德;在 1806 年是 4.49 亿基尔德。纸币的价值远低于票面价值,在 1810 年连续下跌,先后跌至票面值的 1/5、1/8,以及约 1/11。在 1811 年,政府公告明令纸币价值是名义值的 1/5,规定照这一比率交换被称为维也纳法定货币的兑现券,后成为奥地利法定通货。但未过多久,甚至这些新的纸币价值也急剧跌落,1812 年 5 月是票面价值的 1/216,1812 年 6 月是票面价值的 1/338,而在 1690 年时纸币可兑换 100 基尔德银币。纸币借不同的名目又增发了数次,至 1816 年,纸币金额超过 6.36 亿,物价自然是大幅飞涨。同年成立了奥地利国家银行,目的是回笼纸币。此后纸币流通金额渐渐减少,但偶尔也有暴增的时候。现今,奥地利没有名不副实的纸币了。

---

[1]　W. G. Sumner, *History of American Currency*, New York (Holt), 1874, Chapter III.

第十一章　统计证明　　　　　　　　　　　229

第十一节　美国纸币初期的经验

美国的许多殖民地都有纸币经验。事实上，英国议会禁止发行纸币，是美国人民不满英国统治的理由之一。实际情况是[①]，每次发行纸币无不过量，币价无不跌落。例如，马萨诸塞州和罗得岛州的情况就是如此。马萨诸塞州发行纸币是为了支付远征加拿大的各项费用[②]，而遭受纸币过量之害者莫过于罗得岛州[③]。表11.11.1[④]关于罗得岛州的物价数字摘自哈泽德（Thomas Hazard）的账簿（登录日期及备忘凭据起自1750年，止于1785年），显示了物价水平及变化幅度[⑤]。

256

表 11.11.1　1750—1785 年罗得岛州的物价

商品	数量单位	年份	价格
稻草	每车	1755	20 英镑
谷类	每蒲式耳	1751	25 先令
		1758	50 先令
		1762	100 先令

----

①　宾夕法尼亚州似乎曾经是个例外。

②　参见 W. G. Sumner, *History of American Currency*, Chapter I。

③　同上。

④　表 11.11.1 在英文原著第一版第 257 页，内容合并了 1922 年修订版资料，标题为译者所加。——译者

⑤　Rowland Hazard, *Sundry Prices Taken from Ye Account Book of Thomas Hazard*, *Son of Robt*. Wakefield，R. I.（Times Print），1892.

续表

商品	数量单位	年份	价格
黄油	每磅	1751	7 先令
		1760	15 先令
羊毛	每磅	1752	8 先令
		1756	12 先令
		1759	28 先令
		1768	32 先令
马铃薯	每蒲式耳	1750	10 先令
		1753	20 先令
		1774	35 先令

美国独立战争期间,政府发行的大陆纸币(continental paper money)贬值之迅速国民皆有体验,以致产生了"不值一大陆钱"的贬蔑俚语。几乎在 1755 年发行伊始,币价就随之跌落,最后国会自己承认币值已跌至其票面价值的 1/40[①]。当然,所有商品的价格都非常高。即使新发行的纸币 1 元可兑换 40 美元旧币[②],价值也极速跌落。有段时期,一蒲式耳小麦价值 75 美元,一磅咖啡 4 美元,一磅白糖 3 美元[③]。

在这种情况下,很有趣的是纸币贬值的迹象不只是过量发行

[①] 参见 Albert S. Bolles, *Financial History of the United States*, Vol. I, from 1774 to 1789, New York (Appleton), 1879, p. 135。

[②] 同上,pp. 137 and 138.

[③] 同上,p. 141.

第十一章　统计证明　　231

可能导致的结果,还表现在人们不信任货币,在交易中拒绝接受货币。开始时只有几个阶层的人群不情愿接受它,随着信任的降低,不愿接受的人群增加,物物交换常常会代替货币交易①。

毫无疑问,由于各个殖民地也发行纸币以及国会纸币挤占媒介功能,限制了国会纸币的流通范围,加重了流通中的纸币泛滥,导致纸币价值的更大跌落。

第十二节　绿背纸币

纸币泛滥的结果是灾难性的,以致美国的宪法特制定了一项新条款,禁止各州发行"信用券"(bills of credit)。但在南北战争期间,政府未能经受住诱惑,此项支付费用的简便方法又被采用,联邦政府自己发行了美国钞票或"绿背纸币"(United States notes or greenbacks)。银行已停止用金铸币支付现金,故金币的价格略高于银行钞票的价值②。

战争期间不时发行这些绿背纸币,结果是币价随数量的增加跌落——跌落多少也随联军胜负影响纸币的信用为转移。按1862年2月25日立法,绿背纸币发行金额是1.5亿美元,按同年7月11日立法,绿背纸币再发行1.5亿美元;至次年1月17日和3月3日两次立法授权,绿背纸币又发行金额1.5亿美元。除票

---

① 参见 Albert S. Bolles, *Financial History of the United States*, Vol. I, from 1774 to 1789, New York (Appleton), 1879, Chapter IX.

② Davis Rich Dewey, *Financial History of the United States*, New York (Longmans), 3d ed., § 29.

面金额不低于 1 元的绿背纸币外,政府还发行了一些辅币和短期生息纸币,二者皆属法偿货币[1];表 11.12.1 显示了当时物价的上涨情况[2]。

表 11.12.1　绿背纸币贬值期间的物价指数

年份	金价（按照绿背纸币计算）[1]	北方的物价指数（1860＝100）			
		福克纳(Falkner)[2]		顿(Dun)[5]	米切尔[6](Mitchell)
		金币[3]	纸币[4]	（纸币）	中位数(纸币)
1861	100	94	94	89	96
1863	144	91	132	150	134
1865	163	107	232	169	158
1867	138	123	166	164	150
1869	136	112	152	143	158
1871	112	123	136	132	130
1873	114	115	129	124	130
1875	115	115	129	117	121
1877	105	107	114	95	100
1879	100	95	95	85	85

资料来源:

(1)1 月、4 月、7 月、10 月金报价的平均数转引自米切尔(Wesley Clair Mitchell)著《绿背纸币本位下的金价和工资》,伯克利(加州大学出版社),1908 年 3 月。

(2)开支额占总支出 68.60% 的商品价格的加权算术平均数。

(3)同上,转引自米切尔(Wesley Clair Mitchell):《绿背纸币本位下的金价和工资》,第 59 页。

----

[1]　关于绿背纸币的简要记述,参见 Dewey, *Financial History of the United States*, Chapter XII。最完整的记述请阅读 Wesley Clair Mitchell, *A History of the Greenbacks*, Chicago (University of Chicago Press), 1903.

[2]　Aldrich *Senate Report on Wholesale Prices and Wages*, 52d Congress, 2d Session, table 24, p. 93.

（4）同上，转引自米切尔（Wesley Clair Mitchell）：《绿背纸币本位下的金价和工资》，第59页。

（5）奥雅奇（Aldrich）：《参议院关于批发物价和工资的报告》，第100页。

（6）同上，《参议院关于批发物价和工资的报告》，第93页。

有人曾宣称，绿背纸币价值跌落期间的物价上涨不是缘于数量，而是公众对绿背纸币的怀疑。真实情况极可能是两个原因皆起作用。人们对绿背纸币的不信任非常明显，很大程度地限制了它的使用范围。加利福尼亚州和所有落基山脉西部地区事实上都不遗余力地阻止绿背纸币的流通，并取得很大成功，绿背纸币自然不能在南方流通。1860年全国总人口是3100万，仅这些管制就将绿背纸币的流通局限在2000万人口中，也就是将其流通限制在不到2/3总人口的范围，因此用绿背纸币进行的交易量肯定是大幅度减少了。战争期间总的流通货币量不能确定，但对各种形式的流通媒介量的最完整估计是由米切尔编辑的[①]。虽然他谨慎地告诫读者不要尝试计算总数，但他计算的结果还是有一定价值的。总流通媒介量未计入国库的货币和流通缓慢的生息货币，表11.12.2显示了南北战争期间的绿背纸币流通量和物价水平。

表11.12.2　南北战争期间的货币流通量和物价水平

年份	参战各州货币流通量大约估计值[(1)]	按重要程度计算的各种商品价格平均数（包括占总开支68.6%的商品）[(2)]
1860	433	100
1861	490	94
1862	360	104

　　①　Wesley C. Mitchell, *History of the Greenbacks*, Chicago (University of Chicago Press), 1903, p. 179.

续表

年份	参战各州货币流通量大约估计值[1]	按重要程度计算的各种商品价格平均数（包括占总开支 68.6％的商品）[2]
1863	677	132
1864	708	172
1865	774	232
1866	759	188

资料来源：

(1)米切尔（Wesley Clair Mitchell）：《绿背纸币的历史》，第179页，芝加哥大学出版社，1903年。

(2)奥雅奇（Aldrich）：《批发物价报告》。

考虑到通货估计值的不可靠性[1]和交易方程式中其他变量数据的缺乏，表11.12.2中的通货量和物价水平只是大致对应的关系。

第十三节　绿背纸币的信用

要记住的是，我们需要说明的主要信用不是纸币的兑现，而是纸币的购买力。这种信用的基础是人们对纸币兑现的预期和其他条件，尤其是人们对进一步通货膨胀或通货紧缩的预期。在我看来，绿背纸币的价值可简要解释如下：

---

①　例如，1862年货币流通量大幅度减少的原因，是我们假设除加利福尼亚州外，几乎所有各州的金币都退出流通。更合理的假设似乎是只有部分金币退出流通，多数金币可能以硬币形式储藏起来以备输出或熔化。如果是这样，金币很可能多少有一点流通。储藏意味着金币较长时间为同一个人所持有，不一定是根本不发生交换。在当时，黄金是银行"储备"的最贵重物品，虽未用来满足提兑以履行清偿义务，但它是一种极快流动的资产，可以随时变现使用。

第十一章 统计证明 **235**

《1875 年的兑现法》(*The Redemption Act of* 1875)宣布联邦政府计划从 1879 年 1 月 1 日开始兑现绿背纸币。因此,每张绿背纸币的价值等于 1879 年 1 月 1 日 1 个足额美元(a full dollar)的折现值,兑现之期愈近,其价值愈接近票面价值,一些绿背纸币因之退出流通以待价值增加。绿背美元的价值不能比政府承诺的1879 年的 1 金元(the gold dollar)的折现值太低,否则投机者会悉数收买并储藏绿背纸币。因为只要他们断定政府会履行承诺,到时兑现会让他们获利颇丰。另一方面,在用以交易的纸币数量过剩的情况下,绿背纸币的价值也不能比上面说的折现值太高,否则投机者会将纸币悉数倾注于市场流通,因为预期的币价增值不足以抵补储藏这些纸币损失的利息。因此,投机起着货币数量调节器的作用。

像其他将要发生的事件一样,绿背纸币价值的上升是有预兆的,它的价值"事前就被折现了"。诚然,人们对政府兑现绿背纸币的信心是纸币升值的最终原因,但这种信心会引起人们重新调整货币的使用,导致流通中货币数量的减少。交易方程式已明确显示了没有这种调整,纸币升值是不可能的。不过,我们要注意的是,如果纸币的价格已经足够高,虽未来有兑现的希望,币价不可能再涨。也可能发生货币的价值按规定的兑现日期折现已高于票面价值的情况。这样,除非兑现日期逼近,及至对投机者发生影响,否则已无必要投机,币价亦无可能立即上涨。另一方面,在战争期间,当政府宣布要增发已贬值的纸币时,公众预期它会愈来愈贬值,会释放储藏的货币与手头存量货币,换言之,会加速货币的流通。在预期物价上涨前,每个人都迫不及待用掉纸币,正是这种行动加速了物价的上涨。

联邦战争失败的消息对物价会产生相同的影响,它是一个信号,预示政府要增发绿背纸币;联邦战争胜利的消息对物价产生相反的影响,像信号一样,预示政府很可能要兑现绿背纸币。

若预期货币升值,货币所有人会倾向储藏或留用,商品所有人则倾向尽快出售商品,结果是降低了货币流通速度、增加了商品交易量,物价因之跌落。相反,若预期货币贬值,货币所有人倾向尽快支出,商品所有人倾向待价而沽,结果是提高了货币流通速度、减少了商品交易量,物价因之增长。换言之,预期未来物价的涨跌会引起当前物价的直接涨跌。

这类预期对每一个征兆或传闻都会做出迅速反应,以致肤浅的观察者认为,绿背纸币价值的涨跌仅仅和预计要发生的兑现有直接的联系,而和数量没有关系。这些观察者忽视了纸币价值涨跌的实际机制,他们不清楚这些影响速度虽快,但程度甚微,且范围有限,不过是第四章描述的过渡期的价格调整。若奇克阿莫格(Chickamauga)地方发生损失导致绿背纸币价值一天跌落 4%,由此推理说纸币价值与其数量无关,是极严重的错误。这种价格跌落标示货币流通速度略有增加,商品交易量稍有延迟。但是,在正常情况下,由此可增加的货币流通速度微乎其微,使商品交易长期或完全停滞则需颠覆性剧变。

第十四节 联盟各州的纸币

在美国南方,任何时候都不可能清楚知道大约有多少联盟金

第十一章 统计证明 237

库兑现券(Confederate treasury notes)在外流通[1]。不过,施瓦波(Schwab)教授计算了以联盟货币表示的金价和南方的物价指数,结论是[2]:

> 金币对纸币溢价的变化大致和每一个时期在外流通的政府纸币数量相对应。政府发行的纸币在 1862 年 8 月以后、1863 年最后几个月然后又在战争最后几个月增加得比较快,这三个时期金币对纸币溢价的增长也比较快。1863 年初在外流通的政府纸币数量保持不变,那几个月金币对纸币溢价的增长就缓慢许多;而当 1864 年上半年在外流通的政府纸币数量减少时,金币对纸币溢价的暂时跌落非常明显。

> 在南北战争期间的北方,金币对纸币溢价的变化和在外流通的政府纸币数量的联系,在任何时候都不密切。1863 年初,金价超过纸币价增长最快,或者说纸币价值跌落最快;同年第二个季度纸币价恢复,八月后再下跌,1864 年夏跌至最低点,战争最后几个月又上涨[3]。说绿背纸币的价格反映了大众对其流通数量的判断,不如说它是大众对战争最终结果感觉的晴雨表,因为在外流通的绿背纸币数量在 1863 年 7 月后增加不多,在 1864 年 7 月后肯定没有增加。实际上在战争

---

[1] J. C. Schwab, *Confederate States of America*, 1861 – 1865, New York (Scribner), 1901, p. 165.

[2] 同上,pp. 167–169。

[3] J. C. Schwab, *Confederate States of America*, 1861 – 1865, New York (Scribner), 1901, table on p. 167.

期间,联邦绿背纸币金价的变化和联邦长期公债券金价的变化是紧密平行的。南部联盟公债券金价和金库兑现券(treasury notes)金价的关系也是如此。显然,这两组金价的平行波动是由两政府的信用变化引起的。

在简单的加权平均数基础上,可以构造一个南北两方通用的指数。根据两方指数绘制的曲线不是平行变化的,在战时不同阶段,或趋向重合或趋向分离。当各种军事的、政治的或财政的事件使南方处在下风,相应地让北方普遍相信战争就要结束时,两条线重合;当北方联邦失败,或其他类似的非军事事件提高了南方的希望,使得双方都相信战争会延长时,两条线分离①。

由此可以看出,纸币发行过多会引起物价上涨,不只因为纸币数量增加了,也因为人们的信任下降了②。这会影响纸币的使用范围,进而减少以纸币为媒介实现的交易量,并加快货币的流通速度。

第十五节 存款通货与经济危机

前文已论述贵金属和纸币数量的变化对物价影响的历史情况。

---

① J. C. Schwab, *ibid.*, p. 179.

② 参见 Wesley Clair Mitchell, *History of the Greenbacks*, pp. 208 and 210. Also Francis A. Walker, *Political Economy*, 3d ed., New York (Holt), 1888, p. 164.

存款通货数量变化对物价影响的历史尚待考察。由存款通货数量变化导致的物价变化通常包括那些称之为商业危机和经济萧条的极端现象。

上个世纪的经济史的特征是经济危机的连续爆发。朱格拉(Juglar)在描述商业危机前的各种情况时,列举了经济大繁荣的各种迹象:各种各样的计划和投机、正在攀升的物价、劳动力需求增加、工资不断上涨、立马暴富的雄心、奢侈品越来越多以及过度支出[①]。

按照朱格拉的实际界定,经济危机是物价停止了增长,在高于现已达到的价格水平上找不到买主。那些已购买了货物、希望涨价后再售出而赢利的商人,不能脱手已购的货物[②]。

前面的分析业已证明,在经济危机前,当物价正在上涨时,银行存款会大幅增加;因为是正在流通的媒介,这些银行存款会加速物价的上涨。

前文已指出,贸易既是国际性的,由存款扩张导致的物价增长也是国际性的。即使一些国家的存款没有增加,也照样发生价格水平的增长。甚至一个经济规模较大的国家的存款增加,会以推高物价的趋向引起黄金输出,由此增加其他国家的货币供给,使其

---

① 参阅 Clément Juglar, "*Des Crises Commerciales et de leur Retour Périodique en France*", *en Angleterre et aux États-Unis*, 2 ed., Paris (Guillaumin), 1889, pp. 4 and 5. 有关论述美国危机的同一文献,也可参阅译文 De Courcy W. Thom, *A Brief History of Panics in the United States*, New York (Putnam), 1893, pp. 7–10。朱格拉还解释说,在各种物价上涨期间利率下跌,这是错误的。事实表明利率会上升,虽然上升幅度不足以阻止银行过度放贷。参阅 Irving Fisher, *The Rate of Interest*, Chapter XIV。

② Juglar, *ibid.*, p. 14.

物价上涨。结果又会刺激这些国家存款的增加,造成物价进一步上涨。因此,即使所有主要的商业国家不在同一个时间开始信贷扩张,一个国家开始信贷扩张的影响也会迅速传导至其他国家。同理,大多数主要国家大约在相同的时间发生物价停止上涨和物价开始跌落。

事实上,这与我们发现的情况完全吻合。朱格拉绘制了一张表格,说明英国、法国和美国从 1800 年至 1882 年发生的各次经济危机时间[1],作者加上后来发生的各次经济危机时间,构成表 11.15.1,显示了法国、英国和美国从 1800 年至 1907 年发生的各次经济危机。

表 11.15.1　1800—1907 年法国、英国和美国的经济危机

法国	英国	美国
1804	1803	
1810	1810	
1813—1814	1815	1814
1818	1818	1818
1825	1825	1826
1830	1830	
1836—1839	1836—1839	1837—1839
1847	1847	1848
1857	1857	1857
1864	1864—1866	1864

---

[1]　参见 Juglar, *ibid.*, charts at end; Thom's translation, p. 19, brings the table to 1891.

第十一章 统计证明　241

续表

法国	英国	美国
1873	1873	1873
1882	1882	1884
1889—1890	1890—1891	1890—1891
		1893
1907	1907	1907

第十六节　各次经济危机的特征

对朱格拉或托姆(Thom)表格的研究表明,一般来说,在经济危机爆发前,纸币流通额和银行存款流通额会增加,危机爆发时达到最大。物价指数也表现出同样的总趋势。

因此,美国 1837—1839 时期的经济危机显示[1],州立银行的纸币流通额每年都在增加,从 1830 年的 6.1 亿增加到 1837 年的 1.49 亿,次年降至 1.16 亿;个人银行存款额每年也在增加,从 1830 年的 5500 万增加到 1837 年的 1.27 亿,次年降至 8400 万。在 1844—1848 的经济危机时期,纸币流通额从 7500 万增至 1.28 亿,次年回落至 1.14 亿;个人银行存款额从 8400 万增至 1.03 亿,后回落至 9100 万。在 1851—1857 的经济危机时期,纸币流通额从 1.55 亿增至 2.14 亿,次年回落至 1.55 亿;个人银行存款额从 1.28 亿增至 2.3 亿,次年降至 1.85 亿。在 1837、1846 和 1857 年

---

[1]　参见 Thom, tables following, p. 18。

的经济危机中,物价上涨和存款增加,达到极点,然后一起跌落的这些事实,皆为萨姆纳(Sumner)表里的人均纸币流通额和银行存款额所证实[1]。表中的数字显示,经济危机有急剧阻止流通媒介扩张的特征。1846年的经济危机较轻微,阻止流通媒介扩张的势力较温和;1837年与1857的经济危机较严重,阻止流通媒介扩张的势力也较显著。在尔后1863—1864年的经济危机时期,同样的情形再次发生。此后主要的统计数据都是关于全国银行的,这些数字也显示了同样的结果。因此,从1868年至1873年,全国银行的纸币流通额从2.85亿增至3.41亿,然后回落;同期银行存款额从5.32亿增至6.56亿,然后回落。在1884年与1890年更温和的经济危机中,虽不那么明显,纸币流通额和银行存款额发生了类似的变动,这是托姆表格包含的最后一项内容。1893年的商业危机是一个例外,很大程度上仅限于美国,主要原因是人们担心金本位制的稳定性,和货币及银行存款扩张关系不大[2]。而在典型的投机性循环周期中,存款对准备金的比率会逐渐增加,并在经济危机爆发前恰好达到极高点,1873年、1884年和1907年就是如此情形,但这种现象在1893年未曾发生。确实,1892年全国银行的存款多于1890年或1891年,但若以对准备金的比率看,并不比

---

[1] *History of Banking in the United States*, Vol. I of *History of Banking in all Nations*, New York (Journal of Commerce), 1896, p. 456. 数字摘自37th Congress, 3d Session, 5 Ex., 210。

[2] Lauck, *Causes of the Panic of* 1893, Boston (Houghton, Mifflin), 1907, p. 118. 斯布拉格指出,向银行提取存款对黄金不构成特别的要求,并倾向认为货币扩张的影响被夸大了。参见 O. M. W. Sprague, "History of Crises under the National Banking System," *National Monetary Commission Report*, Senate Document 538 (61st Congress, 2d Session)。

第十一章　统计证明　　243

1890 年或 1891 年多,虽然准备金在 1890—1891 年轻微的经济危机后增加了可以解释这一事实。确实,1893 年全国银行的存款对准备金的比率也很高,但不是由于存款的扩张,因为存款在当年减少了,而是由于向银行提取存款,导致银行用尽了准备金的结果①。另一方面,1907 年的经济危机像 1857 年的一样,是典型的货币扩张的经济危机,有关这次商业危机的事实,下一章将做详尽的讨论。

在法国,纸币流通额和银行存款额在商业危机爆发前或爆发时达到最高点,而后急剧缩减。银行存款尤其如此,完整展示了相同的变化趋势②。

英格兰银行的统计资料证明,经济危机、纸币流通量和私人存款额之间也存在同样的一般关系③。

第十七节　存款的流通速度和经济危机

根据统计资料的证明,不仅货币和存款通货(M,M')在商业危机时期会逐渐增加,至极高点骤跌,而且他们的流通速度也会

---

① 要把这种情况和典型的经济危机做统计比较,参见布朗(Harry G. Brown)的文章,"Typical Commercial Crises *versus* a Money Panic," *Yale Review*, August, 1910.

② Juglar, op. cit., tables following p. 339 and charts at end. 朱格拉称 1873 年法国的商业危机是政治性的而非商业性的。但是,纸币流通额、银行存款额及其流通速度的统计数字(和爱索尔(Pierre des Essars)给出的数字相同)在 1873 年到达最高点,之后即刻跌落。

③ Juglar, *op. cit.*, tables following p. 291.

发生同样的循环。就存款的流通速度来说,爱索尔(Pierre des Essars)已证明这种周期性变化是确凿无疑的[①]。

至于美国,我们几乎没有任何存款流通速度的统计资料,但我弄到两家纽黑文市银行(New Haven banks)和一家印第安纳波利斯银行(Indianapolis bank)近两年的统计资料,数据显示存款流通速度在 1907 年的经济危机年份达到最高点。

危机过后,货币与存款及各自的流通速度(M, M', V, V')均跌落,银行准备金增加,并造成货币 M 的减少。

由于通货及流通速度在经济危机前皆增加,危机时达到最高点,危机后跌落,故物价的变动也遵循同样的进程不足为奇。这些变化正是经济危机的真实含义。事实上,我们已知道,朱格拉给经济危机的定义是物价停止了上涨。凡价格统计资料可考的年份,物价指数几乎在每个危机年份都显示出上涨达到最高点,之后暴跌的现象[②]。

为了说明典型的信用循环周期中的鼎盛状况,表 11.17.1 描述了 1907 年美国的经济危机。

从表中第一列可以看出,在危机爆发年份之前包括危机年份在内,全国银行的存款一直在稳定快速地增加。虽然 1908 年的存款没有减少,但和前一年比较几乎保持固定。诚如我们的预料,第

[①] "La vitesse de la circulation," *Journal de la Société de Statistique de Paris*, April, 1895, p. 148. 从 1810 年至 1892 年,法国有 13 个经济危机年份,12 个清偿年份。爱索尔发现,法国银行存款的流通速度毫无例外地在危机年份达到最高,在清偿年份跌至最低。

[②] 详细的数字将在本书下一章(第十二章)介绍。

第十一章　统计证明　　　　　　　　　　245

表 11.17.1　美国 1907 年的经济危机[①]

年份	全国银行的存款(百万)(1)	全国银行的准备金(百万)(2)	存款对准备金的比率(3)	(银行内)汇划结算(十亿)(4)	(M'V')存款流通额(十亿)(5)	1月份的物价指数(P)(6)	当年的物价指数增长百分率(7)	货币利率(名义利率)纽约价,60天银行券(8)	实际利率(9)
1904	3.31	658	5.0	113	228	113.2	0.7	4.2	3.5
1905	3.78	649	5.8	144	279	114.0	5.3	4.3	−1.0
1906	4.06	651	6.2	160	315	120.0	6.6	5.7	−0.9
1907	4.32	692	6.2	145	323	127.9	−1.7	6.4	8.1
1908	4.38	849	5.1	132	294	125.7	—	4.4	

资料来源：

（1）、（2）与（3）：全国各银行存款与准备金数字来源于《通货审计报告》(*Reports of the Comptroller of the Currency*)，每年数字以各银行呈报给货币司的第三次报告（一般在 7 月 1 日左右）为准，代表各银行当年的情况。存款对准备金比率[②]一列毋须解释。

（4）与（5）：银行内汇划结算数字来源于《1910 年财政评论》(the Financial Review for 1910)第 33 页。存款流通额（$M'V'$）数目是采用第十二章附录第五节介绍的方法从银行内汇划结算数字推算求得。

（6）与（7）：物价指数是劳动局(the Bureau of Labor)根据每年 1 月份的价格编制，故下一列的"当年物价增长的百分率"表示从当年 1 月到次年 1 月的物价增长率。参见 1909 年 3 月 81 号公告的说明(Bulletin 81，March，1909)。

（8）与（9）：利率数字来源于《利息论》(the Appendix of The Rate of Interest)一书的附录第 418 页,1908 年的数字摘自《财政评论》。从货币利率（名义利率）扣除物价增长的百分率即可求得实际利率。

---

① 表 11.17.1 在英文原著第 271 页,标题为译者所加。

② 此处的存款对准备金比率,在现代货币金融学中近似于狭义的货币乘数。——译者

二列准备金的数字显示,危机爆发过后那一年准备金大幅度增加,因为各银行已构筑货币堡垒,防止经营信心降低。然后在第三列,我们看到存款对准备金比率增加了,且在1906年和1907年达到最高水平,其原因不是准备金的大幅度减少——恰恰相反,准备金增加了——而是因为存款增加的速度更快。如果第四章阐述的理论是正确的,那么这种高水平的存款对准备金比率是由利率未能随物价的上涨而提高导致的,也恰恰是它迫使银行提高贴现率,抑制更多的信贷扩张。然后就爆发了经济危机,随之是短时间的经济萧条。第四列的标题是"(银行内)汇划结算",表示支票交易额或存款通货交易额。由于通过全国各个票据交换所结算的支票比例比较固定,将汇划结算金额视为测度 $M'V'$ 的一种标准也是成立的。第五列从第四列和其他资料推算得出 $M'V'$ 的估计值。这两列在整个1906年是增加的(因为它们全年都在增加,不是在年中的某一日增加),但直到1907年秋才开始显现信贷大幅度减少的影响,所以它们的增加在1907年稍微减少,次年减少更多。因此,我们应该预料到物价的上涨在1907年到达峰值,在1908年跌落,而第六列的数字也的确如此。第七列显示的是每年物价增长的百分率,故有价格指数或 P 在1904年1月是113.2,在1905年1月是114.0,增长率不足1%,负号意味价格下跌。第八列是利率的变化,正如我们的预期,数字显示利率上升,在1907年涨至最高。实际利率——即按商品计算的利率——在距1907年最近的前几年非常低,因为物价上涨得太快了,第九列说明了这种情况。在第九列,以货币计算的名义利率经过物价涨跌程度调整后,得到以实际购买力计算的利率。伴随循环周期在1907年到达繁荣顶点,和必然发生的物价跌落,实际利率突然变得非常高,难怪借款经营的企业常常发现很难做到收支平衡。

因此,有关信用循环的事实完全证明了前文各章已做的分析,表明物价是随通货及流通速度的循环发生涨跌的。那些对存款通货扩张推高了物价,或者物价增长导致了存款通货扩张心存疑惑的人士,应该知道无论是在理论上还是事实上,前一种关系都是正确的,后一种关系虽短暂,比如在 1904—1907 年期间,但确实存在物价对存款的反作用。譬如,英伦(Miss England)女士已证明,贷款和存款扩大发生在物价增长前,虽然物价跌落经常发生在贷款和存款收缩前,但这种事件的反常顺序是由经济危机过后的商业交易复苏造成的[①]。

本章未曾尝试回顾经济危机的一切现象,甚至未细述其典型的现象。在此除非与通货有联系,我们才会关注经济危机。我们的兴趣是进入交易方程式各因子的数量,尤其是 (M, M', V') 即货币、存款和存款的流通速度,因为它们是对物价起直接作用的因素,它们的变化影响价格水平并引起价格水平的涨跌。

第十八节　结论

本章专门对通货数量变化以及这些变化对物价的影响进行了历史研究。我们已经看到,总的来说,在最近的一千年,尤其是自

[①]　Minnie Throop England, "Statistical Inquiry into the Influence of Credit upon the Level of Prices," *University Studies* (University of Nebraska), 1907.

美洲发现以来,货币数量的增加使得物价一个世纪比一个世纪增高。最后一个世纪的,或更准确地说从1789年至1909年的通货数量与物价的变化,本章做了更详尽的考察,包括五个时期的物价交替上涨与跌落。我们已论述将这些物价变化和货币数量变化与商业交易量变化联系起来的各种历史证据。在1789—1809年期间、1849—1873年期间和1896—1909年期间,物价上涨,货币供给量大幅度增加。在1809—1849年期间物价跌落,很可能是由于金银生产量的减少和交易量的持续增加;而在1873—1896年期间,虽然贵金属的世界存量在缓慢增加,但实行金本位制国家的物价下跌,原因除交易量增加外,是许多国家争先恐后采用金本位制,贬弃或限制银铸币制度的结果。

我们注意到黄金产量最近在不停地增加,也有理由试探性预言未来的黄金产量相对于币材之需将继续供过于求,极可能造成当前物价的增长势头延伸至将来某个时候。

我们已描述了纸币通货膨胀的一些主要事例,说明货币流通量和物价变化的历史记录已证实了前文各章阐述的货币原理,并对法国大革命期间的法国的、拿破仑战争期间英国的、奥地利的、英属美洲各殖民地的、美国和美国南部联盟的纸币经验做了简要的评述。在这些历史事例中,正如在其他情形中一样,我们注意到物价是由货币数量、它的流通速度和商业交易量决定的;我们也看到,由于缺乏对纸币的信任而导致的貌似的例外事件并不是真正的例外事件,因为纸币缺乏信用会通过交易方程式的各项变化自行发挥作用。人们不信任纸币导致纸币的流通速度增加,减少了纸币实现的交易量。虽然政府承诺限制发行量,但不兑现纸币几

第十一章　统计证明　　　　　　　　　　249

乎总是发行过量，结果始终在推高物价。

最后，我们对存款流通和经济危机的研究进一步证明了下述基本原理。一般来说，在典型的经济危机爆发前，存款及其流通速度有增加的趋势，同时物价有上涨的趋势。危机过后银行存款减少，其流通速度放慢，银行准备金增加，相应的流通中的货币有减少的趋势，物价下跌。在世界发生主要经济危机的年份，这些现象在不同的国家同时发生。

第十二章　近些年购买力的统计证明

第一节　凯莫莱教授的统计证明

由于可获得的数据资料极其珍稀，我们只能做尝试性的解释，故上一章致力于概略性描述物价的变化及其原因。现在，我们从过去的望远镜视野转向现在的显微镜视域，将目光聚焦于研究美国最近三十多年的情况。上一章的研究说明，货币购买力的历史事实符合已用交易方程式详尽解释的先验原理。但这些历史证据笼统模糊，不能对交易方程式做出完整的数量说明。为此，我们找出最近几十年来的更充分详尽的数据资料，发现已证明为先验因果关系的交易方程式，也可以用实际的统计资料给予证明——至少在统计资料允许的误差限度内如此。

凯莫莱教授开创性的著作为这种研究确立了良好的开端，前文曾多次引用。他曾估计了交易方程式各因子的近似值[①]，发现这些数值总体上符合交易方程式施加的各种限制条件。1879 年

---

① *Money and Credit Instruments in their Relation to General Prices*，New York (Holt)，1909，Book II.

第十二章　近些年购买力的统计证明

恢复金本位制,从这年开始至 1908 年,他估计了每年总的货币流通额、支票流通额(我们称之为 MV 和 $M'V'$)和交易量 T,然后从这些估计值计算每年的价格水平应是多少[①]。这些因子决定价格水平的公式是:

$$P = \frac{MV + M'V'}{T}$$

由此式计算出的值,凯莫莱称为"比较货币流通额"(relative circulation of money)。然后他将求得的数值和指数统计资料给出的实际价格水平数值做比较。

我相信,在统计上检验所谓的"货币数量论",凯莫莱教授的计算是第一次严肃的尝试。结果显示,求得的数值和实际价格水平的数值是一致的。考虑到使用的数据极为粗略,极其零碎,这让人非常吃惊。

大多数尝试在统计上检验"货币数量论"的著者,被激励的愿望似乎不是予之以公正的检验,而是要证明这一理论的错误。除了货币与物价,他们小心谨慎地避免叙及任何其他因素。不足为怪的是,他们发现这两个因素之间的统计相关性微不足道[②]。凯莫莱教授著作的可贵之处,在于对货币以外的因素给予了应有的关注。

凯莫莱教授研究的主要错误是假设货币的流通速度是 47 次。

---

　　① 要知道凯莫莱教授计算的详细过程,读者可参阅他的著作。本章附录第一节对之做了极简要的总结和评论。

　　② 参见 *e. g.* Miss S. M. Hardy, "The Quantity of Money and Prices, 1860 - 1891. An Inductive Study," *Journal of Political Economy*, Vol. 3, pp. 145 - 168。

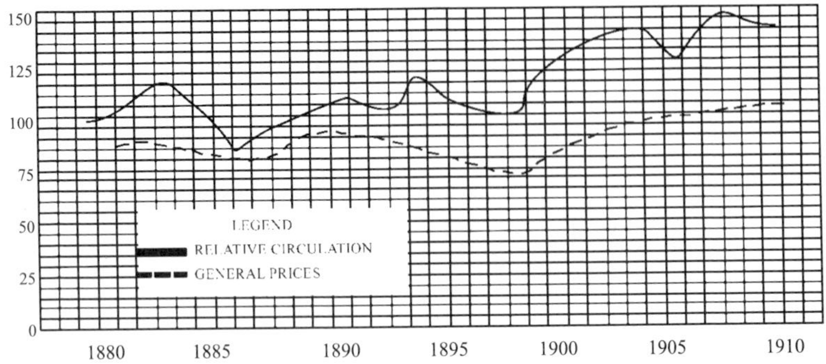

图 12.1.1 1880—1910 年的"比较货币流通额"和普通物价

我们将看到,实际流通值处在 18 次至 20 次之间。但是,即使以凯莫莱夸大的 47 次货币流通速度为准,用货币支付的总额和用支票支付的总额比较起来也很小。因此,货币年流通速度 47 次假设的错误对凯莫莱比较的结果影响不大。依照我的请求,凯莫莱教授重新以年流通速度 18 次而非 47 次为准,再次计算了比较货币流通额和一般物价两条曲线,结果如图 12.1.1 所示。如果把这些结果和凯莫莱著作原来的曲线作比较,几乎没有什么区别。有趣的是,如果做精确的比较,按 18 次的流通速度估计值计算的两条曲线,变化一致的地方略多于照 47 次计算的两条曲线。

凯莫莱教授直接按统计资料计算出价格水平 P,马萨诸塞州达特默斯市的(Dartmouth)皮尔森教授(Professor Persons)[①]间接从交易方程式的其他因子计算出价格水平 P,两人计算的结果之间的对比系数(coefficient of correlation)只有 0.23,或者只有

---

① "Quantity Theory as tested by Kemmerer," *Quarterly Journal of Economics*, February, 1908, p. 287.

第十二章　近些年购买力的统计证明　　**253**

23％是完全一致的,概率误差为 13％。正如皮尔森教授所说,变化一致的程度很低。

但是,皮尔森教授用对比系数检验曲线一致性的方法,实际上对表示**在时间上**变化的两个因子的两条曲线是不适用的。因为这种方法忽视了一个最重要的因素,即不同因子**在时间上的次序**。每年皆与其次年比较的逐年比较(year-to-year)更精确。倘若我们考察的是物价曲线和"比较货币流通额"[①]的曲线,一眼就能看出,一条曲线的方向每次发生连续变化时,另一条曲线几乎都有相同方向的变化伴随。事实上,按变化方向一致的标准,在 28 次可能符合的情形中,实际情形相符合的次数是 16,不相符合的次数是 9,还有 3 次情形是中性的,也就是两条曲线中有一条未显示有方向的变化。

上面数字说的是凯莫莱教授原书中的两条曲线,是用 47 次货币流通速度计算求出的。后来用 18 次货币流通速度计算的两条曲线,显示出大约相同的结果:变化方向一致的情形是 16 次,不一致的情形是 8 次,还有 4 次情形是中性的。这里,物价和"比较货币流通额"曲线之间变化方向的一致性稍微大于先前用 47 次货币流通速度计算的曲线。在这两幅图中,不仅两条曲线变化方向的一致性要多于不一致性,而且变化的一致性比不一致性更明显。

最后,一些变化方向不相同的地方实则一致,因为"比较货币流通额"数目前移一年,故被误导。所以,虽然 1899 年、1900 年和1901 年的"比较货币流通额"曲线方向发生拐折皆被视为不一致

---

① Kemmerer, *op. cit.*, p. 149.

的情形,但分别和 1900 年、1901 年和 1902 年一般价格水平走向发生拐折的符合程度却极为醒目。正如凯莫莱教授指出的,统计资料部分是按日历收集的,部分是按财政年度收集的,这种一致性错位一年是预料中的事。

第二节　货币与存款的统计证明

现在,我将尝试对交易方程式各因子在 1896—1909 期间的量值做精确的统计估计,因为可利用的数据资料提供了条件。选择 1896—1909 年这一时期,主要因为该时期首尾两年提供的数据,是唯一已知的能让我们估计货币和银行存款流通速度的资料。

交易方程式各因子将依照 M, M', V', V, T, P 的顺序逐个考察,并用新近收集的数值求每个因子的值。

表 12.2.1[①]　美国流通中的货币(M)的估计值(单位:十亿美元)

年份	M 估计值	年份	M 估计值
1896	0.87	1904	1.37
1897	0.88	1905	1.45
1898	0.96	1906	1.59
1899	1.03	1907	1.63
1900	1.17	1908	1.63
1901	1.22	1909	1.63
1902	1.26	1910	1.64
1903	1.38		

---

①　表 12.2.1 在英文原著第一版第 280 页,内容合并了 1922 年新修订版资料。

第十二章　近些年购买力的统计证明　　**255**

表 12.2.1 所载是美国流通货币(M)的估计值。这里的货币总量(金属币和纸币)不包括联邦国库、存款银行和贴现银行内的货币。不论这些机构是国立的、州立的、私立的存款银行和贴现银行,还是信托公司。国库存款刨除在外是因为它是一笔储藏款项,不像商家钱柜和私人钱袋的款项那样能适应付款的需要,至少适应的程度逊于后者。前已说明,银行准备金刨去在外,是因为这些款项用于银行业的运营,而非商业购买。

表 12.2.1 列示的货币数量,根据是美国政府官方的估计值,原包括政府存放在各银行与联邦国库的货币。现在的数值是余数,即先从这些官方估计值减去近几次核定的美国存金量,再减去联邦国库存放的货币,再减去有报告的和无报告的各银行存放的货币量[①]所得。结果和官方核定的"流通中的货币"的数字略有出入,主要原因是这些官方数字包括各银行存放的货币。表中的数字几乎都是正确的,大概误差可能在 2% 至 3%。

表 12.2.1 显示,从 1896 年至 1909 年,流通中的货币在 13 年期间几乎增至两倍,每年都在增加,从未间断。

表 12.2.2　用支票提取的个人存款(M')(单位:十亿美元)[②]

年份	金额	年份	金额
1896	2.68	1904	5.80
1897	2.80	1905	6.54
1898	3.19	1906	6.84

---

①　对该表的详细解释,参阅本章附录第二节。

②　表 12.2.2 在英文原著第一版第 281 页,内容合并了 1922 年新修订版资料。

续表

年份	金额	年份	金额
1899	3.90	1907	7.13
1900	4.40	1908	6.60
1901	5.13	1909	6.75
1902	5.43	1910	7.23
1903	5.70		

注:这些数值的估计方法参见本章附录第三节。

表 12.2.2 所载数字是美国用支票提取的私人存款(M')的估计值。

表中的私人存款数量是以美国政府统计的数字为根据的,但比政府统计的数字小很多,原因是政府统计的数字包括各储蓄银行的存款、其他不凭支票提取的存款以及其他几项琐细的数目。表 12.2.2 的数目是第一次尝试计算美国各年用支票提取的银行存款量。该表得以完成,全赖和国家货币委员会(the National Monetary Commission)及其专家安德鲁(Mr. A. Piatt Andrew)先生[1]的愉快合作。

所以,表中的数字是美国的实际**存款通货**,显示出银行存款增长幅度巨大。从表中的 1896 年开始至 1909 年结束,存款每年都较前一年增加,在 13 年之间增加了近三倍,1908 年是唯一的例外,因为 1907 年爆发了经济危机。

---

[1]　具体合作细节参阅本章(第十二章)附录第三节。

第十二章　近些年购买力的统计证明　　　**257**

第三节　存款流通额和流通速度的统计

既已求出流通媒介货币(M)和存款(M')的数量,接着就是弄清楚它们的流通速度(V)和(V')。为方便起见,先考虑后者。

银行存款的流通速度,可分别用各年银行存款(M')去除支票流通总额($M'V'$)求得。除数(M')是已知的,被除数($M'V'$)实际上是一年内用支票取款的总金额。因为我们可以适当假设,每张支票为购买商品在市场平均只流通一次,仅仅一次[①]。

归功于伊利诺伊州大学金莱教授(Professor Kinley)努力的结果,1896 年和 1909 年的数据资料极为丰富,详尽程度罕见。金莱教授最初收集这些数据是为了计算美国现金交易与支票交易的比率,也就是 MV 与 $M'V'$ 的比率。这些数据和其他政府统计资料一起,不仅足以让我们计算两种交易之比率,更重要的是还能让我们计算这两年的 V 和 V' 的大小,得数颇为精确。我们不经意地发现,借助于 V 和 V' 的得数计算现金交易与支票交易的比率,要比金莱教授研究的结果更为精确。

先计算 $M'V'$ 的估计值。

表 12.3.1　1896—1910 年支票结算额($M'V'$)的估计值(单位:十亿美元)[②]

年份	金额	年份	金额
1896	97	1904	233
1897	106	1905	282

---

①　Cf. Kemmerer, *op. cit.*, p.114.

②　表 12.3.1 在英文原著第一版第 284 页,内容合并了 1922 年新修订版资料。

续表

年份	金额	年份	金额
1898	127	1906	320
1899	166	1907	320
1900	165	1908	300
1901	208	1909	364
1902	222	1910	381
1903	223		

注:具体计算参阅第十二章附录第五节。

金莱教授对 1896 年的特别调研显示,"在临近 1896 年 7 月 1 日的营业日",存入银行的支票金额大约是 4.68 亿美元。若假设该日是当年的普通一日,此金额数是 1896 年的每日支票存款金额的平均数,则只需给此数乘以 1896 年的营业天数 305 日[1],即可得到全年的支票存款总金额。但恰好 7 月 1 日是个例外,是支票存款最多的日子。按纽约票据交换所交换的总金额为标准,酌情更正 7 月 1 日支票存款额,可推断 1896 年全年支票存款总金额约 970 亿美元,概率误差大约是 5% 或 6%[2]。对 1909 年做同样的计算,得出当年支票交易总金额是 3640 亿美元[3]。由此我们求出 1896 年和 1909 年两年的支票流通总额($M'V'$)分别是 970 亿美元和 3640 亿美元,可见 13 年期间存款之增加是惊人的。对中间各年的数值,尚需用插入中项的方法求出。遗憾的是介于 1896 年和 1909 年之间的各年,没有像金莱教授为首尾两年所搜集的那样

---

[1] 乘积 143 亿美元是凯莫莱教授使用的数字,参阅 *op. cit.*, pp. 110 - 111.

[2] 本章附录第四节介绍了计算出这一结果的方法。

[3] 参阅本章附录第四节。

第十二章　近些年购买力的统计证明　　**259**

翔实的资料,但票据交换所的支票结算额是一个很好的计算标准。这个标准部分以纽约票据交换的汇划总额为准,但更多以纽约市之外的汇划总额为准。纽约票据交换所的汇划额虽占全国汇划总额的大部分,但大家公认它的相对重要性却被过度夸大了[①]。

于是,就产生了这样的问题:"纽约票据交换所支票结算额和纽约市之外的票据交换所支票结算额应分别占多大的比重,才能求得表示全国支票结算总额的最好的标准数?"可以断定,如果用5乘以纽约市之外的支票结算额,再将得数加到纽约市的支票结算额,就能求出表示美国支票结算总额的最好的标准数[②]。

表 12.3.2[③]　用支票提取的存款的流通速度(V')估计值

年份	次数	年份	次数
1896	36	1904	40
1897	38	1905	43
1898	40	1906	47
1899	43	1907	45
1900	37	1908	46
1901	41	1909	54
1902	41	1910	53
1903	39		

注:具体计算参阅第十二章附录第五节。

---

①　例如,关于这些汇划额的评述,参见 *Financial Review* for 1910,p. 33,and in Babson's *Business Barometers*(Wellesley Hills, Mass.),1910,p. 188。

②　参见本章附录第五节。

③　表 12.3.2 在英文原著第一版第 285 页,内容合并了 1922 年新修订版资料。

也就是说,纽约支票结算额加上 5 倍纽约之外的支票结算额就是美国支票结算的标准额。利用这一标准数,和已求出的 1896 年和 1909 年实际的支票结算额,很容易从"标准额"推算出各年的实际支票结算额的估计值,结果如表 12.3.1 所示。

在表 12.3.1 中,介于 1896 年和 1909 年之间各年的支票结算额估计值,概率误差大约在 5％ 至 10％ 之间。

存款通货的流通速度 V'。

既然已算出支票流通总额 $M'V'$,先前又计算出用支票提取的银行存款的估计值 M',只须以后者除前者,即可得知 V' 的估计值,结果如表 12.3.2 所示。

表 12.3.2 中的数字大概误差在 5％ 和 10％ 之间,1896 年和 1909 年误差最小,在中间的各数字误差最大。

可以看出,流通速度在这 13 年内增加了 50％,每年变化的幅度不尽一致。在经济危机爆发前一年的 1899 年和 1906 年,存款流通速度达到最高点。这些结果符合前述爱索尔(Pierre des Essars)计算的大陆各银行存款周转率,唯一的例外是爱索尔经常发现周转率是在商业危机爆发的年份而非前一年达到极高点。在表 12.3.2 中,1909 年的流通速度是最高的,且高出表中各数很多。这是否预示正在逼近的商业危机,有待时间的证明。

第四节　货币流通额和流通速度的统计

接下来研讨货币的流通速度。计算货币的流通速度困难极大。实际上,这些难题常常被视为不可逾越的。杰文斯对此做了

第十二章　近些年购买力的统计证明　　261

淋漓尽致的描述[①]：

>   "一直以来我都在尝试计算一个国家货币的平均流通速
> 度，曾想出很多方法来解决对此问题的学术研究，结果皆未能
> 如愿。如果我们知道已实现的交易数量和使用的货币数量，
> 用除法就能算出货币周转的平均次数；但已经说明，这样的资
> 料是极其残缺不全的。"

不过，现有的资料却能够揭示"已实现的交易数量"或者
MV。此数实际上等于存入银行的货币总额，加上用货币支付的
工资总额，再加上零杂项货币额。当然，从 MV 和 M 很容易用除
法求得 V。

计算 MV 的公式乍看似乎深奥，实则简单。这个公式使用的
方法的主要特点和公式本身适用于实用的特性，是它能利用银行
的簿记和其他可查询的统计资料，求出货币交易的总价值。该方
法的思想基础是：流通中的货币和存放在各银行的货币不是两个
独立的货币储水池，而是货币量不断地从一个储水池流向另一个
储水池，流经银行货币储水池的入口和出口，皆录入银行簿记，可
用以求出货币在银行外的流通额。

若从银行提取的货币，在又存入银行之前只循环一次，则如何
利用银行簿记求出货币流通额的方法就很明了。在这些情况下，
每年的货币流通额就严格地等于每年从银行取出流入市场的货币

①　Jevons, *Money and the Mechanism of Exchange* (London)，p. 336.

量,也等于流通后又存入银行的货币量。

在三个步骤中,由于有第一步和第三步的簿记,即取款和存款,也就有办法求知中间一步,即以货币交换商品的流通额。平常的货币流通额——不包括在取款和存款之间转手多于一次的情况——等于流经银行的货币量。

不过,整个事实并非如此简单,原因是货币从银行取出后,在市场流通经常不止一次。虽牵涉的情形复杂,却遵循一定的法则。这些法则不会破坏银行簿记的功能,仅仅使得银行簿记更难以利用。我们可将货币的流通分为:(1)和上面假设的情形无异,实际上大部分货币在银行外只流通一次;(2)当货币用于支付工资时,通常流通两次;(3)货币在回流银行完成循环前,很少有流通三次及以上的。

这一分类的意思是,一般来说货币像支票一样,在银行外只流通一次;但若货币流经非存款人(实际上的工薪阶层),就会多流通一次(两次),故正如我们解释的,平常的货币流通量须加上支付工资的货币量,其和等于流经银行的货币量。

如果想象货币的构成是由一人流向另一人的连续易手过程,就会错误地描绘现代社会的货币流通画面。正如杰文斯所说,如果它是不间断的连续易手过程,就超出了统计资料能把握的范围。如果把银行想象成货币的家,把货币流通想象成暂时离开家的短途旅行,就能绘制一幅更真实的现代社会的货币流通画面。如果这样描绘是对的,则货币流通和支票流通就没有太大的区别。每一种在银行外流通只执行一次至多不过几次交易,它的循环即告结束,又复存入银行。

第十二章　近些年购买力的统计证明　　　　　　263

表 12.4.1[①]　1896 年、1909 年的货币流通额

公式各项	1896	1909
第一项(存入银行的货币)	10—	21
第二项(非存款人的支出)	6—	13
流通公式其余各项	1—	1
流通额总计	16+	35

本章附录已说明,1896 年存入银行的货币总额共计近 100 亿元[②];非存款人总支出近 60 亿元,其中 45 亿元是工薪阶层的支出额;流通公式其余各项共计不足 10 亿元;流通总额约为 160 亿元。

至于 1909 年,对应的数字分别是:存入的货币总额共计 210 亿元;非存款人总支出 130 亿元;流通公式其余各项共计约 10 亿元;流通总额共计是 350 亿元。

表 12.4.1 总结了这些结果,以 10 亿元为单位[③]。

货币流通速度 V 。

货币流通额 MV 除以流通中的货币量 M 即可求得货币流通速度。1986 年的货币流通额是 160 亿元,或者更准确说 162 亿元,当年流通中的货币量是 8.7 亿元,故流通速度是 $162 \div 8.7 = 18.62$,或者年流通速度约为 19 次。换言之,货币在 1896 年留存

288

---

① 表 12.4.1 在英文原著第一版第 288 页,内容合并了 1922 年新修订版资料,标题为译者所加。

② 对货币流通速度的估计方法及统计应用的更详尽的叙述,参见本章第六节,主要内容是由我在 1909 年 12 月发表在《皇家统计协会杂志》的一篇文章"一种新的估计货币流通速度的方法"经过修改增补构成。附录第七、八节采用的补充资料包括计算美国货币流通速度的详细的统计资料。

③ 本表各数字计算的具体细节,参阅本章第七节。

不用的天数等于 $365 \div 19 = 19.2$，即按平均来说是 19 日或 20 日。若充分考虑容许误差，该估计值误差不会超过 2 日或 3 日。1909 年货币流通速度的估计值，可由当年货币流通总额 351 亿元除以流通中的货币量 16.3 亿元求得，即 $351 \div 16.3 = 21.53$，也就是说年流通速度约为 22 次，约 17 天周转一次。结论是 1986 年和 1909 年的货币流通速度分别是 19 次和 22 次，大概误差在 1986 年是 2 日，在 1909 年不足 1 日。

表 12.4.2 1896 年、1909 年的货币、存款、流通率与流通额比较[①]

(1)	(2)	(3)	(4)	(5)	(6)	(7)	(8)
	M	M'	V	V'	MV	$M'V'$	$MV + M'V'$
1896	0.87	2.68	19	36	16	97	113
1909	1.63	6.75	22	54	35	364	399

这些结果显示的货币流通速度要慢于多数已有的估计值或猜测值。不过，经济学家最喜欢研究货币的流通问题，货币在他们手中周转很快。他们常居住在城市，比较富裕，货币留存在手的时间不长。劳动者，尤其是省吃俭用的劳动者和按月付酬的劳动者，货币留存在手动辄数周，不肯花销。农夫和其他居住在人迹稀少地域的人，货币留存在手竟至数月。所以，不同阶级、不同地域的货币流通速度相差甚远。

表 12.4.2 比较了 1986 年和 1909 年流通中的货币、存款通货、它们的流通速度和他们的流通总额。

---

① 表 12.4.2 在英文原著第一版第 290 页，内容合并了 1922 年新修订版资料，标题为译者所加。

第十二章　近些年购买力的统计证明　　　　265

再用插入中项的方法,在 1986 年的货币流通速度 19 次和 1909 年的货币流通速度 22 次之间,求中间各年的流通速度,结果如表 12.4.3 所示。

表 12.4.3① 　1896 年至 1910 年中间各年的货币流通速度(V)估计值

年份	流通次数	年份	流通次数
1896	19	1904	21
1897	19	1905	22
1898	20	1906	22
1899	22	1907	21
1900	20	1908	20
1901	22	1909	22
1902	22	1910	21
1903	21		

注:该表计算方法参见本章(第十二章)附录第八节。

第五节　交易量和价格水平的统计

完成了对交易方程式左边 M、M'、V、V' 各项的统计研究后,尚需讨论的就只有交易方程式右边的 P 和 T 两项。

先考察交易量 T。

表 12.5.1 列示了我们以 1909 年价格为标准计算的各年交易量结果,单位为 10 亿元。

---

① 　表 12.4.3 在英文原著第一版第 290 页,内容合并了 1922 年新修订版资料。

266 货币的购买力

表中数字是对各行业的交易数量(不是价值)的指数取平均值。各年的交易数字是根据 44 种国内贸易商品、23 种进口商品、25 种出口商品、股票销售额、铁路运货量与邮局投送的邮件数计算的。最后的数字要进行调整,以使 1909 年的数字为 399,也就是让 1909 年交易的实际货币价值等于已经求出的交易方程式左边,即 $MV + M'V'$。交易方程式各项虽有联系,但 T 的各个数值是不参照方程式左边各项数字独自算出的[①]价格指数 P。

表 12.5.1[②] 按 1909 年价格计算的 1896—1909 年的交易量(T)估计值

年份	交易量	年份	交易量
1896	209	1904	324
1897	239	1905	378
1898	260	1906	396
1899	273	1907	412
1900	275	1908	381
1901	311	1909	399
1902	304	1910	399
1903	335		

现在,交易方程式唯一未求出的因子是物价指数 P。理论上说,若先前的计算是绝对准确可靠的,则可从已求出值的五个因子计算出 P。但是,五个因子 M,M',V,V',T 的计算值可能都有错误,如果存在这样的差错,其影响将累积性地反映在 P 值上。因此,将间接计算的 P 值和直接计算的 P 值相对照,用直接计算

① 计算该表的准确方法(一定是繁琐费力的)参见本章附录第九节。
② 表 12.5.1 在英文原著第一版第 290 页,内容合并了 1922 年新修订版资料。

第十二章 近些年购买力的统计证明 267

的统计数据检验间接计算出来的 P 值极为重要。同样地,如果需要,也可以将 M,M',V,V' 和 T 的直接计算值和间接计算值进行比较。著者把比较对象限定在 P 的两个值,因为由交易方程式的其余五个因子决定的份子实际上只有 P 值。将 1909 年价格计为 100%,各年的 P 值(包括商品价格、证券价格与劳动价格)皆以 1909 年价格为标准直接计算出来,结果如表 12.5.2 所示。

表 12.5.2 的价格指数是根据劳动局发布的批发价格数字算出,和劳动局发布的数字略微不同,原因是表里的数字包含证券的价格和工资[1]。

接下来是将这些 P 的实际统计值和从交易方程式其余各因子间接计算出的 P 值进行比较,下一节讨论这种计算和比较的方法。

表 12.5.2[2]　按 1909 年价格计算的各年物价指数(P)

年份	价格指数	年份	价格指数
1896	63	1904	85
1897	64	1905	91
1898	66	1906	96
1899	74	1907	97
1900	80	1908	92
1901	84	1909	100
1902	89	1910	104
1903	87		

---

[1]　该表的计算方法参见本章附录第十节。

[2]　表 12.5.2 在英文原著第一版第 292 页,内容合并了 1922 年新修订版资料。

第六节 直接与间接求出的价格指数

我们已经分别求出了交易方程式六个因子从 1896 年至 1909 年期间 14 年的数值。但已阐明,这六个因子是通过交易方程式互相联系的。于是就产生了这样的问题,所计算出的六个因子值是否能和交易方程式实际相符合?

解决这个问题的方法之一是凯莫莱教授采用的方法,也就是将交易方程式任一因子的统计数字和从五个其余因子间接计算出的结果进行比较,表 12.6.1 显示了用两种方式计算出的 P 值。

表 12.6.1 1896—1910 年价格指数的直接计算值和间接计算值[①]

年份	直接求出 （P）	间接求出 $\dfrac{MV+M'V'}{T}$	年份	直接求出 （P）	间接求出 $\dfrac{MV+M'V'}{T}$
1896	63	—	1904	85	81
1897	64	52	1905	91	83
1898	66	56	1906	96	90
1899	74	69	1907	97	86
1900	80	68	1908	92	87
1901	84	76	1909	100	100
1902	89	82	1910	104	104
1903	87	75			

从图 12.6.1 可以直接看出两种价格指数之间变化的一致性。

[①] 表 12.6.1 在英文原著第一版第 293 页,内容合并了 1922 年新修订版资料,标题译者稍有改动。——译者

第十二章　近些年购买力的统计证明　　269

在图 12.6.1 中,上下两条曲线表示两种价格指数的值,它们 293
变化彼此一致的趋势非常明显[1]。这种一致性的近似程度可用几
种方法表示。一种方法是计数他们方向变化或拐折一致的次数和
不一致的次数。每条曲线的方向发生 12 次变化,变化一致的地方
6 处,不一致的地方 3 处,中立的地方 3 处。另一种方法是皮尔森
(Persons)教授采用的方法,要求计算被皮尔森称为“对比系数”的
标准。结果显示上述两种价格指数曲线的符合系数是 97％;而马
萨诸塞州达特默斯皮尔森教授发现,凯莫莱教授计算的两种价格
指数曲线自 1879 年至 1901 年的符合系数[2]只有 23％,两者反差
甚大。

但前已说明,**连续性**数据的对比系数极易产生误导性。就凯
莫莱教授给出的价格指数来说,两条曲线只有 0.23 的对比系数低
估了他的两组价格指数变化的一致性,而 0.97 的对比系数则高估
了我的两组价格指数变化的一致性。当要比较的两条曲线迅速上
升或下降时,就很可能发生高估一致性的错误[3]。

看起来,要求出**连续**数据的皮尔森对比系数,合理的方法是计

---

[1]　后面解释两种价格指数曲线之间的中间曲线。

[2]　Persons, “Quantity Theory as tested by Kemmerer,” *Quarterly Journal of Economics*, 1907-1908, p. 287.

[3]　比如,在凯莫莱给出的银行准备金数字和包括银行准备金的流通中的货币数字之间,皮尔森发现对比系数是 0.98。虽然这两个因子在连续多年的波动之间并未显示出很大的一致性,但唯一的总体一致性在于事实上两者都在迅速上升。从 1879 年开始有许多年价格未发生太大变化,如果考察的时期不是从 1879 年开始,而和我自己的价格指数一样是从 1896 年开始算起,那么凯莫莱教授给出的价格指数的对比系数将会高出很多。在 1896 年至 1908 年期间,凯莫莱两种价格指数的对比系数是 83％,远高于皮尔森教授从 1879 年开始计算出的结果。

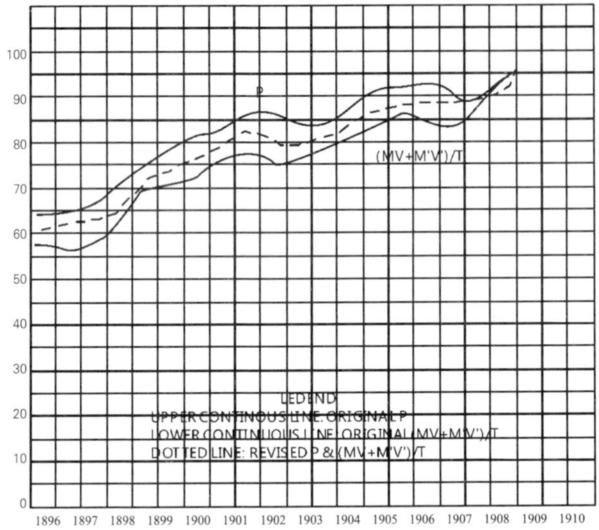

图 12.6.1 价格指数的直接计算值和间接计算值的比较

算这些数据连续的前后两年比例变化的对比系数,而不是计算连续的原始数据的对比系数。换言之,可将每年的价格指数对前一年价格指数的比例,和每年的 $\dfrac{MV + M'V'}{T}$ 对前一年 $\dfrac{MV + M'V'}{T}$ 的比例列成表格,比较两组比例连续变化的趋势。如果这两组价格指数的逐年变化比率是一起上升或下降的,则两条曲线显示同样的变化趋势或在连续变化的方向上呈现一致性。实际上,这种方法的结果显示的对比系数是 57%(0.57±,其概率误差为 0.10),而 57% 是较高的对比系数[①],因此,可以下结论说,统计证

————————————

① 比如,一个人也许会否认头颅的长度和宽度是高度相关的,其对比系数是 57%;一个人的身高和面孔宽度的对比系数是 35%。

第十二章 近些年购买力的统计证明 271

明由货币数量论计算的价格指数和实际价格指数的变化是高度一致的①。

需要强调的是,上述对比系数比较的是直接计算的价格水平和根据**五个**因子统计数据间接计算出的应有的价格水平。因为照货币数量论,价格水平是由五个因子决定的。倘若不用五个因子计算价格水平,而只采用**一个**因子值,则对比系数必然较小。因此,按比较数据逐年变化比例的方法,1896—1908 年期间的货币量和物价之间的对比系数是 43%(0.43±,其概率误差为 0.13)②,即便如此,相关程度也是比较高的。

如果数量论的反对者试图反驳货币量和物价之间有任何关系,指出货币量和价格水平之间缺乏统计一致性仅仅意味着事实上物价水平不可能随货币数量等比例变化,因为交易方程式除货币以外,其他因子 M'、V、V'、T 都在随时间变化,那么他们的辩驳是正确的。但是,就像说大气压力不会天天跟随气体密度等比例变化的论点一样,这个命题很少有什么科学意义。众所周知,如果温度是不变的,则气体的压力会随密度等比例地变化,但温度很少

———————

① 在此,可以顺带将凯莫莱教授指数的相关程度和我计算的指数的相关程度的大小做个比较。为此我选择 1896 年至 1908 年这段时期,它是我两人研究共有的最长时期。在 1896—1908 年时期,我的两种价格指数对比系数是 54%(或者 0.54±,概率误差 0.11),凯莫莱的对比系数是 37%(或者 0.37±,概率误差 0.14)。这是比较逐年变化比率方法的结果。若按比较原始数字的方法,我的对比系数是 95%,凯莫莱的对比系数是 83%。

② 若对货币量 M 和物价 P 进行直接比较(具有误导性),则两者之间在 1896—1909 年的对比系数是 97%。

有不变的时候。任何批评波义耳定律的人士,如果试图以这种理由否认其有效性,只不过暴露了他对科学定律真正含义的愚昧无知;而如果他描绘出每日的大气压力和大气密度两条曲线,试图以此严肃地"在统计上驳斥"波义耳定律,则只会授人以科学的笑柄。

无论何人,若确实曾认为价格水平是由货币数量唯一决定的,当然都应该得到纠正。但真正重要的是经济学的学生应该意识到,货币数量和价格水平之间存在正比例的关系是一条**定律**——这个定律是一条真实的、重要的和根本的货币学原理;恰如气体密度和气体压力之间存在正比例的关系的波义耳定律,是一条真实的、重要的和根本的气体物理学原理。我们以为,人们常常未能意识到这一定律的存在,主要原因是对交易方程式的各因子缺乏清晰的了解。一些学生真正理解的因子似乎只有货币数量 M 和价格水平 P,很少讨论其余的 M'、V、V'、T 四个因子,甚至绝少提及。直到能对这个问题做统计研究,以数字度量实际存款、货币流通速度和交易量时,人们才意识到这些因子的存在及其意义。

但是,对不存偏见的公正理智来说,没有这种统计检验,货币数量论照我们所述的含义,也应该是充分可靠的。数量论的最好证明必然是一种演绎关系,不是证明抽象的数学命题那种意义的演绎关系,而是证明波义耳定律那种意义的演绎关系。通过归纳法大家知道,容器里气体的压力是由气体分子碰撞容器壁引起的,如果气体的运动速度不变,那么气体的压力和碰撞的频率是成比例的。最后,碰撞的频率和气体分子的数目——也就是气体的密度——是成比例的。分子运动速度恒定意味着气体温度是恒定的,由此可以推断若气体温度是恒定的,则气体压力和气体的密度是成比例的。因此,气体是由气体分子构成的,从归纳气体分子单个压力获得的知识中,也可以演绎推知气体的一般压力。

类似地,像气体分子构成气体一样,个体的交换构成社会的交换。从归纳多次单个交换获得的知识也可用演绎法推知一般的交易方程式。

幸运的是,恰如波义耳定律已经为演绎法与归纳法证明是成立的;现在也可以断言,演绎法与归纳法已经充分证明交易方程式是成立的。

如前所述,对交易方程式成立的证明不完全是对货币数量论成立的证明,因为交易方程式不会显示那些因子是原因,那些因子是结果,此问题第八章已经解释。

第七节　错误的更正

对那些相信交易方程式是不证自明的先验原理的人来说,统计结果明显符合方程式的真正意义,应该理解成不是求出的数字证明了交易方程式,而是交易方程式证明了求出的数字。在我们的归纳证明中,有些地方是不符合的,但都在最大容许误差界限内。这些差数说明各项数字皆有小错,否则,它们就会完全符合交易方程式规定的关系。

274　　　　　　　　　　货币的购买力

接下来的任务是考察这些错误并尽可能找出其发生的位置。分别计算的 PT 总值和 $MV+M'V'$ 总值之间的差异程度,能充分表示单独计算的各个因子值之间相互差异的总程度,因为 PT 总值和 $MV+M'V'$ 总值应该是相等的。也就是说,PT 除以 $MV+M'V'$ 应该始终等于 1。两者相除的商记入表 12.7.1 中题头为"原始差数"的第二列,现在解释第三列。

表 12.7.1　分别计算的 PT 对 $MV+M'V'$ 的比率[①]

年份 (1)	原始差数 (2)	修正后的差数 (3)	年份 (1)	原始差数 (2)	修正后的差数 (3)
1896	1.17	1.06	1903	1.16	1.05
1897	1.24	1.13	1904	1.06	0.95
1898	1.18	1.07	1905	1.09	0.98
1899	1.06	0.95	1906	1.08	0.97
1900	1.17	1.06	1907	1.13	1.02
1901	1.11	1.00	1908	1.05	0.94
1902	1.08	0.97	1909	1.00	0.89

第二列的数字显示,PT 总值始终大于 $MV+M'V'$ 的总值。超过之数从 24% 至 0% 不等,平均值为 11%。

不过,这些 PT 和 $MV+M'V'$ 之间的差数,只需变更一下计算物价的基础年份就可以大幅度缩小。之前我们一直以 1909 年的价格水平为基础,但因为价格指数只有比较的意义,只要能保持各项之间有同样的**比例**因子,任何其他组的价格指数皆可自由选

---

①　表 12.7.1 在英文原著第一版第 299 页,内容合并了 1922 年新修订版资料。

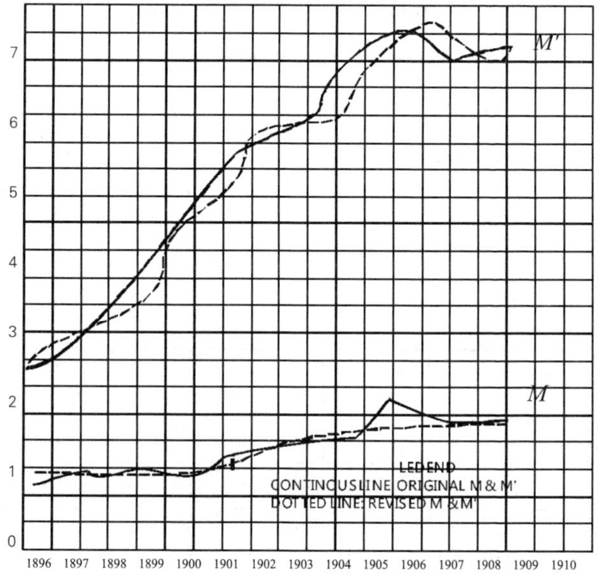

第十二章　近些年购买力的统计证明　　　　　　　　275

图 12.7.1　M 和 M' 及其各自修正值的比较

择为比较的基础。依据这种前提,可将所有 P 的数值减去原始差数的平均差 11%,结果是 PT 必减少 11%,由此可将第二列原始差数列的数目改成第三列近似的修正后的差数列的数目。这些数字从比 1 高 13% 至低 11% 不等,误差极小。鉴于数据的不完整、不可靠性,这些误差事实上远小于预期。

　　现在的问题是,这些细微的不一致处显示的误差究竟是什么原因造成的? 问题出在 M,M',V,V',P 与 T 各因子那一项? 如何修正已计算出的因子值? 根据一般原理可断定,最小的修正数最有可能是正确的修正数。最小的修正数意味六个因子之间要**互相**调整,每个因子的修正数一般会减少原来的误差。按这种方法,

300 计算出的每个因子都被视为有**一定量**的值，对修正其他因子都会产生一定的影响，故每个因子要求的修正数都极其微小。各个因子的修正数按其误差的相对比重确定大小。

修正的结果见图 12.7.1、12.7.2、12.7.3 和前面的图 12.6.1。每个图只表示交易方程式的一个因子，分为原始计算数与最终修正数（虚线）。所有因子值照此调整后，就完全符合交易方程式了[①]。

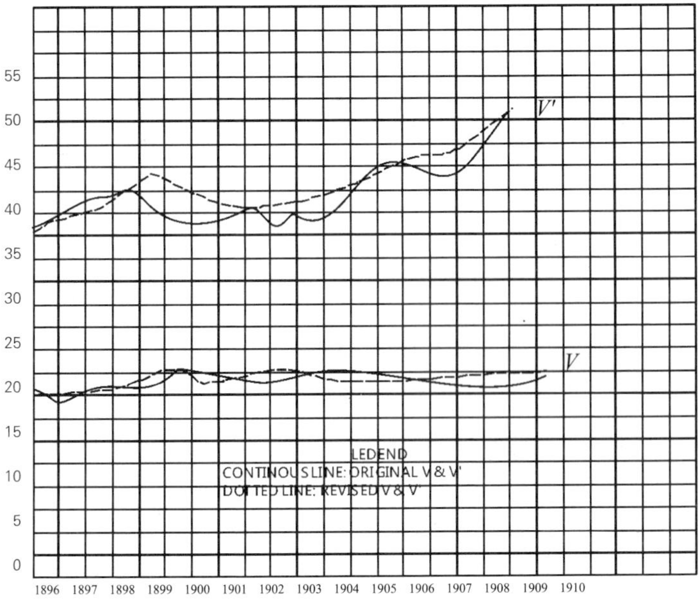

图 12.7.2　V 和 V′ 及其各自修正值的比较

---

① 原始计算数的修正方法，参见本章附录第十一节。

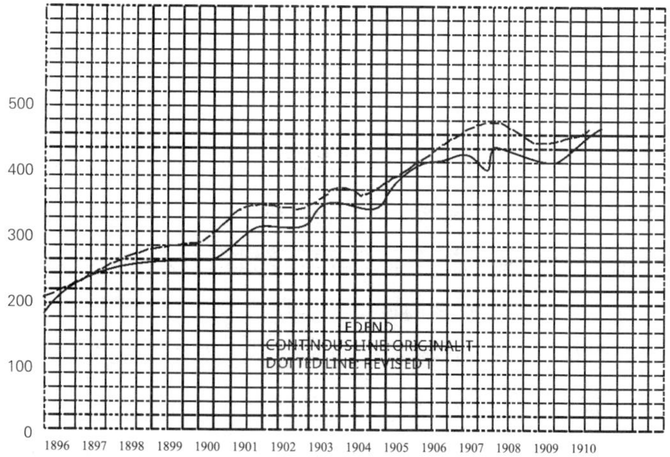

第十二章　近些年购买力的统计证明　　　　　277

图 12.7.3　原始交易量 T 和修正的交易量 T 的比较

在图 12.7.1 中,货币 M 和存款通货 M' 原始计算数的修正数极小,通常远不及 1%,可以忽略不计。图 12.7.2 显示了货币流通速度 V 和存款通货流通速度 V' 的修正数,虽然比货币 M 和存款通货 M' 的修正数稍大一些,仍然很小,通常不及 2%。图 12.7.3 显示的是交易量 T 的修正数,虽比前两个因子的修正数要大一些,但依然很小,且各年数字修正的幅度几乎一样,使得原始数曲线和修正数曲线几乎完全平行,两者之差很少超过 10%。前面的 12.6.1 图显示了价格指数 P 的修正情况,最上面曲线表示原始计算数,虚线或中间的曲线表示 P 的修正数。在此,原始数曲线和修正数曲线近乎完全平行,极其明显,两者之差很少超过 3%。

当然,即使最苛求的批评家,也不能对这些统计修正数字显示的一致性程度和对交易方程式理论的符合程度再有更多的要求。为使六个因子的初始计算数完全互相一致,修正数要小于这些数字本身的概率误差。在完全不知道修正结果相互符合的程度之前,我们曾对各因子数的概率误差做过大致的估计,附录皆有说明。估计 M 和 M' 的概率误差是 2％或 3％;V 和 V' 的概率误差在 5％至 10％。换言之,只能把统计数据视为大概的或近似的数目。刚才说过,最终使它们彼此符合所必须的"修正数",很少有超过 2％的时候。M 和 M' 修正数的概率误差不及 1％;V 和 V' 修正数的概率误差不及 2％;P 修正数的概率误差不及 3％;以及 T 修正数的概率误差不及 4％。因此结论是,从原始数字缺乏精确性看,修正后的统计数彼此符合的程度好于预期。

我们给各个因子的修正数极小,无须详细解释。它们表示的错误的起因可能有很多。比如,纽约票据交换所的汇划数,除普通支票交易外,还有各银行之间的转账交易;或者谷物交易的统计资料出错或不完整等;或者高估或低估了 1896 年和 1909 年某些特定日子征集的银行存款统计资料对正常值的偏离程度;或者高估或低估了未报告的存款、美国的存金量、工资水平,和许多其他无关紧要的、常常是计算中推测出来的因素。

上述错误的原因按照概率的大小依次列举。很明显,也许在 1896—1898 年发生的差错最为严重,因为这期间交易量 T 的资料是最不完整的。而 1900 年、1903 年和 1907 年也是差错极易多发的年份,因为在这些时点爆发了经济危机或经济危机即将爆发。

第八节　最后的结果

交易方程式中六个因子的数目经过上述相互调整后,所得各数记入表 12.8.1。这是最后一个关于 M, M', V, V', P 与 T 各因子的表,表中各因子的数值是前面各个趋势图中虚线标绘的数字。

该表的优点是,将分别计算的 M, M', V, V', P 与 T 各因子数值和使每个因子适应其他因子所必须的修正数放置一处,为研究这些因子提供了最完整的可资利用的数据。

这些数字或前面各图中的虚线表明:在 1896 年至 1909 年期间,流通中的货币(M)在 13 年中几乎增至 2 倍,其流通速度(V)只增加了 10%;在此期间存款通货(M')几乎增至 3 倍,其流通速度(V')增加了 50%;交易量(T)在此期间几乎增至 2 倍,物价(P)在此期间增长了 2/3。

表 12.8.1[①]　交易方程式各因子的最后调整值

（1910—1922 年）

时间	M	M'	V	V'	P	T	MV	$M'V'$	$MV+$ $M'V'$ & PT
1896	0.88	2.71	18.8	36.6	60.3	191	16+	99	115
1897	0.90	2.86	19.9	39.4	60.4	215	18	112	130
1898	0.97	3.22	20.2	40.6	63.2	237	20−	131−	150
1899	1.03	3.88	21.5	42.0	71.6	259	22	163	185

①　表 12.8.1 在英文原著第一版第 304 页,内容合并了 1922 年新修订版资料。

续表

时间	M	M'	V	V'	P	T	MV	$M'V'$	$MV+$ $M'V'$ & PT
1900	1.18	4.44	20.4	38.3	76.5	253	24	170	194
1901	1.22	5.13	21.8	40.6	80.5	291	27	208	235
1902	1.25	5.40	21.6	40.5	85.7	287	27	219	246
1903	1.39	5.73	20.9	39.7	82.6	310	29	227	256
1904	1.36	5.77	20.4	39.6	82.6	310	28	228	256
1905	1.45	6.54	21.6	42.7	87.7	355	31+	279+	311
1906	1.58	6.81	21.5	46.3	93.2	375	34	315	349
1907	1.63	7.13	21.3	45.3	93.2	384	35	323	358
1908	1.62	6.57	19.7	44.8	90.3	361	32	294	326
1909	1.61	6.68	21.1	52.8	100.0	387	34	353	387
1910	1.69	7.23	21.0	52.7	104.0	399	34	381	415
1911	1.64	7.78	21.0	49.9	102.2	413	34	388	422
1912	1.71	8.17	22.0	53.4	105.3	450	38	436	474

这些结果并不令人惊讶，我以为这正是我们所预料的。不过，几乎所有的结果都是新求得的数目。流通中的货币（M）数目，和政府公文给出的官方数字及凯莫莱教授使用的数字差别不大。同样地，物价指数主要是以美国劳动局的批发物价指数为基础编制的，和后者几乎一样。交易量的统计资料完全是新编制的，和凯莫莱的数据略有不同，而凯莫莱的统计资料是此前唯一的交易量数目。本书是公布可用支票提取的存款（M'）的统计资料的第一本出版物。除欧洲各银行的银行账户存款活动统计数据外，银行存款流通速度（V'）的统计资料，亦以本书公布的为先导。最后，公

第十二章　近些年购买力的统计证明　　281

布货币流通速度（V）的统计资料，本书在同类统计数据的出版物中也是第一本。

运用这些资料，我们对美国的货币流通制度能够绘制一幅完全正确的统计画面。

根据 1909 年的记录，实际流通中的货币（M）是 16 亿元，人均 18 元，远小于政府公布的人均官方数字 35 元。货币的流通速度（V）是一年 21 次；存款通货（M'）是 67 亿元或人均 74 元，是流通中的货币的 4 倍。存款通货的流通速度（V'）是一年 53 次，是货币的 2.5 倍；一年中货币流通总额或货币的支付总额（MV）是 340 亿元，用支票提取的存款流通总额或用支票支付的总额（$M'V'$）是 3530 亿元，是前者的 10 倍，每天近 10 亿元。按当年的物价计算，一年中的商业交易总量（$MV + M'V'$ 或 PT）极其庞大，达 3870 亿元，每天超过 10 亿元。这种交易总量规模很可能让多数读者大为吃惊。在缺乏实际统计资料的情况下，据此数也能约略知道我们的大部分贸易状况。也许除了统计学家，很少有人想象进出口贸易虽在政治视野占极显著的重要地位，但和一个国家的国内交易比较却微不足道。因为和全国 3870 亿元的商业交易量比较，进出口贸易总量只有 30 亿元，实不重要。

现在一切就绪，可用前几章采用的机械图解方法表示最后一张表格的各组数字。图 12.8.1[①] 显示了 14 年期间交易方程式六个因子的变化过程，由 84 个统计数字构成，一目了然。

---

①　图 12.8.1 是英文原著第一版第 306—307 页之间的第 17 图，约为两张 A4 页面大，为方便排版阅览，译者按比例将之缩小，标题为译者所加。

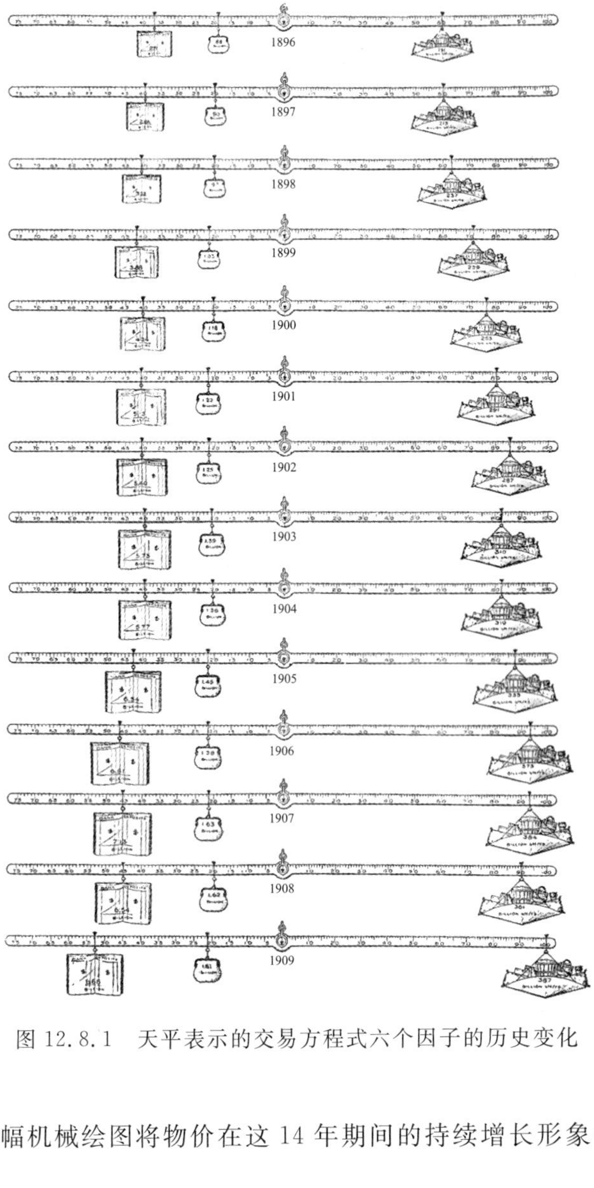

282 货币的购买力

图 12.8.1 天平表示的交易方程式六个因子的历史变化

这幅机械绘图将物价在这 14 年期间的持续增长形象化地表

示为天平右臂的托盘不断右移，距支柱的长度越来越远。同时，机械图也显示了决定物价增长的所有其余五个因子的变化。当然，图解的所有六个因子值都是修正过的数字，以使六个因子彼此完全符合，天平两边维持平衡。

流通中的货币的稳定增加，表示为悬挂在天平左臂钱包尺寸的增大；类似地，可用支票提取的存款的更快增加，表示为悬挂在天平左臂的银行账簿尺寸的增大；这两种交换媒介流通速度的较小增加，表示为两个悬挂物在天平左臂不断左移，距天平支柱的长度越来越大。这四个因子共同导致价格的增长，唯一阻止价格上涨的因素是交易量在增加。悬挂在天平右臂的托盘的尺寸不断增大，表示交易量在持续增加，它导致物价趋向跌落。

此图是各种影响价格水平的原因在最近 14 年期间数量变化的全貌，或者至少涵盖了所有**最直接**的原因。因为如前所述，在这五个最直接的原因的背后，还有数不清的先前的间接原因。

那么，历史的事实又是怎样呢？**尽管**交易量在 1896 年至 1909 年期间几乎增至 2 倍，价格水平却增长了 2/3，**因为**在这 13 年中（1）流通中的货币增至 2 倍；（2）存款通货增至 3 倍；（3）货币流通速度和存款流通速度皆略有增加，所以物价不可能不上涨。

第九节　物价上涨原因的比较

对近些年来造成物价上涨的主要原因已做了很多讨论。因此，若能对四个直接原因在 1896 年至 1909 年期间单独导致价格水平上涨的程度进行比较，会饶有研究的趣味。也许最简单最好的方法,是将物价的实际增长和假设其中一个因子保持不变时的物价的上涨相比较。也就是说,在有无某个因子两种情况下,物价有什么差别? 通过解答这个问题来检验每个导致价格上涨因子的重要性。我们将看到,货币的增加是最重要的原因,要比其他原因重要得多;存款的增加初看起来非常重要,实际上不及货币增加的重要。如果存款不是由货币决定的,则存款的增加就不得不被视为最重要的原因。但是,存款的增加不是独立的,正常情况下随流通中的货币量增减。因此,如果存款增加得和货币一样快,不是更快,我们就应将全部物价上涨唯一地归因于货币。在这种情况下,物价的任何上涨都不能归咎于存款的增加,因为除非货币增加了,否则存款不会增加。只有当存款的增加**超过**货币增加的比例时,才可以认为可用支票提取的存款的增加不是由货币增加引起的。前已述及,单纯的货币增加本身通常引起存款成比例的增加。因此,只有**不成比例**的存款的增加,才可以视为和货币的增加没有关系,才是物价上涨的原因。所以,将存款视为导致物价上涨的单独原因的正确方法,是计算存款和货币的比例,即以 M'/M 代替 M' 作为考察的对象①。

因此,可以认为导致 1896 年至 1909 年物价上涨的原因仅有下述四种因子:

(1)流通中货币的增加,亦即 M 的增加。

(2)比较存款的增加,亦即 M'/M 的增加。

---

① 参见第三章附录第一节阐述了比较存款,并以字母 k 代之。

第十二章　近些年购买力的统计证明　　285

（3）货币流通速度的增加，亦即 V 的增加。

（4）存款流通速度的增加，亦即 V' 的增加。

第五个决定价格水平的因子是交易量 T。前文已解释过，交易量趋向于**降低**物价。

现在解释这四个促使价格上涨的原因和一个抑制价格上涨的原因**各自的**对物价的影响。

我们想知道，在下述五种情情况下，1909 年的价格水平**是多少**？

（1）如果流通中的货币 M 自 1896 年后根本没有增加。

（2）如果比较存款 M'/M 自 1896 年后根本没有增加。

（3）如果货币流通速度 V 自 1896 年后根本没有增加。

（4）如果存款流通速度 V' 自 1896 年后根本没有增加。

（5）如果交易量 T 自 1896 年后根本没有增加。

假设在每一种情况下，其余四个因子的增加和实际增加的情况完全一样。假设 1909 年的实际价格水平是 100%，并以此为基准价格表示五种假设情况下的**价格水平**，得如下结果[①]：

（1）如果流通中的货币数量 M 未增加，则 1909 年的价格水平是 55，而不是 100。

――――――――――――――――

[①]　需要的计算是明显易懂的。对方程式 $P = \dfrac{MV + M'V'}{T} = \dfrac{MV + M\left(\dfrac{M'}{M}\right)V'}{T}$ 除右边的一个因子外，用已求得的 1909 年的统计数字代替其余因子，用 1896 年的数字代替剩余的那一个因子。这个唯一剩余的因子在第一种假设情况下是 M，第二种假设情况下是 M'/M，第三种假设情况下是 V，第四种假设情况下是 V'，第五种假设情况下是 T。

（2）如果比较存款 M'/M 未增加,则 1909 年的价格水平是 77,而不是 100。

（3）如果货币流通速度 V 未增加,则 1909 年的价格水平是 99,而不是 100。

（4）如果存款流通速度 V' 未增加,则 1909 年的价格水平是 72,而不是 100。

（5）如果交易量 T 未增加,则 1909 年的价格水平是 206,而不是 100。

换言之,上述结果其实就是:

（1）若货币数量未增加,则 1909 年的价格水平跌落 45%。

（2）若比较存款未增加,则 1909 年的价格水平跌落 23%。

（3）若货币流通速度未增加,则 1909 年的价格水平跌落 1%。

（4）若存款流通速度未增加,则 1909 年的价格水平跌落 28%。

（5）若交易量未增加,则 1909 年的价格水平增高 106%。

所以,也可按照相对重要性次序,对促使价格增长的四种原因列述如下:

若非货币流通速度已增加,物价比 1909 年的价格水平低 1%。

若非比较存款已增加,物价比 1909 年的价格水平低 23%。

若非存款流通速度已增加,物价比 1909 年的价格水平低 28%。

若非货币数量已增加,物价比 1909 年的价格水平低 45%。

由此得出结论,在促使物价增长的因素中,货币流通速度的增加是无足轻重的,比较存款及其流通速度的增加是更重要的,货币数量的增加是最重要的。根据上述计算的数字,作为促使物价上涨的因素,货币数量增加的影响几乎恰好是比较存款增加的 2 倍,且较之于其流通速度增加的影响高出 50％有余。

第十节　先行原因的影响

但这些数字显示的结果犹不能充分说明货币数量增加的全部影响,因为上述这些影响未涵盖由美国银行存款的大幅度增加所导致的货币输出到国外的影响。显然,必须将货币的溢出效应纳入考虑,因为其他三种促使物价上涨的因子将货币驱逐出境,僭越犯上,夸大了它们地位的重要性。换言之,货币数量的增加超过美国统计资料记载的数字,两者相差数就是流向国外的货币量。美国只是世界市场的一小部分,其价格水平很大程度上是由世界价格水平决定的。在一个国家促使物价上涨的任何因素,也会趋向增加所有其他国家的物价。归根结底,测度促使物价上涨各种原因的相对重要性的唯一正确方法,是要把世界作为一个整体考虑。如果已计算出的美国的统计数字代表全世界,则四种促使物价上涨的因子的相对重要性的估计结果,也就适用于整个世界。但是,有充分的理由相信,美国的存款及其流通速度增加在导致物价上涨方面发挥的作用要比世界其他地方大,因为法国和大多数其他国家的银行制度尚处在初始起步阶段,即使这些地方存款的增长率异常高,相对而言在促使价格增高上也无足轻重。因此,从经验可以肯定,在美国之外的其他地方,物价的上涨受货币(黄金)增加影响的程度要比美国大。

所以,我们可以非常自信地断定,世界金量的增加是世界物价上涨的主要原因。这一点或许可以解释,过去三年来美国流通中的货币数量实际上并未增加的理由。因为存款及其流通速度的增加规模非常大,排挤或阻止了流通货币的增加。

不仅全世界物价普遍发生了变化,各地物价也发生了特有的变化。但凡妨碍贸易的因素,比如关税,都趋向导致各地物价的上涨不平均。所以,尚待讨论的问题是关税对美国价格水平的**特殊**影响——即通过货币量 M 计算出它对物价的影响。

正如前一章所述,实施保护性关税能创造暂时的贸易收支顺差,刺激货币金属的输入并抑制它的输出,结果是导致"受保护国"的价格水平的增长。一旦国内价格水平增长至比国外价格水平还高时,保护性关税的影响即行停止,贸易的均衡状态恢复并遏制金在受保护国的过多积累。此后关税不再影响价格水平,除非它妨碍国际贸易,并阻止国内价格水平自行调整至适应国外价格水平的高度。关税**干扰价格水平的效应**也可以是反向的,即和自由贸易比较,使国内价格水平不受外国价格水平影响的**独立性**更高。保护性关税仅仅使受保护国处于孤立的地位。

在本章研究的 1896 年至 1909 年,曾两次修改保护性关税法,一次在 1897 年,最近一次在 1909 年。1897 年第一次修订法是提高 1894 年的关税率,因此肯定已在某种程度上限制了进口贸易并推高了价格水平。在此期间,美国物价的上涨要比其他国家如英国快,将这种物价上涨的一部分原因归咎于我国的关税制度似乎是公平的。

第十二章　近些年购买力的统计证明　　289

最后讨论 1909 年的关税修订法。该法甚至在年初规划时，影响即已发生，实际上至今没有什么显著的效果。对该修订法应上调关税率还是下调关税率的问题，曾发生了一场激烈的政治论战。最公允的无偏见主张似乎是应稍微上调关税率，但主要内容只是税制的重新安排，即有些税率要提高，另还有些税率要降低。上述结论是陶西格教授（Taussig）教授、威利斯（Willis）教授和其他教授在深入研究海关税则的基础上总结的。

将这些结论和交易方程式的统计数字相对照，始终完全符合。乍看时符合之处未必明确。相反，那些断言关税率已经大幅提高的人士可能举证说，自税法修改后美国的物价上涨得比英国的物价快[①]；而那些认为修订法已大幅下调关税率的异见者也许举证说，美国的商品输入与金输出皆已增加。这些看似矛盾的事实是可以相互调和的。

美国的统计数字表明，1909 年和 1908 年比较，银行存款及其流通速度有极大的增加。理论上说，这自然造成美国的物价上涨，排斥金币，阻止美国流通中货币量的增加（否则就会增加），并因之刺激商品进口。事实完全符合这些理论预断的变化趋势，美国的物价上涨已然超过英国，流通中货币量的增加已被阻止，金输出与商品输入皆已增加。因此，不须假设保护关税是一个干扰物价的

---

① 1909 年以后，只有美国的统计数字可以查证。美国劳动局公报刊登的资料表明，物价从 1909 年 1 月份至 1910 年 3 月份一直在上涨，从未间断。在此期间，批发物价指数从 124.0 增长至 133.8。对英美物价的完整比较，参见 *Report of the* （Mass.）*Commission on the Cost of Living*，Boston，1910，pp. 26，56。

因素①，我们也可以解释所有的事实。

要将和物价上涨多少有点关系的所有其他因素纳入讨论，已远远超出本书范围。前文已经解释清楚，若非能使流通中的货币量、比较存款以及它们的流通速度增加，或者使交易量减少，其他因素是不可能影响物价的。由于交易量已经大幅增加，最后一种可能性自可忽略。

至于导致货币、存款及其流通速度增加的原因，最重要的似乎如下：

（1）一直以来，货币增加的主要原因是黄金开采数量的增加。银行钞票除与流通中的其他货币保持同步增加外，数量略有增加。

（2）银行存款增加比较多的主要原因，似乎一直都是那些导致银行业务扩张的因素，在美国南方尤其如此。最近颁布的银行业务法鼓励成立小银行，或许对银行业务扩张有所影响。

（3）流通速度尤其是银行存款流通速度增加的主要原因，似乎一直都是人口在城市的集中。如前所述，城镇越大，银行存款的流通速度越高。

第十一节　本章的结论及附带结果

贯穿本书的主旨，始终是解释货币的**一般**购买力，而不是货币对任何特殊商品或某一类商品的购买力。"生活费"上升问题部分

---

①　将近年来价格水平的增长归咎于关税虽不公正，但毫无疑义的是，削减关税会大幅度降低价格水平；如前所述，关税壁垒犹如堤坝，能维持由最初征缴保护关税而累积抬高的价格水平。

是货币购买力的**一般性**问题,部分是食物、服装价格和其他"生活品"费用的**特殊性**问题。本书不讨论特殊性问题。但巧合的是,和物价的一般性变化比较,生活费用的特殊性变化极其微小。无论如何,食物的批发价格就是如此。在 1909 年 1 月至 1910 年 3 月期间,食物的价格指数从 122.6 增长至 130.9,而一般批发物价指数从 124.0 增长至 133.8。也就是说,特殊的食物价格和一般的物价上涨潮流是大致同步的。若有什么区别,也只是特殊物价比一般物价上涨得稍慢一些。此处的"一般物价"仅仅指批发物价,不包括劳动力和各种证券的价格。但从截至 1909 年的统计数字和之后的市场报告判断,即使涵盖了这些因素,实际上也不会改变分析的结果。

由此可以得出结论:"生活费的增加"既不是食物价格的**特殊**变化,也不是其他特殊物价的变化,而只是一般物价变化的一部分。生活费随各种物价普遍上涨的大潮而增长,未显示特殊种类商品供求的特别变化,而只是反映了货币一般购买力的跌落。这些观点不只适用于 1909 年 1 月开始的数月,回溯至 1908 年亦是如此。和一般物价比较,1908 年之前的食物价格变化有点不规则,但总的来说从 1897 年至 1909 年和一般物价保持大致同步的涨跌。

表 12.11.1 录入了我们研究 1896 年至 1909 年的物价时发现的一些有趣的附带结论。

从第二列可看出,存款(M')已经增加,不仅是绝对数量增加,而且相对于货币量(M)也增加了。从比流通中的货币稍多于 3 倍变成稍多于 4 倍。1907 年爆发商业危机,存款数目最高,但仅此一例。之后1908年存款跌落,在表中跌幅也最大。

表第三列显示了"实际的"货币流通速度,其计算以下述思想为基础:总的商品劳务交换量是以货币为媒介完成的;甚至包括那些以支票为媒介的交换量,实际上都是通过货币间接实现的。因此,货币流通速度不过是由市场流通的货币加存在银行的货币之和,去除商品劳务交换总额求得的商。

可以看出,货币的实际流通速度,或者它提供给商品劳务的交换效率,大约增加了50%,偶然发生的商业萧条会中断这种增长,但除1907年危机之后的1908年的跌落外,都微不足道。

表12.11.1 1896—1912年物价变化附带结论[①]

年份	$\dfrac{M'}{M}$	实际流通速度	$\dfrac{MV}{MV+M'V'}$	$\dfrac{M'V'}{MV+M'V'}$
1896	3.1	80	0.14	0.86
1897	3.2	84	0.14	0.86
1898	3.3	89	0.13	0.87
1899	3.8	103	0.12	0.88
1900	3.6	99	0.12	0.88
1901	4.2	114	0.11	0.89
1902	4.3	115	0.11	0.89
1903	4.1	113	0.11	0.89
1904	4.2	107	0.11	0.89
1905	4.5	125	0.10	0.90

---

① 表12.11.1在英文原著第一版第317页,内容合并了1922年新修订版资料,标题为译者所加。——译者

第十二章 近些年购买力的统计证明 293

续表

年份	$\dfrac{M'}{M}$	实际流通速度	$\dfrac{MV}{MV+M'V'}$	$\dfrac{M'V'}{MV+M'V'}$
1906	4.3	132	0.10	0.90
1907	4.4	129	0.10	0.90
1908	4.0	107	0.10	0.90
1909	4.1	124	0.09	0.91
1910	4.4	134	0.08	0.92
1911	4.7	131	0.08	0.92
1912	4.8	144	0.08	0.92

注:1910—1912 年的数字根据 1922 年第二版第 492 页的内容增补。

表第四列和第五列给出的数字可解决颇有争议的支票交易（$M'V'$）和货币交易（MV）孰轻孰重问题,即支票交易和货币交易的相对重要性问题——许多作者对此问题极为关注,包括金莱（Kinley）教授。从表中数字可知,1896 年美国的商业交易有 14％ 是由货币完成的;1909 年约有 9％。换言之,在总的商品劳务交易量中,1896 年有 86％是通过支票实现的,1909 年约有 91％ [1]。

看起来,这些数字第一次对支票交易和货币交易的相对重要性的问题提供了公正准确的解答。它们证实了一个观念[2],支票在一国交易中发挥的作用已经大幅度增加,而支票交易占所有交易的 $\dfrac{9}{10}$ 这种普遍的印象是正确的。

---

① 参见本章附录第十二节对这些数字的讨论,并将表中的数字和金莱教授的计算结果做了比较。

② 譬如,参见 Cannon on Clearing Houses among the *Reports of the Monetary Commission*,1910。

第十三章　使货币购买力
更稳定的问题

第一节　币制改革问题

货币的购买力(或者它的倒数价格水平)仅仅由五个因子决定,即流通中的货币数量及其流通速度,可用支票提取的存款数量及其流通速度和商品劳务交易量。每个因子又由无数的先行原因决定,它们彼此是独立的,但下述情况除外:

(1)可用支票提取的存款由流通中的货币决定,两者的变化通常是一致的。

(2)货币和存款的流通速度会随着交易量的增加而趋向增加。

(3)在五个因子中,由于一种或数种共同的原因,任任何两个或两个以上的因子可能发生间接的联系。因此,同一起发明事件可能造成两种流通速度的增加或货币量与交易量的增加或存款及其流通速度的增加。仅以历史事实为例,人口密度的增加已经使得所有五个因子都增加了。

(4)在价格过渡期,交易方程式六个因子都会发生某些暂时的扰动或摆动,其极端情况就是商业危机或经济萧条。在交易方程式中,价格水平通常是结果而不是原因;但在过渡期,价格的波动对其他五个因子尤其是存款会发生短暂的影响。因此,价格一旦上涨,必然在短期内更多地上涨;同样,价格一旦下跌,必然在短期内进一步下跌。

不过,价格水平是上述五个主要原因的结果。如果流通速度和交易量保持不变,存款银行业务也发展至一定的状态,价格水平通常随货币数量同向变化,也随和货币数量同步变化的存款而同向变化。这是关于价格水平或其倒数货币购买力的主要命题之一,构成了所谓的货币数量论。在命题的表述中插入修饰性的行为副词"通常",是为了涵盖可能发生的价格过渡期或信用循环。实际上,这个命题是精确的比例法则,其在经济科学中的精确性和基础性,恰如当温度保持不变时压力和气体密度之间的精确比例法则在物理学中的地位。当然,正如温度很少保持不变一样,实际上流通速度和交易量也很少保持不变。但是,正如不论温度怎样变化,气体密度理论表示的**趋势**总是正确的一样;不论包含的其他因素如何变化,数量论表示的**趋势**总是正确的。只有那些不能把握科学规律真正含义的人,才不明白货币数量论的意义和重要性。科学规律可不是对统计资料或历史事实的叙述,而是对既定条件下真理是什么的表述。只有对已变化的各种情况给予适当的考虑,统计资料或历史事实才可用以阐明或证实规律。通过涵盖例外情况,我们对大致最近一千年和最近十五年做了详细研究。结果表明,事实和前文确切阐述的原理是一致的。

从实践的视角看,这种对历史事实和数据资料研究暴露的最严重问题是,货币购买力的稳定性和可靠性问题。货币购买力发生巨大变化有两种途径:(1)在构成信用循环的价格过渡期,物价发生时高时低的摆动。(2)受工业变革各种事件的影响,物价可能出现长期上涨或长期跌落的现象。第一种变化和银行业务制度有联系,第二种变化主要是由货币金属决定的。

减轻这两种问题的一个方法是增加有关价格水平预期的知识。我们知道,价格水平变化的真正祸害不是这些变化本身,而是它出乎意外的事实常让我们措手不及。若能预先测知就能预先防备,将预知的价格水平变化计入利率水平,抵消物价变化的不利影响。虽然我们不能期望未来的知识完美至如此的理想之境——即通过对利率的相应调整抵补每一次物价波动造成的损失,但知识的每一次增加都会带我们一点儿一点儿地趋近遥远的理想。幸运的是,目前这样的知识正在迅速增加。今天,商业杂志的编辑们考察的经济视野正如气象预报员观测的地球物理界域一样,他们会注意并评论每一次经济气候变化的迹象。在过去的一年,一些公司已开始统计核算,向银行家、经纪人和商人提供行业记录或"生意晴雨表",以及基于核算数据的各种报告,公开的目标是阻止经济危机。但是,就这些预测所根据的基本法则而言,最需要的是更广泛地传播货币理论知识。普通商界人士的理论知识极为缺乏,纵使不鄙视这种知识,也常持怀疑的态度。这种狭隘性的后果常常是灾难性的,比如,因为听从纽约商人的建议,财政部长蔡斯(Chase)发行了绿背纸币;又比如,没脑筋的封锁金币库(Gold Room)立法的颁布。这类知识的有限性对商界人士利益的损害可不只发生在各种异乎寻常的窘境中,譬如由南北战争造成的两

第十三章　使货币购买力更稳定的问题　　297

难困境。在日常生活中,因为不能完全理解货币购买力调节的原理,亦导致商界人士处处受限;不理解这些原理的程度决定了商界人士预言价格趋势陷于失败的程度。商界人士讨厌利率的变动,尤其是利率上涨变化的成见,很可能妨碍他作迅速的调整以适应利率,极大地加重了价格水平及其倒数货币购买力变动的危害。实际上,商界人士从未意识到熟悉各种影响货币及利率的广泛原理是他经营准备工作的一部分,而宁愿想当然地认为商人的职责范围只是积累和交易的商品的性质有关的技术知识。经营蔗糖的商人告诫自己要熟悉蔗糖、经营谷物的商人告诫自己要熟悉谷物、房地产交易商告诫自己要熟悉房地产。他们之中很少有人想到需要关于金的知识,但每笔交易商谈的盈亏皆以金为转移。我坚信,有关交易方程式的、货币对存款关系的、信用循环的和利息的完整知识,将来一定会在商界人士中广泛传播,带给他们以丰厚的回报,减轻目前经常让他们措手不及的商业危机和经济萧条造成的危害。

第二节　以复本位制为解决的方法

虽然人们对广泛传播预测物价变化的知识寄予厚望,但人们更希望的事仍然是减轻物价波动本身。在已提出的各种不同的预防价格变动的措施中,我们首先考察那些特别适合预防长期价格变动的方法,然后讨论预防价格波动——尤其是涉及信用循环的价格波动的方法。如前所述,长期价格变动主要是由货币量和交易量的变化引起的。货币量和交易量之间的竞赛已经历很多世纪,相信还会继续存在数个世纪。某种程度上每个商人的命运是由这种竞赛的结果决定的。经过一系列的货币历史经验,商业世界已经变得越来越多地采用金本位制,很少有人计较这种金属或其他金属是否适合形成**稳定**的本位币。至于货币的稳定性问题,说采用金本位实属偶然并非言过其实。正如先前已习惯的公路四轮马车规定了当前的铁路轨距一样,十进位记数法的发明缘于十个指头激发的灵感,全然未考虑用数字表示的其他记数法的便利性更优越的问题。既然已采用金本位制,要用其他本位币替代的困难,就像当年确立俄罗斯铁路轨距或者十二进位记数法一样。今天,货币本位制问题更具国际性,使得它的解决更加困难。但是,正如地质学家席勒(Shaler)教授断言:"我们似乎有可能在几十年内发明其他度量价值的方法,而不再采用以金属权衡价值的古代方法,因为金属的供给太昂贵了"①。

我无意尝试为这个替代金本位的世界性的大问题寻求**直接的**解决方案。在找到一种能替代金本位的货币前,必须对公众进行大量的调查和教育。本书的目的是唤起人们注意这种调查与教育的必要性,仔细研究业已提出的各种解决方案,试验性地提出等将来时机成熟时可施行的建议。成熟的条件是通过知识的传播、统计资料的完善与治理形式的改进达成的。

曾有一种建议是重新采用复本位制,对此第七章已有过讨论。

---

① *Man and the Earth*, New York (Duffield), 1906, p. 62.

第十三章　使货币购买力更稳定的问题　　　　**299**

不过,讨论多半是"复本位制的运行机制",而不是它对价格水平的 324
影响。现在要解释的是,复本位制的赞成者宣称复本位有利于物
价稳定①。如前所述,若将金币制和银币制国家合并为一个整体,
只要复本位处在正常运转状态,就能把任何一种货币金属价值变
动的影响扩散到整个金、银和复本位制国家合并的市场。如果两
种货币金属价值同时发生变动,二者变动的方向或许相反,则彼此
的影响差不多会完全抵消;然而,即使两种金属价值变动的方向相
同,在复本位制下,其对合并的整个世界市场的总影响,也不会大
于当世界分为银单本位区和金单本位区两部分时的影响。即使复
本位制未扩大货币流通范围,它也可以减少币值的波动。因此,若
全世界皆采用金本位制,则币值的波动要大于采用复本位②。
但是,当用以铸币的一种金属的数量增加得比交易量快很多或慢
很多,而另一种金属的数量和交易量之间保持不变的比例时,使用
两种金属货币的稳定性,虽然稍强于只使用两种金属之中数量变
动较大的那一种,但肯定不如只使用两种金属之中数量变动较小
的那一种。

由复本位制联结起来的两种价值变动的金属,可比作两个反
锁臂膊互搀扶走的酩酊醉汉,一起走要比分开单独走稳当。尽管 325
头脑比较清醒的醉汉的步态会因相互搀扶受影响,但搀扶同行要

---

①　参见 Jevons, *Investigations in Currency and Finance*, London (Macmillan),
1884, pp. 331 – 333。

②　Cf. F. Y. Edgeworth, "Thoughts on Monetary Reform," (British) *Economic
Journal*, September, 1895, p. 449.

比独行稳当[1]。

脚注的表格显示,在 17 世纪和 19 世纪,两种金属产量的不稳定性大致是一样的。在 18 世纪,金产量要比银产量稳定。在 19 世纪前半叶银产量要比金产量稳定,而在 1851—1890 年期间金产量更稳定。自此以后,银产量一直比金产量稳定。总的来说,金产量和银产量的变化实无太大差别,不相上下。

因此,复本位制若可以维持,就可以为价格水平的变化提供一个中立性的救治方案。但是,总是有人持先前已解释过的反对派观点,认为复本位制可能瘫痪。前文已经阐明,不论两种金属流通的比例是多少,有时候一种金属的产量非常富足,乃至完全填满了货币储水池,将另一种金属挤出流通市场。出现这种结果可能是一个漫长的过程,但实际上总有一天会发生。

还有一个更重要的反对理由尚需解释。正如通常指出的,由

---

① 我的一个学生摩根·波特(Morgan Porter)先生计算了金和银产量变化的百分比,下表具载的是他从每一期平均产量计算出的产量的平均变化百分比。

时期	金产量的变化%	银产量的变化%
1601—1701 共计 5 期,20 年一期	7.8	7.7
1701—1800 共计 5 期,20 年一期	15.6	27.4
1801—1900 共计 5 期,20 年一期	69.0	67.0
1801—1850 共计 5 期,10 年一期	52.4	22.3
1851—1885 共计 7 期,5 年一期	8.1	40.8
1886—1890 共计 5 期,1 年一期	5.9	10.5
1891—1895 共计 5 期,1 年一期	13.3	6.3
1896—1900 共计 5 期,1 年一期	12.3	3.4
1901—1905 共计 5 期,1 年一期	10.7	1.9

第十三章 使货币购买力更稳定的问题 *301*

于复本位制会大大高估两种金属之一的价值,采用复本位制的第一个重要结果不是稳定物价,而是扰乱物价,颠倒债权人和债务人的关系。虽然过度高估一种金属的价值不是复本位制必需的特征,但这一特征却使复本位制一直受到政治的欢迎。因此,最近二三十年来美国提倡的复本位制一直过度高估银的价值,规定 16 盎司银的流通循环相当于 1 盎司金,而此期间多数时候 1 盎司金流通的等价物实际上需要 30 或 35 盎司的银。银定价过高意味着银会从墨西哥、印度、中国和其他银本位的国家向美国输入,也意味着美国将采掘、铸造更多数量的银,使得银币迅速大幅度贬值。在 1896 年的"银币的自由铸造"论战中,一幅漫画对此提议做了微妙的讽刺。漫画描绘的美国是一艘正在漂过尼亚加拉瀑布(Niagara Falls)的帆船,意欲抵达瀑布下方的平稳水域航行——只要这艘船能经受住瀑布湍流的冲击!

自从货币本位制有了政治动力后,复本位制是唯一能使之稳定的方案,即使复本位制在最终稳定本位币效能上的美誉远不及它立马使本位币不稳定的恶名。我们现在继续讨论那些从未进入实际提案的仍然是纯学术性的各种计划。

第一种是多本位制(polymetallism),是复本位制的推广。复本位制采用的是两种金属币的同时流通,多本位制原理采用的是两种以上的金属同时流通。只要能维持多种金属同时一起流通,价格水平波动的程度自然要比只有一种金属流通小。但是,所有理论上反驳复本位制的观点,也适用于反驳多本位制。如果多本位制是国际性的,最终一种金属将所有其他金属驱逐至国境以外,或迫使这些金属流入工艺用途。

第三节　其他解决方法

由于认识到反驳复本位制（及多本位制）各种理由的效力，马歇尔教授提出一种替代制度，称为平行本位制（混合本位制 symmetallism）。按照混合本位制方案，两种金属或两种以上的金属在物理上拼接一起，共同构成一枚铸币或"混铸的条块"（linked bars）。显然，货币可由各种金属按任何比例混铸，这样任何金属都不可能将其他金属挤出市场流通之外。混铸币的价值是其两种构成金属的价值之和，它的波动也是两种构成金属价值波动的平均数[①]。

此外还有许多其他方案提出的合铸各种金属的币制。其中，斯托克斯（Stokes）和赫兹卡（Hertzka）提出的"联合本位制"（joint-metallisms），也属于复本位制，只是两种金属铸造的比例不是固定的，而是可变的。瓦尔拉斯（Walras）主张的方案[②]属于配有"银调节器"（silver regulator）的金本位制，不过是一种跛行金本位（limping standard），目前正施行于美国、法国和印度，其特点是流通中的银的数量是不固定的，而是由政府加以系统的控制，以确保物价稳定。但是，跟复本位制和混合本位制一样，这些币制提供的救治方案充其量也只是部分奏效。比如，按照瓦尔拉斯的方

---

①　参见 F. Y. Edgeworth, "Thoughts on Monetary Reform," (British) *Economic Journal*, September, 1895, p. 448。

②　参见"Monnaie d'or avec billon d'argent régulateur," *Revue de droit international*, December, 1884; reprinted in *Études d'Économie politique appliquée*, Lausanne (Rouge), 1898, pp. 3–19。

第十三章　使货币购买力更稳定的问题　303

案,为保持物价稳定,可能需要将银的数量减少至零,自此以后银不再可能发挥调节作用;或者可能需要银增加很多的数量,乃至将金完全排挤,自此之后币制不再是金本位,而变成了不可兑换的银本位。最糟糕的是,在已提出的救治方案中,每一种币制都有可能发生不明智的、不诚实的政治操纵的危险。

确实,政府若已提出明确的目标,诚实的货币供给调节可以维持价格水平近乎绝对的稳定。一个看起来可尝试的简单方法是,不兑换纸币的数量按照交易量增加的一定比例发行,使流通中的货币总量乘以流通速度之积,在任何时候和总交易量都有相同的比例关系。如果能维持这种关系,维系公民的信任,即可认为问题已经解决。

但经验教训是悲哀的,不兑现纸币虽在理论上能保持物价稳定,但实际上极易被操纵,造成物价波动。几乎在每个国家,都有一个由债务人和类似债务人的阶级构成的党派,他们赞成货币贬值。因此,一种维持物价稳定的方案,随时都有可能变成引发通货膨胀的动议。只要政府控制的纸币和金银无任何关系,过量发行 329 的口实就难免令人担忧。

即使和平时期可以阻止不断请求增发纸币的动议,但战时能否抵制就难以预测。在战争期间,此类动议常列举许多冠冕堂皇的理由,尤以政府需要补给为著。美国在这方面的历史并不让人安心,因此,这类增发纸币的计划自然声名狼藉。确实,这些方案是如此的恶名昭彰,以致很多人不假思索地得出这样的结论:"数量论"一直是政府用以操纵物价的根据,故其基础必不稳健。不过,经验已经表明,人们忧心忡忡的祸害未必总是变成现实。

理论上政府可以保持价格水平更稳定的另一种方法是:限定本位币只能用贵金属铸造——比如金,再用铸币税制度调节这种货币的贵金属含量。因此,当金矿供给金的数量增加,金的价值趋于跌落,就以货币铸造税的方式不断提高铸币的费用,以此维持金币的价值。随着金块的价值变得越来越便宜,铸币税变得越来越高,提高的比例正好维持货币和交易量原有的比例关系,以此保持价格水平稳定。若日后金的年产量减少,导致金块的价值升涨,则反向操作这一政策就可以保持价格水平稳定。也就是说,逐渐减少货币铸造税,阻止通货价值增高。不过,和瓦尔拉斯方案的局限性相类似,以减少货币铸造税方法阻止金铸币升值的调节能力是有限的。铸币税绝不可能减少至零以下,货币绝不可能比铸造货币的金属便宜很多,因为铸币价值一旦比用以铸造的金属价值稍低,都会导致铸币被输出国外或被熔化成金块。在物价上升时期,以增加铸币税阻止金币贬值较为容易;在物价下跌时期,完全不可能以减少铸币税阻止金币升值[1]。

另一种保持物价稳定的计划是可兑现的纸币,即可随时兑付的纸币——不是兑付规定重量的金或金铸币,而是兑付规定的金的购买力。按照这种计划,纸币可兑付的金数应等于纸币规定的

---

[1] 关于法律禁止金币输出国外的影响,参见 Kemmerer, *Money and Credit Instruments in their Relation to General Prices*, 2d Edition, New York (Holt), 1909, p. 39 n. Cf. Kemmerer, "The Establishment of the Gold Exchange Standard in the Philippines," in the *Quarterly Journal of Economics*. Vol. XIX, 600 – 605 (August, 1905); *Second Annual Report of the Chief of the Division of Currency*, etc., 14, 15, 21 – 28; and "A Gold Standard for the Straits," II, in the *Political Science Quarterly*. Vol. XXI, pp. 665 – 677 (December, 1906)。

第十三章　使货币购买力更稳定的问题　　305

购买力。因此，一美元纸币可兑换的金的数量，和一盎司金的购买力成反比；一盎司金的购买力按可购买的商品量计算，而一美元纸币的总的购买力始终相同。纸币总是可以按购买力兑换金的事实，在理论上可维持价格水平不变。流通中的货币供给会自动调节，如果纸币增加过快，购买力降低，纸币就被兑换成金。因为按照这种币制安排，兑付的金数总是有相同的购买力。如果纸币越来越稀少，购买力上涨，人们就用有同样购买力的金的数量兑换纸币。

　　确实，这种币制就像简单的纸币本位制，容易被滥用——但在实际应用上有两个优点。其一是这种币制以金为基础，比纯粹的纸币本位制能获得更多的信任，同时不易找到滥用的借口和欺骗公众的机会。金铸币重量的任何变化都可以确切测量，重量增减是否合理，需向公众做出解释。若金币重量的减轻不能由物价的跌落完全解释，就等于公开承认货币贬值。

第四节　计表本位制

　　本章要考察的下一个币制方案是马歇尔教授和英国科技进步协会委员会(the Committee of the British Association)倡导的计划[①]。它实际上是计表本位制，曾由洛邑（Lowe[②]）、斯库普（Scrope[③]）、

---

　　①　参见 *Report of the British Association for the Advancement of Science*，1890，p. 488，containing a draft of a proposed Act of Parliament for this purpose。

　　②　*Present State of England in regard to Agriculture*，*Trade*，*and Finance*. London，1622.

　　③　*Principles of Political Economy*，London，1833，p. 406.

杰文斯（Jevons[①]）和其他人提议并讨论过。相对而言，这种本位制不太受特别立法的影响。计表本位制需要通过一项立法——起初只是容许的态度——规定合同价款可用指数表示。这样一项法律并不是**必要的**，但可引导人们注意指数方法。英国的货币将继续被用作交换媒介和价值尺度，但不用作所有延期支付的标准。按照这项法律的规定，延期支付标准是一般物价的指数。包含延期支付债务的合同，在需要时可要求兑现一定数量的购买力，或者照指数的变化同比例地兑换货币数量。为便利这种兑换，政府最好是创设一种权威认可的指数制度。但政府的作为到此为止，不必再有更多的行动。政府的目标不再是维持价格水平的绝对稳定。金或银或两者同时用作本位币，其价值随构成的金属涨跌。但以指数为标准签订的合同不受影响，因为合同价款是按指数计算的。这种计划无疑要遭遇诸多的反对[②]，但却受某些阶级的极力欢迎[③]，比如那些"靠收入为生"的人当然希望保障他们的收入有稳定的购买力。遗孀、财产受托人或其他长期的投资者，宁愿购买能保证每年的收入对生存资料有稳定购买力的债券，而不愿购买那些只承诺支付一笔价值不确定的固定金额的债券。[④] 已有的几个

---

　　① *Investigations in Currency and Finance*，London（Macmillan），1884，p. 122；also *Money and the Mechanism of Exchange*，London（Kegan，Paul），1893，Ch. XXV.

　　② Cf. Francis Walker，*Money*，New York（Holt），1891，pp. 157－163.

　　③ 参见 Joseph French Johnson，*Money and Currency*，Boston（Ginn），1906，p. 175。

　　④ 此处所指的两种债券，前一个指浮动利息债券，后一个是固定收入债券。——译者

先例，至少暗示了新指数制度的端倪。在英国，宗教"什一税平均数"（tithe averages）的大小一直随谷物的价值变化，故什一税实际上是以谷物计算、而非以货币计算的。再如苏格兰施行"市场价"（fiars prices）已逾二百年，目的和宗教捐税相类似，规定地租契约按谷物数量签订，但以货币支付谷物价款①。

上文已说明，政府的目的虽在为签订合同建立一种指数标准，但不必采取刻意的措施。将计表本位制用作衡量价值的标准的计划，可随时由私营缔约各方开始。一些计表本位制指数业已时兴起来，比如沙伯克（Sauerbeck's）指数或劳工局指数（the Bureau of Labor's）指数，皆已用为价值的标准。总的来说，这类试验的结果若能令缔约各方满意，其他人就可以跟随仿效。除非另有规定，合同首先被解释成是以货币作为计算标准签订的。因此，若合同以指数作为计算的标准，就必须包含明确的限制性条款。不过，等到以指数为计算标准的合同变成普遍的形式时，就可以立法规定，除非合同特别规定付款用其他标准计算外，所有合同皆以指数作为付款的标准。

要注意的是，无论付款以指数作为计算标准的合同形式变得多么普遍，都不能打消人们需要一种能适应商业的季节性变化的弹性通货的愿望。比如，工资、许多其他物价的季节性调整就非常困难。人们习惯上倾向设立一种标准，能使各个季节的物价保持不变。由于有些季节的商业要比其他季节繁忙，所以除非信贷亦

---

① 参见 Edgeworth, *Reports of the British Association for the Advancement of Science* for 1888, p. 182。

有扩张,否则市面就会发生货币紧缺。可见,我们亟须一种能为信贷扩张提供便利的有弹性的银行业务制度。

按价格水平签订合同的制度,目的不是直接阻止价格水平的波动,而是防范介入商业交易的投机因素引发的价格水平波动。但这种制度有一个附带结果,价格水平的波动会比以前放缓。由于按价格水平签订合同消除了贷款需求异常骤增剧减交替发生的原因,不再刺激信用循环,信贷扩张与收缩的波动变小,因此各种价格水平受其影响的程度较之前减轻①。即使发生了物价暴跌的商业危机,也不会像现在这么剧烈。目前,贷款必须按规定的货币金额清偿,而不论这笔资金清偿时可购买的商品和签订贷款合同时能购买的数量相比增减如何,也不问借款人为筹措这笔偿还资金必须变卖的商品是多少。当物价已跌落时,他必须照借入的货币数量偿还现金,但偿还的货币价值按商品计算较之于此前物价处在高位时已上涨,无力偿还是常有的结果。由于普遍的不信任,信用通货会进一步紧缩,萧条景象愈加严峻。若按购买力计算须偿还的贷款,则情形截然不同。跌落的物价既不会令借款人受损,亦不会让放贷者得益。

总体来看,"计表本位制"似乎有真正的优点②。尝试"许可的"法律条文,当然不致严重的错误。但计表本位制遭到的反对若非致命,亦极为严重:一个事实是它必须不厌其烦地将货币换算成

---

① 参见 Jevons, *Money and the Mechanism of Exchange*, London (Kegan Paul), 1893, p. 333。

② 参见 J. Allen Smith, "The Multiple Money Standard," *Annals of the American Academy of Political and Social Science*. March, 1896。

第十三章　使货币购买力更稳定的问题　　309

指数计算，会丧失对公众的吸引力，不能保证任何政府完全采用；另一个遭遇的反对是，"计表本位制"若部分采用，实际上会加重自身旨在救治的许多弊病，非但无助于反而阻碍它的使用范围的扩展。任何一个国家若完全采用记表本位制，就会使自己在商业上处于孤立的不利地位，再次出现不确定的国际汇兑率，带来诸多不便；任何一个国家若仅部分采用记表本位制，也会发生类似的诸多不便。商人查看各种账目，自然宁愿采用统一的记账标准，而不是相互抵触的两种方法。正像抱怨用金和用银的两国在国际贸易上用两种不同的标准记账，他们也以同样的方式、同样的理由反对这种双重标准记账方法。商人的利润只是收入与支出之间的微薄差额，如果收入与支出**两项**都以记表本位制计算，他的利润就要比两项都以货币计算稳定。如果他以指数为计算标准支付利息与工资等费用，同时收入却仍以金币计算，则他的利润的波动幅度就要比收支两项，或者所有账目都以金币计算大得多。事实上，两种记账标准稍有偏差，商人的预期利润就可能变成亏损。恰如中国与美国之间的商品进口商或出口商，汇率稍有变动就可能让他的利润化为乌有。无论哪一种情况，商人都宁愿采用同一个标准计算账户的两边，即使这个标准已有变动；而不愿一个账户采用两个标准，其中一个标准已发生变动。这是因为他的利润是从账户每一项两边的差额计算的，两边必须采用同一标准，而和任何一边的稳定性没有关系。正是为了避免两种标准的种种弊病，经过长期的争论和试验后，印度、菲律宾、墨西哥、海峡殖民地（Straits Settlement）、暹罗（泰国）和巴拿马才采用了现今的金汇兑本位制。

第五节　我们的提议

说起金汇兑本位制，令我们想起本书在此尝试提出的一个计划，或许有一天不只被视为可行，亦为可取。这项提案需要将记表本位制和金汇兑本位制的原理结合起来。

我们已经简要叙述了金汇兑本位制，多处提及其他更详尽的参考资料。金汇兑本位制看起来是一种以金兑换，或部分兑换本国货币的兑现制。实际上施行此种制度的国家自身不必有存金。因此，甚至在需要金输出至美国纽约时，菲律宾政府也无须在国内以金兑现银比索（silver peso）。相反，菲政府在纽约设立金储备，只用对此存金发行的汇票"兑现"菲律宾比索。由于汇票可以寄至纽约，故起了为出口兑现金的作用。汇票的售价包括汇价的升水，和寻常超过"黄金输送点"的点数大约相等。菲政府向菲律宾商人征收的这笔额外费用，就是将金运至纽约的运费、保险费加其他费用。

很明显，金汇兑本位制只是一种名义上的兑现制度（redemption system），实际上是一种银币操作制度。遵照此法就可以阻止银币价值过度偏离对金的汇兑平价，使偏差之数不致超过金本位各国之间汇价的正常升水。操作方法是当汇率上涨，超过汇兑平价至某一点时，就紧缩货币供给；当汇率下跌，低于汇兑平价某一点时，就扩张货币供给。紧缩货币的方法是把汇票卖给国外的商人，将所得的货币回笼入库；扩张货币的方法是释放库存货币至市场流通，或在必要时增铸货币。

第十三章　使货币购买力更稳定的问题　　　*311*

金汇兑本位制的成功运行,不只高估银币的金属含量的价值,实际上也必须如此。事实上,在菲律宾,人们发现必须把银比索的重量从 374 格令(grains)减少至 247 格令,才能让它们继续在市场流通。如果银的铸币价值和条块价值没有差额,调控银比索流通的能力就只能是一个方向——紧缩货币供给;有了这种铸币价和条块价的差额,调控的能力就不只是紧缩比索流通量,也能扩充它的流通量。

一旦大家习惯了这种做法,即使进一步减轻银铸币的重量,或者实际上代之以纸币,金汇兑本位制将依然行之有效。因此,说到底,金汇兑本位制和目前奥地利正在施行的纸币制实际上是同样的本位制。在奥地利,纸币实际上是不能兑现的,以出售对伦敦英镑的汇票的方式维持它的票面价值。

维持铸币的金属条块含量的价值低于它用作铸币的价值,不仅能防止银币被熔化和输出,避免控制它们的数量与价值导致的损失,也有节约贵金属使用量的优势。事实上,菲律宾减轻比索重量是一种筹资的手段,用以支付维持金储备费用、创设和运行金汇兑本位制的其他费用等开销。

起初,人们以颇为怀疑的心态看待金汇兑本位制。赞成者在宣传时,除说它是一种实用的权宜之计,提供了由先前已有的币制顺利过渡至金本位制的方法,不会对经济造成冲击或引入新的铸币外,几乎不敢宣扬金汇兑本位制还有其他更优越的功用。

但金汇兑本位制施行的结果却非常令人满意。我暗自发问,这样的结果是否已然超出金汇兑本位制创设人士的期望。此制虽然和以政府信用为根据的货币制度极为相似,但绝少乃至全无公愤与猜疑。尽管金汇兑本位制和政府的不兑现纸币制极其密合，其相似处只是表面的，但公众对不兑现纸币制的憎恨与怀疑，现在却和此制没有丝毫的联系。维持金汇兑平价是如此简单，施行此制又绝无舞弊情形，乃至起初最强烈的反对者现在也似乎倾向默默地予以信任。确实，在任何可以想象的情况下，也没有理由担忧金汇兑本位制被滥用。

实际上已经筹建起来一种新形式的政府机构，像造币厂一样，可完全委任以执行货币调控的各种职能。既然如此，似乎没有理由不扩大金汇兑本位制。众所周知，一直以来，金汇兑本位制采用的官价汇率是相当主观任意的，明显可以随时变动。英国和印度本位制之间的官价汇率是 1 卢比可兑换 16 便士，很容易变成 1 卢比可兑换 15 便士或 17 便士，逐渐地再度上涨或下跌。通过改变这种金法定平价，那些正在实行金汇兑本位制的国家必要时就可以按指数标准维持货币的汇兑平价。因此，一旦可以用指数确切地测量金本位货币的价值的变动，也就能测量对应的官价汇率的变动，或者测量按金计算的卢比价格的变动。

按金汇兑本位制目前的运行情况论，操纵货币数量是为了维持货币对金的汇兑率，即无论金价如何变动，货币数量都随金价的涨跌而增减。因此，可以看到这样的景象，印度和其他先前实行银本位的国家，虽然有能力以完全相同的方式维持其货币价值的稳定，现在却致力于改用金本位制，不论金价如何变动，都采用无规律的忽高忽低的金汇兑标准。

不过，我暂时不建议这些国家应弃用和金本位制国家的官价汇率。虽然赞成这样一种做法的理由甚多，但前已述及，它在很大

第十三章　使货币购买力更稳定的问题　　　313

程度上将再度引发不稳定的国际汇率，是一步倒退。现在亟需的是引导整个文明世界仿效金汇兑本位制国家的做法，采用记表本位制。目前，这些金汇兑本位制国家有调控价格水平的能力，而金本位制国家自己反倒没有这样的能力，并非反常。因为后者按现行币制的性质，须完全听任黄金采掘量的多少和冶金术的高低等偶然性的摆布，前者则可随意维持或改变对金本位国的官价汇率。

　　但显然，金本位制国家完全可以如法效仿银本位制国家。也就是说，停止自由铸造金币，必要时减少金铸币的重量，创设金汇兑本位制。尽管由于金价正在贬值，很可能没有必要减轻金铸币重量。然后，金本位制各国可完全仿效菲律宾和其他国家操作金汇兑本位制的成法，施行一种汇兑本位制。

　　为了说明这一点，不妨先假定有一个国家，譬如奥地利继续实行金本位制，而英国、德国、法国、美国和其他世界主要国家关闭了铸币厂，停止自由铸造金。那么，这些国家就可以利用对奥地利的汇兑平价（变动的）维持他们的金汇兑本位制。通过不时适当地调整汇兑平价，整个商业世界除了奥地利皆可维持货币购买力的稳定，而不是听任它跟随金价的波动涨跌。届时，印度和英国之于奥地利的关系将和现在印度之于英国的关系一样。但即使像奥地利这样一个国家，也不一定遭遇商业世界的孤立或疏远。实施此制时，应包括一切有关系的和有足够兴趣签订加盟协议的国家。由于奥地利充当金本位国家，世界上所有其他国家调整汇兑平价，皆应以奥地利货币计算，但奥地利不致因之牺牲自己的利益，他可以通过买卖金调整本国的货币量。换言之，印度和菲律宾是通过买卖对国外存金的汇票的方法来调控货币供应量的，奥地利则是通过直接买卖国内存金的方法调控本国的货币供给量,两种操作皆属同一原理。也许能堪此任者,非奥地利莫属,因为长期以来奥地利为维持本国不兑现纸币和金的固定比价,一直非常彻底地施行此制。倘若签订了适当的联盟协约,奥地利维持的纸币官价汇率,就不再按固定数量的金计算,而是按有固定购买力的金的数量计算,方法就是按调整过的物价水平买卖金块。要紧缩货币供给,就出售金块回笼基尔德(gulden:奥地利货币单位);要扩充货币供给,就用基尔德购买金块。其余各国可以用现时印度维持对英国的汇兑平价的方法,或按上文提议对奥地利用完全相同的方法,维持各自对奥地利的或彼此间的汇兑平价。事实上很明显,以出售国外汇票的方式维持汇兑平价,或以货币直接兑换金块的方式维持汇兑平价,归根结底是一回事。

为了有效运行这种国际货币兑换制度,不妨设想我们有三种独立的职责:(1)完全效仿目前菲律宾实行的金汇兑本位制,由外汇管理局(Foreign Exchange Office)履行维持对奥地利基尔德的汇兑平价的职责;(2)同样,调控至少一个国家,比如奥地利的货币供给的职责由货币管理局(the Bureau of Currency Regulation)履行。方法是遵从公众的自由选择,按照官方法定价格买卖金块。金块的法定价格根据下文介绍的统计局的决定随时调整;(3)根据价格水平确定金的法定价格。譬如,可以在海牙设立一个国际统计局(An international Statistical Office),以纯粹文书的方式履行这一职责。国际统计局的责任是经常确定价格指数,然后用该指数去除金的市场价格。

例如,金汇兑本位制施行一年后,如果统计局发现物价已经上涨 1％，可向货币管理局递交正式的说明书，调低金块的官方法定价格，使之比金块原先的市价低 1％多，以此抵消物价的升涨。新定的官方金价既低，公众自然购买政府的金块，交付货币。如此一来就紧缩了货币供给，一般物价就会持续跌落，直至公众不再向政府购买金块，或政府宣布新的官方法定金价为止。如果新定的官方金价高于金的市价，政府就变成了金块的购买者，自动重新投放先前收回的货币，或在必要时发行新币。

照上面勾勒的计划，政府只须规定一种金价，随时准备按单一价格买进或卖出金块。不过，如果政府规定**两个**差额极小的金价，高者为售卖价，低者为收买价，就可以享有诸多实际利益。两种金价的方法是李嘉图（Ricardo）提议的[1]。前文说过，金汇兑本位制也用两种金价表示金的"输入与输出点"。奥地利的纸币，虽常被称为是不兑现的，却能用同样的方法维持其与金的比价。奥匈银行（Austro-Hungarian bank）随时按每千克金 k. 3278[2] 克朗的比价收购金块，而以略高的比价出售对伦敦金的汇票。

可以看出，这里提议的币制方案不过是重新组合业已分别独立施行的币值操控方式，使之融合为一个有效的整体，并不要求世界各种货币的革故鼎新。也就是说，该方案要求(1)计算指数，如现在美国劳动局（Bureau of Labor）编制的；(2)买卖国外汇票，效仿现时菲律宾政府的做法；(3)买卖金块，效仿现在奥地利调控货

---

[1] *Proposals for an Economical and Secure Currency*, 2d Edition, London (Murray), 1816, p. 26.

[2] 参见 L. V. Mises, "The Foreign Exchange Policy of the Austro-Hungarian Bank," *Economic Journal*, June, 1909, p. 201。

币的方法;(4)定期调整金的汇兑平价,像印度、菲律宾、巴拿马与墨西哥开始实行金汇兑本位制时的情形。唯一可称为新增的专项职责,是定期调整金的汇兑平价。但不应认为这是货币价值波动的原因,因为它的唯一目标就是阻止我们现在蒙受损失的币价波动。在此拟议的币制方案里,无论是定期调整金的汇兑平价还是任何其他业务,都不需要改变流通媒介。每个国家原先熟悉的货币,不管是金币、银币、还是纸币,仍继续沿用,庶民百姓也察觉不到任何变化。

维持金汇兑本位制的费用虽一直甚微,但维持在此拟议的货币制度的费用,无论所需多少,和它将要贡献给整个文明世界的利益比较,实乃不足计较。

这种币制方案会产生一种极易获取的附带利益,就是国民经济提议重新调整各国铸币的比较价值,因为第一次调整国际的货币汇兑平价时,自然要规定一枚英国金铸币(价值1镑)等于5美元,一卢布等于50美分,一日元等于50美分,一荷兰弗罗林(Florin)等于40美分,一马克等于25美分,一法郎等于20美分,一奥地利克朗(Crown)等于20美分,一葡萄牙克朗等于10美分。

上面概述的币制方案,考虑最多的是以买卖金块的方式调控世界货币。当然,银块或任何其他商品也可以充当货币。和普通商品比较,充当货币的商品的变动越少,重新调整兑换率的需要就越小,政府买卖这种商品的活动就越少。

反对这种币制的理由无疑很多,但严厉程度似乎都不及已有的反对采用金汇兑本位制的理由,而事情的发展已经对抵制采用金汇兑本位制的问题给出了圆满的解答。事实上,按联盟协约信

第十三章　使货币购买力更稳定的问题　**317**

任奥地利能依照指数维持基尔德对各种商品的理想平价，和信任他能像现在一样维持克朗对伦敦存金的稳定汇兑率相比，或者和信任印度、墨西哥、巴拿马或菲律宾政府能维持估价过高的银与金的平价相比，似乎都不会有更大的危险。和联盟协约币制关系密切的职责都是文书记录性的，要求的工作也是具体明确的。各种未能严格遵守法律或协约的背离行为，将被立刻识破；依照犯规的国际严重性，背约方也会受到盟国的诉责与惩罚。这种币制不要求也不容许依照主管职员的判断，试验性的定量投放流通货币。主管职员调控流通货币，只能按其他人规定的具体价格买卖金块，而且买卖金块的决定必须符合公众的意愿。他的选择权不比只按客户指定的价格照订单为之买卖股票的经纪人多，也不比他的原型——现在买卖外汇的菲律宾的官员多。统计局的编制工作需以公开的市场价格为基础，且必须在当天完成编制，如此自能减少滥用职权或信息欺诈之弊。

这种币制方案不仅能免除个别主管职员管理失误的可能性，似乎也能完全防范通货膨胀论者立法的危险。没有一个国家能滥增货币而不致被摒于国际同盟之外，使自己处于孤立境地的。而完全不能想象的是，世界上所有的文明国家都自动地、不约而同地犯通货膨胀立法的愚策。

但是，在对价格水平施行任何管制前，公众必须认识这种管制的必要性。只要普通老百姓甚至商界人士还未意识到每天都要受货币价值变动不定的影响——一个他们不甚措意、毫不察觉的事实——他们绝不会努力要求阻止这种变动。他们是币价变动牵涉的利益的主要当事人，币制改革过程的第一步就是让他们理解稳

346 定货币购买力的各种利益①。非至彼时，任何政治上的币制改革提案皆是揠苗助长。

第六节 本章总结及结论

本章开篇首先回顾了决定货币购买力的诸种原理，和各种与之有密切关系的实际问题。其次讨论了各种避免货币购买力变化之弊的可能方法，提出最可行的最重要的方法就是增广知识——关于具体情况的专门知识和关于各种原理的一般知识。再次，开篇考察了复本位制与多本位制维持价格水平稳定的机制，阐明没有方法可以保障两种或更多的货币金属照议定的比例永远在市场流通；并指出即使有这样的方法，其稳定物价的得益也可能是微不足道的。后一个反驳理由也被用来批驳平行本位制（合铸本位

347 制）——此制主张用两种或两种以上的贵金属合并铸造本位币——和联合本位制（joint metallism）。

接着，本章讨论了为保持价格水平的稳定，政府按商业的需要

---

① 最近流行的一本小册子 A. C. Lake, *Currency Reform the Paramount issue*, Memphis (28 N. Front St.), Tenn.。该书提议停止金币的自由铸造。正如我写的那样，已有其他证据表明，金铸币不是一种稳定本位的思想，已传播至学术界之外。当然，生活费用的急剧增长，刺激杂志与报纸出版社关注这个话题。在最近的一次采访中，爱迪生（Edison）先生预言，由于发现了从某些南方黏土大量提炼金的廉价方法——或迟或早的事情——金价将进一步跌落。他提了这样一个切中要害的问题，"如果你拥有的东西像我们的价值尺度一样，唯一真正的用途是为画框镀上金边或镶牙，不是很荒唐吗？"卡内基（Carnegie）先生在向华盛顿卡内基基金会捐赠最后一笔 1000 万美元时，在协议中规定，为抵消"日渐缩小的货币购买力"，只有一部分赠款收入可预留为偿债基金。此例的意义有如前述诸例，商界人士实际上已经承认金币制的不稳定性。

第十三章　使货币购买力更稳定的问题　　　319

可用以调控货币量的若干方法。一种方法就是将不兑现的纸币用作本位币并调控其流通量;另一种方法是以变更货币铸造税的费用来调控金属货币的供给量;再一种方法是发行随时可以兑现的纸币,但可兑换的本位贵金属的数量不固定,而是照不变的价格水平随时计算出的数量兑现。最后讨论了著者提出的方法,结合记表标准采用金汇兑本位制。

本章最后提议,着手此番势在必行的币制改革的第一步,是劝告芸芸众生,尤其是商界民众研究币值稳定的问题,让他们认识到,目前照货币计算的合同的投机性实际上和出售期货的投机性无异——即以货币计算的合同实际上是一种期货贩卖。

关于币值知识的必要教育一旦付诸实施,就有机会按照公众的期望和时代的经济状况筹划控制货币购买力的各种方案。不过,所有这些都是将来的事情。目前,除了阐明应注意的问题及其解决的各种原理外,似乎别无良策。希望现在这个仅被认为是学术性的问题,在适当的时候成为激烈争论的焦点。

对上述"美元的标准化"的币制方案更详尽的解释,建议读者阅读本书之后诸页。

348

附录一　第二章的参考

第一节 平均数的概念
（第二章第三节的参考）

无论是在理论上还是在实际中，平均数的问题都很重要。但对经济学的读者而言，论述平均数主题的文献是如此之少，有必要在此简要叙述其基本原理[①]。

平均数的种类极多，有算术的、几何的与调和的三种，此三种又有许多不同的分类。求一组特定数列的简单的算术平均数的方法，是把各项数目相加求和，再除以项数。譬如，要求 2 和 8 的平均数，明显的方法是

$$\frac{(2+8)}{2} = \frac{10}{2} = 5。$$

这种平均数在实际中是最常用的。

求简单的几何平均数的方法，是将数列的所有各项数字彼此相乘，再将乘积按项数开方求根。因此，2 和 8 的几何平均数是

---

① 对某些统计学平均数的讨论，参见 Dr. Franz Zizek, *Die Statistischen Mittelwerte*, Leipzig (Duncker & Humbolt)，1908。从该书第 2 页可查阅更多的参考书。

$\sqrt{2 \times 8} = 4$。

一组特定数列不管有多少项数,其**简单的调和平均数**是各项倒数的算术平均数的倒数,故 2 和 8 的调和平均数是:

$$\frac{1}{\dfrac{1}{2} + \dfrac{1}{8}}{2} = 3\frac{1}{5}。$$

加权算术平均数(weighted arithmetical mean)是修改了的简单算术平均数。假定要求一高一矮两组树的平均高度,其中高树组高 8 码,矮树组高 2 码。那么如上所算,简单的算术平均数是 5,即两组树平均高 5 码。这意味对两组树是一视同仁的,两组树的个数是一样的。不妨再假定高 2 码的树组有 20 株树,高 8 码的树组有 10 株树,试求两种高度的平均数,使其概括每株树的高度。在这个平均数中,20 株矮树的权重必是 10 株高树的两倍。如果我们求 30 株树的简单的算术平均数,就可以概括每株树的高度。但是,这种 30 株树高度的**简单算术平均数**一定是两组树高度的**加权平均数**。方法是将两组树所有树的高度相加,20 个 2 码加 10 个 8 码,再除以两组树的个数(20+10),亦即平均高度是:

$$\frac{20 \times 2 + 10 \times 8}{20 + 10} = 4 \text{ 码}。$$

这个商被视为两组树高度的平均数,不是 30 株树高度的平均数。它是 2 码与 8 码两种高度的加权平均数,2 码的权数是 20,8 码的权数是 10。此两组树高度的加权平均数就是 30 株树高度的简单平均数。换言之,当我们给不同的平均项赋以"权数"时,不再分别逐个计数这些项的大小(高低),而只认为某一项有 20 个,另一项有 10 个,每种平均项的个数就是该项的"权数"。同样的方法也用来定义加权几何平均数和加权调和平均数,譬如,采用上述同一例,若以加权几何平均数计算,则树的高度为:

$$\sqrt[30]{2^{20} \times 8^{10}} = 3.175$$

若以加权调和平均数计算,则树的高度为:

$$\frac{1}{\dfrac{20\left(\dfrac{1}{2}\right) + 10\left(\dfrac{1}{8}\right)}{(20 + 10)}} = 2\frac{2}{3}$$

在计算上面两种平均数时,若不用 20 与 10 为权数,而是用 2 与 1 为权数,我们会得到同样的结果。

既然平均数的种类如此多,接下来的问题是:平均数的一般含义是什么? 答案是:任何一组数列的平均数都必然能从数学公理求出,其公理为:若任何一组数列的各项皆相等,则其平均数必与各项皆相等(即一组各项相等的数列的平均数必与数列各项相等)。任何求平均数的公式,都必须符合这一条件。

我们知道,a、b 与 c 的简单的算术平均数 A 的计算公式是:

$$A = \frac{a + b + c}{3} \, 。$$

不难看出,这个公式是符合上述条件的。只须用 A 代替 $\dfrac{a + b + c}{3}$ 中的 a、b 与 c 各项,可得 $\dfrac{A + A + A}{3}$,其得数显然是 A,因此符合上述条件检验。

同理,a、b 与 c 的简单的几何平均数 G 的计算公式是:

$$G = \sqrt[3]{abc} \, ,此公式符合平均数的条件检验,因为 G = \sqrt[3]{GGG} \, 。$$

类似地，a、b 与 c 的调和平均数 H 的计算公式是：

$$H = \frac{1}{\dfrac{\dfrac{1}{a} + \dfrac{1}{b} + \dfrac{1}{c}}{3}}$$

此式符合平均数的条件，因为

$$H = \frac{1}{\dfrac{\dfrac{1}{H} + \dfrac{1}{H} + \dfrac{1}{H}}{3}} \circ$$

进一步，若求 a、b 与 c 的加权算术平均数 A_w，其权数分别是 α、β 与 γ，则 A_w 的计算公式是：

$$A_w = \frac{\alpha a + \beta b + \gamma c}{\alpha + \beta + \gamma}$$

这个公式也符合上述条件的检验。因为很明显：

$$A_w = \frac{\alpha A_w + \beta A_w + \gamma A_w}{\alpha + \beta + \gamma} \circ$$

运用这个普遍的公理，我们可以任意制造出无数种类的平均数。方法是将公式重写一次，先用有待平均的各数，后用所须求出的平均数，最后将两者列成一个等式即可。在此，不妨采用一个更复杂的公式予以说明。将代数式

$$\frac{(a + a^2 + Ka^3)(b + \dfrac{3}{ab})}{a + \sqrt[3]{bc}}$$

与同样形式的式子

$$\frac{(x + x^2 + Kx^3)(x + \dfrac{3}{x^2})}{x + \sqrt[3]{x^2}}$$

并列成一个等式,就可以得到一种新的求 a、b 与 c 平均数 x 的形式。由此方程式求出的 x 必能符合平均数的定义。因为用 x 代替方程式中的 a、b 与 c 各项,此等式即成为一种真理,表示拟求的各相等数 x 的新的平均数就是 x。

平均数概念有一种特例,要求给予特别的注意,即两个或两个以上的平均数不一定属于同一种类,但彼此是互相关联的。例如,当已知 B 为 $b_1 = b_2 = b_3 \cdots$ 的平均数,要使 A 成为 $a_1 = a_2 = a_3 \cdots$ 的平均数,则只须有一个计算的公式表明,若 $a_1 = a_2 = a_3 \cdots$,且同时有 $b_1 = b_2 = b_3 \cdots$(按假定,其中每一个数都必定等于 B)时,则 A 也将与 $a_1 = a_2 = a_3$ 等各数相等。本书第十章在构造指数时,列举了许多诸如 A 与 B 成对的平均数的种类,下面是一种简单的平均数:

若 $nAB = a_1 b_1 + a_2 b_2 + a_3 b_3 + \cdots$,且 B 为 $b_1, b_2, b_3, \cdots$ 的算术平均数,即

$$B = \frac{b_1 + b_2 + b_3 + \cdots}{n}$$

式中 n 为项数,那么 A 是 $a_1, a_2, a_3, \cdots$ 一种新的平均数;因为用 A 代替 $nAB = a_1 b_1 + a_2 b_2 + a_3 b_3 + \cdots$ 方程式中的 $a_1, a_2, a_3, \cdots$,用 B 代替其中的 $b_1, b_2, b_3, \cdots$ 各项,方程式是成立的。

第二节　流通速度的概念
（第二章第五节的参考）

货币的流通速度一直被界定为支出的货币量对平均储存的货

币量的比率,亦即周转率。周转率与普通的流通速度概念不同,后者认为流通速度是货币从一个人到另一个人转手的平均次数;而前者认为流通速度是某个人平均支出的货币量除以他手头平均存有的货币量的得数。这两个概念的区别和两种求铁路火车行驶速度的方法的区别极相似。求火车的行驶速度,一种方法是追随火车奔跑数英里,记下奔跑这段里程所消耗的时间;另一种方法是站在轨道旁边某个定点,记下整条火车经过该点耗费的时间。追随火车从一个地方奔跑到另一个地方,跟追随一枚铸币从一个人流转到另一个人相似;观察一列火车经过某一定点,类似于观察一个人的所有货币的周转次数。也许,可将这两种方法区分为"货币周转"(coin-transfer)法和"人手周转"(person-turnover)法。两种方法如果使用正确,得出的结果是一样的。但在使用货币周转法中,人们通常会忽略一个重要的区别,即货币的总流通量与货币的净流通量。因为要求出的是货币被用于购买商品的周转次数,不是用于"找零"的周转次数,结果就是每个货币为购买商品易手的次数,和每个货币随商品找回的次数的差。举例来说,如果用 10 美元的钞票购买商品,以零钱找回 2 美元,则为购买商品支出的实际货币量既不是易手的总金额 12 美元,也不是为购买商品支付的总金额 10 美元,而是为商品付出的净金额 8 美元。

在货币周转法中,如果需要知道两种货币的平均流通速度,比如 1 美元的铸币和 10 美分的铸币,则不仅要求出每枚铸币的净周转次数,而且要考虑两枚铸币购买商品次数的差异。假设一年中 1 美元硬币为购买商品易手 115 次,随商品找零 15 次,则净流通速度为 115 - 15 或 100 次；再假设一年中 10 美分硬币为购买商品易手 290 次，随商品找零 90 次，则其净流通速度为 290 - 90 或 200 次。在这种情况下，计算两种货币的平均流通速度就必须考虑他们不同面额的价值差别。1 美元硬币的价值等于 10 个 10 美分硬币的价值，因此，为计算真实的平均流通速度，即两种硬币履行媒介服务的平均数，就应该给 1 美元硬币的流通速度赋以 10 倍的权重，1 美元的 100 次净流通率等于 10 个 10 美分硬币的 100 次净流通速度。由此可得出两枚硬币的平均流通速度是：

$$\frac{10 \times 100 + 200}{10 \times 1 + 1} = \frac{1200}{11} = 109.1$$

计算结果与 1 美元硬币的流通速度非常贴近，但与 10 美分硬币的流通速度相差甚远。可见在运用货币周转法中，有了这两种避免错误的保障，所得结果和运用人手周转法计算的一样[1]。

还有一个与货币的流通速度有关系的因子，应该予以考察。这个因子可称为**平均周转时间**，亦即所有一定量货币周转一次所耗费的平均时间。它是流通速度的倒数。如果货币一年易手 20 次，则周转一次的平均时间是一年的 $\frac{1}{20}$，或者周转一次的平均时间为 18 日有余，此即货币的平均周转时间；如果流通速度或周转率是一年 40 次，则周转一次的平均时间是一年的 $\frac{1}{40}$，或者约为 9 日。或者，不考察所有一定量货币的直接周转，而是将之分解为构成单元，分部讨论。例如，假定一个人每日平均存有货币 10 美元，

---

① 关于此点的数学论述，参见本附录第五节。

每天支出 1 美元,则显然他每日周转其货币的 $\frac{1}{10}$。既然每日他周转平均存量货币的 $\frac{1}{10}$,就等于一年周转平均存量货币的总次数是 $36\frac{1}{2}$,或者每 10 日周转一次,**平均周转时间**是 10 日。倘若所考察的这个人有 1 美元钞票 10 张,叠放在钱包,每天从上面抽用一张,又给下面加存一张,则显然从这一沓子钱的底层到顶层,每一张钞票留存在他手上的时间皆恰好是 10 日。

第三节　各个 P、Q 与 PQ 的排列表
（第二章第五节的参考）

若分别用 q 和 p 表示商品的数量和物价,则不妨将一年分为无限多的时期,对这些相互继起时期的商品数量和物价,以 1、2、3 等下标注释在 q 和 p 的左边,以示区别;同时假定我们研究的社会有无数多的人,也以类似的 1、2、3 等下标注释在 q 和 p 的右边,以示区别。这样,第一人在第三时期购买的某种商品的数量就表示为 $_3q_1$,对应的销售价格表示为 $_3p_1$。表 14.3.1 中的两组排列表显示了商品数量和物价的整个系统。

刚才解释了排列表内各字母的含义。排列表外各字母的含义解释如下:Q_1 是第一人在各个时期所购买的所有商品的和,即购买的商品总量,故,

$$Q_1 = {}_1q_1 + {}_2q_1 + {}_3q_1 + \cdots$$

同样的定义也适应于 Q_2、Q_3 等。

表 14.3.1 商品数量及价格的排列表

表 1 商品数量　　　　　　　　　　表 2 物价

人	时　期			总量	人	时　期			平均数
	1	2	3			1	2	3	
1	$_1q_1$	$_2q_1$	$_3q_1\cdots$	Q_1	1	$_1p_1$	$_2p_1$	$_3p_1\cdots$	p_1
2	$_1q_2$	$_2q_2$	$_3q_2\cdots$	Q_2	2	$_1p_2$	$_2p_2$	$_3p_2\cdots$	p_2
3	$_1q_3$	$_2q_3$	$_3q_3\cdots$	Q_3	3	$_1p_3$	$_2p_3$	$_3p_3\cdots$	p_3
—	—	—	—	—	—	—	—	—	—
—	—	—	—	—	—	—	—	—	—
总量	$_1Q$	$_2Q$	$_3Q\cdots$	Q	平均数	$_1p$	$_2p$	$_3p\cdots$	p

$_1Q$ 是在第一时期中人购买的商品总量,等于不同的个人在该时期所购买的所有商品数量的和,故,

$$_1Q=\ _1q_1+\ _1q_2+\ _1q_3+\cdots$$

同样的定义也适应于 $_2Q$、$_3Q$ 等。

最后,Q 是所有个人在各个时期购买的商品量的合计,本书前述各章使用的 Q 也正是这种意义上的总计量。显然,

$$Q=Q_1+Q_2+Q_3+\cdots$$
$$=\ _1Q+\ _2Q+\ _3Q+\cdots$$
$$=\ _1q_1+\ _2q_1+\ _3q_1+etc.+\ _1q_2+\ _2q_2+\ _3q_2+\cdots+etc.$$

同样的定义也可应用于 p 排列表外各字母,但在此处,排列表外各字母是排列表内各字母的平均数,不是和或总数。我们最好从表示 pQ 的第三组排列表或中间排列表求出这些平均数,因为 pQ 代表购买商品的货币价值。

上述 pQ 第三组排列表或中间排列表内容如下:

表 14.3.2 支出额 pQ

人	时 期			总量
	1	2	3	
1	${}_1p_1\,{}_1q_1$	${}_2p_1\,{}_2q_1$	${}_3p_1\,{}_3q_1$	p_1Q_1
2	${}_1p_2\,{}_1q_2$	${}_2p_2\,{}_2q_2$	${}_3p_2\,{}_3q_2$	p_2Q_2
3	${}_1p_3\,{}_1q_3$	${}_2p_3\,{}_2q_3$	${}_3p_3\,{}_3q_3$	p_3Q_3
总量	${}_1p\,{}_1Q$	${}_2p\,{}_2Q$	${}_3p\,{}_3Q$	pQ

显然，Q 排列表内的各种关系也适用于上面的 pQ 排列表，亦即一年中各个时期全社会所有的人为购买某种商品花费的总金额 pQ 必等于：(1)上方列的各项之和；(2)左方行的各项之和；(3)排列表内各项之和。

换言之，pQ 必等于(1)许多不同个人全年花费的总金额之和；(2)社会在全年许多不同时期花费的总金额之和；(3)所有人在全年所有时期采购商品的金额之和。

现在，p 排列表的性质是由 Q 排列表与 pQ 排列表决定的，亦即 p 排列表必须能容许上述 pQ 排列表求和。也就是说，每一种平均物价(比如 p_1)必须符合下述公式：

$$p_1Q_1 = {}_1p_1\,{}_1q_1 + {}_2p_1\,{}_2q_1 + {}_3p_1\,{}_3q_1 + \cdots$$

即：
$$p_1 = \frac{{}_1p_1\,{}_1q_1 + {}_2p_1\,{}_2q_1 + {}_3p_1\,{}_3q_1 + \cdots}{Q_1}$$

$$= \frac{{}_1p_1\,{}_1q_1 + {}_2p_1\,{}_2q_1 + {}_3p_1\,{}_3q_1 + \cdots}{{}_1q_1 + {}_2q_1 + {}_3q_1 + \cdots}$$

故 p_1 是 ${}_1p_1$、${}_2p_1$ 与 ${}_3p_1$ 等的加权平均数，权重分别是 ${}_1q_1$、${}_2q_1$ 与 ${}_3q_1$ 等。也就是说，第一个人支付的平均物价是他在一年内各个时期支付的物价的加权算术平均数，权重是所购商品的数量。用同样的原理可求得其他各人支付的平均物价。

同理，第一时期的平均物价 $_1p$ 可表示为：

$$_1p = \frac{_1p_1\,_1q_1 + _1p_2\,_1q_2 + _1p_3\,_1q_3 + \cdots}{_1Q}$$

$$= \frac{_1p_1\,_1q_1 + _1p_2\,_1q_2 + _1p_3\,_1q_3 + \cdots}{_1q_1 + _1q_2 + _1q_3 + \cdots}$$

也就是说，第一时期的平均物价是不同的人在该时期支付的各种物价的加权算术平均数，权重是每个人所购商品的数量。用同样的原理可求得其他各时期的平均物价。

最后，在 p 排列表的右下角，平均物价 p 按上面列的各数计算是：

$$p = \frac{p_1Q_1 + p_2Q_2 + p_3Q_3 + \cdots}{Q}$$

$$= \frac{p_1Q_1 + p_2Q_2 + p_3Q_3 + \cdots}{Q_1 + Q_2 + Q_3 + \cdots}$$

即 p 是 p_1、p_2 与 p_3 等的加权算术平均数，权重是 Q_1、Q_2 与 Q_3 等。

或者不按列，而按左边行的各数计算，平均物价 p 是 $_1p$、$_2p$ 与 $_3p$ 等的加权算术平均数，权重是 $_1Q$、$_2Q$ 与 $_3Q$ 等，即：

$$p = \frac{_1p\,_1Q + _2p\,_2Q + _3p\,_3Q + \cdots}{Q}$$

$$= \frac{_1p\,_1Q + _2p\,_2Q + _3p\,_3Q + \cdots}{_1Q + _2Q + _3Q + \cdots}$$

最后，将这种 p 的表达式的任意一个和前面 p_1、p_2 与 p_3 等的表达式合并，或者和前面 $_1p$、$_2p$ 与 $_3p$ 等的表达式合并，就能用以说

明 p 是排列表内所有 p 的加权算术平均数,权重是对应的各个 q。简言之,一种商品在某一年的价格,是其在年内各个时期的价格以购买的数量加权后的平均数。

这个原理也涵盖求不同地区平均物价的方法。因此,1909 年美国白糖的平均价格,是全美国所有人在年内各个时期销售白糖的各种价格的加权算术平均数,权重是购买白糖的数量。因此,如果不同地区的价格差异甚多或不同时期价格变化巨大,就必须对购买最多的数量赋予最高的权重。

上面说明 Q 与 p 的排列表只论及一种商品。但同一原理可应用于各种商品,编制出单独的排列表,不仅和各种商品总量 Q、Q'、Q'' 等相对应,也和各种商品平均价格 p、p'、p'' 等相对应。

第四节　各个 e、m 与 V 的排列表
(第二章第五节的参考)

前一节说明,每一种商品都有不同 p、pQ 与 Q 的排列表。这些表解释的是交易方程式的右边,交易方程式的左边也可用同样的排列表予以论述。

现用 e、m 和 V 分别表示个人支出的货币额、平均持有的货币额和货币的流通速度。若照前例,我们假定研究的社会有任意多的人,以 1、2、3 等下标注释在对应变量右边,以示区别;又将一年分为若干时期,对这些相互继起时期的货币支出额、平均持有额和流通速度,以 1、2、3 等下标注释在对应变量左边,以示区别。这样,第一个人在第一时期支出的货币额可表示成 $_1e_1$,他在该时期

平均存有的货币额是 $_1m_1$，他的货币在该时期的流通速度是 $_1V_1$（流通速度按年率计算）。若一年分为 n 个时期，则此人在第一时期支出的货币金额照年计算就是 $_1n_1\,_1e_1$，全年支出的货币额是 $n\,_1e_1$，故货币的流通速度或年周转率 $_1V_1$ 是 $n\dfrac{_1e_1}{_1m_1}$。全社会每个人在一年中各个时期支出的货币额、持有的货币额及其货币的流通速度，也可用同样的标记法说明，下面的三个排列表记载了这三项（在表的行列内）。

表 14.4.1　各个 e 与 m 的排列表

表 1　支出的货币额　　　　　　　　　　表 2　持有的货币额

人	时 期			总额	人	时 期			平均数
	1	2	3			1	2	3	
1	$_1e_1$	$_2e_1$	$_3e_1\cdots$	E_1	1	$_1m_1$	$_2m_1$	$_3m_1\cdots$	m_1
2	$_1e_2$	$_2e_2$	$_3e_2\cdots$	E_2	2	$_1m_2$	$_2m_2$	$_3m_2\cdots$	m_2
3	$_1e_3$	$_2e_3$	$_3e_3\cdots$	E_3	3	$_1m_3$	$_2m_3$	$_3m_3\cdots$	m_3
	—	—	—			—	—	—	
	—	—	—			—	—	—	
总额	$_1E$	$_2E$	$_3E\cdots$	E	总额	$_1M$	$_2M$	$_3M\cdots$	M

先看第一张表，是表示货币支出额 e 的排列表。

表中，第一行的 $_1e_1$、$_2e_1$、$_3e_1\cdots$ 表示第一个人在一年中连续各时期支出的货币额。该行右边的 E_1 是他在当年支出的货币金额之和，因此 $E_1=\,_1e_1+\,_2e_1+\,_3e_1+\cdots$ 同样，E_2 是第二个人在当年支出的货币金额之和，E_3 是第三个人在当年支出的货币金额之和。

在表中，第一列底的 $_1E$ 表示所有个人在第一时期支出的货币额，等于该列 $_1E$ 以上各项之和，即 $_1E=_1e_1+_1e_2+_1e_3+\cdots$ 同样，$_2E$ 是所有个人在第二时期支出的货币额，$_3E$ 是所有个人在第三时期支出的货币额。最后，表的右下角是 E，表示所有个人在一年所有时期支出的货币总金额，或者说是全社会的人一年支出的金额合计，这是本书使用 E 的含义。显然，要求出 E，只须将与之同行的左边各项相加，或者将与之同列的上面各项相加。E 也使排列表内各数之和，即：

$$E=\sum{}_1E=\sum E_1=\sum{}_1e_1$$

再看第二张表，是表示货币持有额 m 的排列表。

位于表的右下角的 M，是全社会不同个人一年中平均持有的货币额之和，即同列上方 M_1、M_2 与 M_3 等各数之和，这些数按假设都是其左边一行内各数的简单平均数。

或者同样的，M 也是其左边一行内各数 $_1M$、$_2M$、$_3M$ 等的简单平均数。这些数是全社会一年中各时期内平均持有的货币额，每一项又是其所在列以上各数之和，即 $M=\sum m_1=\dfrac{\sum{}_1M}{n}$。因此，$M$ 既是平均数之和，也是和的平均数。这两个数是相等的，可以用方程式

$$m_1=\frac{_1m_1+_2m_1+_3m_1+\cdots}{n},$$

或 $_1M=_1m_1+_1m_2+_1m_3+\cdots$

等证明，方法是将方程式各项表示成原数 $_1m_1$ 等即可得证。

当然，用表内 $_1m_1$ 等各数直接表示 M 也很容易，即 $M=$

$$\frac{\sum_1 m_1}{n}。$$

最后看第三张表，是货币流通速度 V 的排列表，从前两个表推演而来。前才述及，$_1V_1$ 是社会中第一个人在第一时期的货币流通速度（按年流通率计算）。

表 14.4.2　各个 V（流通速度）的排列表

人	时　期			平均数
	1	2	3	
1	$n\dfrac{_1e_1}{_1m_1}={_1}V_1$	$n\dfrac{_2e_1}{_2m_1}={_2}V_1$	$n\dfrac{_3e_1}{_3m_1}={_3}V_1$	$\dfrac{E_1}{M_1}=V_1$
2	$n\dfrac{_1e_2}{_1m_2}={_1}V_2$	$n\dfrac{_2e_2}{_2m_2}={_2}V_2$	$n\dfrac{_3e_2}{_3m_2}={_3}V_2$	$\dfrac{E_2}{M_2}=V_2$
3	$n\dfrac{_1e_3}{_1m_3}={_1}V_3$	$n\dfrac{_2e_3}{_2m_3}={_2}V_3$	$n\dfrac{_3e_3}{_3m_3}={_3}V_3$	$\dfrac{E_3}{M_3}=V_3$
平均数	$n\dfrac{_1E}{_1M}={_1}V$	$n\dfrac{_2E}{_2M}={_2}V$	$n\dfrac{_3E}{_3M}={_3}V$	$\dfrac{E}{M}=V$

需要进一步说明的是流通速度 V 表内各元素之间的关系。

显然

$$V=\frac{E}{M}$$

$$=\frac{E_1+E_2+E_3+\cdots}{M_1+M_2+M_3+\cdots}$$

$$=\frac{V_1M_1+V_2M_2+V_3M_3+\cdots}{M_1+M_2+M_3+\cdots} \tag{1}$$

（1）式表明，V 是不同个人货币的年流通速度的加权平均数，即每个人全年的货币流通速度按其平均持有的货币量加权的结果。

用类似的稍微不同的符号序列,可得:

$$V = \frac{E}{M}$$

$$= \frac{{}_1E + {}_2E + {}_3E + \cdots}{\dfrac{{}_1M + {}_2M + {}_3M + \cdots}{n}}$$

$$= n\,\frac{{}_1E + {}_2E + {}_3E + \cdots}{{}_1M + {}_2M + {}_3M + \cdots}$$

$$= n\,\frac{{}_1M\,\dfrac{{}_1E}{{}_1M} + {}_2M\,\dfrac{{}_2E}{{}_2M} + {}_3M\,\dfrac{{}_3E}{{}_3M} + \cdots}{{}_1M + {}_2M + {}_3M + \cdots}$$

$$= \frac{{}_1M\left(n\,\dfrac{{}_1E}{{}_1M}\right) + {}_2M\left(n\,\dfrac{{}_2E}{{}_2M}\right) + {}_3M\left(n\,\dfrac{{}_3E}{{}_3M}\right) + \cdots}{{}_1M + {}_2M + {}_3M + \cdots}$$

$$= \frac{{}_1M\,{}_1V + {}_2M\,{}_2V + {}_3M\,{}_3V + \cdots}{{}_1M + {}_2M + {}_3M + \cdots} \tag{2}$$

(2)式表明,若一年分为 n 个连续的时期,则 V 也是各个时期年流通速度的加权平均数,即全社会各个时期的年流通速度按该时期平均流通的货币量进行加权的结果。

因此,(1)式是按同列内上方各项表示 V ,(2)式是按同行内左方各项表示 V 。要表示 ${}_1V, {}_2V, {}_3V$ 等项,可用对应列的上方各项构造与(2)类似的公式;要表示 V_1, V_2, V_3 等项,可用对应行的左方各项构造与(1)类似的公式。换言之,全社会在任何一个特定时期的货币流通速度都是此时期不同个人的流通速度的一种特殊的平均数;任何特定个人的全年货币流通速度都是他在不同时期流通速度的一种特殊的平均数。

最后,V 不仅可以像(1)、(2)式那样表示为行的或列的平均

数,还可以表示为排列表内各项的平均数。最后一种平均数有好几种表示法,最直接的表示法可简述如下:

E 是第一张排列表即 e 表内各项之和,即 $E = \sum_1 e_1$;M 是第二张排列表即 m 表内各项之和的平均数,即 $M = \dfrac{1}{n} \sum_1 m_1$,由此可得:

$$V = \frac{E}{M}$$

$$= \frac{\sum_1 e_1}{\dfrac{1}{n} \sum_1 m_1}$$

$$= n \frac{\sum \left(_1 m_1 \dfrac{_1 e_1}{_1 m_1}\right)}{\sum_1 m_1}$$

$$= \frac{\sum_1 m_{11} V_1}{\sum_1 m_1}$$

也就是说,V 是不同个人在不同时期的年流通速度的加权算术平均数,即以每个人在不同时期平均持有的货币量对他的年流通速度进行加权的结果。懂数学的读者必能理解,运用调和平均数重新阐述,所得结果是一样的。

第五节　货币的周转与周转时期
(第二章第五节的参考)

现在解释流通速度中的货币周转概念。为了在各种货币的流通速度中而不是在主要货币的单个流通速度中说明 V 是何种平均数,不妨以 a、b、c、d 等字母表示在社会中流通的各种价值的货币,以 h、i、j、k 等字母分别表示这些货币的净流通速度,即每个货币为购买商品易手的次数减去因找零随商品找回的次数。那么,就有,

支出的货币总金额 E 为: $E = ha + ib + jc + kd + \cdots$

社会中流通的货币量 M 为: $M = a + b + c + d + \cdots$

因此,$\dfrac{E}{M} = \dfrac{ha + ib + jc + kd + \cdots}{a + b + c + d + \cdots}$

就是说,$\dfrac{E}{M}$ 是不同种货币的净流通速度的加权平均数,每种货币的权重是它的面值。但如前所述,$\dfrac{E}{M}$ 也是 V,是人手货币周转的意义上的流通速度。

因此,如果能将全社会流通的所有货币合并计算,则显然用货币周转法求平均数的结果和用人手周转法计算的结果是一样的。

最后解释周转时间的概念。如果流通速度表示为 V,那么 $\dfrac{1}{V}$ 就表示周转时间。同理,$_1V$, $_2V$, $_3V$, $\cdots$、V_1, V_2, V_3, $\cdots$、$_1V_1$, $_2V_1$, $_3V_1$, $\cdots$ 与 $_1V_1$, $_1V_2$, $_1V_3$, $\cdots$ 的倒数都表示对应项的周转时间。若用 W 表示 V 的倒数,用适当的下标注明对应项,就能写出各个 W 的排列表,与前述各个 V 的排列表相似,而且能证明 W 是 $W_1, W_2, W_3, \cdots$ 的,或者是 $_1W, _2W, _3W, \cdots$ 的,或者是 $_1W_1, _1W_2, _1W_3, \cdots$ 的,或者是 $_1W_1, _2W_1, _3W_1, \cdots$ 的平均数。

但这些平均数都是**调和**平均数。要明白此点,只须记住 V 是排列表内各个原始 V 的加权平均数,[①]而 W 又被界定为 V 的倒

---

① 参见本附录第四节。

数。也就是说，W 是各个原始 V 的加权平均数的倒数，但各个原始的 W 又是各个原始的 V 的倒数。换言之，W 是各个原始 W 倒数的加权算术平均数的倒数。这样，按定义 W 就成了这些原始变量的加权调和平均数。

第六节　交易方程式的代数证明
（第二章第五节的参考）

显然，交易方程式 $MV = \sum pQ$ 是从表示购物货币和所购商品相等的基础方程式推导出来的。按物价的本来意义，某个人花费在某种商品上的货币，等于他此时期所购商品的全部数量与价格的乘积，即：

$$_1e_1 = {}_1p_{1\ 1}q_1 + {}_1p'_{1\ 1}q'_1 + {}_1p''_{1\ 1}q''_1 + \cdots$$

将这个方程式和其他与之类似的全社会每个人在全年每个时期的方程式相加，就能求得交易方程式左边各个 e 的和，我们称之为 E；同时求得交易方程式右边所有 pq 的和。本书前已说明方程式左边的 E 转换成 MV 的方法（同时给 E 乘以 M 并除以 M），而交易方程式右边表示的是关系某种特定商品的所有各项的和，本附录第三节刚刚解释了如何通过简单的代数运算把这种和转换成 pQ 一种形式，让全部商品总支出额合计成 $\sum pQ$。因此，最终的结果是 $MV = \sum pQ$。故这种推理证明了交易方程式是真理，而其根据是简单的基本真理：在每一次交换中，支出的货币额等于购买的商品数量乘以销售价格。

第七节　P 和 M、V 及 Q 的关系
（第二章第五节的参考）

现假设 V 和各个 Q 保持不变，M 变为 M_0、$p,p',p'',\cdots$ 变为 $p_0,p'_0,p''_0,\cdots$ 各个符号的下标"0"指的是基础年份或基年，不是初始年份。这样，就有两个方程式分别对应两组年份：

$$MV = pQ + p'Q' + p''Q'' + p'''Q''' + \cdots$$

$$M_0V = p_0Q + p'_0Q' + p''_0Q'' + p'''_0Q''' + \cdots$$

用除法得：

$$\frac{M}{M_0} = \frac{pQ + p'Q' + p''Q'' + p'''Q''' + \cdots}{p_0Q + p'_0Q' + p''_0Q'' + p'''_0Q''' + \cdots}$$

$$= \frac{\left(\dfrac{p}{p_0}\right)p_0Q + \left(\dfrac{p'}{p'_0}\right)p'_0Q' + \left(\dfrac{p''}{p''_0}\right)p''_0Q'' + \left(\dfrac{p'''}{p'''_0}\right)p'''_0Q''' + \cdots}{p_0Q + p'_0Q' + p''_0Q'' + p'''_0Q''' + \cdots}$$

显然，最后一个表达式是 $\left(\dfrac{p}{p_0}\right),\left(\dfrac{p'}{p'_0}\right),\left(\dfrac{p''}{p''_0}\right),\cdots$ 的加权算术平均数，权重分别是 $p_0Q,p'_0Q',p''_0Q'',\cdots$ 可以推断，如果流通速度和交换的商品数量保持不变，货币数量发生了某种比例的变化，则物价平均数必然发生同样比例的变化。此处的平均数就是名副其实的"加权算术平均数"，权重是按基础年份价格计算的已售商品的价值。这种比例明显可以写成：

$$\frac{M}{M_0} = \frac{pQ + p'Q' + p''Q'' + \cdots}{p_0Q + p'_0Q' + p''_0Q'' + \cdots}$$

$$= \frac{1}{\dfrac{p_0Q + p'_0Q' + p''_0Q'' + \cdots}{pQ + p'Q' + p''Q'' + \cdots}}$$

$$= \cfrac{1}{\cfrac{\left(\cfrac{p_0}{p}\right) pQ + \left(\cfrac{p'_0}{p'}\right) p'Q' + \left(\cfrac{p''_0}{p''}\right) p''Q'' + \cdots}{pQ + p'Q' + p''Q'' + \cdots}}$$

上式是 $\left(\cfrac{p_0}{p}\right)$, $\left(\cfrac{p'_0}{p'}\right)$, $\left(\cfrac{p''_0}{p''}\right)$, $\cdots$ 的加权调和平均数,权重分别是 pQ, $p'Q'$, $p''Q''$, $\cdots$ 即权重不再是基础年份的各总值,而是考察期年份的各总值。

如果 M 和各个 Q 保持不变,流通速度从 V 变为 V_1,则显然 $\cfrac{V}{V_1}$ 比率可以用与上例完全同样的公式表述。

如果各个 Q 保持不变,M 和 V 两项都发生变化,则显然 $\cfrac{MV}{M_1V_1}$ 比率也可以用完全同样的公式表述。

如果 M 和 V 保持不变,各个 Q 以某一比例发生变化,或者在各个 Q 发生某一比例变化时,M 或 V 或两者也发生同一比例的变化,也可应用同一公式给予分析。简言之,除了各个 Q 发生彼此相对的变化外,这一公式可完全应用于各种变化情况。

注意,这些公式就是本书第十章附录讨论的公式,以公式(11)的标号具载于附录的公式大表内。

附录二　第三章的参考

第一节　各个 k 与 r 的排列表
（第三章第二节的参考）

用 k 表示社会普通公众乐意维持的各种存款对流通货币的比例 $\left(\dfrac{M'}{M}\right)$，这一比例可以从全社会不同个人和工商企业在一年各个时期类似的比例推出，因此，可以用类推法依照前述各排列表制造一张各个 k 的排列表如下：

表 15.1.1　各个 k 的排列表

人	时　期			平均数
	1	2	3	
1	$_1k_1$	$_2k_1$	$_3k_1$	k_1
2	$_1k_2$	$_2k_2$	$_3k_2$	k_2
3	$_1k_3$	$_2k_3$	$_3k_3$	k_3
—	—	—	—	—
—	—	—	—	—
平均数	$_1k$	$_2k$	$_3k$	k

排列表外的每一个字母或者是其左方行的加权算术平均数，或者是其上方列的加权算术平均数。右下角的 k 不仅是这两类数

目的加权算术平均数,还是排列表内所有项的加权算术平均数,权重在每种情况下都是流通货币,即排列表内各个比例的分母。假如权重从比例的分母变为分子,即存款,用加权调和平均数代替加权算术平均数,也会有相同的比例。和第二章附录第七节的定理类似,这些数学定理是很容易证明的,不同之处仅在于 $k = \dfrac{M'}{M}$。

同样,可以用 r 表示一年内所有银行准备金(μ)对它们存款(M')的平均比例。这个比例(r 或 μ/M')可以分解成不同银行在不同时期的比例的排列表,亦即:

表 15.1.2　各个 r 的排列表

人	时　期			平均数
	1	2	3	
1	$_1r_1$	$_2r_1$	$_3r_1$	r_1
2	$_1r_2$	$_2r_2$	$_3r_2$	r_2
3	$_1r_3$	$_2r_3$	$_3r_3$	r_3
—	—	—	—	—
—	—	—	—	—
平均数	$_1r$	$_2r$	$_3r$	r

在这儿,排列表外的每一个字母要么是其左方行的各项的加权算术(调)平均数,要么是其上方列的各项的加权算术平均数。右下角的 r 不仅是这两类数目的加权算术平均数,还是排列表内所有项的加权算术(调)平均数。若是加权算术平均数,权重在每种情况下都是银行存款数;若是加权调和平均数,权重在每种情况下流都是流通的货币量。虽然实际流通的货币只有 $M + M'$,但全社会的货币总量实际上是 $\mu + M + M'$。

第二节 加入存款后的代数交易方程式
（第三章第四节的参考）

第一个人在第一时期为购买商品支出的货币额是 $_1e_1$，支票支出额是 $_1e'_1$。因此，他用货币和支票方式为购买商品的总支出额是：

$$_1e_1 + {_1e'_1} = {_1p_1}\,{_1q_1} + {_1p'_1}\,{_1q'_1} + \cdots$$

将全社会每个人在全年各个时期的这类方程式相加，可得：

$$E + E' = \sum pQ$$

因为按定义，$V = \dfrac{E}{M}$，且 $V' = \dfrac{E'}{M'}$

故上式可改写为：$MV + M'V' = \sum pQ$

附录三　第五章的参考

第一节　远期信用对交易方程式的影响
（第五章第五节的参考）

商业赊购（book credit）虽对物价的间接影响巨大，但不像流通信用货币或银行信贷，可以列入交易方程式。在讨论商业信用时：赊欠的形式不只是简单地将欠款记录在交易双方一方的账簿上，还有购买人交给售卖方的明确记录赊欠的期票（promissory note）形式。不论那一种情况，皆以日后付款的**承诺**购买商品：一种承诺载明在商业期票上，一种承诺是习惯性的默契。

这种商品和后来付款的交换可分为连续两次交换。第一次交换发生在为商品提供信用时，买方以付款承诺购买商品；第二次交换发生在交易结束清偿债务时，此时就说最初的购买人用货币**购回**商业赊欠或期票。因此和银行信贷不同，远期信用不直接**减少**货币的使用，直接的影响只是延迟了[1]货币的使用，因为在最终偿

---

① 参见 A. Piatt Andrew, "Credit and the Value of Money," *Proceedings Seventeenth Annual Meeting*, *American Economic Association*, December, 1904。

付赊购商品时,和最初用现金购买一样,仍须照数支付货币或存款。现任财政部副部长(Assistant Secretary of the Treasury)的安德鲁(Andrew)博士指出:如果商家赊销商品要比收回欠款快,物价必然趋向上涨;而一旦这些赊欠账款的偿付和赊销商品一样快,物价就会跌回原来水平。[①] 赊销账款**超过**清偿欠款的金额,其影响和用同样多的货币或银行存款购买商品一样。

为了说明这些关于商业赊欠账款的讨论如何影响交易方程式,不妨以 E'' 表示所有的赊欠账款和其他定期贷款,以 E''' 表示已清偿债务。现在,交易方程式左边是 $MV + M'V' + E''$,即一年中为购买商品支出的货币付款额、支票付款额,与期票付款额及卖方账簿欠款额;交易方程式右边包括:(1)已购商品的价值;(2)到期的债务和一年中以货币清偿或支票清偿的债务,表示为 $\sum pQ + E'''$。为方便计,让 E''' 移到方程式左边,交易方程式现在可写为:

$$MV + M'V' + E'' - E''' = \sum pQ$$

因为 E'' 大约等于 E''',故此数量相等方向相反的两项几可抵消,亦即 $E'' - E'''$ 变成零,方程式实际上又变成了:

$$MV + M'V' = \sum pQ$$

在结束这一话题前,也许要注意的是,赊欠的方法能产生相互抵消的债务并因此减少必须用货币或支票完成的交易量,所以该方法使物价趋向增高。例如农夫在乡村商店以记账方式购买商品,偶尔也已记账方式向乡店销售农产品,间隔很长时间后结平账

[①] Andrew, *oc. cit.*

户,只用货币支付差额。① 当然,正如本书第五章已经说明的,赊欠的方法也趋向加快货币的流通速度。②

---

① Andrew, *oc. cit.*, p. 10.
② 参阅本书第五章第四节。

附录四　第六章的参考

第一节　加入国际贸易后的交易方程式
（第六章第一节的参考）

前已解释，交易方程式有两种，一种是购买商品的，另一种是售卖商品的。在一个封闭的社会中，这两个方程式一定是相同的，因为社会中一个人的每次购买都是另一个人销售的。但在有国际贸易的社会中，这两个方程式稍有不同。本书讨论的交易方程式研究的是购买商品**支出**的货币，而不是售卖商品**收入**的货币。经过各次演绎，方程式的最后形式是：

$$MV + M'V' + E'' - E''' = \sum pQ$$

式中各字母的意义与前述相同，E'' 是一定时期购买商品使用的期票和记在账簿上的欠款，E''' 是同一时期已清偿的此类债务，因为 MV 是从 E 推导出的，$M'V'$ 是从 E' 推导出的，这个方程式可写成：

$$E + E' + E'' - E''' = \sum p_b Q_b$$

方程式左边货币方的各个 E 表示支出的货币，方程式右边商

品方的下标 b 表示已购买的商品。同样,如果用字母 R 表示**收入的货币**,下标 s 表示**已售卖**的商品,则表示货币的收入和售出的商品的方程式是:

$$R + R' + R'' - R''' = \sum p_s Q_s$$

若无国际贸易,这两个方程式的两边的各项必相等;若有对外贸易,每个方程就可以分解为国内贸易部分和国际贸易部分。例如,在第一个方程左边,研究的货币支出 E, E' 等就可以用 $H + O$、$H' + O'$ 等代替。此处,各个 H 表示国内购买商品的货币支出,各个 O 表示在国外购买商品的货币支出。方程式右边的 $\sum p_b Q_b$ 就可以用 $\sum p_h Q_h + \sum p_i Q_i$ 代替,下标 h 表示在国内购买的商品,i 表示从国外进口的商品,方程式变为:

$$(H + H' + H'' - H''') + (O + O' + O'' - O''')$$
$$= \sum p_h Q_h + \sum p_i Q_i$$

为简略起见,方程可写为:

$$\sum H + \sum O = \sum p_h Q_h + \sum p_i Q_i$$

同理,表示售出商品的方程式可写为:

$$\sum H + \sum I = \sum p_h Q_h + \sum p_O Q_O$$

即在国内的净收入总额(货币收入、银行信贷与商业信用)加因输出商品汇入的总金额,等于在国内销售商品的价值加输往国外商品的价值之和。最后的两个方程,一个是购买商品的,一个是销售商品的,可以合并为一个共同的方程,表示一个社会的总交易量,即在本国内的销售量与购买量和向国外的输出量(销售量)与从国外的输入量（购买量）。合并的方程式是：

$$2\sum H + \sum O + \sum I = 2\sum p_h Q_h + \sum p_i Q_i + \sum p_O Q_O$$

在这个方程式中，国内交易计算两次，因为每次交易既是售出商品的货币额，也是购买商品的货币额。这个方程式表示一个国家国内与国外的交易总量。若不将两个方程式相加，而是用前者减去后者，可得：

$$\sum O - \sum I = \sum p_i Q_i - \sum p_O Q_O$$

这就是贸易差额方程式的最一般形式，既记录信用买卖也记录货币买卖。货币输入一国或从一国输出，皆由此式决定。

再看方程式：

$$2\sum H + \sum O + \sum I = 2\sum p_h Q_h + \sum p_i Q_i + \sum p_O Q_O$$

方程式的右边有三组物价，国内的物价（各个 p_h）、输入商品的价格（各个 p_i）和输出商品的价格（各个 p_O）。

譬如，国内的物价 p_h 极高，结果就会刺激商品输入 Q_i，抑制商品输出 Q_O，使得方程式 $\sum O - \sum I = \sum p_i Q_i - \sum p_O Q_O$ 的右边增大，继而使其左边也增大。换言之，就会产生贸易逆差，导致支付媒介向外流出，而不是流入。亦即货币向外输出（以 O 表示），或银行存款转汇至国外（以 O' 表示），或在外国账簿登记欠数（以 O'' 表示），或减少对先前赊欠账款的清偿（以 O''' 表示）。或者 I, I', I'', I''' 发生其他反向变动，或者最终两种趋势交织在一起，导致这两组变量的各项暂时波动不定。经过很长时期后，归根结底，变化的大部分都是货币的输出与输入，亦即和未触动的 O 与 I 两个因子有关。

对像美国这样一个大国,对外贸易与国内贸易比较非常小,乃至可以忽略。本书第十二章已经说明,美国的对外贸易只有国内贸易的 1% 的一部分。由于输出与输入的各个因子(各个 O、I、Q_0 与 Q_i)几乎可以相互抵消,交易方程式两边的净差额通常不及 1% 美国国内贸易量的 1/8。

如果从欠债的估计值——比如霍尔姆(Holmes's)的估计值——推断,每年赊购商品所欠债务和结算时清偿的债务之差额几乎同样微不足道。无论如何,就美国而言,本章与前述各章的讨论对交易方程式的各种修正,可以说是太过复杂。因此,可以认为,实际上交易方程式的精确形式就是:

$$MV + M'V' = \sum pQ 。$$

附录五 第七章的参考

第一节 货币替代物与其他替代物的区别
（第七章第二节的参考）

一直以来，我们假定充当货币的两种商品价格的决定和任意其他两种商品价格的决定相类似，很多推理都是以此假设为基础的。不过，两种货币形态的商品[①]显然和任意一对商品在相互替代的作用上是有区别的。消费者视两种可以相互替代的商品为一种商品，这种将两种商品合并考虑的做法能减少需求的数量，却不会引起需求的不确定性问题，因为缺失的需求条件即刻会由**固定比例的替代物**补充。因此，如果 10 磅蔗糖和 11 磅甜菜根糖能满足同样的消费者的需要，这两种商品的固定替代比例就是 10：11；或者一蒲式耳印度小麦可以代替一蒲式耳达科塔小麦时，则替代

[①] 替代作用只在格雷欣法则的意义上是成立的，譬如贱货币金属代替贵货币金属。这不否认不同的货币用途对货币金属的偏好也不同。不能把金与银和不相关的商品对"铜和小麦"或者"牛肉和鞋子"作比较，只能和有些其他成对的替代品或近似替代品作比较，比如钢与铁、棉花与羊毛、燕麦与玉米、糖浆与高粱、甘蔗糖与甜菜糖、印度小麦和南达科他州小麦等。

比例就是 1∶1。在这些情况下,两种商品的固定替代比例的确立根据,是它们满足共同需求的相对能力,是它们价值决定的前提。只要人类味觉不偏好其他比例,10 磅蔗糖就可以代替 11 磅甜菜根糖。印度小麦和达科塔小麦能勾起人们同样的欲望,或对人们有同样的效用,是因为两地小麦对人们的味觉有同样的关系。市场条件不变,商品价格就不变,也不会让人们认为一蒲式耳印度小麦相当于二蒲式耳达科塔小麦。商品替代比例是自然生成的,反过来又决定了商品的价格比例。

不过,单就货币的例子说,贵金属不存在固定的替代比例。在某一个时代,10 盎司银在市场流通就可等于 1 盎司金;在另一个时代,相当于 1 盎司金在市场流通的银需要 20 盎司。货币金属之间的替代性不受人类味觉或需求的影响。这里,我们要研究的不是使味道变甜的相对能力、相对的滋养能力或任何其他满足欲望的能力——货币金属没有固有的、独立于它们价值的能力。在此,我们要讨论的只是货币的相对**购买力**。货币金属本身并不能产生效用,效用是由它购买的商品带来的。我们先分别认定糖或小麦是有效用的,然后才能知道这些商品的价格。但首先,我们必须调查金与银的相对流通价值,弄清楚我们自己愿意交换的比例是多少。我们认为,商品的替代比例等于商品的价格比例,因此商品价格的比例不能决定商品的替代比例。**两种货币金属的替代情况是独一无二的,他们是相互的替代物,但没有由消费者嗜好决定的自然的替代比例。**

之所以强调上述讨论,理由是那些认为法定比例仅仅是建立在业已确定的供求系统基础上的著者常常忽视这些问题,想以此证明这样一种比例是注定要失败的。这是单本位制论者喜欢使用的类推理论，是不健全的，尽管该理论未必触动单本位制论者一般结论的缺点。充当货币的金银或任何其他两种商品和两种普通的无关系的物品是不同的，甚至和两种相互的替代品也不是完全相同的，因为在两种形态的货币之间，消费者没有自然的相互替代的比例。因此，法定比例似乎仍可采用。不过，这种比例是有限度的，一旦超过限度，法定比例亦归于失败。

第二节　施行复本位制的比例限制
（第七章第二节的参考）

比例的变动可以表示为照新的单位改造货币储水池，但是，我们不必费事改造储水池，也能按照原有的图解机制说明施行复本位制的比例限制。在图 7.2b 中，假如先将薄膜压迫移至极右边，然后移至极左边，在这两种情况下，都能达到永久的均衡状态。在一种情况下，金价升水超过常比；在另一种情况下，银价升水超过常比。这些升水表明了在不致破坏复本位制运行的情况下，两种货币金属可容许的市价比和法定比的差异程度。因此，假设法定比和图解根据的银与金的市价比都是 32：1，当薄膜移至极左边时，金的水平面低于 OO 线之下的距离是银水平面低于 OO 线之下距离的 $\dfrac{7}{8}$；当薄膜移至极右边时，金的距离是银的 $\dfrac{5}{4}$。银与金 32：1 的市价比可在 32 的 $\dfrac{7}{8}$ 比 1 和 32 的 $\dfrac{5}{4}$ 比 1 之间变动，即在 28：1 和 40：1 之间变动，在这两个比例之间复本位制可采用任何比例。若市价比跌破 28∶1,例如著名的 16∶1,最终会使得金单本位制变为银单本位制,但在相反的方向上不会发生效力。若市价比突破 40∶1,高至 50∶1 的比例,最终会使得银单本位制变为金单本位制。只有在两个极端的比例之间,结果才既不是银单本位制,亦非金单本位制,而是复本位制。在统计上如何求出这两个极端的比例,目前的知识还不能解决。28 与 40 两数字只是用以说明问题的例证,不可视为一种估计值。

附录六 第八章的参考

第一节 耶鲁大学的货币周转统计资料
（第八章第六节的参考）

在给定的价格水平上，货币的周转次数随支出的货币数量变动，即随个人的交易量变动。对耶鲁大学学生的货币周转次数的统计资料有两组，第一组或早些时候的统计资料显示，平均流通速度或周转次数是一年34次，第二组或晚些时候的统计资料则显示周转次数是一年66次。虽然这种差异的主要原因很可能是第一组统计资料不准确，但部分原因也可能是第二组学生有更高的支出额。对第一组学生，只是简单地要求每个人大致估计一年的现金支出额和平均持有的现金，第二项除第一项的商就是他的货币周转次数。共计收到128位学生的估计值，平均年现金支出额是514美元，平均持有的现金是15美元，相除后得的商是一年34次，即为平均周转次数。这些估计值通常和臆猜的数字差不多，错误可能较大。为了得到更精确的估计值，又对第二组同学的情况进行了统计。调查方案是，要求志愿者对每日的现金支出额、每日开始和结束的货币余额保持一个月的精确记录。从这些统计资料发现,提供新数据的113位学生,平均年货币支出额是660美元,平均持有的现金几乎正好是10美元,所得商是一年66次。将平均周转34次的粗略估计值和平均周转66次的精确记录数相比较,前者几乎没有什么意义。因此,可将66之下最近的整数60视为货币普遍的年平均周转次数。

除了这两组学生外,还收到其他5位人士的反馈资料。一人是速记员,按她一月的记录,年货币支出额是435美元,日平均现金余额是7.86美元,故其货币一年平均周转55次。另一位人士是年轻的图书馆管理员,对自己的花销保持了6个月的详尽记录。资料表明,他的现金支出额是一年854美元,日平均现金余额是10.41美元,故其货币一年平均周转次数是82次。第三位人士是一名律师,习惯用现金支付所有账单,年支出货币额约为4000美元,手头平均持有的现金余额估计是175美元,此数差错在15以内。按175除4000的基础计算,该律师货币的年流通速度是23次。最后两位人士都是大学教授。从详细的记录看,第一位教授现金每年周转37次,银行存款每年周转52次;第二位教授只有大概的估计值,其现金每年周转175次,银行存款每年周转25次。

在总计246位提交记录的调查对象中,只有116位志愿者保存详尽的账目。此116位志愿者除三人外,都是学生。我们发现,不同组群学生的支出金额和周转次数之间的关系是不同的。根据这一事实,第一组学生的货币流通速度较低的原因不能完全归咎于错误的估计值,部分原因是这一组学生的支出金额较小。因此,如果把有详细记录的113位同学分成两组,一组每月花费金额低于50美元,另一组花费金额为50美元及以上,即得表19.1.1

各数:

表 19.1.1　不同年支出金额组群的周转次数

每年支出金额	人数	年平均支出金额	平均持有的现金余额	流通速度
600 美元以下	72	367	8.60	43
600 美元及以上	41	1175	12.70	93

从表中可看出,富人的年平均花费金额约为穷人花费金额的 3 倍,但平均持有的现金却只比穷人多 50％。因此,富人的货币流通速度是 93,穷人的流通速度是 43,富人比穷人多 2 倍有余。若将 113 位学生按年支出金额分为五组,就可以显示支出金额和流通速度之间的这种递进关系,如表 19.1.2 所示:

表 19.1.2　不同组群的年货币周转次数

每年支出金额	人数	年平均支出金额	平均持有的现金余额	流通速度
300 美元以下	22	179	10.5	17
300 美元以上 600 美元以下	50	450	7.63	59
600 美元以上 900 美元以下	19	781	12.8	61
900 美元以上 1200 美元以下	10	1012	10.5	96
1200 美元以上	12	1936	14.1	137

案例数很少,但结果是一致递进的。他们表明流通速度和支出金额是正相关的。甚至另一组粗略估计值的学生也显示了同样的一般关系。按年支出金额作同样的分类,发现流通速度分别是 22、30、44、88、32。这里唯一的例外是最后的数字,由于只是 5 个人的平均数,故不太重要。因此,至少可以有相当的信心推断,在一定的价格水平上,年支出金额越多,流通速度越大。换言之,用

出货币绝对比其他人快的人，其花费的金额对手头持有金额的比例要比其他人的比例更高。富人持有的金额虽然绝对数量多于穷人，但相对于花费的金额来说却比较小。

货币支出额越多，货币的流通速度就越快的规律，符合企业经营的规模越大，就越有经济性的普遍事实。相对于营业额，小商店必须保持的存货要比大商店多。同样，小银行必须留存的准备金对交易金额的比例高；银行越大，需要储存的准备金相对就越少。埃奇沃斯（Edgeworth）教授已证明，这一事实是有数学根据的。因此，如果发现小批量的采购商觉得要给手头备留的现款，要比大批量采购商的多，不必惊讶。

上述数据太少，难以表明货币流通速度和货币支出额之间精确的数量关系。他们仅表明了若货币支出额增加，流通速度也增加，除此之外别无令人信服的论点。不过，数据似乎也能说明，流通速度增加的速度不及货币支出额的增加速度。

第二节　四种商品的比较
（第八章第八节的参考）

为方便起见，假定有四种商品分别是红酒、白糖、牛肉与食盐。若每种商品的价格各自跌落，对销售量将会产生不同的影响。因此，四种商品的价格分别跌落后，对一般价格水平的可能影响也有四种。

首先是葡萄酒，被认为是这样一种商品，价格下跌后，销售量增加的比例要大于价格跌落的比例。因此，用于购买葡萄酒的总金额会增加,由此减少了可用来购买其他商品的货币金额。结果,其他商品的价格以及葡萄酒的价格必然跌落。

第二是白糖,被认为是这样一种商品,价格跌落后,销售量增加的比例将恰好等于价格跌落的比例,以致用于购买白糖的总金额不变。在这种情况下,用于购买其他商品的货币金额既不会增加也不会减少,其他商品的价格保持不变。但一般价格水平,包括白糖本身的价格,将会稍微降低,因为当其他商品的价格保持不变时,一种商品价格的跌落必然导致平均价格有所跌落。

第三种商品是牛肉,代表所谓的"必需品"。我们认为,牛肉价格跌落后,消费量会增加,但增加的消费量不足以吸收降价前用以购买牛肉的全部金额,购买牛肉的总支出额因之减少,结果就会释放一定金额的货币,可用以购买其他商品,因此其他商品的价格总的来说会稍有上涨。不过,总的影响是一般物价包括牛肉价格的极微小的**跌落**。由于牛肉销售量的增加,使得已售商品的总量增加,在这个意义上,**若支出的货币总金额丝毫未有增加**,平均物价必然跌落[①]。

最后一种商品是食盐,被认为是"绝对的必需品"。因此,价格跌落不影响销售量,结果是一般价格水平不受影响。降低的食盐价格恰好被其他商品价格的上涨所抵消,商品的总交易量保持不变。

可见,由一种商品价格跌落引起的价格水平的跌落程度,会因

---

① 第十章附录的公式可说明这一结果的数学必然性。在附录里,交易方程式右边转变为交易量(T)和价格水平(P)两个因子的乘积。若乘积保持不变,交易量的增加,则不论增加量多么小,都必然导致价格水平的降低。

经济条件的不同或大或小，或丝毫不变。

在所有上述四个例证中，一直假定单个商品价格的跌落是由供给曲线变动引起的。如果单个商品价格的跌落起源于需求曲线的变动，则总的来说，其他商品价格与一般价格水平就会**上涨**。因为购买某种商品的价格低、数量少，对它支出的货币量就少，从而增加了购买其他商品的货币量，其他商品的价格就会上涨。而且购买某种商品的数量减少，总的来说交易总量必然减少，一般价格水平就会上涨[①]。

---

① 参见 Irving Fisher，"Mathematical Investigations in the Theory of Value and Prices，" *Transactions of the Connecticut Academy of Arts and Sciences*，1892，p. 51。

附录七　第十章的参考

第一节　每种物价指数
皆包含关联的交易量指数

前已指出,平均数的种类是无限的。因此,物价指数,比如 P_1,既然是一种平均数,也就有无限多的种类。本章第七节后面的表格给出了四十四种最简单最重要的物价指数。在表中,下标"1"表示任何指定的年份,为方便计称为"第一年";同样,下标"0"表示"第零年",称为"基础年份"。在表中,每列的起首是根据基础年份求第一年的物价指数 P_1 的公式。用下标2代替下标1,每个公式就可用以根据基础年份求第二年的物价指数;同样,用下标"3"、"4"等代替"1",就可以求出 P_1、P_2、P_3、P_4 等各年份的物价指数,皆以同样的基础年份(第0年)为根据。由于所有的公式都一样,只是下标有别,故无须在每列起首录入求 P_2、P_3 等指数的公式。在表中,每列起首只载列求第一年物价指数 P_1 的公式。

为节省篇幅,每列起首省略了和 P_1 公式相关的、求 T_1 等交易量指数的公式。在交易方程式适用的每种价格指数 P_1,都必然包含关联的交易量指数 T_1,两指数之乘积等于交易方程式右边的

$\sum p_1 Q_1$。

因为，$P_1 T_1 = \sum p_1 Q_1$

所以，$T_1 = \dfrac{\sum p_1 Q_1}{P_1}$

因此，知道了求 P_1 的特定公式，就能知道求 T_1 的特定公式。

譬如，如果 P_1 是 $\dfrac{p_1}{p_0}$, $\dfrac{p'_1}{p'_0}$, $\dfrac{p''_1}{p''_0}$, $\cdots$, $\dfrac{p_1^{(n)}}{p_0^{(n)}}$ 的一个简单的算术平均数，即

$$P_1 = \frac{1}{n} \sum \frac{p_1}{p_0} \text{（表中的公式（3）），式中 } n \text{ 是这些物价比例包含}$$

的商品数量，那么，求 T_1 的关联公式显然是：

$$T_1 = \frac{\sum p_1 Q_1}{P_1} = \frac{\sum p_1 Q_1}{\dfrac{1}{n} \sum \dfrac{p_1}{p_0}}$$

同样，如果 P_1 是几何平均数［表中的公式（7）］，即：

$$P_1 = \sqrt[n]{\frac{p_1}{p_0} \cdot \frac{p'_1}{p'_0} \cdot \frac{p''_1}{p''_0} \cdot \cdots \cdot \frac{p_1^{(n)}}{p_0^{(n)}}} ,$$

那么，求 T_1 的关联公式就是：

$$T_1 = \frac{\sum p_1 Q_1}{P_1}$$

$$= \frac{\sum p_1 Q_1}{\sqrt[n]{\dfrac{p_1}{p_0} \cdot \dfrac{p'_1}{p'_0} \cdot \dfrac{p''_1}{p''_0} \cdot \cdots \cdot \dfrac{p_1^{(n)}}{p_0^{(n)}}}}$$

相反，任何求 T_1 的特定公式都必然包含关联的求 P_1 的特定公式，例如：

因为，$P_1 T_1 = \sum p_1 Q_1$

所以，$P_1 = \dfrac{\sum p_1 Q_1}{T_1}$

根据这个方程式，如果已知任何求 T_1 的特定公式，就能推出与之伴随的求 P_1 的特定公式。

所举求 P_1 的例子（算术平均数和几何平均数），旨在说明如何推导求 T_1 的关联公式。如果我们从这些复杂的求 T_1 的公式倒推，反过来就是推导求 P_1 的算术平均数和几何平均数的关联公式。

现举第三例，说明如何从给定的求 T_1 的公式推导求 P_1 的公式。定义：

$T_1 = \sum p_0 Q_1$，

则有：

$$P_1 = \dfrac{\sum p_1 Q_1}{T_1}$$

$$= \dfrac{\sum p_1 Q_1}{\sum p_0 Q_1} \ \big[\text{表中的公式（11）}\big]$$

因此，虽然表的每列之首只载录求 P_1 的公式，也必然包含对应的求 T_1 的公式。也就是说，P_1 和 T_1 是关联在一起成对出现的。知道了其中一个比如 P_1 的公式，则另一个可由公式 $\sum p_1 Q_1 = P_1 T_1$ 求出。

但是，P_1 和 T_1 两个因子并不是绝对对称的，他们之间有一个重要的区别，即：P_1 是一个不名数（抽象数），T_1 是一个名数，用元与分表示。

虽然各个 p 和各个 Q 是成对记入表达式 $\sum p_1 Q_1$ 中,但是,当用 $P_1 T_1$ 代替 $\sum p_1 Q_1$ 表达式时,第一个因子 P_1 表示各个 p 的方式和第二个因子 T_1 表示各个 Q 的方式是不同的。P_1 是一个纯粹的数字,是不名数的平均数,即各个 p 对基础年份的价格各个 p_0 比例的平均数。对比而言,T_1 等于 $\dfrac{\sum p_1 Q_1}{P_1}$,即 T_1 是名数,是纯数 P_1 除 $\sum p_1 Q_1$ 名数的得数。

因此,虽然出现在原来公式 $\sum p_1 Q_1$ 中的各个 p 和各个 Q 是同性质的,但我们将公式 $\sum p_1 Q_1$ 转化为 $P_1 T_1$ 过程中,对他们却做了不同性质的处理。但显然,我们可以将不同性质的处理变成同性质的处理,因为只要不让 $\sum p_1 Q_1$ 等于 $P_1 T_1$,而是等于 $A_1 Q_1$ 就能说明这点。现在,在 $A_1 Q_1$ 中的 Q_1 是**数量指数**,亦即各个 Q_1 和各个 Q_0 或基础数量比例的平均数,即

$$\frac{Q_1}{Q_0}, \frac{Q'_1}{Q'_0}, \frac{Q''_1}{Q''_0}, \cdots \text{ 的平均数。}$$

因此 $A_1 = \dfrac{\sum p_1 Q_1}{Q_1}$,

即 A_1 是"总价格"(aggregate price),是纯数(不名数)Q_1 除 $\sum p_1 Q_1$ 值的**值**。所以,如果已知道方程式 $\sum p_1 Q_1 = A_1 Q_1$ 中的 Q_1,就可从此方程式求出 A_1,反之亦然。

可见,我们可以将 $\sum p_1 Q_1$ 转化为 $P_1 T_1$ 或转化为 $A_1 Q_1$。转化为 $P_1 T_1$ 时,由比例 P_1 代表各个 P,由 T_1 的值代表各个 Q;转

化为 A_1Q_1 时,由 A_1 的值代表各个 p,由比例 Q_1 代表各个 Q。在 P_1T_1 与 A_1Q_1 两个公式中,一个公式因子的异质性正好和另一个公式因子的异质性相反。

最后,如果愿意,也可以对各个 p 和各个 Q 做同样的处理,即令

$\sum p_1Q_1 = (\sum p_0Q_0) P_1Q_1$,式中 P_1 和 Q_1 都是指数,分别是各个 p 和各个 Q 的指数,即 P_1 是诸如 $\dfrac{p_1}{p_0}$ 价格比例的平均数,Q_1 是诸如 $\dfrac{Q_1}{Q_0}$ 数量比例的平均数。因此,两个平均数 P_1 和 Q_1 若已知其一,即可通过方程式 $\sum p_1Q_1 = (\sum p_0Q_0) P_1Q_1$ 求出另一个平均数,两个平均数是互相界定的。但在用方程式求解前,必须知道其中一个平均数。

因此,如下所示,解析 $\sum p_1Q_1$ 的方法有三种:

$$\sum p_1Q_1 = P_1T_1 = A_1Q_1 = (\sum p_0Q_0) P_1Q_1$$

用 $\sum p_0Q_0$ 除方程式,第三种解析公式变成:

$$\frac{\sum p_1Q_1}{\sum p_0Q_0} = P_1Q_1 \tag{1}$$

现在我们要证明的是,无论以何种方式先求出 P_1 还是 Q_1,只要符合平均数的定义,用方程式(1)求解另一项后,求出的平均数必然和平均数的定义相符合。我们须证明:

如果 Q_1 是 $\dfrac{Q_1}{Q_0}$,$\dfrac{Q_1'}{Q_0'}$,$\dfrac{Q_1''}{Q_0''}$,… 的平均数,那么从(1)式推导出 P_1

的关联表达式是：

$$P_1 = \frac{\dfrac{\sum p_1 Q_1}{\sum p_0 Q_0}}{Q_1}$$

$$= \frac{\dfrac{\sum p_1 Q_1}{\sum p_0 Q_0}}{\left(\text{AV.}\dfrac{Q_1}{Q_0}, \dfrac{Q'_1}{Q'_0}, \dfrac{Q''_1}{Q''_0}, \cdots\right)} \tag{2}$$

上式一定是 $\dfrac{p_1}{p_0}, \dfrac{p'_1}{p'_0}, \dfrac{p''_1}{p''_0}, \cdots$ 的平均数。

因此，按照本书第二章附录说明的平均数的最一般定义，只需证明：

当 $\dfrac{p_1}{p_0} = \dfrac{p'_1}{p'_0} = \dfrac{p''_1}{p''_0} = \cdots = k$,

且 $\dfrac{Q_1}{Q_0} = \dfrac{Q'_1}{Q'_0} = \dfrac{Q''_1}{Q''_0} = \cdots = k'$ 时，

表达式(2)等于 k ，证明即告完毕。

为此，假设 $\dfrac{p_1}{p_0} = \dfrac{p'_1}{p'_0} = \dfrac{p''_1}{p''_0} = \cdots = k$ ，有：

$$p_1 = k p_0, p'_1 = k p'_0, p''_1 = k p'', \cdots ;$$

同时假设 $\dfrac{Q_1}{Q_0} = \dfrac{Q'_1}{Q'_0} = \dfrac{Q''_1}{Q''_0} = \cdots = k'$ ，有：

$$Q_1 = k' Q_0, Q'_1 = k' Q'_0, Q''_1 = k' Q''_0, \cdots$$

则 $\sum p_1 Q_1 = \sum (k p_0 \times k' Q_0) = k k' \sum p_0 Q_0$

现在，又因为 $\dfrac{Q_1}{Q_0} = \dfrac{Q'_1}{Q'_0} = \dfrac{Q''_1}{Q''_0} = \cdots - k'$

故按平均数的定义，$\left(AV. \dfrac{Q_1}{Q_0}, \dfrac{Q'_1}{Q'_0}, \dfrac{Q''_1}{Q''_0}, \cdots\right) = k'$,

因此，表达式(2)现在可写成：

$$P_1 = \frac{\dfrac{\sum p_1 Q_1}{\sum p_0 Q_0}}{Q_1}.$$

$$= \frac{\dfrac{\sum p_1 Q_1}{\sum p_0 Q_0}}{\left(AV. \dfrac{Q_1}{Q_0}, \dfrac{Q'_1}{Q'_0}, \dfrac{Q''_1}{Q''_0}, \cdots\right)}$$

$$= \frac{kk' \sum p_0 Q_0}{\dfrac{\sum p_0 Q_0}{k'}}$$

显然等于 k 。

故按定义，表达式(2)是 $\dfrac{p_1}{p_0}, \dfrac{p'_1}{p'_0}, \dfrac{p''_1}{p''_0}, \cdots$ 诸项的平均数。

用同样的论证方法，我们可以反向证明：

$$\frac{\dfrac{\sum p_1 Q_1}{\sum p_0 Q_0}}{\left(AV. \dfrac{p_1}{p_0}, \dfrac{p'_1}{p'_0}, \dfrac{p''_1}{p''_0}, \cdots\right)}$$ 是 $\dfrac{Q_1}{Q_0}, \dfrac{Q'_1}{Q'_0}, \dfrac{Q''_1}{Q''_0}, \cdots$ 的正确平均数。

如果在公式 $P_1 Q_1 = \dfrac{\sum p_1 Q_1}{\sum p_0 Q_0}$ 中，P_1 或 Q_1 分别是各个 p 比例

或各个 Q 比例的平均数，那么，其他 P_2 或 Q_2 也必然分别是各个 p

比例或各个 Q 比例的平均数。

第二节　对偶的价格指数与
对偶的交易量指数

我们已经证明,若已知求任何平均数 P_1 的公式,就能推导出关联的求 Q_1 的公式,反之亦然。因此若 P_1 是简单的算术平均数,即:

若 $P_1 = \dfrac{1}{n} \sum \dfrac{p_1}{p_0}$,

那么, $Q_1 = \dfrac{\dfrac{\sum p_1 Q_1}{\sum p_0 Q_0}}{\dfrac{1}{n} \sum \dfrac{p_1}{p_0}}$

同理,如果 Q_1 是简单的算术平均数,即:

若 $Q_1 = \dfrac{1}{n} \sum \dfrac{Q_1}{Q_0}$,

那么求 P_1 的关联的新公式是

$$P_1 = \frac{\dfrac{\sum p_1 Q_1}{\sum p_0 Q_0}}{\dfrac{1}{n} \sum \dfrac{Q_1}{Q_0}}$$

照这种方法,可由任意一个求 P_1 的公式,推导出另一个求 P_1 的公式,可称之为对偶公式。求 Q_1 的公式和第一个求 P_1 的公式是关联的,第二个求 P_1 的公式和求 Q_1 的公式的形式相同,区别只是将各个 p 和各个 Q 做了对换。

如表 20.2.1 所示,把这四个公式列成方阵,就能最好地看清楚四个公式及其之间的相互关系。

左边垂直列的两个公式一个是求 P_1 的,另一个是求 Q_1 的,彼此是关联公式。和这两个公式成对角的两个公式,将各个 p 和各个 Q 做了对换,由此组成的右边垂直列的两个公式,显然也是彼此的关联公式,且每一个公式都是各自水平线左方公式的对偶式。由于求 P_1 的任何公式都必然附带一个求 P_1 的对偶公式,所以这是一种从原来公式发明新公式的方法,也是发掘已在使用的公式之间某些不曾怀疑的关系的方法。

表 20.2.1　指数公式的关联与对偶关系

$$P_1 = \frac{\sum \dfrac{p_1}{p_0}}{n} \quad \xleftrightarrow{\text{对偶式}} \quad P_1 = \frac{\sum p_1 Q_1}{\dfrac{1}{n}\sum \dfrac{Q_1}{Q_0}}$$

$\updownarrow$ 关联式　　　　　　　　　　$\updownarrow$ 关联式

$$Q_1 = \frac{\sum p_1 Q_1}{\dfrac{1}{n}\sum \dfrac{p_1}{p_0}} \quad \xleftrightarrow{\text{对偶式}} \quad Q_1 = \frac{\sum \dfrac{Q_1}{Q_0}}{n}$$

在后面求 P_1 指数的表中,凡对偶公式皆相随并列,用括弧连在一起。就像上面方阵的上半部分一样,每对并列的对偶公式,都表示两个求 P_1 指数的公式。省略掉的下半部分,是两个求 Q_1 的关联公式,皆可随时推导出来,故表中每列之首只具载求 P_1 的对偶公式,求 Q_1 的关联公式,以及对应的求 A_1 和 T_1 的公式皆予略去。

如前解释,推导求 Q_1 的关联公式,只须对换毗邻列(对偶列)求 P_1 公式的各个 p 和各个 Q 即可;推导求 T_1 的公式,只须用 P_1 除 $\sum p_1 Q_1$ 即可;而推导求 A_1 的公式,只须用 Q_1 除 $\sum p_1 Q_1$ 即可。实际上，P_1 和 A_1 的功能是相同的，即都表示商品价格的变动；同理，Q_1 和 T_1 的功能也是相同的，即都表示商品数量的变动。在连续若干年的任何一个时期，P_1 和 A_1 的数字都是成比例的，唯一的区别是 P_1 以百分比表示，基础年份的数字是一百；A_1 以元表示，基础年份的数字是当年的实际交易量 $\sum p_0 Q_0$。同样，Q_1 和 T_1 的区别仅在于一个以百分比表示，另一个以元表示，基础年份的数字分别是一百和 $\sum p_0 Q_0$ 元。

第三节　各个 P 与各个 Q 的一般意义

行文到此应予指出，目前的整个讨论都是关于各个 p 和各个 Q 的指数的形式，并未解释赋予他们的含义。这些含义远比交易方程式中简单的物价和数量宽泛，譬如，也许指根据工人工资的购买力编制的各种物价指数。在这种情况下，虽使用的公式 $\sum p_1 Q_1$ 和前面一样，但公式各项的涵义却不同。现在，各个 p 指计入工人预算支出的商品价格，各个 Q 是进入工人消费的商品数量。因此，价格指数 P 标示工人消费的价格水平，交易量指数 T 代表工人**实际工资**指数。任何特殊形式的价格指数都必然包含关联的特殊形式的**实际工资**指数。

同样，如果我们正在研究资本的统计资料，譬如摘自吉芬的著作《资本的增长》这本书，则资本的价值就是 $\sum pQ$，各个 p 是不同种类资本品的价格，各个 Q 是各种资本品的数量。每种特殊形式的价格指数 P，都表示资本品的价格水平；还有一个关联的**资**

本的特殊指数,表示实际的"资本增长",以和资本的名义货币价值相区别。到现在为止,很少有人采用这种指数[①]。虽然如此,将由物价膨胀造成的表面的资本增长和实际的资本增长作区别,显然是可取的。正如此处要阐明的,这样一种指数能说明这种区别。

可见,但凡商品价格和数量联系在一起,就具备编制成对的关联指数的必要条件。在每一对关联指数中,一种指数表示商品价格,另一种表示商品数量。

不过,为方便起见,我们继续用符号 T 而非 Q 表示交易量指数。

第四节　四十四个公式概述

现在,我们简要浏览表中所选载的各种物价指数公式。在表中,偶数公式可从左边紧邻的奇数公式推导出来,故无疑可视为左邻公式的对偶公式。单数公式是那些直接为各个 p 编制的公式,未考虑各个 Q 的任何平均数;双数公式是间接编制的,参考了一些初次认定的各个 Q 的平均数。后者是沃尔什(Walsh)琢磨出的"双重加权(double weighting)平均数"。

公式(1)只是两个年份各种商品价格和的比例,可以视为所考察两个年份的价格的平均数的比率,只要将原公式稍微改写,此点

　　[①]　参见 Giffen, *Growth of Capital*, London(George Bell and Sons), 1889, pp. 50-54。该书已考虑到价格水平的变化对资本增长的影响,对之做了调整。书中引用了 *Economist*, Sauerbeck 和 Soetbeer 指数。尼科尔森教授提倡这样一种资本标准,参见 J. S. Nicholson, *Journal of the Royal Statistical Association*, March, 1887, pp. 152ff。埃奇沃斯对这种方法也有讨论,参见 *Report of the British Association*, 1887, p. 276。

即一目了然，

即：$\dfrac{\sum p_1}{\sum p_0}$ (1) $\rightarrow \dfrac{\dfrac{1}{n}\sum p_1}{\dfrac{1}{n}\sum p_0}$，式中 n 是使用的商品数。

这个公式在 1783 为杜陶特（Dutot）采用[1]，最近以来布拉德斯垂特（Bradstreet）将之用于解决实际问题[2]。

虽然上式是平均价格的比率，但是，正如下面的变形所示，该式也可以改写成**价格比例** $\dfrac{p_1}{p_0}$，$\dfrac{p'_1}{p'_0}$，$\dfrac{p''_1}{p''_0}$，… 的加权算术平均数的形式，即：

$$\frac{\sum p_1}{\sum p_0} = \frac{p_1 + p'_1 + p''_1 + \cdots}{p_0 + p'_0 + p''_0 + \cdots}$$

$$= \frac{p_0\left(\dfrac{p_1}{p_0}\right) + p'_0\left(\dfrac{p'_1}{p'_0}\right) + p''_0\left(\dfrac{p''_1}{p''_0}\right) + \cdots}{p_0 + p'_0 + p''_0 + \cdots}$$

最后一个表达式显然是圆括号内价格比例的加权算术平均数，权重是基础年份（第 0 年）的各种商品价格 p_0，p'_0，p''_0，… 各种商品的数量单位变化后，这些价格将发生变化；因此若数量单位从盎司变成磅，就要用 16 乘以商品原来的价格数目。任何价格如 p_0 的这种变化，都会完全改变 p_0，p'_0，p''_0，… 等权重的相对重要性。诚如沃尔什所说，这种给予权重的方法是相当偶然或随意的[3]。

---

① 参见 Walsh, *Measurement of General Exchange Value*，New York(Macmillan)，1901，pp. 534,533。

② 参见 *Bradstreet's Journal* from 1895。

③ Walsh, *op. cit.*，pp. 81 and 82.

按照下述方法变形后,同样的公式也是调和平均数,即:

$$\frac{\sum p_1}{\sum p_0} = \frac{p_1 + p'_1 + p''_1 + \cdots}{p_0 + p'_0 + p''_0 + \cdots}$$

$$= \frac{p_1 + p'_1 + p''_1 + \cdots}{p_1\left(\dfrac{p_0}{p_1}\right) + p'_1\left(\dfrac{p'_0}{p'_1}\right) + p''_1\left(\dfrac{p''_0}{p''_1}\right) + \cdots}$$

$$= \frac{1}{\dfrac{p_1\left(\dfrac{p_0}{p_1}\right) + p'_1\left(\dfrac{p'_0}{p'_1}\right) + p''_1\left(\dfrac{p''_0}{p''_1}\right) + \cdots}{p_1 + p'_1 + p''_1 + \cdots}}$$

最后一个表达式显然是圆括号内价格比率的加权算术平均数的倒数,这些价格比例是 $\left(\dfrac{p_1}{p_0}\right)$,$\left(\dfrac{p'_1}{p'_0}\right)$,$\left(\dfrac{p''_1}{p''_0}\right)$,$\cdots$ 的倒数。换言之,该公式是 $\left(\dfrac{p_1}{p_0}\right)$,$\left(\dfrac{p'_1}{p'_0}\right)$,$\left(\dfrac{p''_1}{p''_0}\right)$ 等比例倒数的加权算术平均数的倒数,权重是 p_1,p'_1,p''_1,$\cdots$ 或第 1 年各种商品的价格。

简言之,公式(1)既是 $\dfrac{p_1}{p_0}$,$\dfrac{p'_1}{p'_0}$,$\dfrac{p''_1}{p''_0}$,等价格比例的算术平均数,也是其调和平均数。在第一种情况下,权重是各比例的分母(除数);在第二种情况下,权重是各比例的分子(被除数)。

我们已经证明,表中公式(1)虽然主要是商品**价格平均数的比例**,但也可用任意权数加权,将之变成商品**价格比例的平均数**。

相反,如果乐意,通过变更商品数量的计算单位,可将各个比例的任何平均数变成各个平均数的比例。显然,若商品的计量单位照某一比例增加,则商品价格照相反的比例减少。因此,如果商品的度量单位增加的比例是 p_0,最初的商品价格是 p_1,则此价格

须除以比例 p_0，变成 $\dfrac{p_1}{p_0}$。故可视 $\dfrac{p_1}{p_0}$ 为价格，也可视为价格比例。

这样，$\dfrac{p_1}{p_0}$，$\dfrac{p'_1}{p'_0}$，$\dfrac{p''_1}{p''_0}$，等比例的平均数也是商品**价格**的平均数。这个新单位不再是磅、码等，而是"基础年份 1 元所值的商品量"（*dollars-worth-in-the-base-year*）。照这些单位计算，基础年份的商品价格是 1，因为用比例因子 p_0 去除照原来单位计算的价格 p_0，得数是 1。

不过，后文将所有价格指数视为价格比例的平均数。

有趣的是，杜陶特或布拉德斯特里特（Bradstreet）公式的对偶

式，即公式（2），可用求 Q_1 的关联式 $\dfrac{\sum Q_1}{\sum Q_0}$ 除分数 $\dfrac{\sum p_1 Q_1}{\sum p_0 Q_0}$ 推出。

正好和朱比施^①（Drobisch）罗森爵士（Rawson）^②所用的公式相同。

---

① 参见 M. W. Drobisch，"Über Mittelgrossen und die Anwendbarkeit derselben auf die Berechnung des Steigens und Sinkens des Geldwerthes"（*Berichte über die Verhandlungen der Koniglich sachsischen Gesellshaft der Wissenschaften zu Leipsig*；*Mathematisch-physische Classe*，Band XXIII，1871，pp. 25 – 28）。也可参见"Über die Berechnung der Veranderungen der Waarenpreise und des Geldwerthes"（*Jahrböchern für National-oekonomie und Statistik*，1871，Band XVI，pp. 143 – 156）；and "Ueber einige Einwürfe gengen die in diesen Jahrbüchern Veroffentlichte neue Methode，die Veränderungen der Waarenpreise und des Geldwerthes zu berechnen"（*ibid*，1871，Band XVI，pp. 416 – 427）。沃尔什对此种方法做了解释，参见 Walsh，*op. cit.*，pp. 97 – 98，81 and 82。

② 参见 Edgeworth，*Report of the British Association for the Advancement of Science*，1889，p. 152。按照埃奇沃斯的阐述，罗森提议用出口或进口的吨数除出口或进口的价值，得数就是出口或进口的价格指数。罗森主张用此公式，不是因为在理论上有什么价值，而是出于实际计算的便利。在通过比较 1886 年和 1885 年的实际数字计算价格指数时，埃奇沃斯对照罗森用大致、简便的方法计算的结果和吉芬用更确切方法计算的结果，大致相同。

公式(3)[1]显然是读者熟悉的简单算术平均数,即

$$\frac{\sum\left(\dfrac{p_1}{p_0}\right)}{n} \quad \text{或者} \quad \frac{\dfrac{p_1}{p_0}+\dfrac{p'_1}{p'_0}+\dfrac{p''_1}{p''_0}+\cdots+\dfrac{p_1^{(n)}}{p_0^{(n)}}}{n}$$

公式(4)是公式(3)的对偶式,是平均价格的比例,即根据各个 Q 的变动做了调整的总价值的比例 $\sum p_1 Q_1 / \sum p_0 Q_0$,调整方法是让总价值的比例除以各个 Q 的算术平均比例。

偶数公式是其前列奇数公式的对偶式,除非有特别的理由,否则一带而过,不予解释。

公式(5)、(7)[2]、(9)[3]分别是简单的调和平均数、简单的几何平均数与简单的中位数平均数(simple median averages)。需注意的是,公式(7)的对偶式公式(8),是由尼科尔森和沃尔什提出的[4]。公式(11)[5]和布拉德斯里特的公式相似,唯一的不同是公式(11)用各个 Q 为乘数,杜绝了权重数的随意性。因为权数 $p_0 Q_1$ 等和权数 p_0 等不同,不会受商品度量单位变化的影响。不管是用磅还是盎司计量,都不会影响既定数量的商品的价值。下面的

---

① 对此公式从卡里(Carli)到现在的历史陈述,参见 Walsh, *Measurement of General Exchange Value*, New York(Macmillan), 1901, pp.534. ; Walsh, *op. cit*。

② 参阅 Jevons, *Investigations in Currency and Finance*, London(Macmillan), 1884; Edgeworth, *Report of the British Association for the Advancement of Science*, 1887, 8, 9; Walsh, *Measurement of General Exchange Value*, New York(Macmillan), 1901, pp.229ff. ; Walsh, *op. cit*。

③ 参见 Edgeworth, *Report of the British Association for the Advancement of Science*, 1887, 8, 9, esp. 1888, pp. 206 ff. 。

④ Walsh, *op. cit*. , p. 548.

⑤ 关于公式(11)和公式(12)有大量的讨论文献。参见 Walsh, *op. cit*. , esp. pp. 191ff. , and pp. 539 ff. 。

变形说明,公式(11)是加权算术平均数:

$$\frac{\sum p_1 Q_1}{\sum p_0 Q_1} = \frac{p_1 Q_1 + p'_1 Q'_1 + p''_1 Q''_1 + \cdots}{p_0 Q_1 + p'_0 Q'_1 + p''_0 Q''_1 + \cdots}$$

$$= \frac{p_0 Q_1 \left(\dfrac{p_1}{p_0}\right) + p'_0 Q'_1 \left(\dfrac{p'_1}{p'_0}\right) + p''_0 Q''_1 \left(\dfrac{p''_1}{p''_0}\right) + \cdots}{p_0 Q_1 + p'_0 Q'_1 + p''_0 Q''_1 + \cdots}$$

最后一个表达式显然是圆括弧内价格比例的加权算术平均数,权重是 $p_0 Q_1$, $p'_0 Q'_1$, $p''_0 Q''_1$, $\cdots$,即照基础年份(第零年)的价格计算的第一年各种商品的**价值**。

但是,同一个公式也是调和平均数,只须像对公式(1)一样,将公式的分母变形,而不是将分子变形,就能明白这一点。它是加权调和平均数,权数是 $p_1 Q_1$, $p'_1 Q'_1$, $p''_1 Q''_1$, $\cdots$,或第一年各种商品的价值。

简言之,公式(11)或者 $\dfrac{\sum p_1 Q_1}{\sum p_0 Q_1}$ 像公式(1)一样,既是 $\dfrac{p_1}{p_0}$, $\dfrac{p'_1}{p'_0}$, $\dfrac{p''_1}{p''_0}$,等价格比例的算术平均数,也是加权调和平均数,但两种平均数的权数是不同的。

公式(11)有一个让人感兴趣的特征,它的对偶公式(12)具有同样的形式,不同点仅是 Q 的下标现在是"0",不是"1"。同样的推理可以证明,公式(12)既是算术平均数,也是调和平均数,是分别用分母和分子加权的加权平均数。

(11)与(12)这两个公式,似乎为研究指数的著作者所钟爱。由于一个公式的局限性,有时并非另一个公式的局限性,故研究者曾做了许多努力,试图将两个公式合并成一个综合公式。譬如,公式(13)[1]是这两个公式的简单算术平均数;而公式(13)的对偶式公式(14)则是(11)与(12)的简单调和平均数。公式(15)是公式(11)与(12)的简单几何平均数,公式(15)的特征是和它的对偶式公式(16)完全相同。公式(17)、(19)、(21)与(23)是其他一些合并(11)与(12)公式的尝试,不像公式(13)与(15)那样求公式本身的各种平均数,而是求这些公式的系数 Q_1 与 Q_0、Q'_1 和 Q'_0 等的平均数。这些公式的对偶式即公式(18)与(22),恰好和沃尔什提出的相同,第三个对偶式即公式(24),则与朱丽斯先生(Julius Lehr)提出的相同[2]。

如前解释,公式(11)与(12)是算术平均数,权数分别为:

$$p_0Q_1,\ p'_0Q'_1,\ p''_0Q''_1,\ \cdots\ 公式 \tag{11}$$

$$p_0Q_0,\ p'_0Q'_0,\ p''_0Q''_0,\ \cdots\ 公式 \tag{12}$$

然后,公式(25)与(27)的权数分别为:

$$p_1Q_1,\ p'_1Q'_1,\ p''_1Q''_1,\ \cdots\ 公式 \tag{25}$$

$$p_1Q_0,\ p'_1Q'_0,\ p''_1Q''_0,\ \cdots\ 公式 \tag{27}$$

至此完成了算术平均数的价格和数量下标的四种排列,即:
01、00、11、10

公式(29)表示加权算术平均数,权数不是基础年份的商品价

---

[1]　要参考有关这一公式和表中(第十三列至第四十四列)其余公式的文献,参见 Walsh, *op. cit.* 。

[2]　这种方法参阅 *Beiräge zur Statistik der Preise*,Frankfurt-a.-M,1885, p. 11 and pp. 37－42;沃尔什对此方法的解释参阅 Walsh, *Measurement of General Exchange Value*, pp. 386－388。

格和数量乘积,而是从其他考虑推算出来。譬如,奥雅奇参议院报告(Aldrich Report)一些表格使用的方法[1],权数是工人预算支出中各种商品消费的百分比,和基础年份或其他任何特定年份没有关系。

公式(31)与(33)是加权调和平均数,权数不是

$$p_1 Q_1, p'_1 Q'_1, p''_1 Q''_1, \cdots \text{公式} \tag{11}$$

$$\text{或 } p_1 Q_0, p'_1 Q'_0, p''_1 Q''_0, \cdots \text{公式} \tag{12}$$

而是:

$$p_0 Q_1, p'_0 Q'_1, p''_0 Q''_1, \cdots \text{公式} \tag{31}$$

$$p_0 Q_0, p'_0 Q'_0, p''_0 Q''_0, \cdots \text{公式} \tag{33}$$

正如上面的算术平均数一样,至此完成调和平均数的价格和数量下标的四种排列,即 11、10、01、00。可见,包括公式(11)与(33)在内,从(11)至(33)的奇数公式只是 $\frac{p_1}{p_0}, \frac{p'_1}{p'_0}, \frac{p''_1}{p''_0}, \cdots$ 的算术平均数或调和平均数,或者是这类平均数的其他平均数或混合数。

公式(35)、(37)、(39)与(41)是商品价格比例不同形式的加权几何平均数,权数是:

$$p_1 Q_1, p'_1 Q'_1, p''_1 Q''_1, \cdots \qquad\qquad \text{公式(35)}$$

$$p_0 Q_0, p'_0 Q'_0, p''_0 Q''_0, \cdots \qquad\qquad \text{公式(37)}$$

$$p_1 Q_0, p'_1 Q'_0, p''_1 Q''_0, \cdots \qquad\qquad \text{公式(39)}$$

$$p_0 Q_1, p'_0 Q'_1, p''_0 Q''_1, \cdots \qquad\qquad \text{公式(41)}$$

公式(43)是第 1 年和基础年份商品价格的加权几何平均数的

---

[1] *Report on Wholesale Prices*, Senate Report 1394, 2d Session, 52d Congress, 1893.

比率,权数在第 1 年是 p_1Q_1,$p'_1Q'_1$,$p''_1Q''_1$,$\cdots$ 在基础年份是 p_0Q_0,$p'_0Q'_0$,$p''_0Q''_0$,$\cdots$

不难看出,表中列载的所有 44 个公式,都是以几个简单的求平均数的原理为基础。大多数是算数的、调和的、几何的或它们的结合体的平均数。毋需多言,还可以构造其他更复杂的平均数公式。

第五节　八种检验概述
——表中各纵列的标题

介绍了表中各垂直列首行的公式后,下一步就是解释表中各水平行首列的内容。这些题头是对价格指数进行的八种检验的名目,前六种检验是成对进行的,奇数表示对价格的检验,偶数表示对交易量的检验。

完善指数的八种检验

现列举八种检验,意在包括此前研究指数与其他平均数时所应用的各种检验。它们是:

1. 价格指数的等比检验(test of proportionality, as to prices)。

2. 交易量指数的等比检验(test of proportionality, as to trade)。

3. 价格指数的确定性检验(test of determinateness, as to prices)。

4. 交易量指数的确定性检验(test of determinateness, as to

trade)。

5. 价格指数剔除或加入某种商品价格的检验（test of withdrawal or entry, as to prices）。

6. 交易量指数减去或计入某种商品数量的检验（test of withdrawal or entry, as to trade）。

7. 价格指数与交易量指数易移基础年份的检验（test by shifting base, both as to prices and as to trade）。

8. 价格指数与交易量指数变更计量单位的检验（test by shifting unit of measurement, both as to prices and as to trade）。

先界定每种检验的基本含义，再举实例精确解释。

（一）价格指数的等比检验

如果各种商品价格变动的比例皆相等，则价格指数的变动比例等于所有商品价格变动的比例，求价格指数的公式应该满足这个条件。因此，如果各种商品 1910 年的价格比 1909 年高 10％，则 1910 年的价格指数也应比 1909 年的高 10％。

（二）交易量指数的等比检验

同理，求交易量指数的关联公式也应满足下述条件：如果各种商品交易量变动的比例皆相等，则交易量指数的变动比例等于所有商品交易量变动的比例。

（三）价格指数的确定性检验

若某种商品的价格变为零，价格指数不会因此变成零或无穷大（无穷小）或不能确定的数目。因此，如果某种商品 1910 年存货过剩，市场滞销，成了"自由品"（免费商品 free good），1910 年的价格指数不应因此变成零。

附录七　第十章的参考　　　　　　　　　　　　381

（四）交易量指数的确定性检验

若某种商品的交易量为零，关联的交易量指数不会因此变成零或无穷大（无穷小）或不能确定的数目。因此，如果某种商品在1910年存货告罄，市场脱销，以致交易量为零，1910年的交易量指数不应因此变成不确定的数目。

（五）价格指数剔除或加入某种商品价格的检验

若某种商品的价格比例和价格指数相等，则计算指数时剔除或加入这种商品，价格指数不应因此受到影响。因此，如果不包括糖，一定数量的商品在1910年的价格指数和1900年比较是105，而糖在1910年的价格和1900年比较也是105，则无论是剔除或加入糖的价格，价格指数仍应为105。

（六）交易量指数减去或计入某种商品数量的检验

若某种商品的交易量比例和交易量指数相等，则减去或计入这种商品的交易量，关联的交易量指数不应因此受到影响。

（七）价格指数与交易量指数易移基础年份的检验

前后时间倒置基或变更基础年份，不应影响不同时期商品价格指数之间的比率，以及关联的不同时期交易量指数之间的比率。因此，如果以1860年为基础年份，1910年的价格指数是1900年的两倍，则基础年份更改为1870年时，1910年的价格指数仍是1900年的两倍。

（八）价格指数与交易量指数变更计量单位的检验

商品度量单位的任何变动，都不应影响各种商品价格指数之间的比率，因此也不应影响关联的交易量指数之间的比率。因此，若煤炭的计量单位是吨，1910年的价格指数是1900年的两倍，则度量单位改为磅时,1910 年的价格指数仍是 1900 年的两倍。

检验(七)与检验(八)的两个判断分别是就商品价格和交易量而言,但都隐含这样的命题:对价格指数来说成立的关系,对交易量指数来说也同样成立,反之亦然。为了证明检验(七)(变更基础年份)中这种价格指数与交易量指数的相互关系,我们不用 P_1,而用符号 $P_{1,0}$ 表示照基础年份价格计算的第一年的价格指数;同时,为比较第一年和第二年的价格指数,不妨特别指定基础年份先是第零年,后是第八年。给定上述条件后,如果各年的价格指数 P 的关系满足变更基础年份的检验,也就是说,

如果 $\dfrac{P_{1,0}}{P_{2,0}} = \dfrac{P_{1,8}}{P_{2,8}}$,

则只须证明,各年的交易量指数 T 也满足同样的关系,

亦即 $\dfrac{T_{1,0}}{T_{2,0}} = \dfrac{T_{1,8}}{T_{2,8}}$,

检验(七)与检验(八)两个判断隐含的命题就是成立的。

我们知道

$$T_{1,0} = \frac{\sum p_1 Q_1}{P_{1,0}} \tag{1}$$

$$T_{2,0} = \frac{\sum p_2 Q_2}{P_{2,0}} \tag{2}$$

$$T_{1,8} = \frac{\sum p_1 Q_1}{P_{1,8}} \tag{3}$$

$$T_{2,8} = \frac{\sum p_2 Q_2}{P_{2,8}} \tag{4}$$

(1)式除以(2)式,同时(3)式除以(4)式,得商:

$$\frac{T_{1,0}}{T_{2,0}} = \frac{\sum p_1 Q_1}{\sum p_2 Q_2}\left(\frac{P_{2,0}}{P_{1,0}}\right)$$

$$\frac{T_{1,8}}{T_{2,8}} = \frac{\sum p_1 Q_1}{\sum p_2 Q_2}\left(\frac{P_{2,8}}{P_{1,8}}\right)$$

比较两个方程式的右边,两式的 $\sum$ 比率是相同的。按假设,各年价格指数 P 的比率是相等的。因此,两个方程式的整个右边是相等的,所以左边也相等。此即要证明的结论,相反的论证也很明显。

检验(八)是变更计量单位的检验,像易移基础年份的检验一样,若不能应用于交易量检验,也就不能应用于商品价格,反之亦然。对这一点,不妨用公式 $T = \dfrac{\sum pQ}{P}$ 证明。

显然,度量单位的改变不会影响该方程式右边的分子。例如,若煤炭不用吨计量,改用盎司计量,表示煤炭数量(如 Q)的数字就会因之急剧增大,但煤炭的价值(pQ)却不受影响,因为表示煤炭价格的数字(p)会照比例缩小。因此,如果分母能通过变更度量单位的检验,即(P)不受变更度量单位的影响,则商数(T)必然不受变更度量单位的影响。也就是说,若 P 能通过变更度量单位的检验,则 T 也能通过变更度量单位的检验。由于相反的论证也成立,故命题(八)得以证明。

诚如将要解释的那样,前六个检验是依次交替地说明商品价格和交易量的。现在想指出的是,关于商品价格的检验含有交易量检验的意义,而关于商品交易量的检验也含有价格检验的意义。

也就是说,所有检验都含有商品价格检验和交易量检验的两种意义。

此点非常重要,为强调这一事实,不妨对每种检验所包含的关于商品价格检验的意义给予解释。由于检验(一)、(三)、(五)、(七)与(八)的叙述是关于商品价格的说明,我们只须说明检验(二)、(四)与(六)包含关于商品价格检验的意义即可。

由检验(二)知,若各种商品交易量的比例皆相等,则他们的指数应与他们皆相等。亦即:

如果 $\dfrac{Q_1}{Q_2} = \dfrac{Q'_1}{Q'_2} = \dfrac{Q''_1}{Q''_2} = \cdots = k$,

则应该有 $\dfrac{T_1}{T_2} = k$。

现在的问题是,若这种关于各种商品数量 Q 的关系成立,那么,关于各种商品价格 p 成立的关系是什么? 答案显然是:

$$\frac{P_1}{P_2} = \frac{\dfrac{\sum p_1 Q_1}{T_1}}{\dfrac{\sum p_2 Q_2}{T_2}}$$

$$= \frac{\sum p_1 Q_1}{\sum p_2 Q_2} \div \frac{T_1}{T_2}$$

用 kQ_2 代替式中的 Q_1,kQ'_2 代替 Q'_1,$\cdots$,又用 kT_2 代替 T_1,即得:

$$= \frac{k \sum p_1 Q_2}{\sum p_2 Q_2} \div k$$

$$= \frac{\sum p_1 Q_2}{\sum p_2 Q_2} = \frac{\sum p_1 Q_1}{\sum p_2 Q_1}$$

再用 k 乘上式中倒数第二项的分子与分母，然后用 Q_1 代替 kQ_2，用 Q'_1 代替 kQ'_2，…即得最后一项。

作为推导的结果，$\dfrac{P_1}{P_2}$ 的最后两个公式是按**物价必须符合的各种条件表述检验(二)**的。第二章附录第六节已讨论过这两个公式，同时解释了它们的含义。公式表明，M 的变化，或者各个 V 的变化，或者所有 Q 的**相同**变化，或者这些变化的任意结合，都会通过交易方程式影响价格水平，影响方式可用如下公式表示：

$$\frac{P_1}{P_2} = \frac{\sum p_1 Q_1}{\sum p_2 Q_1} = \frac{\sum p_1 Q_2}{\sum p_2 Q_2}$$

故此，交易方程式本身规定了检验(二)的条件，因为交易方程式蕴含的基本定理是：各种物价随 M 与各个 V 同方向变动，随各个 Q 反方向变动。唯一能够完全反映这些变化——亦即和 M 同方向变动，和各个 Q 反方向变动(假定所有 Q 的变动是相同的)——的指数形式，是那些符合检验(二)的指数形式。任何其他形式的指数，当各个 V 和各个 Q 不发生变化，M(及 M')增加 50% 时，显示的物价增长可能是 49% 或 51%。也就是说，其他形式的指数都不能证明，在流通速度和各种商品数量 Q 保持不变的情况下，当货币数量发生变化时，物价指数会发生等比例的变化；也不能用以表述同样的定理，说明货币流通速度的变化和各个 Q 的(相同)变化的影响。这些定律都是基本的法则。指数的真正意义在于消除了各种商品价格的不同变动，能够解释不同比例的价格变动;而当各种商品的价格变动相同时,同样的定律仍然成立。

因此,检验(二)的重要程度是根本性的,在此稍作重述是有益的。确切地说,不妨以 1900 年和 1910 年举例说明。假设每种商品在 1910 年售出的数量恰好是 1900 年售出数量的两倍,则和 1900 年(第零年:基础年份)的物价水平比较,唯一能够表明 1910 年(第一年)物价水平的适当指数是 $\dfrac{\sum p_1 Q_1}{\sum p_0 Q_1}$,即 1910 年出售的商品总价值和这些商品按 1900 年物价计算的总价值的比率,或等同于 $\dfrac{\sum p_1 Q_0}{\sum p_0 Q_0}$,即 1900 年出售的商品按 1910 年物价计算的总价值和按 1900 年物价计算的实际总价值的比率。

在附表的 44 个公式中,在当各个 Q 发生相同的变化时,只有下述几个可以变形为我们需要的公式:朱比施(Drobisch)的公式(2),和公式(4)、(6)、(8)、(10)、(11)、(28)、(30)、(34)、(38)、(40)。除了公式(11)外,所有的公式都是偶数号。若比较的年份有一年是基础年份,还有几个公式也可以简化成我们需要的公式。

表里完全不能通过检验(二)的各公式,不存在 $MV + M'V' = PT$ 交易方程式蕴含的关系,即若各个 Q 保持不变,则 T 将保持不变,P 将随方程式左边发生变化。在这些公式中,T 不是各个 Q 的真实指数,它在一个反向上的错误意味 P 在相反的方向发生对等的错误。

因此,虽然检验(二)主要说的是数量,不是物价,但在所有八个关于物价的检验中,检验(二)在某些方面是最重要的。它是唯

附录七　第十章的参考　　　　　　　　　　　387

一揭示了符合要求的**权衡方法**的检验,完全规定了物价变动的各种限制条件,即任何物价的单项变化,不论差异有多大,M 的变动,或 V 的变动,或所有 Q 按一定的比例变动,"一般地说"都会以同样的比例影响物价。当然,各个 M 和各个 V 对一般物价的影响是同方向的,而各个 Q 的影响是反方向的。

实际上,除了当各个 Q 按不相等的比例变动外,检验(二)揭示了由交易方程式在所有可能的条件下规定的物价指数的正确形式,也指明了计算物价指数所需要的合理的权衡数。可以说,这些权衡数是由各个 Q_1 或者各个 Q_0 交替决定的,各个 Q_1 说明的是公式(11),各个 Q_0 说明的是公式(12)。当各个 Q_1 和各个 Q_0 成等比例时,使用任何权衡数都是**完全**符合要求的;当各个 Q_1 和各个 Q_0 不成等比例时,它们的差异也是微乎其微的。但是,当各个 Q 的变动不相等时,似乎**没有**完全符合要求的公式。在这种情况下,是用各个 Q_1 说明还是用各个 Q_0 说明,两种权衡方法是彼此矛盾的。埃奇沃斯教授业已证明,这种冲突是微不足道的[①]。事实上,在决定物价指数时,各种权衡数的重要性远不及各种商品价格本身的重要性。

后面第七节在比较不同的指数形式时,我们将再次讨论检验(二)。

406

---

① 埃奇沃斯举例证明,**权数**的"误差"仅造成指数计算结果 1/20 的误差,而物价本身的"误差"会造成指数计算结果 1/4 或 1/5 的误差。参阅 Edgeworth, *Report of the British Association for the Advancement of Science*, 1887, pp. 288 – 292 and for 1888, pp. 197 – 198, 200, 202, 203, 206。

表 20.5.1　任意两年物价与交易量一般情况的比较——各种检验的代数表达式（对两年之一是基础年份的特殊情形，用"0"代替"2"。）

检验类型	假设	各检验的规定	
		价格检验	数量检验
检验(一) 各个 p 的等比	$\dfrac{p_1}{p_2} = \dfrac{p'_1}{p'_2} = \cdots = k$	$\dfrac{P_1}{P_2} = k$	$\dfrac{T_1}{T_2} = \dfrac{\sum p_1 Q_1}{\sum p_1 Q_2} = \dfrac{\sum p_2 Q_1}{\sum p_2 Q_2}$
检验(二) 各个 Q 的等比	$\dfrac{Q_1}{Q_2} = \dfrac{Q'_1}{Q'_2} = \cdots = k$	$\dfrac{P_1}{P_2} = \dfrac{\sum p_1 Q_1}{\sum p_2 Q_1} = \dfrac{\sum p_1 Q_2}{\sum p_2 Q_2}$	$\dfrac{T_1}{T_2} = k$
检验(三) 各个 p 的确定性	$p_1 = 0$ 或 $p_2 = 0$，或照此类推	P_1 与 P_2 皆可确定,不是零数,也不是无穷数	T_1 与 T_2 皆可确定,不是零数,也不是无穷数
检验(四) 各个 Q 的确定性	$Q_1 = 0$ 或 $Q_2 = 0$，或照此类推	P_1 与 P_2 皆可确定,不是零数,也不是无穷数	T_1 与 T_2 皆可确定,不是零数,也不是无穷数
检验(五) 各个 p 的剔除或计入	$\dfrac{p_1}{p_2} = \dfrac{P_1}{P_2} = k$	$\dfrac{p'_1}{p'_2} = k$　　记号"'"表示剔除 p_1、p_2、Q_1、Q_2;无记号的,表示包括各数	$\dfrac{T'_1}{T'_2} = \dfrac{\sum p'_1 Q'_1}{\sum p'_1 Q'_2} \div \dfrac{P_1}{P_2}$ 记号"'"表示剔除 p_1、p_2、Q_1、Q_2;无记号的,表示包括各数
检验(六) 各个 Q 的减去或加入	$\dfrac{Q_1}{Q_2} = \dfrac{T_1}{T_2} = k$	$\dfrac{P'_1}{P'_2} = \dfrac{\sum p'_1 Q'_1}{\sum p'_2 Q'_1} \div \dfrac{T_1}{T_2}$ 有无记号"'"表示的意思同上	$\dfrac{T'_1}{T'_2} = k$ 有无记号"'"表示的意思同上
检验(七) 易移基础年份	基础年份由"0"变为"8",故: $P_{1,0}$ 变为 $P_{1,8}$ $P_{2,0}$ 变为 $P_{2,8}$ $T_{1,0}$ 变为 $T_{1,8}$ $T_{2,0}$ 变为 $T_{2,8}$	$\dfrac{P_{1,0}}{P_{2,0}} = \dfrac{P_{1,8}}{P_{2,8}}$	$\dfrac{T_{1,0}}{T_{2,0}} = \dfrac{T_{1,8}}{T_{2,8}}$
检验(八) 变更计量单位		$\dfrac{P_1}{P_2}$ 不变动	$\dfrac{T_1}{T_2}$ 不变动

检验(四)断言若某一种商品的交易量为零,交易量指数不会因之变成零数、或无穷数(大/小)、或不能确定的数。但若交易量指数变成零数、无穷数(大/小)或不能确定的数时,价格指数也会变成零数、无穷数(大/小)或不能确定的数,反之亦然。这一点可从 $P_1 = \dfrac{\sum p_1 Q_1}{T_1}$ 关系式一目了然看出,故此检验(四)之于物价指数的意义与对交易量指数的意义相同。

检验(六)对物价指数的意义更为复杂,重要性也不明显。解释表 20.5.1 对此做了说明。在前述的 44 种指数表内,检验(六)的"得分"皆用括弧圈起,以表示无重要的物价指数意义,并从各总数中删略。

经过适当的修正后,关于物价指数的各检验如(一)、(三)及(五)也有关于交易量指数的意义。

表 20.5.1 解释表用代数表达式说明了关于物价和交易量八种检验的假设和结论。

第六节　表的内容
——尤其是公式(11)

我们已简略地评介了表的题头内容,包括垂直列的行首公式和水平行的头列名目。他们相互之间的关系皆包含在表的内部。此表的目的是说明物价指数 P 的四十四种不同的公式(及关联的交易量指数 T)对八种检验的符合程度。尽管有很多的著作者竭尽所有的数学才智设计指数,但已知的公式尚无能通过所有八种检验者,且显然不可能有这样的公式。

　　表里公式符合每种检验的程度有三种可能:(1)完全符合;(2)部分符合;或(3)完全不符合。任何一个特定的公式都有三种可能的符合程度。在后文的 20.6.1 表中,分别以数字 1、$\frac{1}{2}$、0 表示完全符合、部分符合及完全不符合三种程度。若任意两年(比如第一年与第二年)的指数都符合一种检验,即可视为完全符合;若两年**之一是基础年份**,则这两年的指数对此检验仅可认为是部分符合。前者符合的程度是普遍的,后者符合的程度是特殊的。因为普遍性包含特殊性,故若一种检验是普遍符合的,则也必然是特殊符合的;相反的命题不一定成立。但是,若一种检验不是特殊符合的,则必然不是普遍符合的;相反的命题不一定成立。简言之,若对完全符合的问题有肯定的答案,则对部分符合的问题也有肯定的答案;若对部分符合的问题有否定的答案,则对完全符合的问题也必有否定的答案。这两个规则在计算表里各数时,省却了很多心力。

　　接下来的工作是说明八种检验,将之应用于 P_1 的特殊公式及其关联的 T_1 公式。著者选择表中编号(11)的公式对,亦即

$$P_1 = \frac{\sum p_1 Q_1}{\sum p_0 Q_1} \text{ 和 } T_1 = \sum p_0 Q_1$$

来做说明,研究这对公式符合八种检验的程度有多大。

检验(一) 价格的等比。

　　先研究所比较两年之一是基础年份的"特殊情况"。具体说来,这一检验的含义是:若第一年的各项物价是基础年份各项物价的任意倍数(例如 k 倍),则第一年的物价指数(按基础年份计算)

将是同一个数字 k 。

这个检验可最好地用代数语言表述如下：

如果 $\dfrac{p_1}{p_0}=\dfrac{p'_1}{p'_0}=\dfrac{p''_1}{p''_0}=\cdots=k$

亦即若 $p_1=kp_0$；$p'_1=kp'_0$；$p''_1=kp''_0$，$\cdots$，k 是给定不变的

价格比例，那么就应该有 $\dfrac{P_1}{P_0}=k$ ，也就是说，$P_1=k$（因为 $P_0=1$）。409

很容易将这个检验应用于我们所选择的公式中。

第一年的公式对是 $P_1=\dfrac{\sum p_1Q_1}{\sum p_0Q_1}$；$T_1=\sum p_0Q_1$

基础年份的公式对是 $P_0=\dfrac{\sum p_0Q_0}{\sum p_0Q_0}(=1)$；$T_0=\sum p_0Q_0$

显然有：$P_1=\dfrac{\sum p_1Q_1}{\sum p_0Q_1}$

$$=\frac{p_1Q_1+p'_1Q'_1+p''_1Q''_1+\cdots}{\sum p_0Q_1}$$

$$=\frac{(kp_0)Q_1+(kp'_0)Q'_1+(kp''_0)Q''_1+\cdots}{\sum p_0Q_1}$$

$$=\frac{k(p_0Q_1+p'_0Q'_1+p''_0Q''_1+\cdots)}{\sum p_0Q_1}$$

$$=\frac{k\sum p_0Q_1}{\sum p_0Q_1}=k$$

故当两年之一是基础年份的特殊情形时，物价是符合检验（一）的。

但正如上文解释的，不能由此推断在**"普遍的情形"**下，物价也是符合检验（一）的。因此，对任意两年的"普遍情形"，检验（一）可表述为：若每种商品第一年的价格是其第二年价格的 k 倍，则第一年的物价指数（按基础年份计算）也是第二年物价指数（按基础年份计算）的 k 倍。这一命题对普遍情形是可能成立的，但检验要求的条件是：

如果 $\dfrac{p_1}{p_2} = \dfrac{p'_1}{p'_2} = \dfrac{p''_1}{p''_2} = \cdots = k$

亦即若 $p_1 = kp_2$；$p'_1 = kp'_2$；$p''_1 = kp''_2$ 等，那么必有 $\dfrac{P_1}{P_2} = k$。

不过，这种普遍性的检验是不能满足的，可从下式得到证明：

$$\frac{P_1}{P_2} = \frac{\dfrac{\sum p_1 Q_1}{\sum p_0 Q_1}}{\dfrac{\sum p_2 Q_2}{\sum p_0 Q_2}} = \frac{\dfrac{k \sum p_2 Q_1}{\sum p_0 Q_1}}{\dfrac{\sum p_2 Q_2}{\sum p_0 Q_2}}$$

要使上式等于 k，显然 $\dfrac{\sum p_2 Q_1}{\sum p_0 Q_1}$ 必须等于 $\dfrac{\sum p_2 Q_2}{\sum p_0 Q_2}$，但不能认为两者始终是相等的。若由任一特定量如 Q_2 的值使两者相等，则明显这一特定量的微小偏差都会使两者不相等。譬如，若 Q_2 的值发生变动，等式左边的 $\dfrac{\sum p_2 Q_1}{\sum p_0 Q_1}$ 不受影响，但右边的除数和被除数的第一项必然发生变动，右边的分数 $\dfrac{\sum p_2 Q_2}{\sum p_0 Q_2}$ 由此受到影响,除非第一项的比例 $\dfrac{p_2 Q_2}{p_0 Q_2}$ 恰好等于 $\dfrac{\sum p_2 Q_2}{\sum p_0 Q_2}$。若是这样的话，

按照著名的比例原理（即组合与分配原理），$p_2 Q_2$ 和 $p_0 Q_2$ 的大小将是无足轻重的。

因此，比较的两年之一是基础年份的特殊情形通过检验（一），但比较任意两年的普遍情形不符合检验（一）。故依照前述打分规则，我们给公式（11）赋值 $\dfrac{1}{2}$ 表示其符合检验（一）的程度。

检验（二） 交易量的等比。

就比较任意两年的普遍情形来说，该检验是：若第一年售出的各种商品数量是第二年售出的对应商品数量的任意倍数（例如 k 倍），则第一年的交易量指数（按基础年份计算）也是第二年交易量指数（按基础年份计算）的 k 倍。也就是说，

如果 $\dfrac{Q_1}{Q_2} = \dfrac{Q'_1}{Q'_2} = \dfrac{Q''_1}{Q''_2} = \cdots = k$

那么有 $\dfrac{T_1}{T_2} = k$。

这一检验是符合普遍情形的，故也是符合特殊情形。

显然 $\dfrac{T_1}{T_2} = \dfrac{\sum p_0 Q_1}{\sum p_0 Q_2} = \dfrac{k \sum p_0 Q_2}{\sum p_0 Q_2} = k$

上式无须再予证明。故公式（11）完全符合检验（二），在表中得到满分"1"。

检验（三） 价格的确定性。

公式（11）完全符合这个检验。

在 P_1 的公式亦即 $\dfrac{\sum p_1 Q_1}{\sum p_0 Q_1}$ 中,如果不是所有商品价格,而是某

种商品价格如 p_1,或者某种商品交易量如 Q_1 变为零,则显然上面的表达式是一个确定数,介于零和无穷数之间。仅仅当无数项分子中的一些项消失,所有其余项仍都保留的时候,才会出现这种情况。

因为同样的道理适用于 P_2,故可推论 $\dfrac{P_2}{P_1}$ 也必然是确定数,是两个有限的、非零的、确定数的商。故公式(11)完全符合检验(三)。

检验(四)　交易量的确定性。

和检验(三)类似,检验(四)的命题是:若一种商品价格或几种商品价格变为零,交易量指数必不会因之成为不确定数、零或无穷

数。T_1 的公式始终是 $\dfrac{\sum p_1 Q_1}{P_1}$。由于某种商品的价格或数量的

消失——不是所有商品的价格 p 或数量 Q——不能使这个分数的分子与分母都变为零、无穷或不确定数。同样的道理,分数的商一定是非零数、有限数与确定数。故公式(11)完全符合检验(四)[①]。

---

①　看起来似乎任何公式都符合简单的确定性检验,但情况并非如此。如果是这样,表最后一列和检验(四)对应的总"分数"应是 44,而不是 31。因此,简单的几何平均数(公式(7))和价格的确定性检验(三)是不符合的。"n"种商品的简单的几何平均数

是 $P_1 = \sqrt[n]{\dfrac{p_1}{p_0} \cdot \dfrac{p_1'}{p_0'} \cdot \dfrac{p_1''}{p_0''} \cdots}$,显然,若 p_1 变为 0,整个表达式的值变为 0。故此,若用

几何平均数确定价格水平,任何商品暂时过剩的程度只要使价格突然变成零数,都会导致表示整个价格水平的指数在那个时候跌至为 0。若一种平均数形式在极端情况下是非常荒谬的,在极端情况出现前必然已**接近**荒谬。因此,即使商品实际价格不为零,过低的商品价格也会影响几何平均数指数的准确性。

检验(五) 剔除或加入某种商品价格。

假定计算价格指数规定的商品有一百种,若某年的总价格水平是另一年的 k 倍,且此年任何一种商品的价格都是它在另一年的 k 倍,则从一百种商品中剔除任一种商品,用九十九种商品计算价格指数,这两年的价格水平比例保持不变。

这是一个很难通过的检验,所讨论的公式只是部分符合检验,也就是说,当进行价格指数比较的两年之一是基础年份时才适用。

若 $\dfrac{\sum p_1 Q_1}{\sum p_0 Q_1} = k$,k 为给定的比例

又若 $\dfrac{p_1}{p_0} = k$,那么:

我们须证明 $\dfrac{\sum p'_1 Q'_1}{\sum p'_0 Q'_1} = k$,当然,

此处 $\sum p'_1 Q'_1 = p'_1 Q'_1 + p''_1 Q''_1 + \cdots$

且 $\sum p_1 Q_1 = p_1 Q_1 + p'_1 Q'_1 + p''_1 Q''_1 + \cdots$

故 $\sum p'_1 Q'_1 = \sum p_1 Q_1 - p_1 Q_1$

我们知道,因为 $\dfrac{p_1}{p_0} = k$,所以 $\dfrac{p_1 Q_1}{p_0 Q_1} = k$

又因为 $\dfrac{\sum p_1 Q_1}{\sum p_0 Q_1} = k$,所以由比例原理(结合律与分配律)知:

$$\frac{\sum p_1 Q_1 - p_1 Q_1}{\sum p_0 Q_1 - p_0 Q_1} = k \ ,$$

即 $\dfrac{\sum p'_1 Q'_1}{\sum p'_0 Q'_1} = k$ ，证明完毕。

若重新加入剔除的商品，显然不会影响价格指数比例，故此法则既适用于剔除一种商品，也适用于加入一种商品。因此，特殊情形是符合检验（五）的。

但是，若比较的是任意两年的价格指数，即两年皆非基础年份的普遍情形时，是不能通过检验（五）的。

也就是说，若 $\dfrac{\dfrac{\sum p_1 Q_1}{\sum p_0 Q_1}}{\dfrac{\sum p_2 Q_2}{\sum p_0 Q_2}} = k$ ，且 $\dfrac{p_1}{p_2} = k$ ，

那么 $\dfrac{\dfrac{\sum p'_1 Q'_1}{\sum p'_0 Q'_1}}{\dfrac{\sum p'_2 Q'_2}{\sum p'_0 Q'_2}}$ 一般不等于 k 。

因为在任何特殊情形下，若此式恰好等于 k，则基础年份任一商品价格（比如 p'_0）稍有变动，都会使之不等于 k，除非 p'_0 的变动能以同样的比例影响上式被除数与除数的分母。这意味 $\dfrac{\sum p'_0 Q'_1}{\sum p'_0 Q'_2}$ 比例不受 p'_0 变动的影响，而按比例的结合律与分配律

原理,这又必须假定:

$$\frac{p'_0 Q'_1}{p'_0 Q'_2} = \frac{\sum p'_0 Q'_1}{\sum p'_0 Q'_2}$$

此式不一定是正确的,因为显而易见,只要给比如 Q'_1 假设一个值,就能使该式不相等。因此,若让 Q'_1 增至二倍,式子的左边会增至二倍,但式子的右边却不会增倍。所以,公式(11)只是部分地通过了检验(五),只能打 0.5 分来表示它的符合程度。

检验(六) 减去或计入某种商品数量

若某两年商品的交易量指数成一既定的比例,则计入或减去同样比例的某种商品数量后,不会影响既定的交易量指数比例。公式(11)完全符合这一检验。该检验的条件是:

若 $\dfrac{Q_1}{Q_2} = k$,

又若 $\dfrac{T_1}{T_2} = \dfrac{\sum p_0 Q_1}{\sum p_0 Q_2} = k$,

那么 $\dfrac{\sum p'_0 Q'_1}{\sum p'_0 Q'_2} = k$,

这一检验是完全符合的:

因为由 $\dfrac{Q_1}{Q_2} = k$,

可推得 $\dfrac{p_0 Q_1}{p_0 Q_2} = k$,

按比例的结合律与分配律原理,将此式与

$$\frac{\sum p_0 Q_1}{\sum p_0 Q_2} = k \text{ 合并,}$$

可得

$$\frac{\sum p_0 Q_1 - p_0 Q_1}{\sum p_0 Q_2 - p_0 Q_2} = k,$$

亦即

$$\frac{\sum p'_0 Q'_1}{\sum p'_0 Q'_2} = k,$$

证明完毕。

检验(七) 易移基础年份

甚至在特殊情形下,公式(11)也不能通过检验(七)。这里的特殊情形是指将基础年份和所比较的年份相互调换,比如将第一年作为基础年份。

为避免改变记号造成混淆,我们不得不用表示原来基础年份的下标 0 表示同一年,即使该年暂时不被视为基础年份;同样地,我们用下标 1 来表示第一年,即使该年暂时被视为基础年份。

表 20.6.1 公式(11)通过八种检验的得分[①]

检验编号	公式编号			(11)
	价格指数表及其符合各检验的程度			$\dfrac{\sum p_1 Q_1}{\sum p_0 Q_1}$
	检验的明目		检验的说明	
(一)	等比	价格	若各商品价格比例皆相等,价格指数也必与他们相等(a)	$\dfrac{1}{2}$
(二)		交易量	若各商品交易量比例皆相等,交易量指数也必与他们相等(b)	1

———————————

① 表 20.6.1 是译者根据英文原著第一版第 415 页的内容编制插入。——译者

续表

检验编号	公式编号			(11)
	价格指数表及其符合各检验的程度			$\dfrac{\sum p_1 Q_1}{\sum p_0 Q_1}$
	检验的明目		检验的说明	
（三）	确定性	价格	价格指数（及关联的交易量指数）不因单独一种商品的价格变成零数,也变成零数、无穷数或不确定数	1
（四）		交易量	交易量指数（及关联的价格指数）不因单独一种商品的数量变成零数,也变成零数、无穷数或不确定数	1
（五）	剔除或计入	价格	价格指数不因加入或剔除一种与指数不相矛盾的商品价格比例受影响	$\dfrac{1}{2}$
（六）		交易量	交易量指数不因计入或减去一种与指数不相矛盾的商品数量比例受影响(c)	(1)
（七）	易移基础年份	价格	前后倒置或易移基础年份不影响价格指数的各比例（及关联的交易量指数的各比例）	0
		交易量		
（八）	变更计量单位	价格	变更计量单位不影响价格指数的各比例（及关联的交易量指数的各比例）	1
		交易量		
价格指数完全通过 7 种检验的总"分数"。 (注:舍去检验㈥后,可能的最高分是 7 分)				5

(a)故关联的交易量指数应和所比较两年的交易总值的比例相等,总值是按照其中一年的商品价格计算的;

(b)故关联的价格指数应和所比较两年的交易总值的比例相等,总值是按照其中一年的商品价格计算的;

(c)此行的得分皆在括弧内,表示他们没有关于价格指数的意义。

按现在要检验的公式,第一年与第零年（基础年份）比较的价格指数比例是 $\dfrac{\sum p_1 Q_1}{\sum p_0 Q_1}$。按类推法,第零年与被视为基础年份的第一年比较的价格指数比例是 $\dfrac{\sum p_0 Q_0}{\sum p_1 Q_0}$。如果这两个表达式互为倒数,那么必有 $\dfrac{\sum p_1 Q_1}{\sum p_0 Q_1}$ 等于 $\dfrac{\sum p_1 Q_0}{\sum p_0 Q_0}$。

这两个式子未必相等是一目了然的,因为各个 Q_0 和各个 Q_1 之间并无必然的关系。倘若偶然有一组特别的 Q_0 和特别的 Q_1,能使两个式子相等,那么任何一个单独的 Q_0 或 Q_1 的极微小的变动,显然都会影响这种相等关系。因此,即使所比较的两年相互调换为基础年份的特殊情形也不能通过检验(七),故公式(11)与检验(七)的符合完全归于失败,只能打"0"分。

检验(八) 变更计量单位。

若表示商品价格的度量单位发生变动,比如煤炭的单位从吨变成磅,价格指数不应因之受到影响。公式(11)可以通过这个检验。

显然,度量单位的变动,比如从吨变成磅,适用于任何特定的商品。若商品价值是 p_1,p'_1,p''_1;对应的数量是 Q_1,Q'_1,Q''_1,则当度量单位从吨变成磅时,各个 Q 皆增大至 2000 倍,同时各个 p 皆以倒数的比例缩小至 $\dfrac{1}{2000}$。结果,乘积 $p_1 Q_1$,$p'_1 Q'_1$,$p''_1 Q''_1$ 不会受影响。由于方程式

$$\frac{P_1}{P_2} = \frac{\dfrac{\sum p_1 Q_1}{\sum p_0 Q_1}}{\dfrac{\sum p_2 Q_2}{\sum p_0 Q_2}}$$

右边的被除数与除数皆由这些乘积的和构成,故方程式的右

边不会发生变动,价格指数的比例 $\dfrac{P_1}{P_2}$ 不会发生变动。因此,公式
(11)完全符合这个检验[①]。

第七节　四十四个公式的比较

本节末尾附表 20.7.4 载列的是 44 个关于商品价格和交易量的成对指数公式。著者已就 $P_1 = \dfrac{\sum p_1 Q_1}{\sum p_0 Q_1}$ 和 $T_1 = \sum p_0 Q_1$ 这对公式符合检验的推理过程做了说明,并依照八种检验比较符合的程度,确定符合的等级。表中包含的其余 44 个公式符合各检验的结果,亦出于同样的推理过程。为节省篇幅,此处不再赘述。精研

---

① 看起来似乎每个指数都能通过变更度量单位的检验,表中的 44 个公式有 40 个符合这一检验。但是,也许最简单的 Bradstreet's 指数,即 $P_1 = \dfrac{\sum p_1}{\sum p_0}$ 不能通过这个检验。很明显,若变更任何一种商品的度量单位,譬如它的价格就是 p_1 与 p_0,则被除数与除数必受影响,但除非 $\dfrac{p_1}{p_0} = \dfrac{\sum p_1}{\sum p_0}$,否则受影响的比例是不同的。所以,这种指数是由度量单位决定的,完全是主观随意的。通过对度量单位的充分掌控,就能使这种指数倚重任何一种特定的商品。一种商品使用的度量单位愈大,计入公式的价格愈高,其对公式计算结果的影响就愈多。

　　Bradstreet 使用 96 种普通购用的商品编制指数,商品量皆以磅计算。譬如,银是一磅数元,而不像铁是一磅几分,故在计算结果中银绝对支配铁。最近,镭元素是 1 盎司值 8 百万元。若编制这种指数将镭元素包括在内,则必然绝对支配计入指数的所有商品。所得的结果将是荒谬的,即一盎司镭的价格一旦跌至数千万元而不是数百万元,虽然人们总的印象是价格在涨,但总的价格水平已下跌了好几倍!沃尔什(Walsh)将之称为一种随意加权的指数,可谓切中要害。

数学的读者若选择阅读本章，即可证明表中所载结果。表里还有一种关系他可以证明，即任意一列的奇数检验得分数是毗邻对偶列的偶数检验得分数。缘于这种关系，任意一列的奇数检验得分数之和，等于对偶列的偶数检验得分数之和。实际上，表里尽是对偶数字，存在多种关系。

表底各列的总分数可用来比较各种指数的优劣。给出这些总分数的目的，是标示对应列的公式求价格水平指数的适合程度。由于检验(六)对物价无实用性，故得分不计入表底总分数。若比较关联的交易量指数的得分数，则可以计入检验(六)的得分，但应剔除检验(五)的得分。

故满分是 7。表 20.7.1 中的最高分是 $5\frac{1}{2}$，最低分是 2。

表 20.7.1　各个指数公式通过七种检验的总得分(不计检验(六))

编号	总得分	编号	总得分	编号	总得分	编号	总得分
(1)	5	(12)	$5\frac{1}{2}$	(23)	$4\frac{1}{2}$	(34)	3
(2)	4	(13)	4	(24)	4	(35)	3
(3)	4	(14)	4	(25)	3	(36)	$2\frac{1}{2}$
(4)	3	(15)	$4\frac{1}{2}$	(26)	$3\frac{1}{2}$	(37)	4
(5)	4	(16)	$4\frac{1}{2}$	(27)	$3\frac{1}{2}$	(38)	3
(6)	3	(17)	5	(28)	4	(39)	$3\frac{1}{2}$
(7)	5	(18)	$4\frac{1}{2}$	(29)	4	(40)	3
(8)	4	(19)	$4\frac{1}{2}$	(30)	3	(41)	3

附录七　第十章的参考　　　　　　　　　　　403

续表

编号	总得分	编号	总得分	编号	总得分	编号	总得分
（9）	5	（20）	4	（31）	3	（42）	$2\frac{1}{2}$
（10）	$4\frac{1}{2}$	（21）	5	（32）	$2\frac{1}{2}$	（43）	2
（11）	5	（22）	$4\frac{1}{2}$	（33）	$3\frac{1}{2}$	（44）	2

　　检验（一）虽说的是价格，却关联商品的交易量。故关联的交易量指数应和所比较两年的交易总值的比例相等，总值是按照其中一年的商品价格计算的。

　　检验（二）虽说的是数量，却关联商品的价格。故关联的价格指数应和所比较两年的交易总值的比例相等，总值是按照其中一年的商品价格计算的。[①]

　　当然，仅以表中的"得分数"比较各指数的优劣，甚是荒谬。由于各公式视七种检验皆占同等重要的地位，这种分数多少是任意给的，但它至少提供了一种考察四十四个公式的优劣比较的方法。总的来说，值得注意的是最简单的公式得分高，最复杂的公式得分低。因此杜涛特（Dutot）的公式（1）、简单几何平均数的公式（7）、中位数的公式（9）、斯白科（Scrope）的公式（11）和（12）得分数是5与$5\frac{1}{2}$。在其余的公式中，得分数高至5的只有公式（11）和（12）的混合式。简单的算术平均数公式（3）和简单的调和平均数公式

418

————————

　　① 此处检验（一）和检验（二）两段文字是译者对英文原著第一版第418页和第419页插入的44个公式表所做的补充说明。——译者

(5)得分数是 4,也相当高。好多得分数相当高的更复杂形式的公式,都是简单公式(11)和(12)的"混合式"、平均式或对偶式。

上述各种比较将其他七种检验视为同样的重要,但他们的重要性并不相同。既然各人对不同检验精确的相对重要性的意见可能产生分歧,我们也就无须费力"考校"。纵使要对我们最重要的问题做出抉择——亦即 44 个指数公式中那一个最能完全通过各种检验——亦无考校的必要。和其他检验比较,检验(三)和(四)几乎没有什么实际意义。另一方面,就本附录第五节和第二章列举的理由而论,可认为检验(二)是最重要的。因此,为了选择最完善的价格指数,首先摒弃在检验(二)上得分为"0"的 18 个公式,其余的公式在检验(二)上未完全失败,可归并为完全通过和部分通过两类[不考虑检验(六)],表 20.7.2 对此做了总结。

再次,若从完全通过检验(二)的公式中,摒弃所有得分低于 $4\frac{1}{2}$ 的公式,我们就只剩公式(10)与(11);在只有部分通过检验(二)的公式中,我们可以剔除所有总得分未超过 $4\frac{1}{2}$ 的公式。因为,虽然一些公式得分达 $4\frac{1}{2}$,可和公式(10)相媲美,但在所有检验被视为同等重要时,这些公式却不能完全通过最重要的检验(二),故重要性略逊一筹。将问题换个说法,如果检验(二)远比其他检验重要很多,则那些部分通过检验(二)的公式的得分,现在要和完全通过检验(二)的公式比拼高低,只会归于失败,并在和第一列公式(10)与(11)的竞争中淘汰出局。

附录七　第十章的参考　　　　　405

表 20.7.2　完全通过或部分通过检验(二)的公式及其得分

完全符合检验(二)的公式		部分符合检验(二)的公式	
公式	分数	公式	分数
2	4	12	$5\frac{1}{2}$
4	3	13	4
6	3	14	4
8	4	15	$4\frac{1}{2}$
10	$4\frac{1}{2}$	16	$4\frac{1}{2}$
11	5	17	5
28	4	18	$4\frac{1}{2}$
30	3	20	4
34	3	21	5
38	3	22	$4\frac{1}{2}$
		24	4
		26	$3\frac{1}{2}$
		32	$2\frac{1}{2}$
		36	$2\frac{1}{2}$
		42	$2\frac{1}{2}$

故此将得分仅有 $4\frac{1}{2}$ 或低于 $4\frac{1}{2}$ 的各公式从第二列中删除，

可和公式(10)与(11)媲美的就只剩公式(12)、(17)与(21)，他们的

得分数分别是 $5\frac{1}{2}$、5 及 5。故最好的指数应在公式(10)、(11)、

(12)、(17)与(21)中寻找。因此,我们须小心翼翼地考查这五个筛

选下来的竞争性公式。

这些公式都通过检验(三)、(四)与(八),比较他们在其他方面的优劣,结果见表 20.7.3。

公式(17)与(21)在各检验的得分数相同,可说是**平分秋色**。

表 20.7.3　最好指数的备选公式

检验	(10)	(11)	(12)	(17)	(21)
检验(一)	0	$\frac{1}{2}$	1	$\frac{1}{2}$	$\frac{1}{2}$
检验(二)	1	1	$\frac{1}{2}$	$\frac{1}{2}$	$\frac{1}{2}$
检验(五)	0	$\frac{1}{2}$	1	$\frac{1}{2}$	$\frac{1}{2}$
检验(七)	$\frac{1}{2}$	0	0	$\frac{1}{2}$	$\frac{1}{2}$
得分总计	$1\frac{1}{2}$	2	$2\frac{1}{2}$	2	2

比较公式(11)与(17)或(21)的各检验。公式(11)在检验(二)上得分多,公式(17)在检验(七)上得分多。因为检验(二)比检验(七)重要得多,认为公式(11)比公式(17)或公式(21)更优不是问题,故公式(17)与(21)淘汰出局。

现在仅剩公式(10)、(11)与(12)。比较公式(10)和(11)的各检验,公式(10)在检验(七)上得分多,公式(11)在检验(一)与(五)上得分多。如果在此做一个比较判断,则在两种检验(一)与(五)上的优势量肯定超过在一种检验(七)上的优势量,故将公式(10)舍去。

目前又只剩公式(11)与(12),两者孰优孰劣难分高低。若视所有检验为同等重要时,虽公式(12)得分多;但在最重要的检验

（二）上，公式(11)得分多，故此我们优先考虑公式(11)。

因此，根据我们的判断，公式(11)的检验在得分数的竞争中是获胜者。它还有一个优势，位于最简单的公式之列，其关联的 T 公式在 T 的所有公式中是最简单的，即 $T_1 = \sum p_0 Q_1$。

若用非数学的语言表述，公式(11)的两种形式说明：**任意一年的价格水平是当年售卖的商品数量的总价值除以照基础年份价格计算的总价值的商数；任意一年的交易量指数是当年售卖的商品数量照基础年份价格计算的总价值。**

将公式(11)应用到交易方程式，可得：

$$MV + M'V' = \sum p_1 Q_1 \tag{1}$$

$$= P_1 T \tag{2}$$

$$= \left[\frac{\sum p_1 Q_1}{\sum p_0 Q_1}\right] \sum p_0 Q_1 \tag{3}$$

我们现在想从检验（二）的方面再次强调公式(11)的优点。如前所述，交易方程式的目的是说明 M、M'、V、V' 或各个 Q_1 的变动如何影响物价。显然，从方程式的原形式(1)可推知，若各个 V 和各个 Q_1 保持不变，M 与 M' 的同比例变动必将照同一比例影响各个 p_1，否则一些物价的上涨超过此比例，另一些物价的上涨低于此比例，此消彼长相互补充，使交易方程式仍保持成立。故此，在某种意义上，一般价格水平随 M 与 M' 成正比例变动。方程(3)的形式将价格水平确切地表述为 $\dfrac{\sum p_1 Q_1}{\sum p_0 Q_1}$ 分数，让我们能说明这种等比例关系,即价格水平直接随各个 M 同比例变动。

依照同样的道理,我们可以断言,假定各个 Q_1 保持不变,两个 V 的一致变动,或整个方程式左边的任何变动,都会照同一比例影响价格水平。也可以说,若整个方程式左边保持不变,各个 Q_1 的一致变动将照完全同样的比例影响 T_1,并照完全相反的比例影响 P_1。事实上,如果用公式(11)表示平均价格比例,就可以断言,只要各个 Q_1 发生同样的变动或根本不变动,价格就会"总体上"随方程式左边同比例增长或跌落,随各个 Q_1 反比例上涨或跌落。

如前所述,这是交易方程式赖以成立的基本定理。自然,我们要排除各个 Q_1 是一致变动的限制条件。若不受各个 Q_1 一致变动的限制,用各个 Q_1 的**平均**变动代替一致变动,一种指数能表示成上述比例定理,则从交易方程式的要求而言,就是最好的指数。但在附表 20.7.6 中找不到这样的指数,似乎也不可能有这样的指数。实际上,纵使没有这样的指数也无大碍,因为我们关注商品价格远过于关注数量,商品数量的重要性主要是提供编制价格指数的权重(权衡数)。前文业已引述,埃奇沃斯教授曾证明:权衡数的变动再大,比较而言也无实际功效。

指数的主要功用是比较连续各年的物价,不是比较相距久远各年的物价。我们将 1909 年和 1910 年的物价分别和 1873 年的物价进行比较的兴趣,没有将这两年的物价相互比较的兴趣浓厚。实际上,将 1873 年主要用作基础年份,使得任意其他两年的物价可以相互比较。但是,只有几个指数能将任何年份的物价和基础年份的物价做准确的比较,从而准确地比较皆以第三年为基础年份的任意两年的物价,它们是完全通过易移基础年份检验(七)的几个公式[①]。

表 20.7.4 四十四个指数公式通过或部分通过八种检验的总得分

检验编号	公式总数 44:公式编号(1)、(2)、(3)、(4)……(44)		
	价格指数表及其符合各检验的程度		注:部分通过检验得分 $\frac{1}{2}$;完全通过得分 1,最高的可能得分是 44 分。
	检验的明目	检验的说明	
(一)	等比 · 价格	若各商品价格比例皆相等,价格指数也必与他们相等(a)	$18\frac{1}{2}$
(二)	等比 · 交易量	若各商品交易量比例皆相等,交易量指数也必与他们相等(b)	$18\frac{1}{2}$
(三)	确定性 · 价格	价格指数(及关联的交易量指数)不因单独一种商品的价格变成零数,也变成零数、无穷数或不确定数	31
(四)	确定性 · 交易量	交易量指数(及关联的价格指数)不因单独一种商品的数量变成零数,也变成零数、无穷数或不确定数	31

---

① 事实证明,这个检验是最难通过的。在公式表最后一列"得分"栏中,对应检验(七)的"总分数"最低,只有 12 分,而可能的最高分值是 44 分;其次最难通过的是检验(五)(或(六)),对应的"总分数"是 $13\frac{1}{2}$ 。

最容易通过的是检验(八),与之对应的"总分数"是 40,最大的分值是 44 分;次易通过的是检验(三)和(四),对应的"总分数"是 31(见表 20.7.4)。

续表

检验编号	公式总数44:公式编号(1)、(2)、(3)、(4)……(44)			
	价格指数表及其符合各检验的程度			注:部分通过检验得分 $\frac{1}{2}$;完全通过得分1,最高的可能得分是44分。
	检验的明目		检验的说明	
(五)	剔除或计入;减去或加上	价格	价格指数不因加入或剔除一种与指数不相矛盾的商品价格比例受影响	$13\frac{1}{2}$
(六)		交易量	交易量指数不因计入或减去一种与指数不相矛盾的商品数量比例受影响(c)	($13\frac{1}{2}$)
(七)	易移基础年份	价格	前后倒置或易移基础年份不影响价格指数的各比例(及关联的交易量指数的各比例)	12
		交易量		
(八)	变更计量单位	价格	变更计量单位不影响价格指数的各比例(及关联的交易量指数的各比例)	40
		交易量		

在公式附表 20.7.6 中,符合检验(七)要求的公式是(1)、(2)、(7)、(8)、(43)、(44),所有这些指数由于其他原因都遭到极力反对。公式(1)、(2)有"任意决定的权数",太主观;公式(43)、(44)在表里得分最低;公式(7)缺少确定权衡数的方法;而公式(8)若遇某年的销售额失去一种商品的销售量,比如 Q,就会变成零数。

因此问题来了,为什么不像通常那样参照固定的基础年份编制指数,由此**间接**地比较两个既定年份的物价? 为什么不间接地做比较? 除了那些符合检验(七)的公式外,所有公式的间接比较都会导致差错。在此情况下,间接比较当然不会比直接比较有任何更好的结果;而在其他情况下,直接比较的结果更好。

所以,将每年与次年做比较似乎是明智的,或换言之,可取的做法是将每年用作次年的基础年份。这种方法为马歇尔(Marshall)、埃奇沃斯(Edgeworth)、弗拉科斯(Flux)教授所倡导[1],它可以很大程度地解决各个 Q 变动不一致的困难,因为在连续的两年各个 Q 的任何差都是比较小的。

这种连续年份的指数,各年的前一年都是 100% 分的基础年份。若将它们相乘,结果必成一个指数**链**,像任何普通的数列一样,能显示年复一年的物价波动。在连续多年的时期,这种指数更适合比较前后继起两年的物价。

现在假设指数只是用来比较前后继起两年的物价,亦即将各年的物价与其作为基础年份的前一年的物价做比较,在此基础上我们重新检查各个指数的比较优点。这种情况下就不必区分各公式是"部分"符合检验还是"完全"符合检验,故可用得分"1"替换每个得分"$\frac{1}{2}$",再计算各个公式的总得分。像上面的做法一样,舍去所有不能通过检验(二)的公式,所得结果如表20.7.5。

---

[1] 参阅"Modes of constructing Index Numbers," *Quaterly Journal of Economics*, August, 1907, pp. 613 - 631。

表 20.7.5　四十四个公式中通过检验(二)的公式

(完全通过和部分通过得分均为 1)

公式	分数	公式	分数
2	4	20	5
4	3	21	7
6	3	22	6
8	4	24	5
10	$4\frac{1}{2}$	26	4
11	6	28	4
12	6	30	3
13	5	32	3
14	5	34	3
15	6	36	3
16	6	38	3
17	7	40	3
18	6	42	3
19	6		

可以看出,公式(11)和(12)的得分数各是 6,它们的平均数公式(15)(及 16)和混合式公式(18)以及(22)得分数相同。但是,公式(11)和(12)的混合式(17)和(21)却得了满分 7。两个公式用的权数都是公式(11)与(12)所用权数的加权算术平均数。因此,从理论上说,只要考察的是前后继起两年的物价比较(价格的逐年比较),这两个公式完全符合所有的检验。

所以,但凡要求有更大的准确性,且有复杂精细的计算所必需的丰富材料时,我们推荐使用公式(17)和(21)。这要求预先假定我们已具备各种商品交易量 Q 的统计资料,而通常此种情形比较少见。

至此我们得出的结论是：（一）若每年的物价皆和共同基础年份的物价比较，理论上公式(11)是最好的指数形式；（二）若每年皆以前一年为基础年份进行物价比较，理论上公式(17)和(21)稍微好一些。这两个公式在比较前后继起两年的物价（价格的逐年比较）时，也能完全通过所有八种检验。

第八节　实际采用中位数的理由

实际上，在比较前后继起两年的物价时，公式(12)实际上和(11)是一回事。即使公式(17)与(21)和公式(11)比较有优势，但也是微不足道的，因为：一、权衡数不关重要；二、虽然公式(17)与(21)包含的权衡数更完善，但和公式(11)与(12)的权衡数少有实质的悬殊，因为权衡数再精确，其得益大约都不能抵消从来不能确切知晓的各个 Q 的计量错误；三、公式(17)与(21)体系在实用性上太过烦琐。最后，但凡可以忽略人力投入和费用支出的地方，必须更多地考虑实用性的指导。若仅从**实用性**的意义考察各个公式，则除公式(9)与(11)之外我们应摒弃所有其余的公式，并可断定最好的指数是**加权中位数**公式(9)，因为它在计算上的便利程度无可匹敌。虽然公式(9)在公式表中未能通过检验(二)，但得分甚高，能部分或完全通过所有其他检验，在理论上颇具优势。

中位数有一个要点，我虽倾向视之为缺陷，但在此不妨顺带略述。埃奇沃斯教授强调过一个事实，**价格上涨的离中趋势**总是或经常超过**价格跌落的离中趋势**。价格的增长是没有限制的，价格的跌落则以零数为极限。统计检验清晰地显示了这种价格离中趋势的非对称性[1]。由于这一事实,有人断言,若一种平均数使得高于它的大偏差和低于它的小偏差相等,就是最好的平均数。这种条件不论好坏,不能得之于算术平均数,但能得之于几何平均数,以及通常与几何平均数关系密切的中位数[2]。埃奇沃斯又断言,若各数目平均后的变动幅度仍很大,则采用中位数最好[3]。

埃奇沃斯的结论是:"照我们现有的知识状态和眼前目标,中位数是适合的公式。"[4]

至于加权的方法,以检验(二)为参照的理论探讨表明,在比较两年物价时,权重应该以其中任一年售出商品数量的总值为根据。

容易证明,中位数的加权方法,即各种商品价格比例不仅计入一次,且以某个倍数(倍数就是权数)的乘积计入的方法,不会影响中位数对各个检验的符合程度,就像表20.7.1中唯一的中位

---

① 参见 Edgeworth, "First Report on Monetary Standard," *Report of the British Association for the Advancement of Science*, 1887, 8, 9, esp. 1887, pp. 284-855。

② 参见 Edgeworth, Ibid., pp. 284-289。从物价和货币关系的观点看,大幅上涨的物价变动要比小幅跌落的物价变动重要,因为这需要更多的货币。事实上,正如我们已经解释的,备受批评的算术平均数恰恰是我们需要的适合进入交易方程式的平均数。参阅第二章附录第六节和本章附录第七节。关于价格离中趋势的非对称性,参见 Mitchell, *Gold, Prices, and Wages under the Greenback Standard*, Berkeley (University of California Press), 1908; and reviews of same by Edgeworth, *Journal of the Royal Economic Society*, December, 1908, pp. 578-582; and H. G. Brown, *Yale Review*, May, 1909, pp. 99-101。

③ 参见 Edgeworth, *Report*, etc., 1887, p. 291, and "On the Choice of Means," *Philosophical Magazine*, Semptember, 1887; 也可参见 *Report of the British Association for the Advancement of Science*, 1889, pp. 156-161, and *Journal of the Royal Statistical Society*, June, 1888。

④ 同上, p. 191。

数——简单的中位数公式(9)一样通过各种检验。埃奇沃斯教授已经证明，如从各种实用目的出发，一种粗略的加权方法就能满足需要[①]。权衡数是根据 p_0Q_0 等决定，或是根据 p_1Q_1 等决定，或是根据 p_0Q_1 等决定，或是根据 p_1Q_0 等决定，通常都没有什么实际意义。因此，如果我们重视实用性，视理论为附属的奴婢，适当的方法似乎是选择一些固定的常数为权衡数，由最接近考察年份交易值的简单整数构成。这些权衡数不必每年变更，但当交易值 p_1Q_1 变动非常大时，就必须变更这些权数。

倘若除了价格指数(P_1)外，还需要一种数量或交易量指数(Q_1 或 T_1)，也可选择中位数为 Q_1 的公式。换言之，最好是分别单独选择各个 p 和各个 Q 的指数。因此，若非出于理论的考虑，而为实际应用，正确的做法是不计较两者之间有任何绝对的一致性。

中位数有一个很大的实用优点，是可以和"四分位数"与"十分位数"一起使用，描述各种物价的平均数和离中趋势。和卡尔·皮尔森(Karl Pearson)的围绕算术平均数的"标准偏差"方法比较，这种显示物价偏离均值的方法，既容易计算，需要时也能包括更多的细节。

因此，最后**实用性**的结论是，加权中位数可用作实际的价格晴雨表，也可用作实际的交易量的晴雨表，即使不比其他公式更好，

[①] 参阅 Edgeworth, *Report of the British Association for the Advancement of Science*,1888, pp. 208 - 211。埃奇沃斯比较了 21 种商品在 1885 年至 1873 年期间的各种平均值，其中一种均值是科学进步协会委员会推荐使用的，埃奇沃斯时任委员会成员，这种平均数在第十章的第四节也曾提及。

也在理论上比其他公式优越。

但是，尽管中位数有这种独特的简单性和容易计算的特征，尽管埃奇沃斯教授竭力推荐，且纵然不乏有人知晓，使用者却寥寥可数。较之于其他人，韦斯利 C. 米切尔（Wesley C. Mitchell）[①]更多地用中位数表示价格指数。戴维斯·杜威（Davis R. Dewey）教授曾在特别的人口普查统计报告中，用中位数表示工资指数。

第九节　本章总结

本附录的结论可简要陈述如下：

1. 任意两个因子乘积的和，譬如 $\sum pQ$，都可以转换为下列三种形式之一：I. PT，其中 P 是各个 p 对某个基础年份各个 p_0 比例的平均数，T 是分数 $\dfrac{\sum pQ}{P}$ 的商；II. AQ，其中 Q 是各个 Q 对某个基础年份各个 Q_0 比例的平均数，A 是分数 $\dfrac{\sum pQ}{Q}$ 的商；III. $PQ\sum p_0Q_0$。

---

① 但是，米切尔使用十分位数的功效甚微。因为他将 1860 年的价格用作共同的基础年份，这样后续各年的价格数字皆表示当年和 1860 年相比较的离差。实际上，知道 1909 年或 1910 年和 1860 年比较的价格离差并无裨益，它不能说明从 1909 年至 1910 年的各种物价变化是一致的还是差幅巨大。需要知道的是物价逐年变动的离差，此点并不困难，只需将 1909 年至 1910 年的各种物价变动绘成三条辐射线，中线表示中位数的变动，其他两线表示上下毗邻的四分位数的变动。参阅 Mitchell, *Gold*, *Prices, and Wages under the Greenback Standard*, Berkeley（University of California Press），1908。

附录七　第十章的参考　　　　　　　　　　　　417

2.在上述三个公式中,只有最后一种形式是对称的,因为对各个 p 和各个 Q 的处理方式是相同的。

3. P 和 T（或 P 与 Q）是**关联的**,任何 P 或 T 的特定公式都蕴含特定的 T 或 P 的关联公式。

4.一般来说,P 和 Q 的两个关联公式是完全不同的。若 P 和 Q 可编制相同的公式,Q 的关联式就是 P 的一种新公式,可说是 P 原来公式的对偶式,反之亦然。

5. P 的公式有无穷多,表 20.7.1 列载了其中的 44 种公式。对这些公式的重要检验至少有八种,每个公式符合这些检验的程度可分为三种;Ⅰ. 完全符合,或 P_1 对 P_2 的比例是完全符合检验的,每个比例皆和用作基础年份的第三年相比较;Ⅱ. 部分符合,或只有 P_1 对基础年份 1 的比例符合检验;Ⅲ. 根本不符合。

6.八种检验是:关于商品价格和交易量的等比检验((一)与(二));关于商品价格和交易量的确定性检验((三)与(四));剔除或计入某种商品价格和交易量的检验((五)与(六));易移商品价格和交易量的基础年份的检验((七));变更商品价格和交易量计量单位的检验((八))。

7.八种检验是成对排列的,在每对检验中,一个是叙述各个 p 的,另一个是叙述各个 Q 的,两者的方法相同。但每种检验既有关于各个 p 的意义,也有关于各个 Q 的意义。

8.各公式皆按对偶式排列。

9.在公式表中,任意一个四格方框内的行(横向)是两个关联公式,列(纵向)是两个对偶的检验,成对角的"得分"都相同。

10. 当采用共同的基础年份时,指数 P 已知的形式尚无完全通过八种检验的,但有几个公式很好地通过了检验,最好的就是公式(11) $\dfrac{\sum p_1 Q_1}{\sum p_0 Q_1}$。

11. 如果放弃以第三年为基础年份的比较,不采用前后继起的两年比较,则完全通过各种检验的是公式(17)和(21)。

12. 不过,从实用性看,公式(11)优于公式(17)或(21),而中位数(7)公式经过适当的加权后,又优于公式(11)。

13. 因此,为各种实用目的的考虑,若不计较计算的费用和脑体负荷,应该采用中位数及其两个临近的四分位数。中位数是根据购买商品支出额赋以权衡数(整数),加权方法简单。为使前后继起两年的比较更准确,要逐年调整购买商品的支出额。

本章附表 20.7.6 是四十四个公式符合八种检验的得分情况,[①]缀录于书末供有兴趣的读者查阅。

———————

① 表 20.7.6 在英文原著第一版第 418—419 页是列载 44 个公式的大表,大小相当于横排 4 页 A4 纸的篇幅。考虑到翻阅携带极不方便,表中大多数内容又无实际意义,译者按对偶关系将奇数公式和偶数公式一组,将之分拆成 22 个表格缀录于本附录末尾,以备深究读者查阅。——译者

附录八　第十二章的参考

第一节　凯莫莱教授的计算法
（第十二章第一节的参考）

在专著《货币和物价》(*Money and Prices*)一书第 99 页，凯莫莱教授从货币司(the Comptroller of the Currency)估计的美国货币总量减去美国国库的货币量和各银行储存的货币量两项，计算出流通中的货币量 M (the money in circulation)。其中各银行储存的货币量既有报告数字，也有估计值。凯莫莱教授由此估计货币流通速度是每年 47 次，又因缺乏任何数据可用来估计流通速度的变化，他假定这个流通速度是不变的。47 次流通速度的计算方法是：他先估计 1896 年支票交易金额是 1430 亿美元(《货币和物价》，第 111 页)，该估计值以金莱(Kinley)交由货币司代为调查的数字为基础。按照金莱的估计，支票交易金额**至少**是货币交易额的三倍，故货币交易额是 1430 亿美元的 $\frac{1}{3}$ 或 477 亿元。又估计 1896 年流通中的货币量是 10.25 亿元，故用 10.25 亿元除 477 亿元得货币流通速度一年是 47 次(《货币和物价》，第 99 页)。不久可以证明,这个估计值太大,实际流通次数很可能接近此数的 $\frac{1}{3}$ 。

错误源于这样的事实,金莱认为 1896 年的支票流通额是货币流通额的三倍,是照"最低限度"的比例估计的。凯莫莱教授不接受此观点,反认为此比例是"最高限度"。我可列举若干理由,说明金莱关于支票交易最低限度占总交易额的 $\frac{3}{4}$ 的结论是完全正确的;而将要进行的计算则证明,这个比例更可能是 $\frac{9}{10}$,而非 $\frac{3}{4}$ 。

如上所述,凯莫莱教授估计 1896 年我们称之为 $M'V'$ 的支票交易金额是 1430 亿元。除 1896 年之外,其他年份则无对应的数据。凯莫莱假定银行的票据清算金额总是支票交易金额的 35%,由此估计支票交易金额(《货币和物价》,第 118 页),而未做任何尝试分别估计银行存款 M' 及其流通速度 V' 。凯莫莱教授按比例估计商品交易量,在本书第十章附录我们称之为 Q 。众所公认,这是他所有估计值中最粗略的部分。他极力搜集各种可以显示交易量增长的标准数(indicators),却不甚注意资料的适用性(《货币和物价》,第 130 页)。这些标准数共计十五种,即人口、外煤运入及报关的吨数、商品进出口的价值、邮政部的收入、美国各铁路经营的总收入、各铁路运载的货物量、西部联盟电报公司(Western Union Telegraph Company)的收入、生铁的消费量、烟煤的消费量、小麦的消费量、玉米的消费量、棉花的消费量、羊毛的消费量、红酒和白酒的消费量、纽约证券交易所报告报道的销售额的市场价值。每种标准数均以指数表示,再求出这些指数的简单平均数,就是每年的交易量指数。

当然，凯莫莱教授已清楚意识到，许多这类数字极易遭到激烈的反驳。当人均交易量在发生变化时，以人口为交易量指数是不准确的；除非商品与劳务的价格是不变的，否则交易值就不是恰当的指数，而进出口商品价格、铁路收益或股票的价格不可能不变化，部分邮政局收入和电报局收入的情况也是如此。

因此，既然在理论上已算出1879—1908年决定价格水平的各个因子的值（即$MV+M'V'$与T），凯莫莱教授就用这些因子计算价格指数。他将这个从交易方程式其他因子计算出的指数称为"相对流通值"（relative circulation），实际上是从 $P = (MV + M'V') \div T$ 公式求出。然后，他将相对流通值的数字和用实际统计资料计算的价格水平相比较。

这些直接计算出的价格指数，凯莫莱教授视为批发物价指数、工资和铁路股票价格的加权平均数。批发物价是根据公用的数字与劳动局数字（Common's figures and those of the Bureau of Labor，第137页）计算的，各种工资是根据劳动局报告和工业委员会（Industrial Commission）的数字计算的，铁路股票的价格是根据工业委员会和《华尔街日报》（*Wall Street Journal*）的数字计算的。工资、股票与批发商品的权重依次为3％、8％和89％。

这两组数字——"相对流通值"和"一般物价"——图形上可表示为总体波动起伏一致的两条曲线（《货币和物价》，第149页）。

第二节 M 的计算方法
(第十二章第二节的参考)

M 或者美国流通中的货币的估计值,是以货币司的报告为基础的,其计算方式如表 21.2.1 所示。

第二列所载是每日历年中期的美国货币量,根据铸币厂董事的官方估计值算出。鉴于莫里斯·L. 穆勒曼(Maurice L. Muhleman)调查的结果,对 1907 年的官方估计值略有修正,即从美国的存金量减去 1.35 亿美元的估计误差。不过,铸币厂只是在每个日历年末才修正估计值[①]。为使这些修正数也适用于某个既定日历年的**中期**,便将是载美国年首与年尾的存金量修正数进行平均,所得平均值就是该年中期已修正的存金量。然后,将已修正的数字和年中政府估计的存金量进行比较,差额就是该时期的修正数。然后,再从上表第(2)列造币厂估计的美国货币量中扣除修正数,就得到第(3)列已校正的美国的货币量。穆勒曼先生曾独立计算出 1896 年至 1900 年期间各年中期的修正数,差数依次为 0.05、0.03、0.00、0.03、0.05,略小于用铸币厂估计值计算出的差数。表第(4)列各数是存在美国财政部(国库)的货币量,第(5)列各数是存在美国各银行的**有报告**的货币量,这些银行的报告数字和货币司(the Comptroller of the Currency)年度报告报道的一致。表第(6)列各数是无报告各银行的货币量对有报告银行的百分比的估

---

① 参阅 *Report of the Director of the Mint*,1907,p. 87。

计值。该估计值的假设是,无报告各银行准备金对有报告各银行
准备金的比率,和无报告各银行存款额对有报告各银行存款额的
比率相同,两种银行存款的比率是从本附录下节(第三节)的表
21.3.1计算出。

表 21.2.1　美国的货币量(单位:十亿美元)[①]

(1) 年份 (年)	(2) 美国的货币量(造币厂的估计值)	(3) 美国的货币量(已校正的数字)	(4) 美国的货币量,国库的货币量	(5) 各银行的货币量(有报告的数字)	(6) 无报告各银行的货币量对有报告银行的百分比的估计值	(7) 各银行的货币量(已校正的估计数)	(8) 流通中的货币量,(3)减去(4)与(7)的差
1896	1.80	1.74	0.29	0.53	8.4%	0.58	0.87
1897	1.91	1.83	0.27	0.63	8.4%	0.68	0.88
1898	2.07	1.94	0.24	0.69	7.7%	0.74	0.96
1899	2.19	2.09	0.29	0.72	6.7%	0.77	1.03
1900	2.34	2.25	0.28	0.75	6.4%	0.80	1.17
1901	2.48	2.37	0.31	0.79	5.4%	0.84	1.22
1902	2.56	2.45	0.31	0.84	5.3%	0.88	1.26
1903	2.68	2.59	0.32	0.85	5.2%	0.89	1.38
1904	2.80	2.68	0.28	0.98	4.5%	1.03	1.37
1905	2.88	2.77	0.29	0.99	3.9%	1.03	1.45
1906	3.07	2.97	0.33	1.01	3.4%	1.05	1.59
1907	3.12	3.12	0.34	1.11	4.2%	1.15	1.63
1908	3.38	3.38	0.34	1.36	3.8%	1.41	1.63
1909	3.41	3.41	0.30	1.44	2.8%	1.48	1.63
1910	3.42	3.42	0.32	1.41	3.3%	1.46	1.64

　　两种银行货币量估计的百分比既已算出,可将百分比求出的

　　[①]　表21.2.1在英文原著第一版第432页,内容合并了1922年修订版资料。

修正数加到第(5)列有报告各银行的货币量,就得到第(7)列各银行的货币总量估计值。然后,从第(3)列已校正的美国的货币量,减去第(4)列财政部国库的货币量与第(7)列各银行货币量的估计值之和,就得到第(8)列流通中的货币量。当然,无报告的各银行货币量估计值难免有错,但即使其中最大的估计值有50%的差错,对最后一列流通中的货币量推算值的影响也不会超过2%。一个可能的极重要的差错来源是表第(2)列,因为它以假设的美国的存金量为根据。穆勒曼(L. Muhleman)先生函告著者,自以为铸币局(the Mint Bureau)的修正数不充足。此处将采用铸币局的修正数和采用他本人的修正数比较,结果竟使第(8)列的好几个估计值差幅达10%。大约修正数的差错不致如此之多!尚有少数几个误差原因,但通盘考虑,结果大概是可信的,误差概率约为2%或3%。按平常的统计,已相当精确。

第三节　M' 的计算方法
(第十二章第二节的参考)

计算 M' 的方法,或者求可用支票提取的私人存款的方法,见表21.3.1。

表第(2)列各数是转自货币司年度报告的"私人存款"(参阅1909年货币司年报,第64—66页)。从1896年至1899年,信托公司存款和储蓄银行存款被归类为私人存款,故做修正。1900年之前,许多银行将这类银行主存款(deposits of bankers)包括在私人存款内,应予扣除,理由是一家银行将钱存入另一家银行的这类存款通常不用于商业目的,而是用于银行业务。第(3)列所载各数就是要从第(2)列扣减的这类存款。

储蓄银行和信托公司在国家银行中的存款,但凡可以比较时,比如1900年至1908年期间,大致等于州立银行在国家银行中的存款,即计算第(3)列各数的根据。由于州立银行在1896年至1899年期间的存款数有案可稽,故用以代替缺失的储蓄银行和信托公司的存款数。本书初版刊行后,我曾咨询过货币司长,确信这些修正数太大,不如皆予略去。不过,为避免过多地更改表格,仍将之保留在表第(3)列。所幸留用这些修正数的净差错极小,本附章末对此做了证明。

将表第(3)列的修正数扣减后,然后加上表第(4)列的修正数,即无报告各银行存款的估计值。

表 21.3.1　用支票提取的私人存款(单位:十亿美元)①

(1) 年份 (年)	(2) 个人 存款	(3) 国民银行中的信托公司及储蓄银行存款	(4) 未报告的存款估计值	(5) 储蓄银行的存款	(6) 清算银行的汇划数	(7) (2)−(3)+(4)−(5)−(6)已修正的个人存款数	(8) 第(7)项可用支票提现的%	(9) (7)×(8)用支票提取的个人存款
1896	4.95	0.16	0.40	1.91	0.11	3.17	85	2.68
1897	5.10	0.21	0.41	1.94	0.11	3.25	86	2.80
1898	5.69	0.25	0.42	2.07	0.16	3.63	88	3.19
1899	6.77	0.33	0.44	2.23	0.27	4.38	89	3.90

---

①　表21.3.1在英文原著第一版第435页,内容合并了1922年修订版资料。

货币的购买力

续表

(1) 年份 (年)	(2) 个人 存款	(3) 国民银行 中的信托 公司及储 蓄银行存 款	(4) 未报告 的存款 估计值	(5) 储蓄 银行 的存 款	(6) 清算 银行 的汇 划数	(7) (2)-(3) +(4)- (5)-(6) 已修正的 个人存款 数	(8) 第(7)项 可用支 票提现 的%	(9) (7)×(8) 用支票提 取的个人 存款
1900	7.24	0.23	0.45	2.45	0.18	4.83	87	4.20
1901	8.71	0.25	0.46	2.60	0.36	5.96	86	5.13
1902	9.37	0.27	0.48	2.75	0.36	6.47	84	5.43
1903	9.81	0.26	0.50	2.93	0.25	6.87	83	5.70
1904	10.39	0.39	0.45	3.06	0.23	7.16	81	5.80
1905	11.74	0.39	0.44	3.26	0.36	8.17	80	6.54
1906	12.57	0.35	0.41	3.48	0.40	8.75	78	6.84
1907	13.47	0.37	0.55	3.69	0.33	9.63	74	7.13
1908	13.28	0.50	0.49	3.66	0.29	9.25	71	6.57
1909	14.01	0.00	0.39	3.91	0.38	10.11	67	6.75
1910		0.29	0.25	7.82	0.54			7.24

1900年以及1902年至1909年期间的无报告的各银行的存款数，是货币司的官方估计值。在货币司的报表内，记载在红色字体的"仅报告资本"一栏，而不是记载在"无报告"一栏。但货币司办公室言之凿凿，此乃人为的区别，没什么用处。1901年的数字是根据1900年数字和1902年数字用插入中项的方法求得。1896年的数字是借助两个假设估计得出：假设一，1896年的无报告的各银行的存款数对所有银行存款数的比例要大于1903年的情况。

因为按表回溯既往越远,遗漏未报银行的存款数的百分比越大,由此推断,修正数应超过0.28;假设二,1896年的修正数绝对小于以后诸年,因为当时的总存款数远比以后各年少,也因为表第(4)列的官方估计值,亦即1900年以及1902年至1909年的数字表明,若照表溯往,这些总存款增长的绝对量有愈来愈少的趋势。1909年是一个显著的例外,缘于4月28日的特别调查,准确度非寻常可比。由此可以推断,1896年的修正数绝对小于0.50。故此,1896年的修正数在0.28和0.50之间选择大概的均值。这种算法若有误,对表最后一列的影响也不会超过3%或4%。1897年至1899年期间各年的修正数,皆以插入中项的方法求得。

表第(5)列所载储蓄银行的存款数,是有待扣减的修正数。这些存款实质上不是用作流通媒介,货币司将之并入第(2)列官方的"私人存款"内。1909年的数字,除包括有报告各银行的存款外,还包括伊利诺伊州州立各银行的储蓄存款账户的2亿美元。并入此项的目的是为了使1909年的数字可以和前几年的数字相比较,因为以前各年数字均包含州立各银行的储蓄存款[参见货币司报告(Comptroller's Report)(1909年第43—44页)]。

表第(6)列所载是"票据交换所的汇划数"(exchanges for clearing house),数目虽小,也是另一笔必须扣减的修正数。一般说,这些汇划数代表由受票人存入银行、尚未转回支付银行(home bank)的支票,支票金额尚未从出票人(付款人)账户减去。除了骗子和轻率粗心之人,任何人开支票后,都会马上将支票金额(比如一百元)从自己存款余额扣除,不再用此数开票。比如,若史密斯(Smith)是出票人,受票人是琼斯(Jones),史密斯开给琼斯100

美元支票，即认为 100 美元已转给琼斯，和已付出的现金一样，不再是自己的款项。但在史密斯开票的付款行得知这笔款项已转给琼斯前，尚需一段时间。在此期间，这 100 美元若未从银行账簿的史密斯存款账户减去，又未计入琼斯的存款账户，银行的存款总额就不会受影响。但当琼斯将这张支票存入他的开户行时，银行就会给琼斯的存款账户加记 100 美元，**而付款银行尚未从史密斯的账户减去此数**。也就是说，这 100 美元暂时既属史密斯也归琼斯。如果转账双方能同时记录，则不会有重复计算之弊。但在支票转回史密斯的银行前，除"票据交换所的汇划数"之外，别无记录说明此款项应从史密斯的账户扣除。故此，在统计数据上必须减去"票据交换所的汇划数"。

不过，这些汇划数都是估计的。只有 1909 年 4 月 28 日的数目是由前面提及的货币委员会的特别报告（the special Report of the Monetary Commission）给出，包括所有的银行在内。汇划金额有 $\frac{4}{5}$ 属于国家银行，又因国家银行每年都报告经票据交换所的汇划金额，可以推断每年的汇划总数是国家银行报告数字的 $\frac{5}{4}$（参见 1908 年货币司报告第 514—522 页）。修正数总值甚小，即使推断的比例有任何差错，在最终的结果上也可忽略不计。

表第（7）列所载各数，是用上述各列修正数更改第（2）列计算的结果。即第（2）列各数减去第（3）列各数，加上第（4）列各数，再减去第（5）列及第（6）列各数，就得到第（7）列已修正的私人存款数。

但我们还未得到要计算的项目数——存款通货，或者凭支票提取的存款数。我们估计的第（7）列已修正的私人存款数，不仅包括可随时取用的存款,也包括凭存款单提取的存款,还有其他被视为投资而非交换媒介的存款。首次尝试公布实际的"凭支票提取的存款数",是全国货币委员会付出的努力。1909 年 4 月 28 日富有价值的特别报告,是由全国货币委员会协同货币司共同编制的。报告记载的可用支票提取的存款数,是 69.4 亿美元[①]。此报告数应加上"无报告各银行"的存款数,并减去"票据交换所的汇划数"。据表 21.3.1 数字,无报告各银行的所有存款在 1909 年的估计值是 3.9 亿美元,其中只有 1.9 亿美元可用支票提取。即按比例计算:

$$390000000 \times \frac{6940000000}{14010000000} = 190000000$$

票据交换所的 3.8 亿美元的汇划数,几乎都是用支票提取的存款。因此,最后的已修正的用支票提取的存款数在 1909 年是67.5 亿美元,亦即:

$$6940000000 + 190000000 - 380000000 = 6750000000$$

这些数字是第(7)列"已修正的私人存款数"的 67%。

1909 年用支票提取的存款数记在表 21.3.1 第(9)列底。由于他只有"已修正的私人存款数"的 67%,又由于无法获得其他各年份同样的比例,故除非有更多的资料,本人不想臆断其他各年用支票提取的存款数。因此,我致函时任铸币厂董事(Director of the Mint)的 A. 皮亚特·安德鲁(A. Piatt Andrew)先生,请求他以货币委员会顾问的身份,搜检货币司 1896 年及其他几年的成案

---

① 参见 Senate Document,225,61st Congress,2d Session,*Special Report from Banks of the United States*,April 28,1909,p. 261;also *Report of Comptroller of the Currency*,1909,p. 835。尽管几乎不能估计扣减的总数,这些数字不包括夏威夷(Hawaii)、波多黎各(Porto Rico)、菲律宾(Philippines)等地区。

记录,查找对应的比例资料。多赖他伸出援手和货币委员会及货币司的帮助,我的请求得以付诸实施,算出 1896 年的对应比例是 85％,1899 年的是 89％,1906 年的是 78％。

安德鲁先生认为,1896 年 7 月 14 日各银行的私人存款总数(未修正)是 49.7 亿。无疑,此数目要比著者采用的货币司报告的数字即 49.5 亿略为完整。原因是此次特别调查包括的银行数,要比最初货币司报表采用的银行数多。安德鲁先生又认为,用支票提取的存款数应是 25.9 亿。这一数字有两处需要修正:一是须加上无报告各银行用支票提取的存款数,二是要减去票据交换所的汇划数。上文估计无报告银行的存款数是 4 亿;安德鲁先生既然发现这些银行的私人存款数比货币司报告的数字多 2000 万,为 49.5 亿,则据此推算,安德鲁先生无报告各银行的存款数一定比货币司报告的数字少 2000 万。如此一来,安德鲁先生无报告各银行的存款估计数就不是 4 亿,而是 3.8 亿,此即货币司的估计数。此存款数中用支票提取的存款是 2 亿,即:

$$\frac{2590000000}{4970000000} \times 380000000 = 200000000$$

这是此存款数的第一个修正数(加上的);第二个修正数(减去的)是票据交换所的汇划金额,亦即 1.1 亿。故最后求出的用支票提取的存款数是 2.68 亿,即:

$$2590000000 + 200000000 - 110000000 = 2680000000$$

此数对已修正的私人存款数的比例是 85％。

照安德鲁先生估计值,1899 年已修正的私人存款总数是 43.8 亿,可用支票提取的存款总数是 40.9 亿。私人存款总数是 70.7

亿,比表 21.3.1 第(2)列货币司的数字多 3 亿。因此,安德鲁无报告各银行的存款数要从 4.4 亿减至 1.4 亿,其中 0.8 亿是可用支票提取的存款,即:

$$\frac{4090000000}{7070000000} \times 140000000 = 80000000$$

各票据交换所的汇划数的修正数是 2.7 亿,故可用支票提取的存款数是 39 亿,即:

$$4090000000 + 80000000 - 270000000 = 3900000000$$

此数和已修正的私人存款总数 43.8 亿之比例是 89%。

至于 1906 年,按照安德鲁先生的数目,已修正的私人存款总数是 87.5 亿,可用支票提取的存款总数是 69 亿。私人存款总数是 123.7 亿,比表 21.3.1 第(2)列货币司的数字略少。故安德鲁无报告各银行的存款数当由 4.1 亿增至 6.1 亿,其中 3.4 亿是可用支票提取的存款,即:

$$\frac{6900000000}{12370000000} \times 610000000 = 340000000$$

各票据交换所的汇划数是 4 亿,故可用支票提取的存款数是 68.4 亿,即:

$$6900000000 + 340000000 - 400000000 = 6840000000$$

此数和已修正的私人存款总数 87.5 亿之比例是 78%。至此我们求出了 1896、1899、1906、1909 各年第(8)列和第(9)列中的各数。

按照这四年可用支票提取的存款数占私人存款总数的比例,用插入中项的方法,即可推算出中间各年的对应比例,表 21.3.1 第(8)列各年的百分比至此全部求出。

然后,用第(8)列各年的百分比乘第(7)列已修正的私人存款总数,即可求出第(9)列中的其余各年份的数目,全表即告完成。

这些结果自然免不了有概率误差,不过,相信 1896、1899、1906、1909 这四年的概率误差仅为 2% 或 3%。介于其中各年的概率误差也许增至二倍。

似乎奇怪的是,虽关于支票存款及货币流通量的相对重要性叙述甚多,却未曾尝试估算或记录凭支票流通的货币量。在统计上,这种存款及其流通速度的重要性是货币及其流通速度的数倍。但是,若考虑到"可用支票提取的存款数"是由各个银行定期向货币司报告的,就让我更感奇怪。因为自 1860 年至 1870 年的"60年代"开始,货币司报告已颁布的统计资料竟然删掉这类数字,将各类私人存款合并为一数,尔后的报告则沿袭之前确定的惯例。现任的货币司长曾言,他计划从此以后后将"可用支票提取的存款数"一项分列出来,以使往后读者能查阅"支票存款"的每年报税表格(annual returns)。若如此,就能知道每年流通媒介中"可用支票提取的存款"的多少。正如我们将要看到的,此类存款完成的交换工作量占全国交换量的 $\frac{9}{10}$。

第四节　1896 年与 1909 年的 $M'V'$ 计算方法(第十二章第三节的参考)

根据货币司 1896 年的报告,在距 1896 年 7 月 1 日最近的营业日,存入有报告各银行的总金额(货币与支票合计)是 3.03 亿。凯莫莱教授加入无报告银行的存款数,使得该数目达 5.06 亿。在所报告的全部存款中,支票占的比例是 92.5%。用此百分比乘以总存款的估计值 5.06 亿,得 4.68 亿,为一个营业日存入的支票总金额。但由于 7 月 1 日是第一天,支票存款数远超过平常时候。为确定超过多少起见,我们承蒙纽约票据交换所(the New York clearing house)吉平先生(Mr. Gilpin)的帮助,查得 1896 年 7 月 2 日的汇划数。之所以选择 7 月 2 日,是因为 7 月 1 日存入纽约各银行的支票,必刊布在票据交换所 7 月 2 日的统计公报上。7 月 2 日的汇划数是 1.57 亿,而 1896 年的日平均汇划数只有 0.95 亿,是前者的 60%。故此,7 月 2 日的过多的汇划数须乘以 0.6 进行修正,以求得当年确切的平均数。若认为 7 月 1 日存入纽约各银行的支票存款也须有同样的修正,也许是公平的。倘若全国其他地方当日存入款项的超过数和纽约的超过数完全一样,皆需同样的校正因数 0.6,则此修正系数即适用于全国。但这种假设是不成立的。可以肯定,对在纽约以外的全国各地来说,0.6 太小,不可能是正确的校正系数,因为当日全国超过平均数的幅度,一定略小于纽约市的幅度。

多种理由可资证明,适才所述是真实的情形。首先,纽约对商业活动变化的反应要比全国各地更敏感。故在纽约,每年票据交换所汇划数的百分比要大于全国其他地方。在 1883 年至 1909 年在内的 27 年中①,除 5 年外,将每年汇划数的百分比和次年的比较,结果皆可佐证此说。

其次,在诸如纽约这样的金融中心,每遇分红季的或半年的股

---

① 参见 *Financial Review* (the Annual of the *Commercial and Financial Chronicle*),1906,p. 26 and 1910,p. 33。

利时,汇划数要多于全国其他地方。全国有许多地方股利收入极少,甚至无股息收入。

最后,在像纽约这样的大城市,支票存入银行有系统的流程,方便迅捷。因此,纽约各银行 7 月 1 日收到、并在当天存入银行的月初支票的百分比,要大于小城市的百分比。在小城市,收到这些支票后常拖延数日,并不立即存入银行,故每日存入银行的支票数相差无多,尤其是 7 月 1 日及此日后存入的支票数不会超过平常数太多。据此可断定,0.6 是 1896 年支票存款校正因数的**最小**估计值。

既然已求出 0.6 是支票存款的最小的校正因数,接着就需弄清楚支票存款的最高的校正因数。有理由确信,纽约市以外的存款要受季度股利、每月初收入等因素的影响。因此,1896 年纽约市以外的支票存入数一定**稍微**超过平均数。但需知道当日支票存入数超过平均数的差究竟**是多少**? 为求得确切的超过数,可利用 1896 年的财政报告(Finance Report)记录的票据交换所汇划的数字。报告的第 493 页是货币司的报告,记录了全国 78 个票据交换所中,66 个在 7 月 1 日或与此日最接近的结算日的汇划数是 2.28 亿。可以肯定,当日全国的汇划数要多于这一数字。因为在全国 78 个票据交换所中,报税表报明汇划数的只有 66 个;又因为 7 月 1 日存入的大量支票数大部分在票据交换所次日汇划数的统计上公布,也可以断定 7 月 2 日的汇划数一定更多[①]。若 7 月 1 日

---

① 7 月 2 日的汇划数超过 7 月 1 日,令人信服的证明是下述事实能。据 1896 年的《货币司报告》第 494 页载,1896 年 7 月 1 日纽约州的汇划数是 17.4 亿,而 7 月 2 日单纽约市的汇划数就达 1.57 亿。

按纽约市票据交换所吉平先生告诉的数字,纽约市 7 月 2 日的汇划要比 7 月 1 日大很多,分别是 1.57 亿和 1.38 亿。

的 2.28 亿的汇划数可代表 1896 年每日的汇划数,即可用 1896 年的结算天数 305 日乘此汇划数,算出全国 1896 年的汇划总数。但乘积是 671 亿,而全国 1896 年的实际汇划数只有 512 亿。这一差数确证了,7 月 1 日的汇划数和较之稍多的 7 月 2 日的汇划数超过当年的日平均汇划数,至少需按

$$\frac{51200000000}{67100000000} = 0.76 \text{ 的比例减少,或减至 76\%。}$$

因此,准确的校正因数一定介于 0.60 和 0.76。将两数平均,求得校正因数的估计值是 0.68。这个数字不会距离两边的正确数字太远,尤其当 0.60 和 0.76 是非常稳妥的或极端的限度时。确切的校正因子不可能与其中任何一数相近,**概率**误差是 5% 或 6%。

现在对 1909 年的校正因数做类似的计算。伊利诺伊州立大学的温斯腾(Weston)教授依照著者的请求,在金莱(Kinley)教授帮助下,根据金莱教授当年 3 月 16 日的调查资料[1],大体上用同样的方法估算 1909 年的支票流通总额。温斯腾教授算出 1909 年 3 月 16 日的支票存款总数是 10.2 亿,低于日常的平均数。纽约票据交换所 3 月 17 日的汇划数可证明此点。汇划数是 2.68 亿,反映了前一天纽约各银行吸收的存款数,但不足以代表当年每日汇划的平均数,因为当年日汇划数是 3.42 亿,比 2.68 亿大很多,或超过前日汇划数的 28%。倘若我们信任纽约票据交换所,视其

---

[1] Kinley, *The Use of Credit Instruments in Payments in the United States*, National Monetary Commission, 61st Congress, 2d Session, Doc. No. 399, 1910.

汇划数为美国汇划数的标准,则 1909 年汇划数的校正系数就是
1.28。但是,正如将要说明的,由于纽约市对银行业经营的投机活
动或其他变动极为敏感,加之作为局部要比全国整体更易变动,所
以 3 月 16 日全国存款的变动肯定不及当日纽约市存款的变动大,
校正因数应该小于 1.28。为了求出一个安全的下限,不妨极端的
假设,1909 年 3 月 16 日纽约市以外的存款恰好和当年的日平均
存款数相等。如此一来,就可从表 21.4.1 的数字,妥当准确地估
算校正系数。

表 21.4.1　支票存款(单位:百万)

(1)	(2)纽约市	(3)纽约市以外	(4)全国
1909 年 3 月 16 日	239	786	1025
每日的平均数——只有纽约市超过日常 平均数对实数的比例＝$\frac{1092}{1025}\approx1.07$	308	786	1092

　　上表的编制综合了两方面的数据,既采用来自金莱教授呈交
给货币委员会的《关于信用工具的报告》(*report on Credit Instru-
ments*)中第 182、186 页的数字,也参考了温斯腾教授计算的全国
支票存款的估计数。

　　纽约市的存款数是 1909 年 3 月 16 日的。从温斯腾教授估算
的全国支票存款数中减去这些存款数,求得纽约市以外的存款数
是 7.86 亿。但业已证明,纽约市的日平均存款数比全国的高出
28%,或者说是 3.06 亿。若只有纽约市当日的存款数超过日常平
均数,则将此数加到纽约市以外的 7.86 亿的存款上,即求得全国
的日平均存款数是 10.92 亿。将此数和当日全国的实际存款数

10.25 亿相比较,即可以只有纽约市当日的存款数超过日常平均数的假设为基础,算出全国的校正系数是 1.07,这正是我们寻求的下限校正系数。

将两个极限校正系数 1.07 和 1.28 取平均值,得 1909 年的校正系数估计值是 1.17。将此数和 1896 年的校正系数估计值 0.68 进行比较,校正系数上下限的概率误差范围在 1909 年是 10%,在 1896 年是 6%。校正系数的上限和下限都是极值,概率误差必然更小——也许只有上数的一半。由此可以断定,1.17 和 0.68 校正系数估计值的错误不出 5% 或 6%。

由此可以推断,若要求出 1896 年每日存款的**平均数**,则 1896 年 7 月 1 日的**实际**支票存款估计值 4.68 亿须乘以 0.68,乘积 3.18 亿再乘以 305 天的营业日,就是美国 1896 年支票交易总量的估计值 970 亿,即:

(468000000×0.68)×305＝97063200000

同理,给 1909 年三月 16 日的**实际**支票存款估计值 10.25 亿须乘以校正系数 1.17,得每日支票存款的**平均数**及交易额是 12 亿。纽约票据交换所的汇划营业日 303 日,也极可能是全国银行营业日的平均数。12 亿再乘以 303 日的结果是 3640 亿,就是美国 1909 年支票交易总量的估计值,即:

(1025000000×1.17)×303＝363372750000

第五节 1897 年至 1908 年的 $M'V'$ 计算方法（第十二章第三节的参考）

虽然纽约市的汇划数占全国汇划金额的 $\frac{2}{3}$，但不能据此认为纽约市内及其附近的支票交易占全美国支票交易的 $\frac{2}{3}$。表 21.4.1 已载明，1909 年 3 月 16 日照报告记录纽约市存入银行的支票金额是 2.39 亿。对纽约市来说，这个数字差不多是完整的，可计算出 1909 年纽约市每日存入银行支票的平均数是 3.06 亿。此数再乘以 303 个营业日，即得纽约市全年存入银行的支票金额约为 930 亿，即：

$$306000000 \times 303 = 92718000000$$

全国全年存入银行的支票数是 3640 亿，差数 2710 亿是纽约市以外各地的全年支票存款数。现在不妨对照一下支票存款的估计数和票据交换所的汇划数。1909 年纽约市的汇划数是 1040 亿，纽约市以外各地汇划数是 620 亿。

因此，纽约市的汇划数（1040 亿）超过纽约市的支票存款数（930 亿）。个中原因很可能是由于纽约市是主要的中心储备城市，对外地银行账户的汇划数包括代表银行业务的交易金额，和起源于商业交易的汇划数不同。因此，纽约市的支票存款数只有纽约市汇划数的 90%，即：$93/104 = 0.89423 \approx 90\%$。另一方面，纽约市以外各地，支票存款数远超过票据交换所的汇划数，两者比例是 $271/62 = 4.4$。这些支票交易和汇划数之间的比例，即纽约市的 0.9 和纽约市以外各地的 4.4 说明,已公布的汇划数应该以4.4 对 0.9 的比率或 5 对 1 的比率进行加权。也就是说,以 1909 年的数字为基础,纽约市以外各地的汇划数乘 5,纽约市的汇划数乘 1,两项之和就是估算支票交易的准确标准。

遗憾的是,1896 年纽约市的存款数缺失。不过,1896 年与 1909 年纽约全州的存款悉数尽获。研究这些存款数可知,1896 年纽约州的支票交易和汇划数之间的权重比例应该超过 3:1。但是不必苛求精确,所有年份皆以 5:1 的权重比率加权。若采用介于 5:1 和 3:1 的任何权重比率,或任何中间权重比率,发生的差数必然很小。之所以采用 5:1 的权重比率,理由是(1)1896 年采用 3:1 权重比率所根据的数据不如 1909 年的确定;(2)用纽约市的汇划数代表纽约市的存款数,不如用纽约市以外的汇划数代表纽约市以外的存款数准确,因为纽约市的汇划数要受某些外来款项的影响,尤其是由银行准备金调整而导致的银行业务转汇极大影响票据交换所的汇划数。因此,著者偏向赋予纽约市"以外的"汇划数尽可能多的权重。

求出计算支票交易的"标准",即纽约的汇划数加 5 倍的纽约市以外的汇划数后,只需以适当的比例乘以此数,即可算出支票交易额。因为已经知道 1896 年和 1909 年的支票交易额和标准数,故只能清楚算出这两年的支票交易额对标准数的比例,其值分别是 0.69 和 0.88。可以假设中间各年平均分配这两个数值之差,其比例介于 0.69 和 0.88,不会有太大的错误。结果如表 21.5.1 所示。

表 21.5.1　支票交易标准数(汇划数)[1]

(1)年份(年)	(2)纽约市汇划数	(3)纽约市以外的汇划数	(4)标准数(2)+(3)×5	(5)支票交易对标准数的比率	(6)$M'V'$支票交易数(4)×(5)	(7)V'存款的流通速度(6)÷M'
1896	28.9	22.4	140.9	0.69	97	36.2
1897	33.4	23.8	152.4	0.70	106	37.9
1898	42.0	26.9	176.5	0.72	127	39.8
1899	60.8	33.3	227.3	0.73	166	42.6
1900	52.6	33.4	219.6	0.75	165	37.5
1901	79.4	39.0	274.4	0.76	208	40.6
1902	76.3	41.7	284.8	0.78	222	40.9
1903	66.0	43.2	282.0	0.79	223	39.1
1904	68.6	43.9	288.1	0.81	233	40.2
1905	93.8	50.0	343.8	0.82	282	43.1
1906	104.7	55.2	380.7	0.84	320	46.8
1907	87.2	57.6	376.2	0.85	320	44.9
1908	79.3	53.1	344.8	0.87	300	45.5
1909	103.6	62.0	413.6	0.88	364	53.9
1910	97.3	66.4	429.3	0.89	382	52.8

　　前已解释,在表第(5)列的各数中,只有第一年(1896)的数字和最后一年(1909)的数字是单独计算的,其余各年皆用插入中项的方法求出。

---

　　[1]　表 21.5.1 在英文原著第一版第 448 页,内容合并了 1922 年修订版资料。

表 21.5.1 中其余的数字无须解释。最后一列（第（7）列）各数是可用支票提取的银行存款的流通速度，或者支票账户的"活力（activity）"。最后一列各数的概率误差幅度在 5％和 10％之间。

第六节　实际计算 V 的通用公式
（第十二章第四节的参考）

一、近似的公式

为了考察货币的流通，并通过银行账簿测量，可将用货币购买商品的人士分为三类：

（1）商界存款人士——所有从事商业经营的，如在商店、公司或其他工商机构的人，他们银行存款的大部分或完全是和个人存款分开的。

（2）所有其他各种存款人——主要是个人存款。

（3）所有无存款的人——大多数雇佣劳动者（wage earners）。

我们分别称这三类存款人为商界存款人（Commercial depositors）、其他存款人（Other depositors）和无存款人（Nondepositors），或分别简称为 C、O 及 N。将商界存款人持有的货币称为"出纳零用钱"（till money），将其他存款人持有的货币称为"衣袋零花钱"（pocket money）。

这三类存款人必然包括社会上所有能使货币流通的人。使货币流通的意思是指以货币交换商品，而不是将货币和其他流通媒介如支票相交换。

现在，我们须注意这三类存款人的性质。在银行业务发达的国家，"商界存款人"实际上包括所有的工商机构，少有例外；"其他存款人"包括大多数专业人士、薪金阶层和业主，其他所指甚少；"无存款人"几乎和靠工资为生的人是一回事。

确实，上述对三类存款人的描述是不完整的。譬如，"商界存款人"就不包括像街头摊贩等一些小本经营的商人，因为这些人通常没有银行存款。这些人和有银行存款的商家或公司比较，不仅数量相对少，更需注意的是，他们经营的生意规模还要小。可以断定，他们经手的货币寥寥无几。至少在美国，除了南方的乡村和少数其他使用货币不多的地方外，实际习惯是商家、企业和公司普遍有银行存款。

事实上，保有银行存款是工商企业经营的一种实际需要。若无银行存款，商人实际上剥夺了自己在现代商界三种最必不可少的帮助：使用流通信用、通过邮局汇款以及利用远期信用。

除非交易商不得不"当场交付现金"或愿意当场交付现金，否则他总是觉得用支票付款更方便易行。现货交易的情况少见，所需金额也不大。此外，多数其他商人会利用银行业的便利，这样的事实也会让他产生一种欲望，在银行开立自己的存款账户。原因一是他不愿意显得"落伍"，二是当别人用支票向他付款时，他须将支票换成现款——这个手续总是比将支票直接存入银行麻烦。

尤其在远距离通商时，用现金支付极不方便。通过邮局、快件方式汇款，或亲自送款，不只麻烦劳神、常有危险，且耗费甚巨。倒不如将支票封入信内，由邮局寄达简便。若用邮政支票方式代替现金付款，不只迟钝，花钱亦多，因为汇款人须付汇费。

同样,实业家若无银行存款,通常不能获得商人或银行的远期信用。美国的银行只喜欢给自己的储户贷款,向银行申请贷款的商人,须接受在本行开户的请求。当实业家向其他商人比如供应商提出贷款请求时,若无银行存款,他的经营状况就会招致猜疑,甚至遭到拒绝。

这些为观察数据和调查资料所证实的事实,使人们相信几乎所有的美国商业交易,一定有百分之九十九是利用银行存款完成的。当然百分之九十九计算的不是交易次数,而是交易的总值。甚至在无银行的地区,商人也愿意在最近的城镇开立银行账户,以方便采购交易。因此,结论就是"商界存款人"的概念实际上包括各种工商业机构。

"其他存款人"包括大多数的业主、专门的职业人士与薪金阶层。靠工资为生的人,工商业机构或凭借经营实力有银行存款的商人,几乎都不归入这一类型。私人经营商业,通常会谨慎地将经商存款和个人存款分开。约翰·史密斯个人的存款和约翰·史密斯商店的存款是截然不同的,一个是个人持有的衣袋零花钱,另一个是商店储备的出纳零用钱,大多数情况下两个账目不会混淆。款项从商店账上转入他个人账上,和款项从商店账上转入其他人账上被视为是性质相同的交易。当然,在最初简单的商业经营中,人们不会留意这种区分。即使在今天,大吹大擂的推销商、沿街叫卖的小贩子、水果摊的小商贩和乡村小本经营的店主,有时候也不注意区分这两种交易。但是,正如前文已说明的,这些人有银行存款者究竟是少数。而且,这类商贩人数甚少,因营业性质经手的款项也是少之又少,故他们是否作这种区分,实际上无关紧要。确实,偶尔也有独家经营企业的普通商人,不在意清楚区分企业账目和个人账目。但此种情况,可在理论上做出区分。若这样的商人将钱从店铺"钱柜"取出,转手放入个人"衣袋",可视为他的企业给他个人分了一些红利。同样地,即使他本人未专门区分银行存款账目,通常也可以将他开出的支票区分为企业用款还是私人开支。但这些情况极少发生,也不重要,因为现代大规模企业都是合伙制的或公司制的,必须严格区分两类用款账目,以确保不发生利益冲突。

上文论述已区分"其他存款人"和"商界存款人"的界限。谈及区分"其他存款人"和"无存款人"的界限,则应该注意,虽然"其他存款人"包括大多数的业主、专门的职业人士与薪金阶层,但有些业主、专门的职业人士,尤其是那些在偏远乡村的业主、职业人士以及有些领薪水的人,主要是小店员等,却是"无存款人"。

最后,"无存款人"的主要构成是那些在统计上被归类为靠工资为生的人。虽然一些靠工资为生的人是银行的储户[①],但人数屈指可数;虽然有些"无存款人"不是靠工资为生的人,尤其是农村的业主(农场主)与小店员,但和总的货币流通量比较,由他们流通的货币量所占部分很小。赚工资的人和领薪水的人虽然在理论上不能做出明确的区分,但二者在实践中通常容易为人们识别。

年龄不满十二岁的孩子,不必归入三类存款人中的任何一类。

---

① 这里使用的"储户"一词,当然不包括储蓄银行的存款人。在提供流通信用上,储蓄银行不是真正的银行。

因为他们不是操控货币的人；至少，他们使用货币的程度还不能对货币流通的总量产生任何可见的影响。

现在，可将货币流动的主要支流，包括钱货交易的货币流通，绘制成具体的图画。图 21.6.1 说明了三种主要的货币流动。

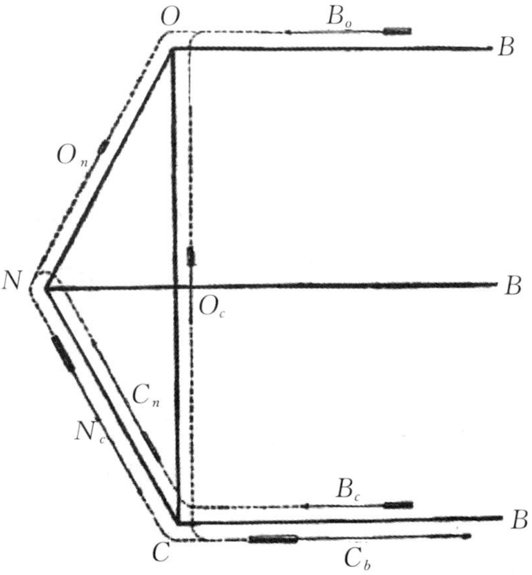

图 21.6.1　三种主要的货币流

三角形的三个角 C、O 及 N 分别代表"商界存款人""其他存款人"及"无存款人"，各个 B 代表银行。箭号表示货币在三种存款人和银行之间相互流动的方向。譬如，B_o 代表"其他存款人"每年从银行提取的款项，O_c 代表"其他存款人"已提取款项中向"商界存款人"购买商品劳务支出的部分，C_b 代表货币从"商界存款人"再次存入银行。货币在这三个链条（$B_oO_cC_b$）之间的环形回流，是常见的第一种循环；四个箭号构成的链条（$B_oO_nN_cC_b$）代表第二种循环,表示私家存款人从银行取款(B_o),向雇员支付工资(O_n),后者购物再将钱支付给商人(N_c),商人最后再把货币存入银行(C_b);第三种循环也是四个环节,箭号 $B_c C_n N_c C_b$ 代表这种循环。为支付工资,先由工商企业向银行兑现支票(B_c),将兑现的货币作为工资付给工人(C_n),然后由工人购买商品劳务付款给商家(N_c),商人再把货币存入银行(C_b)。这三种循环不是货币仅有的循环,但比其他的循环重要很多。在完整研究各种货币循环之前,应细致地分析。图 21.6.1 的结构表示货币循环的简单情形,主要目的是说明货币循环未考虑其他复杂的细节。

须注意的是,上面所描绘的货币流动的例子不都是货币的**流通**。如前所述,货币的流通仅指货币和**商品**发生的交换。在银行存取货币只是货币的流动,不是与商品相交换的流通。在图 21.6.1 中,水平的箭号表示纯粹的银行存取款业务,不是真正的货币流通。相反,沿三角形边线的箭号代表实际的货币流通。图中有四个这样的箭号,代表四种主要的货币流通:O_c 是"其他存款人"购买商品,将货币支付给"商界存款人";O_n 是当家庭主妇给仆人付酬时,"其他存款人"向"无存款人"支付的款项;C_n 是工商企业支付工资时,"商界存款人"向"无存款人"支付的款项;N_c 是当靠工资为生的人向商人购买商品时,"无存款人"向"商界存款人"支付的价款。

这四种货币流通皆发生在已解释的三种货币循环中,处在货币存入银行和从银行取出的流动之间。首先,O_c 就包含在 $B_o O_c C_b$ 的循环中。由于没有"无存款人"的介入,O_c 就表示货币从银行取出和又存入银行之间仅流通**一次**。其余三种流通(O_n、C_n 及 N_c)

包含在另两种循环 $B_o O_n N_c C_b$ 和 $B_c C_n N_c C_b$ 中，并由于"无存款人"的介入，表示货币从银行取出和再存入银行之间流通**二次**。

简言之，在货币的三种循环（$B_o O_c C_b$）中，一种循环表明货币在银行外仅流通一次；另两种循环的货币皆经过无存款人 N 的手，表明货币在银行外流通二次。故此，图 21.6.1 代表所有从银行取出复又存入银行的流通货币，在此期间每个货币流通**至少一次**；而由"无存款人"经手的那部分货币，**增加一次**流通。因此，货币的总流通额超过从银行取出复又存入银行的总流动额，差数就是流经"无存款人"之手的金额。换言之，图 21.6.1 中的货币流通总额，只不过是每年出入银行的货币数加"无存款人"经手的货币数之和。用此和数除以流通中的货币量，商数就是近似的货币流通速度。

二、完整的公式

图 21.6.1 未涵盖几种次要的货币流通形式，仍须继续考察修正。

为估计上述计算货币流通速度近似值方法的准确度，需要将这种近似估算法和包括所有可能的钱货交易的完整公式相比较[①]。钱货交易约有九种，有三种分别是 C、O 及 N 三类存款人之内的交

---

① 也就是在所考察社会发生的所有货币与商品的交换。如果想把对外贸易的进出口总额包括在社会的货币流通内，在计算结果加上最为方便。但即使社会的货币流通计入进口与出口总额，其影响也微不足道。部分原因是和国内的货币与商品交易比较，对外贸易额通常很小；部分原因是对外贸易使用的货币很少，货币范畴不包含金块时尤其如此。

易,还有六种是三类存款人中每两类之间的相互交易。

同类存款人之间可能发生的钱货交换有:(1)两个"商界存款人"之间的交易;(2)两个"其他存款人"之间的交易;(3)两个"无存款人"之间的交易。两类存款人之间可能发生的钱货交易有:(4)与(5)"商界存款人"和"其他存款人"之间的相互交易;(6)与(7)"其他存款人"和"无存款人"之间的相互交易;(8)与(9)"无存款人"和"商界存款人"之间的相互交易。因此,发生在同类存款人之内的钱货交易有三种,发生在两类存款人之间的钱货交易有六种。

图 21.6.2 是一张完整的画面,描绘了人们用货币交换商品过程中所有九种货币流动的全貌,亦即表示"货币流通"的整体图景。图中三角形周围有九个箭号,表示货币的九种流通。三角形沿边有六个箭号,表示两类存款人之间的钱货交易;还有三个箭号处在三角形的三个角的顶端,表示同类存款人之间的钱货交易;当然,三条水平线沿边的六个箭号仅表示银行的存取款业务。故货币流通总额或交换商品的货币流(F),是九个箭号表示的各部分之和,亦即:

$$F = O_c + C_o + N_c + C_n + O_n + N_o + c + o + n \qquad (1)$$

此式是计算货币流通额的精确公式。现在将此式和不精确的第一个近似式——即流通额等于"存入银行的货币额加'无存款人'的支出额"——相比较。通过比较就能知道第一个近似式的差错,对将公式(1)转换成更适合统计应用的形式有所提示。首先,我们须将第一个近似值表示成代数式。只要参照图 21.6.2,这个问题很容易解决。存入银行的货币总额是 $C_b + O_b + N_b$,"无存款人"的总支出额是 $N_c + N_o$。若以 F' 表示这两项之和,则有:

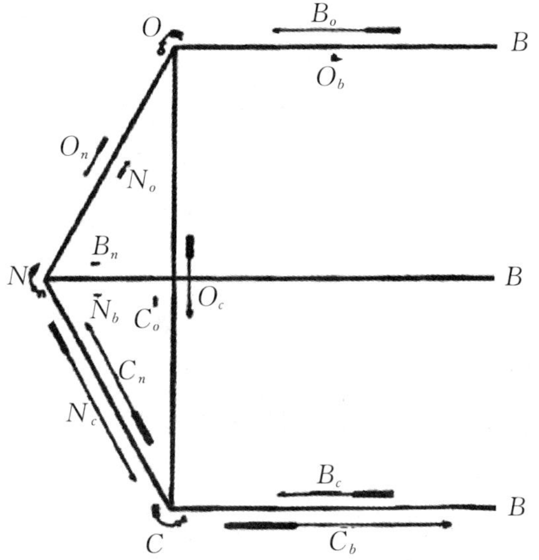

附录八　第十二章的参考　　449

图 21.6.2　货币的九种流通

$$F' = C_b + O_b + N_b + N_c + N_o \qquad (2)$$ ₄₅₆

此式就是第一个近似值的代数表达式。

为考察精确值和近似值之差 $F - F'$，从公式（1）减去公式
（2），消掉 N_c 与 N_o，将负数项列在等式前面，并以 r 代表余数项，
即有：

$$r = F - F'$$
$$= -C_b - O_b - N_b + O_c + C_o + C_n + O_n + c + o + n \qquad (3)$$

将公式（3）变形为后面的公式（4），可清楚地看出 $F - F'$ 的值
很小。为推导新公式（4），此处需要岔开话题有所延伸。根据储水
池的一般原理，任何储水池液体的净流出量——亦即流出量超过
流入量，必然等于同时期液体的净减少量——亦即减少量超过增

加量。或者用代数式表达,不论是正的还是负的,液体净流出量和液体净增加量相加,必等于零。这个原理可用以分析任何货币储水池。但在此处,将之应用于"**商界存款人**"和"**无存款人**"合并的货币储水池,效力最佳。不妨将两类存款人的合并体称为"CN 类"存款人。据图 21.6.2 显示,"CN 类"存款人流出的货币总额显然是 $C_b + C_o + N_b + N_o$,流入的货币总额是 $B_c + O_c + B_n + O_n$。因此,依据图中所示,"CN 类"存款人的货币净流出量是:

$$C_b + C_o + N_b + N_o - B_c - O_c - B_n - O_n$$

上式结果,再加上图中**未显示**的净流出量,才是"CN 类"存款人的实际净流出量。由于图 21.6.2 的结构只表示货币交换商品的流动(货币流通)和货币出入银行的流动,我们仍须考察境内货币交换其他非商品东西的流动和没有任何交换的货币流动,以及货币**向境外**的净流出量。

故此,我们还要考察图中未表示的三种货币流动。

第一种是货币从"CN 类"存款人向"O 类"存款人的净流出,虽属交换,却不是用货币交换商品。这种净流出所指不过是已兑现的支票,因为依据本书使用的分类,"商品"包括任何可以交换的东西,但不能包括货币或支票。所以,货币流动的第一个修正数是,货币为兑现支票从"CN 类"存款人的净流出量,亦即"CN 类"存款人为"O 类"存款人兑现的支票,减去"O 类"存款人为"CN类"存款人兑现的支票的差额。

不难理解,已兑现的支票隐含在图中的 B_o、B_n 及 B_c 内,此点无须解释。此外,当店主将"无存款人"出示的支票兑换成现款时,兑现发生在"CN 类"存款人**内部**,亦毋须赘言。我们只须分析

CN 类存款人为 O 类存款人兑现支票的货币净流出量。此项"短期贷款"支票（"accommodation" checks）的净流出量可正、可负，也可为零，以字母 a 表示。

第二种货币流动是"CN 类"存款人因馈赠、纳税及失窃等事项而付出的货币净流出量，没有任何特定的商品作为回报。此项净流出量修正数以字母 g 表示。

第三种也是最后一种货币流动指，"CN 类"存款人在国境外的货币净流出量。也就是货币因输出、火灾、海难、熔化等造成的损失数，超过货币以输入、铸造等方式带来的增加数，导致一国货币遭受的损失数。此项向"境外"的净流出量修正数以字母 e 表示。

将这些图示的货币净流出量（$a+g+e$）加到已图示的货币净流出量，就得到货币的净流出总量，即：

$$C_b + C_o + N_b + N_o - B_c - O_c - B_n - O_n + a + g + e$$

按照已阐明的货币储水池原理，"CN 类"存款人的货币净流出量，加自己的货币净增加量之和一定等于零。以字母 i 表示净增加量，有：

$$0 = C_b + C_o + N_b + N_o - B_c - O_c - B_n - O_n + a + g + e + i$$

$$(4)$$ 458

现在，将新公式（4）放在原公式（3）下方，按下述方法排列公式各项，即可求出 $r = F - F'$ 的值：

$$r = -(C_b) - O_b - (N_b) + (O_c) + C_o + C_n + (O_n) + c + o + n$$

$$0 = (C_b) + C_o + (N_b) + N_o - B_c - (O_c) - B_n - (O_n) + a + g + e + i$$

将(3)与(4)相加,消去两式中带圆括号各项,再将剩余诸项重新排列,有:

$$r = F - F' = (C_o + C_n - B_c) + (C_o + N_o - O_b)$$
$$+ (c + o + n) + (a + g + e) + i - B_n \qquad (3)'$$

此式用圆括号分为六项,依据著者的判断,按照重要性大小降序排列。

现在,利用上面推导的 r 的表达式,就可以把计算货币流通额的完整公式(1)转换成适合统计应用的形式。因为 $r = F - F'$,所以,$F = F' + r$。用等式(2)和(3)$'$ 替换 F' 与 r,可得公式(1)的变形式如下:

$$F = F' + r$$
$$= (C_b + O_b + N_b) + (N_c + N_o) + (C_o + C_n - B_c) + (C_o +$$
$$N_o - O_b)$$
$$+ (c + o + n) + (a + g + e) + i - B_n \qquad (1)'$$

=(1) 所有存入银行的货币

+(2) "无存款人"的货币支出额

+(3) "商界存款人"从"出纳零用钱"支出的货币(将从银行提取的货币除外的货币支出额)

+(4) "其他存款人"收为"衣袋零花钱"的货币(将存入银行的货币除外的货币收入额)

+(5) 同类存款人之间的货币流通额

+(6) 未图示的"CN 类"存款人的货币净流出额

+(7) "CN 类"存款人的货币净增加额

−(8) "无存款人"从银行提取的货币额

这是计算任何社会货币流通额的完整的通用的公式。前两项之和是货币流通额的近似值,其余六项是精确值和近似值的差额 r,可称之为"余项"(remainder term)。

第一项和第二项是最重要的。最后三项——第六、第七及第八项——无疑在各种实际情况下都可以完全忽略。著者有相当的信心断言,在美国,第三、第四及第五项占货币流通总额不足 10%,很可能小于 5%。因此,除前两项外,完全删略掉余下的六项,得到的货币流通额 F 值仍然是一个相当准确的数字。任何一个熟悉统计误差的人都知道,5% 或 10% 不是大错,对迄今为止无法测量的货币流通额来说,尤其如此。

因此,在精确估算货币流通额时,有三个连续的逼近步骤。第一步逼近精确值包括前两项,亦即存入银行的货币加"无存款人"的货币支出;第二步逼近精确值要给第一步的结果加上第三、第四及第五项,亦即加"商界存款人"从"出纳零用钱"支出的货币,"其他存款人"收为"衣袋零花钱"的货币,和同类存款人之间流通的货币;第三步逼近精确值要给第二步结果加上第六、第七及第八项,这几项均无什么实际价值。至此,计算货币流通的公式就绝对完整了。著者在此解析完整公式,是希望唤起人们的讨论与研究,知道在只有前两项资料——存入银行的货币和"无存款人"的货币支出——的国家,可在何种程度上利用这个公式。在大多数文明国家,很大程度上每日都会记载存入银行的货币;第二个数字的主要构成是工资,为统计估算之用,成为长期以来人们喜欢研究的课题。

第七节 计算 1896 年与 1909 年的流通速度 （第十二章第四节的参考）

现在，用美国的实际数字为例，说明如何使用上文所述公式。前文提及的 1896 年的《货币司报告》（*The Report of the Comptroller of the Currency*）和 1909 年的《全国货币委员会特别报告》（*the special report of the National Monetary Commission*），是计算货币流通额公式第一项（$C_b + O_b + N_b$），即每年存入银行的货币量的基础。两份报告均是在伊利诺伊州立大学金莱（David Kinley）教授的指导下编写完成。首先计算 1896 年的数字。在最接近 1896 年 7 月 1 日的结算日，存入银行的货币额占各种存款总额的 7.4%。当日有报告银行的存款总额是 3.03 亿美元，故 7.4% 的货币存款是 0.224 亿美元。其中超过 1620 万元是 3474 个国家银行的货币存款，其余都是 2056 个其他银行的存款。根据货币司的报告，当时全国总共有 13000 个银行。货币司依据这些数字，假设各银行的平均存款额和有报告的各乡村银行的平均存款额相同，试图计算这 13000 个银行吸收的零售商的各种存款额。假设在居民人口为 12000 或不足此数的地方，银行的平均存款是 2375 元。用此存款平均数计算无报告银行的存款，则 2650 万美元的零售商存款额，应该增加 1780 万美元。

倘若货币存款总额以同样的比率增加，则 2240 万美元的总额应增加 1500 万美元，货币存款总额是 3740 万美元，此即在最接近 1896 年 7 月 1 日的营业日存入银行的货币额。这一数字至少代表了全国各银行的现金流入和现金流出的大概数目,若乘以当年305个营业日,即得全年货币存款总额1140亿美元。由于此数以最接近7月1日营业日的存款额为依据,很可能高于当年每日的平均数,故1140亿元是当年货币存款总额的**上限值**,不能视为估算值。后面我们再求出1896年货币存款总额的下限值。

上述各数均是关于1896年的货币存款。至于1909年的货币存款,金莱教授[①]在温斯滕教授(Professor Weston)的帮助下,做了同样的计算,结果是191亿元。[②]

但是,若因为选择计算的营业日皆是例外(本附录第四节),导致1896年与1909年的**支票存款额**必须予以调整,则这两年的**货币存款额**亦须予以调整。在1896年的7月1日,许多6月份的账单必然已用现金或支票还清;而在1909年3月16日,正值月中,用现金及支票结算必然较少。因此,和支票存款总额一样,1896年的7月1日的货币存款总额,十之八九超过当年每日的平均数;1909年3月16日的货币存款总额,却很可能少于当年每日的平均数。换言之,既然所选择的营业日是例外,若不调整当日的存入

[①] 参见"Note on Professor Fisher's Formula for Estimated Velocity of Circulation of Money," *Publications American Statistical Association*,March,1910,计算采用的数据摘自金莱教授极有价值的专著,参阅 Kinley, "Credit Instruments," 61st Congress, 2d Session, Doc. No. 399 in *Reports of National Monetary Commission*。

[②] 金莱教授计算的结果是183亿。出现这种差额的原因是,金莱教授虽估算每日平均存款额是6290万,计算时却取了整数6000万。可取的做法似乎是,原样使用估算值,在计算结束时采用容许误差,而不是一开始就采用容许误差。金莱教授也将当年的营业日视为305天,这个数字是凯莫莱教授用在1896年营业日的。但是,纽约票据交换所的吉平先生(Mr. Gilpin)告诉著者,虽然1896年的营业日是305日,但1909年的营业日是303日,故我以303日为1909年的营业天数。6295万乘以303,乘积是191亿元。

数,则表示 1896 年全年的货币流通额的数字必然太大,而表示 1909 年全年的货币流通额的的数字又必然太小。也就是说,若不修正计算,结果只是规定了 1896 年货币流通额的上限值,1909 年货币流通额的下限值。

但是,也很容易求出反向的极限值。有理由相信:货币存款偏离其平均数的差要小于支票存款对其平均数的偏差。货币存款每日的变动没有支票存款每日的变动大。实际上,所有的支票支付都要受存款人收票周期的影响,比如支付薪酬、利息或股息的支票;或者受存款人获得信贷时间长短的影响,比如用贷款清偿每月账单的商人。虽然货币支付受时间性变动的影响大致和支票付款相同,但受影响的程度却低很多,原因有二:首先,影响货币存款变动的支付周期或信用周期通常要比那些影响支票存款变动的时间短。通常雇佣劳动者收入现金工资只要一周时间,领薪水人士收入薪酬支票则要一月时间,而股东收入分红支票更需一季度的时间。其次,和支票支付不同,若非绝大多数的话,很多货币支付没有赊欠期限或信用期限。在称为"现金"支付的交易中,不存在所谓的信用期限,因为他们不是信用交易。"现款买卖店"(cash stores),所有店铺,有轨电车、火车、蒸汽船事务局,戏院和许多不同的机关收到的款项,几乎全是现金,结果是这类机构每天存入银行的货币额都基本不变。这些是日常经验的事实,为调查所证实。向银行家询问,皆言日常的货币存款远比支票存款稳定。1896 年货币司报告第 95 页刊载的金莱教授的调查结果,对此提供了验证性的和确定性的证据。如果支票存款的变动和货币存款的变动彼此完全一致,那么支票存款在总存款额中占的百分比将是不变的。但是,若7月1日支票存款超过平日的数量比当日货币存款超过平日的数量多,则可知7月1日支票存款在总存款额中所占的百分比应该大于平常,我竭力证明的正是此点。1896年货币司报告的数字显示,情况确实如此。报告记载,1890年9月17日**收入**的支票(遗憾的是,收入支票不完全是存款)百分比是91%,同年7月1日是92.5%,后者比前者多1.5%。同样,将1896年7月1日的支票存款百分比和最近年份另外季节的数字进行比较,发现1892年9月15日**收入**的支票百分比是90.6%,1896年7月1日的支票存款百分比是92.5%,后者比前者多1.9%。若两个数字都是收入的支票,其中之一不是存款,两者差数会更大。因为货币司长曾说,将存款以外的支票收入计算在内,会增大支票存款的百分比。1894年6月30日零售商的支票存款占比是58.5%,1896年7月1日零售商的支票存款占比是67.6%,后者比前者多9.1%,证明了7月1日的支票存款百分比要比6月30日大很多。不过,在从这些差数得出任何数量结论时,应该小心谨慎,因为对1894年和1896年数字的调查方法是不同的。但是,这些差数符合手边所有的事实。如前解释,1890年9月17日的支票收入和7月1日的支票收入相差甚多,而1881年6月30日的支票收入和9月17日的支票收入并无差数,两相比较,也可以证实7月1日的支票收入最多。1881年6月30日的支票收入和9月17日的支票收入占比,分别是91.77%和91.85%,几乎是相等的;而如上所述,1890年7月1日和9月17日支票收入百分占比相差1.5%。

因此,结论说支票存款的变动要比货币存款的变动大不会有错。故 1896 年 7 月 1 日的货币存款虽超过每日的平均数,但超过每日平均数的幅度很可能不及支票存款超过的多。同样,1909 年 3 月 16 日货币存款少于每日平均存款的幅度,很可能不及支票存款少于每日平均存款数多。

若上述判断是不正确的,即如果货币存款的变动恰好和支票存款的变动相同,则货币存款和支票存款就应该用相同的修正因数,亦即 1896 年用 0.68,1909 年用 1.17,结果见表 21.7.1 第 (4)列。

表 21.7.1　货币存款和支票存款变动相同时的修正结果

(1)	一年中货币存款的估计值			
	(2)当日存款额 (单位:百万)	(3)一年的平均数 (单位:十亿)	(4)用和支票存款 同样的修正数	(5)前两列 的平均数
1896	37.4	11.4	7.8	9.6
1909	62.9	19.1	22.3	20.7

从表中可看出,1896 年存入银行的实际货币额很可能在 78 亿和 114 亿之间;1909 年必在 191 亿和 223 亿之间。如果让这两年的差额各让一半,则 1896 年的估算值变成 96 亿,1909 年变成 207 亿。两年存款的实际数字不会和此两数相差太多,因为他们各自距两边的极限数不远。从估算的极限值及极限估计值的特征大致判断,两年的概率误差都在 10 亿左右。当然,还要注意,1896 年概率误差的比例要高于 1909 年。

以上估算的是货币流通总额公式的第一项——货币存款总额。

计算货币流通额完整公式的第二项是$(N_c + N_o)$,即"无存款人"向"其他存款人"支出的货币额。实际上,这是靠工资为生的人的货币支出额。人口普查数据显示,制造业平均工资是 430 美元。蒙人口调查局亨特(Mr. William C. Hunt)先生允诺,我看过一份非正式的便函,估计美国的劳工人数大约在 1840 万。不妨做一个合理的近似估算,假定这些劳工的平均工资和制造业相同,是 430 美元,先用此数计算制造业、机械业、商业和运输业的工资额。亨特先生估计这类行业的从业人数是 850 万,故其工资额约为 37 亿。

其余的劳动阶层是家庭的仆役和农村的佃农。食宿是这类劳动者的工资的一部分,由于食宿费用占劳动者的收入预算约 60%,故可假定向家庭仆役和农村佃农支付的实际货币额只有制造业工人收入的 40%,亦即大约 170 美元。亨特先生估计家庭仆役和农村佃农人数是 990 万,因此他们一年经手的货币总额大约是 170 万。将此数加到前面的 37 亿货币工资额,得出美国以工资形式支付的货币总额是 54 亿。这些数字都是 1900 年的工资额,而上面计算的公式第一项数字是 1896 年的。在此期间,劳动者人数及其工资无疑都会增加,因此每个数字皆须修正。若假定劳动者人数照人口增加的比例增加,又假定 1896 年至 1900 年人口的年增长率和 1890 年至 1900 年的相同,则美国的货币工资总额就从 54 亿减少至 50 亿。若不以人口数为准,而采用劳工局(Bureau of Labor)①提供的制造业和机械业的雇员人数,计算的结果还要少,只有 46 亿。实际数目可能介于这两者之间,因为无统计数据

---

① *Bulletin of the Bureau of Labor*, No. 77, July, 1908, p. 7.

的农村佃户人数,很可能不如制造业劳工人数增加得快。因此,即使全体劳动者和人口以同样的比例增加,和农业劳动者比较,制造业劳工人数增加的相对数,也意味着支付更多的**货币**工资,故可将48亿视为切近真实数字的估计值。至于工资率,劳工局提供的指数[1]在1896年与1900年分别是99.5和104.1,据此,应该按照104.1对99.5的比例,进一步下调1896年货币工资的估计值,由48亿缩减至46亿。此外,这些劳动者中一小部分人已富至殷实,有银行存款,其开销不应归并为"无存款人"的货币支出,故接近真实货币工资数的估计值可能是45亿。

但是,除雇佣劳动者外,"无存款人"还要**加上**其他职业的劳动者。根据亨利先生估计,约有210万的小店员、860万的业主和职场专业人士,虽非靠工资为生的人,也属"无存款人"。据商界人士说,绝大多数月收入超过100美元或少于此数的店员,都有银行存款。大概在这200万的小店员中,多数月薪低于100美元,许多人像办公室的勤杂工一样,所得不及平常人的工资多。不妨做一个最大数的猜测,假设 $\frac{3}{4}$ 的小店员无银行存款,月薪平均60美元。即使这样,现金付酬的小店员货币工资额也不超过10亿。

在业主和职场专业人士中,唯一需要考察的人群是570万的农场主,其余的人实际上普遍有银行存款。没有银行存款的农场主无疑是经营规模小的业主,居住的地方很少使用货币。他们的人数不可能超过400万,否则占总人口 $\frac{2}{3}$ 以上。问题是,这些农

---

[1] *Bulletin of the Bureau of Labor*, No. 77, July, 1908, p. 7.

场主向存款人、商家和其他人支付多少现款？这个问题实际上是，他们用什么向乡村零售商付款？他们付款给雇员劳动者或其他农场主的款项是支付给"无存款人"的货币，我们不须讨论。住房、食物或农庄的日用品，他们能自己供给，所需支付不值几钱甚至不费一文。因此，据说全国稻草的价值超过麦秸秆，但市场出售的稻草极少，很少有人为之报价或视之为市场交易的商品。甚至这些农场主和乡村小店铺之间的交易，大多也是用物物交换的方式或记账的方式。据著者推测，每个农场主一年的实际货币支出平均数少于 250 美元。即使农场主人数按 400 万计算，货币支出额至多不超过 10 亿美元。

因此，稳妥的结论似乎是，在分别允许小店员和农场主有 10 亿美元的支出后，"无存款人"支出的货币额不超过 45＋10＋10＝65 亿美元。

反过来，此数也绝不可能少于 50 亿美元。若将此数减少至 50 亿美元以下，实际上要求我们只计算雇佣劳动者的货币支出额，而忽略其他职业的"无存款人"，或者导致工资估计值出现很大的误差。

由上述推论断定，1896 年公式第二项的数值介于 50 亿美元和 65 亿美元之间。取二者的平均数，得当年货币支出额近似值是 57 亿美元，可能误差是 7 亿或 8 亿。用同样的方法计算 1909 年的货币支出额，公式第二项的数值是 131 亿美元，可能误差是 10 亿美元。兹援引金莱教授文章的计算如下[1]：

① *Publications of the American Statistical Association*, March, 1910.

公式第二项是"无存款人"的货币支出额,照费雪教授所见,多半是工人的工资。下表是以 1890 年至 1900 年的增长率为根据,在 1900 年以后的人口普查资料及铁路收入的基础上,计算出的 1900 年至 1909 年某些行业工人人数的增加情况。凡属薪水收入的高级职员,表中已竭力删去。

表 21.7.2　金莱教授对公式第二项的计算结果

(1)行业	(2)1890 年	(3)1900 年	(4)增加的百分比	(5)1909 年的估计值
农业	8565926	10381765	21.2	12362605
家庭及私人服务	4220812	5580657	32.2	7377628
总计				19740233
商业与运输业	1977491	2617479	35.2	4275913
制造业与机械业	4251613	5208406		6935113
总计				11211026

根据 93 号《人口普查公报》(Census Bulletin)的数字,可粗略算出制造业工人年平均工资约为 550 美元。若将机械业工人工资并入计算,则年平均工资略有增加,增至 600 美元是最接近这类劳动者的实际工资。

而根据 1907 年《美国州际贸易委员会报告》(The Report of the Interstate Commerce Commission)提供的数字,平均年工资约为 640 美元。但是,要获得估算从事农业及家庭服务业货币工资额的基础数据,更是难上加难。稍加思索,这个数字一定比普遍认为的多。目前,家庭仆从的货币工资年平均数很可能不少于

250 美元。农业劳动者得到的工资较之以前大幅提高,说他们年工资平均数为 300 美元或 350 美元,绝无夸大之嫌。故将此以表 21.7.3 扼要重述如下:

表 21.7.3　贸易委员会报告的行业人数及工资

(1) 行业	(2) 人数 (百万人)	(3) 平均工资 (美元)	(4) 工资总额 (百万美元)
商业与运输业	4.3	640	2752
制造业与机械业	6.9	550	3790
农业	12.4	300	3720
家庭及私人服务	7.4	250	1850
无存款小店员等			1000
总计			13112

"表中总数就是公式第二项"

既然求出了公式在 1896 年和 1909 年前两项的估计值,二项合并就是第一个近似值。

第一个近似值还须加上余项 r。余项包括许多前已解释的项数,其中大多数没有确切的数目,但都很小。形容词"小"总是相对的。相对于 160 亿而言,1896 年的余项很小。比如,1.6 亿只有 160 亿的 1%,很微小;1600 万只有 160 亿的 1/1000,极其小。若只是为了比较目的,对构成 r 的各项不需确切的统计数字。只须知道 r 的值很小,大致随其余流通货币的变动而变动。在这些情况下,即使估计值大错,比较时也是小错。仅仅在 r 相对于其余各项很大且随之变动的情况下,估计值的差错才可能对比较产生很大的影响。我们求 r 估计值的努力，并非为了计算它的确切数值，只是求出 r 大致的、稳妥的极限数。

在求货币流通额的完整公式里，除了前一二项外，差数 r 包括其余五项，下面依次估算。

公式第三项是 $(C_o + C_n - B_c)$，代表源自"出纳零用钱"的货币支出额，或者是"商界存款人"的货币支出额超过从银行提取的货币额的差数。据我调查，"商界存款人"从银行提取的货币大部分是用来支付工资的；"商界存款人"花费的货币大部分也是为支付工资花费的。换言之，和 C_n 比较，C_o 很小，两者之和大致与 B_c 相等。因此，第三项 $(C_o + C_n - B_c)$ 的余数，或出纳支付的货币额，几乎等于零。正如所有的观察资料显示的，出纳支付的货币主要用于支付工资，只占 45 亿工资总额的很小一部分——绝不超过 10%，故此项数值在 1896 年不超过 5 亿美元，在 1909 年不超过 10 亿美元。

公式第四项是 $(C_o + N_o - O_b)$，表示其他存款人的货币收入未存入银行，而被个人当作"衣袋零花钱"储存起来。首先，其他存款人皆有银行存款，平日收入的股息、利息和薪水都是支票，故其货币收入额 $C_o + N_o$ 很小。主要的例外是工人支付给房东、医生等的租金及专业费用，这部分货币支付占 N_o 的大部分。但工人支付给私家个人的租金及专业费用只是他们支付的租金及费用总额的一部分，而由工人预算的统计资料知，租金及费用总额只占约 20% 的工资。由此点及其他资料判断，1896 年第四项的最高值是 5 亿元，金莱教授认为 1909 年的最高值是 8 亿元。

公式第五项是$(c+o+n)$,是三类存款人中每种存款人内部的货币流通额。货币在两个"商界存款人"之间、两个"其他存款人"之间以及两个"无存款人"之间的流通是微不足道的。理由很明显,50亿是1896年货币流通额的最高极限数,金莱教授视1909年的最高极限数是8亿美元。这意味每35元支出中,只有1元是在花费者所属的同类存款人之间流通的。事实上,著者本人亲自询问过少数几个c、o及n的代表,普遍证明实际比例比这还低。

剩余三项更是少之又少。在"CN类"存款人稳定的正常状况下,很明显第六项与第七项皆等于零。第八项代表无银行存款的人从银行提取的货币额,如劳动者在银行兑现支票,甚是罕见。劳动者需要兑现支票的很少,有支票兑现时,常常也是向商店或酒店兑换现款。

将完整公式包括的八项估计数总结成表21.7.4。每项的估计数取稳妥的最高限及最低限的中间数,将偏离中间数的可能差数列在$\pm$之后。因此,3亿美元$\pm$3亿美元的意思就是,虽然3亿美元是估计值,但实际值的多与少都不超过3亿美元。换言之,实际值在6亿美元与0美元之间。由于\$6亿容易用2除尽,故表中用之代替上面的估计值5亿。两年的各项数目皆录入表21.7.4,每项都给予宽裕的估计值,以涵盖可能的误差。实际上,多数"可能"的误差都不会太大。

公式前两项(F')占货币流通总额的大部分,其余六项(r)在1896年与1909年所占数额均不及10亿元。美国在1896年的货币流通总额的估计值是 160 亿美元,肯定有错。表中所有个项的可能误差之和超过 30 亿美元,总额误差不会如此之大。即使每项可能误差是增是减的概率各占一半,所有八项同时增加或同时减少的可能性也只有 $(1/2)^8$,即 $\dfrac{1}{256}$。因此,可以"凭运气"等各项增减差错部分相互抵消。事实上,前三项误差之和是 30 亿元,差错高达此数的可能性不足 $\dfrac{1}{2}$。因此,某种程度上可以相信,总额的"可能误差"不到 20 亿。

以流通中的货币量除上面算出的货币流通总额,即得货币的流通速度。此数在 1896 年是 18.6,在 1909 年是 21.5,没有什么明显的变化。

现在回到开始讨论货币流通速度时的命题,"货币很少在银行之外流通",不妨以统计结果证明这一事实。

显然,若所有的货币只流通一次,则 1896 年银行记录显示的,全年有 95 亿元存入银行并从银行流出,亦可以表示此年以货币为媒介的交易额也是 95 亿元。但我们已经说明,实际交易额很可能是约 160 亿。由此可以推断,源自银行流出的 95 亿美元,必有一部分在复存入银行之前转手不止一次。

再者,若假设在 95 亿美元的货币中,"无存款人"经手的 60 亿货币流通二次,其余的 35 亿仅流通一次,则按此假设,货币交易商品的流通额是 155 亿。但实际货币流通额是 160 亿,大约有 5 亿的差数,原因主要是有一些货币在银行以外的流通超过二次。

附录八　第十二章的参考　　467

表21.7.4　1896年与1909年完整公式八项估计值的总结

公式项	1896年	1909年
1.存入银行的货币额 $(C_b + O_b + N_b)$	9.6 ± 1.5	20.7 ± 1.5
2."无存款人"的货币支出额 $(N_c + N_o)$	$5.7 \pm .7$	13.1 ± 1.0
3."商界存款人"的货币支出额,"出纳"付款 $(C_o + C_n - B_c)$	$0.3 \pm .3$	$0.5 \pm .5$
4."其他存款人"收为"衣袋零花钱"的货币 $(C_o + N_o - O_b)$	$0.3 \pm .3$	$0.4 \pm .4$
5.同类存款人之间的货币流通额 $(c + o + n)$	$0.3 \pm .3$	$0.4 \pm .4$
6.未图示的"类"存款人的货币净流出额 $(a + g + e)$	$0.0 \pm .1$	$0.0 \pm .2$
7."CN类"存款人的货币净增加额 (i)	$0.0 \pm .1$	$0.0 \pm .2$
8."无存款人"从银行提取的货币额 $(-B_n)$	$-0.001 \pm .001$	$-0.001 \pm .001$
	16.2 ± 2	35.1 ± 2

在全部160亿美元流通额中,源自银行流出的95亿美元分为三部分:35亿美元只流通一次,且只有一次;55亿美元流通二次,且只有二次;5亿美元流通三次。结果就有$35 + 2 \times 55 + 3 \times 5 = 160$亿。在这三部分货币流通中,第一部分35亿主要是由"其他存款人"从银行提取的衣袋零花钱;第二部分55亿主要是从银行提取的、用于支付工资以及支付给"无存款人"的其他款项;第三部分5亿是各种小额的零杂货币支出额。这只是一种粗略的划分方法,其中只有一小部分货币的流通超过三次以上。[1]

───────────

[1] 为避免混淆提醒读者,我们研究的是购买商品的货币支出额,不是单个的铸币。因为用来"找零",许多铸币长期处在"流通"中,不复存入银行。但是,用来找零的货币在货币支出额中是减项。当为购买8美元的商品付款10美元时,找回2美元,有12美元易手,但只有8美元是钱货交易的货币流通。

同样,在 1909 年有 210 亿美元存入银行并从银行取出。"无存款人"经手的货币有 130 亿美元,其流通一定是二次或超过二次,因此在 350 亿美元的货币流通总额中,占 260 亿美元乃至更多。210 亿扣除 130 亿后,剩余 80 亿美元只流通一次。照此计算的流通额是:$130 \times 2 + 80 = 340$ 亿。故要解释 350 亿的货币流通额,须将源自银行流出的 210 亿美元分为如下三部分:

80 亿元只流通一次,其流通额是 80 亿;

120 亿元流通二次,其流通额是 240 亿;

10 亿流通三次,其流通额是 30 亿。

故从银行提取的 210 亿美元,在复存入银行之前,执行了 350 亿的货币流通。

从表 21.7.4 可看出,货币流通额公式前两项在 1896 年约有 155 亿,流通总额估计值是 160 亿;1909 年约有 340 亿,流通总额估计值是 350 亿。其余六项除非估计值太低,皆相对很小。这个事实说明,最难在统计上估值的项,也是最不重要的项。在构成第一个近似值的前两项中,第一项最重要也最容易找到估计值的确切数字,第二项主要是工资,也容易找到确切的统计数字,或者注定要变成容易确定的数字。

事实上,若为统计上的简便之计,可将每年从银行提取的货币额和每年的工资额相加,即得货币流通额的第一个近似值。按此方法,1896 年的货币流通额是 $95 + 45 = 140$ 亿美元,与 160 亿比较相差 20 亿,差数须用别的方法求出。换言之,对最适用统计测算的部分,这种简便方法只求出流通额的 80%,其余的 20% 部分只能在宽松的极限数内测定。1909 年的货币存款额与工资额相

加,得货币流通额是 320 亿美元,占 350 亿货币流通总额的 90%
以上。一种更简便的方法是将存款额和工资总额相加,而不试图
确定那部分工资是以货币支付的。这种简便方法是合理的,理由
是工资总额和以货币支付的那部分工资比较,更容易找到确切的
数字,且每年用货币支付的工资和工资总额之间保持着相当稳定
的比例。此处标示的这两部分可区分为:确定的部分,由公式
(1)′ 的整个第一项和第二项的大部分构成;推定的部分,由公式
(1)′ 第二项的剩余部分及其余六项构成。即使推定部分的裁量
数被证明只有实际数字的一半,确定部分的数目仍然占总数的大
部分。故确定的部分仍是可靠的、实用的、测定货币流通额变动的
标准。若推定部分的变动超过确定部分的变动,将差数分摊至流

通额总数上,其影响就只有 $\frac{1}{4}$。合理的假设是,推定部分和确定

部分在平常是一起变动的。若确定部分发生 10% 的变动,自可假
设推定部分也发生 10% 的变动,故两者之和发生同样的变动。但
倘若此假设是错误的:确定部分发生的变动是 10%,推定部分发
生的变动却是 14% 或 6%。在此 14% 或 6% 和 10% 之间的差数是
4%,表示推定部分的变动多于或少于确定部分变动的超过数或欠
缺数,只能导致流通额总数发生 1% 的变动!也就是说,总数发生
的变动不是 10%,而是 11% 或 9%。可见,推定部分任何未知的
变动,只能引起结果的微小变动。换言之,确定部分始终能代表流
通总数的变动——是一种测量货币流通额的可靠的标准。若以流
通中的货币量除确定部分数值,得数可用来表示每年的相对货币
流通速度。故可断定,**货币存款和以货币支付的工资相加,除以流**

通中的货币数量,所得的商常常是反映货币流通速度的准确的晴雨表。

任何一个分子最有用的数目,往往不是绝对值,而是在不同条件下可互相比较的相对值。譬如,通过测量两条船吃水线的长短,就可以比较它们的相对长度,不过此法不能测量船的首尾高出水面的部分。这种比较法大体上适用于任何两条船舶,对结构相同的两船精确度很高。同样,上述衡量货币流通速度的标准,可用以粗略地比较任何两个国家使用银行的资源的情况,并能用以准确地比较一个国家任意连续两年的货币流通速度。

故此,估算推定部分的合理的统计方法,似乎是规定一个估计的校正百分率,作为常数因子应用于确定部分。大致来说,各个国家应采用的校正系数是不同的。例如,美国采用 10% 的校正系数,英国 20%,法国 30% 等。这种推定部分修正系数的主要功用,是能让我们大致比较各国的货币流通及流通速度。若比较一个国家不同时期的货币流通及流通速度,则不论采用多大的校正百分率,甚或不用校正系数,几乎都无关紧要。

可以相信,采用上述方法,必将求得一些有趣且有价值的结果,前提是若各国的统计学家能收集到:

(1)每年存入银行的货币总额(其他银行存入的除外),或每年从银行提取的货币总额(其他银行提取的除外),通常两者是相等的;

(2)支付的工资总额,或收入的工资总额,通常两者是相等的;

(3)必要时,加上由校正百分率估算的推定部分,以涵盖公式中其余的不甚显著的部分;

（4）流通中的总货币额。

每年（1）与（2）两项之和，加上（3）项的修正数，除以（4）项，得数就是所考察年份准确的相对流通速度的标准数，也是实际值的公允的近似值。若略去（3）项，也不妨碍各年相比较的结果。

诚如杰文斯(Jevons)、兰德里(Landry)及其他人所言，这种确切的统计数字的重要性，怎么夸大都不过分。知道了货币流通速度的统计数字，就能用归纳法研究"货币数量论"，揭示流通速度对经济危机、财富积累、人口密度、高速交通和通信以及许多其他事件的影响。事实上，货币统计学是一个新开辟的领域。

第八节　用插入中项的方法计算
1897—1908 年的 V
（第十二章第四节的参考）

用插入中项的方法求流通速度 V，须对假设的两极端情况进行折中：一个假设 V 是极端稳定的；另一个假设 V 是极端变动的。

表 21.8.1　由两种假设求出的各年流通速度 V

年份	极端稳定的假设	极端变动的假设 V 随 MV 对 $M'V'$ 比例的 变动一起变动	前两项的 平均值
1896	18.6	18.6	18.6
1897	18.8	19.4	19.1
1898	19.0	20.6	19.8
1899	19.3	24.4	21.9
1900	19.5	20.4	20.0

续表

年份	极端稳定的假设	极端变动的假设 V 随 MV 对 $M'V'$ 比例的变动一起变动	前两项的平均值
1901	19.7	23.9	21.8
1902	19.9	23.6	21.8
1903	20.2	20.9	20.6
1904	20.4	20.9	20.7
1905	20.6	23.0	21.8
1906	20.8	22.5	21.7
1907	21.1	21.0	21.1
1908	21.3	18.6	20.0
1909	21.5	21.4	21.5
1910			21

第一个假设是：V 自 1896 年的 18.6 次按固定的级数增加至 1909 年的 21.5 次。这意味着流通速度完全随时间推移稳定增加，无暂时性的波动。但货币流通速度每年都不发生波动似乎是不可能的。前已解释，在正常条件下，货币支出额（MV）理论上和支票支出额（$M'V'$）的变动趋势是一致的。若两种支出额的变动完全一致，则 MV 对 $M'V'$ 的比例即便不是常数，至少也会随时间完全均匀地变动。已知 MV 与 $M'V'$ 的比例在 1896 年是 16.7％，在 1909 年是 9.6％。倘若两者在此十三年期间完全按这个比例稳定变化，则流通速度 V 一定会发生相当大的变化。这是第二个假设，即 V 是极端变动的。表 21.8.1 录载由两种假设求出的结果，总体看，由两种假设求出的各年数字差别不大。

一个增补性的计算显示了一个有趣的事实，"极端变动的假设"使得货币流通速度的变动大致和存款流通速度相同。若对两个极端的假设——极端稳定与极端变动——进行折中,就得到大致正确的实际流通速度的估计值。多数情况下各年估计值的前两位数字都是正确的,但不能认为 1896 年与 1909 年估计值的第三位数字,即小数点之后的数字也是正确的,更不能认为其他中间年份的第三项也是正确的。有时候,明智的做法是在"最后一位重要数字"后加算一位小数。

第九节　计算 T 的方法
(第十二章第五节的参考)

第十二章第五节的交易量统计表,摘自下面更完整的表 21.9.1 的最后一列。此表的编制方法如下:

第(2)列载录的 1900—1909 年各数,材料来自每月出版的《美国的商务及财政月报(*Monthly Summary of Commerce and Finance of the United States*)》的国内贸易额,是有记录可查的 44 种商品指数的平均数。采用这些月度数字就可以算出日历年度的数目。原来的数字是各种商品运输至美国各大城市销售的数量。假定每年的价格不变,各种商品数量乘以固定的价格乘数,在将乘积相加,得数就代表 44 种商品的总交易量,也是美国国内贸易的**相对数**的晴雨表。

所采用的 44 种商品、日期及价格见表 21.9.2。

这些商品是国内交易的代表,也是判断国内交易状况的晴雨表。但交易量实际上是所研究的少数几个城市 44 种商品的销售

表 21.9.1 交易量的指数

(1)年份	直接指数及日历年度				间接指数及财政年度			日历年度		
	(2)国内贸易	(3)进出口	(4)股票售出量	(5) 前三项的加权平均数 $\frac{20\times(2)+3\times(3)+1\times(4)}{24}$	(6)铁路运输吨数	(7)邮局运输的邮件	(8) 前二项的加权平均数 $\frac{2\times(6)+1\times(7)}{3}$	(9) 归纳成日历年份	(10) 相对贸易加权平均数 $\frac{2\times(5)+1\times(9)}{3}$	(11) 贸易绝对数 $(10)\times\frac{399}{155}$
1896	89	76	55	86	77	—	72	73	81	209
1897	103	87	77	100	79	63	74	78	93	239
1898	111	96	113	109	91	68	83	86	101	260
1899	111	100	176	112	98	72	89	93	106	273
1900	111	101	138	111	107	78	97	99	107	275
1901	125	107	266	129	108	85	100	105	121	311
1902	119	102	189	120	119	92	110	115	118	304
1903	139	101	161	135	130	101	120	120	130	335
1904	125	101	187	125	127	105	120	126	126	324
1905	149	109	263	149	144	111	133	141	147	378
1906	152	114	284	153	161	128	150	155	154	396
1907	167	117	196	162	172	137	160	154	160	412
1908	148	110	197	145	152	142	149	154	148	381
1909	153	125	215	152	—	152	160	—	155	399
1910	160	113	162	154						397

额,当然只占国内总交易量的很小的一部分,很可能少于千分之一。

为了与第(3)列各年的数字相比较,第一次计算所得实际数目皆除以 2,然后记入第(2)列。由于不是所有 44 种商品在每年都有报价,表中缺少价格的年份数目即以插入中项的方法算出。由于《月报》的统计数字仅溯及 1900 年,表中的数字须上溯至 1896 年,只好采用美国的统计摘要和 1900 年美国的人口普查数据摘要。

表 21.9.2　各日历年份 44 种商品的价格[①]

商品	价格(美元)	日期
棉花	45/每包	1900—1909 年 1 月
大米	5/每麻袋	1900—1909 年 8 月
水果	1000/一车	1900—1909 年 2 月
木材(由南方及西南方运来)	0.02/每英尺	1900—1909 年 2 月
靴子及鞋	80/每箱	1900—1909 年 3 月
无烟煤	4.74/每吨	1900 年 1 月—1909 年
生煤	2.74/每吨	1900—1909 年 1 月
生铁、焦炭及无烟煤交谈	19.4/每英吨	1902—1909 年 7 月
汽油(从得克萨斯水运过来)	1.8/每桶	1901 年 11 月—1909 年
牛(五个城市批发价)	55/每头	1900 年 1 月—1903 年 12 月
牛(七个城市批发价)	55/每头	1900 年 1 月—1909 年
猪(五个城市批发价)	18/每头	1900 年 1 月—1903 年 12 月
猪(七个城市批发价)	18/每头	1900 年 1 月—1909 年

①　表 21.9.2 在英文原著第一版第 480—482 页,标题为译者所加。——译者

货币的购买力

续表

商品	价格（美元）	日 期
羊（五个城市批发价）	4/头	1900 年 1 月—1903 年 12 月
羊（七个城市批发价）	4/头	1900 年 1 月—1909 年
小麦（十一个城市批发价）	1/蒲式耳	1903 年
小麦（十二个城市批发价）	1/蒲式耳	1903 年 4 月—1903 年 12 月
小麦（十四个城市批发价）	1/蒲式耳	1904 年 5 月—1909 年
小麦（十四个城市批发价）	1/蒲式耳	1904 年 5 月—1909 年
小麦（十五个城市批发价）	1/蒲式耳	1903 年 4 月—1909 年
谷类（十二个城市批发价）	0.75/蒲式耳	1903 年 4 月—1903 年 12 月
谷类（十四个城市批发价）	0.75/蒲式耳	1904 年 1 月—1909 年
谷类（十三个城市批发价）	0.75/蒲式耳	1906 年 2 月—1907 年 2 月
谷类（十五个城市批发价）	0.75/蒲式耳	1903 年 4 月—1909 年
燕麦（十二个城市批发价）	0.53/蒲式耳	1903 年 4 月—1903 年 12 月
燕麦（十四个城市批发价）	0.53/蒲式耳	1906 年 2 月—1907 年 2 月
燕麦（十五个城市批发价）	0.53/蒲式耳	1903 年 4 月—1909 年
大麦（九个城市批发价）	0.7/蒲式耳	1903 年 6 月—1908 年 8 月
大麦（十个城市批发价）	0.7/蒲式耳	1903 年 4 月—1908 年 5 月
大麦（十一个城市批发价）	0.7/蒲式耳	1906 年 2 月—1908 年 6 月
大麦（十二个城市批发价）	0.7/蒲式耳	1906 年 2 月—1908 年 9 月
大麦（十三个城市批发价）	0.7/蒲式耳	1904 年 2 月—1909 年
大麦（十四个城市批发价）	0.7/蒲式耳	1903 年 4 月—1909 年
黑麦（十一个城市批发价）	0.8/蒲式耳	1903 年 4 月—1906 年 6 月
黑麦（十二个城市批发价）	0.8/蒲式耳	1905 年 1 月—1908 年 8 月

附录八　第十二章的参考　　　　　　　　　　　477

续表

商品	价格(美元)	日期
黑麦(十三个城市批发价)	0.8/蒲式耳	1904 年 4 月—1909 年
黑麦(十四个城市批发价)	0.8/蒲式耳	1903 年 4 月—1909 年
亚麻籽(四个城市批发价)	1.5/蒲式耳	1905 年 2 月—1909 年
亚麻籽(五个城市批发价)	1.5/蒲式耳	1904 年 1 月—1909 年
亚麻籽(六个城市批发价)	1.5/蒲式耳	1904 年 1 月—1909 年
面粉(十个城市批发价)	4.8/桶	1903 年 4 月—1909 年
面粉(十一个城市批发价)	4.8/桶	1904 年 1 月—1909 年
面粉(十二个城市批发价)	4.8/桶	1904 年 3 月—1909 年
面粉(十三个城市批发价)	4.8/桶	1903 年 4 月—1909 年
汽油(由指定的工厂通过管道运输)	1.8/桶	1901 年 1 月—1909 年

在国内贸易的各种重要商品中,只有谷类能获得日历年度 15 个大城市的价格数据;各财政年度有国民消费估计值的商品,主要或大部分是由国内生产的,包括棉花、羊毛、生煤、生铁、铁及钢制成的轨道和"蒸馏酒精、葡萄酒及麦芽酒"。

1896 年至 1909 年期间,包括这两年在内,各财政年度的数字皆按如下假设归纳为日历年份的数字。例如,1896 年日历年份的实际数字,是截止于 1896 年 6 月 30 日和 1897 年 6 月 30 日两个财政年度数字的平均数。用这种分法,可求出假设的 1896 年至 1909 年期间各日历年份的数字。这些数字和原为日历年份的谷类数字,皆须用一个因子调整,使其 1900 年的数字皆变成 111,此数是用 1900 年至 1909 年 44 种商品的价格数字计算出来的 1900

年的数字。从44种商品全国消费量的估计值及一些商品属于相关大企业的标志物的事实,判断这些商品各自的重要性,以此为权重将计算的结果进行加权平均。所选择的权重是:谷类,包括小麦、面粉、玉米、黑麦、燕麦、大麦、麦芽及豌豆①等20倍;生煤、钢铁、烈性酒、棉花等五倍;生铁和羊毛各一倍。

从1896年至1899年的数字,远逊于1900年至1909年摘自《月报》的数字,原因有三:(1)1896年至1899年的材料极少;(2)除谷类外,财政年度的所有商品调整为日历年份的数字时,假设的校正系数常有错误;(3)除谷类外,所有商品的消费量都是粗略的估计值,根据不是运输量或售货款数目,而是经进出口额修正后的产量的估计值数,这三种数字都容易产生错误。

因此,若发现1896—1899年时期数字的错误多于1900—1909年时期,不必诧异。后面可以证明,情况的确如此。

求出1900年至1908年的价格指数,是件耗神费力的运算工作。皆由我的学生格瑞斯沃尔德先生(Griswold)完成;我的研究生斯麦丽(Smiley.)则进一步求出了1909年的价格指数。我对此甚为感谢。

第(3)列各数也须烦琐地运算,一并由格瑞斯沃尔德先生算出。材料也摘自《美国的财政及商务月报》,包括23种大宗进口品,25种出口品。每种数量皆乘以统一的价格,乘积之和就是进出口总值。23种进口商品的数量及价格乘数见表21.9.3:

---

① 参阅 *Statistical Abstract of United States*,1908,p. 523。

附录八 第十二章的参考 479

表 21.9.3 1896—1909 年美国的进口商品(商务统计局公报)(单位:美元)

商品	价格	商品	价格
椰子	0.13/磅	毛织衣服	0.21/方码
茶	0.16/磅	生丝	0.04/磅
咖啡	0.07/磅	生皮及熟皮(毛皮除外)	0.11/磅
糖	0.02/磅	羊毛(原料品)	0.13/磅
柠檬	0.04/磅	印度橡胶	0.78/磅
香蕉	1.6/束(串)	木板及木料	18/立方英尺
奶酪	0.17/磅	煤炭(无烟煤与生煤)	2.6/吨
蒸馏酒	5 /加伦	锡	0.28/磅
香槟酒	29 /三加仑	铜(生铜、铜条、铜块)	0.17/磅
烟叶	1/磅	生铁	23/吨
棉(布织品)	0.09/方码	硝酸钠	38/吨
织品(亚麻、大麻及苎麻)	0.5/方码		

1896—1909 年美国 25 种出口商品的数量及价格乘数见表 21.9.4。

上述各种商品出口与进口统计资料的完整程度,很可能是国内贸易统计资料的 50 倍,故根据概率误差和资料完整性的平方根成反向变动的原理,进出口交易量指数的准确性约为国内贸易指数的 7 倍。但是,美国商品出口与进口量不到国内贸易量的 1%,根据前几章已解释的原理,国际贸易的总值只能照半数计入交易方程式,因为交易的一方是外国人。不过,对外贸易虽小得出奇,某种程度上却可反映国内贸易。因为大量的国内交易是商品出口及后续进口的必要准备,而更多的国内交易与之有其他的间接关系。权衡这些情形及其他考虑,对国际贸易及国内贸易赋予的相对权重如表 21.9.1 第(5)列所载。

第(4)列所载股票的出售数量摘自《财经评论》(*Financial Review*)的日常数字。这些数字当然不是指股票的价值,而是股票的数量。

第(6)列所载各数是铁路装运的货物吨位数,转引自《普尔铁路指南》(*Poor's Railroad Manual*)的财政年度记录。

第(7)列所载各数表示在各财政年度投递的特快邮件数。邮政部友好地提供了这些记录,但缺少 1896 年的数字。

第(2)、(3)、(4)、(6)、(7)列各数的合并方法,尚待解释。

表 21.9.4　1896—1909 年美国的出口商品(商务统计局公报)(单位:美元)①

商品	价格	商品	价格
牛	55/头	小麦	1./蒲式耳
火腿	0.11/磅	面粉	4.8/蒲式耳
卤肉	0.09/磅	烟叶	0.10/磅
鲜牛肉	0.1/磅	锯成木料	23/千英尺
罐头牛肉	0.11/磅	木浆	0.015/磅
腌肉	0.11/磅	亚麻仁饼	0.014/磅
猪油	0.11/磅	精火油	0.07/加仑
黄油	0.21/磅	棉籽油	0.4/加仑
鞋底皮	0.21/磅	煤炭	3.7/吨
靴子及鞋	2.75/双	铜	0.17/磅
原棉	0.48/包	钢轨	31.6/吨
棉布	0.09/码	钢板	0.0135/吨
谷类	0.6/蒲式耳		

----

①　表 21.9.4 在英文原著第一版第 484 页。

前面的第(2)、(3)、(4)列三项可视为自成一组,代表**直接**交易量指数;后面的第(6)、(7)列两项可视为另一组,代表**间接**交易量指数。

直接交易量指数是以 20 乘以国内贸易,以 3 乘以进出口贸易,以 1 乘以股票售出数加权得出。当然,这些权重只是我个人评判,但众所周知,即使个人的权重赋值相差极大,计算所得的最终平均数也相差无几。

这是求出第(5)列各数的方法。

至于铁路与邮政局统计数字的权重,赋以前者权数 2,赋以后者权数 1。铁路运载吨数代表商业交易的一切能想到的商品量,和实际交易的商品非常切近,远非邮局投递的邮件数可比。

将铁路与邮政局的交易量指数如此合并后,然后假设日历年份的数目是截至当年 6 月 30 日和截至次年 6 月 30 日的两个财政年度数目的平均数,将财政年度数目改为日历年份数目。

这是求得第(9)列各数的方法。

然后,第(5)列赋以权数 2,第(9)列赋以权数 1,由此求出第(10)列各数。

最后,用(399/155)乘以第(10)列各数,使 1909 年基础年份的数字等于 3990 亿美元,得数就是交易方程式左边的 $MV + M'V'$ 的总值。

适才计算出的 T 值的概率误差,在 1900—1909 年期间,大约在 5% 至 10%;在 1896—1900 年期间,在 10% 至 15%。

第十节 计算 P 的方法
（第十二章第五节的参考）

第十章第五节的物价指数表格摘自表 21.10.1（本书第 487 页）的最后一行。

表第（2）列各指数，摘自美国劳工局 1909 年 3 月刊布的第八十一号公报第 204 页。[1]

劳工局局长尼尔（Neill）先生在刊布前告诉著者 1909 年的指数，对之深为感荷。表第（3）列各指数，摘自 1908 年 7 月刊布的美国劳工局公报第 7 页。[2]

表 21.10.1　物价指数[3]

(1) 年份 年	(2) 258 种商品 批发价	(3) 每小时 工资 （美元）	(4) 四十种 股票	(5) 加权平均数 $\dfrac{30\times(2)+1\times(3)+3\times(4)}{34}$	(6) 按 1909 年 为基数缩 减第（5）列
1896	90	100	77	89	63.3
1897	90	100	84	90	63.7
1898	93	100	94	93	66.2
1899	102	102	128	104	73.8
1900	111	105	134	113	80.2

---

①　参阅 the United States Labor Bureau (No. 81, March, 1909, p. 204)。

②　参阅 The *Bulletin of the Bureau of Labor*, July, 1908, p. 7。

③　表 21.10.1 在英文原著第一版第 487 页，内容合并了 1922 修订版资料。

续表

(1) 年份 年	(2) 258种商品批发价	(3) 每小时工资（美元）	(4) 四十种股票	(5) 加权平均数 $\dfrac{30 \times (2) + 1 \times (3) + 3 \times (4)}{34}$	(6) 按1909年为基数缩减第(5)列
1901	109	108	211	118	83.7
1902	113	112	250	125	88.7
1903	114	116	201	122	86.5
1904	113	117	192	120	85.1
1905	116	119	250	128	90.8
1906	123	124	267	136	96.5
1907	130	129	204	137	97.2
1908	123	—	201	130	92.2
1909	127	—	277	141	100.0
1910	131.6		96.2	128.38	91.1

表第(4)列各指数,摘自韦斯利·米切尔(Wesley C. Mitchell)撰写的论文"1890—1909年美国股票的价格"。对这样一个棘手的研究课题,这些数字无疑是现时可以得到的最好资料。[1]

表第(5)列的普通指数,是对应前三列各数的加权平均数,权重和凯莫莱教授使用的权重基本相同,理由也相同[2]。

为容易计算,权重采用整数,即第(2)列的权数是30,第(3)列

---

[1] Wesley C. Mitchell , "The Prices of American Stocks, 1890–1909," *Journal of Political Economy*, May, 1910.

[2] 参阅 *Money and Credit Instruments*, New York (Holt), 1909, p. 139。

的权数是 1，第（4）列的权数是 3。各数皆计算至 1907 年，因为第
（3）列缺少 1908 年及 1909 年的数字，故这两年及 1907 年在第（5）
列的数字是第（2）列和第（4）列的加权平均数，权数不变。结果成
为两类数目，一种是前三列的加权平均数，截至 1907 年；另一种始
于 1907 年止于 1909 年，是第（2）列和第（4）列的加权平均数。巧
合的是在两类数目中，1907 年都是 137，故 1908 年及 1909 年的数
目无更正的必要。表中 P 的概率误差，在 5％至 10％。

第十一节　　M、M'、V、V'、P 及 T
各因子值的相互调整
（第十二章第七节的参考）

有好几种方法计算最精确的调整系数，涉及最小二乘法原理。
但将计算过程分成独立的几个步骤，即可大大地简化问题。首先，
要确定整个交易方程式两边已算出的数目的最好的调整系数。这
需要判断两边错误的相对多少，但总的调整系数很小，错误的判断
不会导致结果出现大的误差。

通盘细心地权衡所有证据后，我们认为右边（PT）的误差应
是左边（$MV + M'V'$）误差的二倍，故修正两边误差时 PT 的校正
系数是 $MV + M'V'$ 的二倍。也就是说，将两边差数的 $\dfrac{2}{3}$ 作为
PT 的校正系数，$\dfrac{1}{3}$ 作为 $MV + M'V'$ 的校正系数。当然，为使方
程式两边相等，两边的校正系数的增减是相反的。比如，1899 年

交易方程式两边的差数是 5%，将其大约 $\dfrac{1}{3}$，亦即近 2% 用以调整 $MV+M'V'$，其余 3% 用以调整 PT。也就是说，让已算出的 $MV+M'V'$ 数目增加 2%，PT 的数目减少 3%，结果使得这两项皆近似 1850 亿。有时候调整后的结果不会正好相等，因为这种加减校正百分率的方法只是近似正确。但剩余的差错极小，很容易凭经验改变各因子进行调整。图 21.11.1 显示了调整后的结果，$MV+M'V'$ 与 PT 两条线表示原来求出的各数除以 1.11 的得数，虚线表示已修正的 $MV+M'V'$ 与 PT 估计值的平均数。

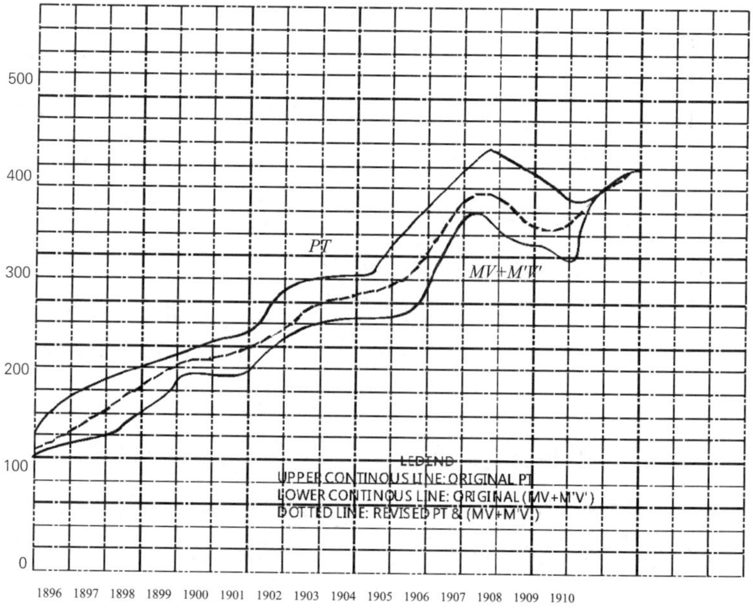

图 21.11.1　PT 和（$MV+M'V'$）及其调整值的比较

使得 $MV + M'V'$ 与 PT 彼此相等的修正数很小,但 M、V、M'、V'、P 及 T 各个因子必须的修正数更小。为简单起见,假定 M 与 M' 的校正百分率彼此相等,V 与 V' 的校正百分率也彼此相等。这是合理的假设,即使还有其他假设,几乎也不会改变最后的结果。

若同时将 M 与 M' 调整 1%,$MV + M'V'$ 必然发生 1% 的变动。同样,若 V 与 V' 同时用 1% 为调整数,$MV + M'V'$ 也必然发生 1% 的变动。因此,实际上 $MV + M'V'$ 的调整有两个部分:一个是 M 与 M' 的调整;另一个是 V 与 V' 的调整。由于 M 与 M' 的数目比 V 与 V' 的数目能更准确地求出,故所用的校正系数也更小。比如,1897 年 $MV + M'V'$ 的总校正系数是 3%,1% 用以调整 M 与 M';2% 用以调整 V 与 V'。故已算出的 M 与 M' 的数目增加 1%,已算出的 V 与 V' 的数目增加 2%,结果使得 $MV + M'V'$ 恰好增加 3%。同样地,将 PT 的总修正系数分配给 P 与 T,T 占用大部分。照这种方法将调整系数分配给(1) M 与 M';(2) V 与 V';(3) P;(4) T 后,各个因子所须的修正数都很小,最多只有 5%,大多数(56 次中有 50 次)不超过 2%。事实上,校正系数小于 1% 超过半数(56 次中有 35 次)。使已算出的 M、V、M'、V'、P 及 T 各个因子数目完全适合交易方程式,只须 2% 及以下的校正百分率,的确令人诧异。实际上,人们通常认为多数已算出的数字的概率误差不止 2%。这个事实证明,调整结果的普遍正确性是可信的。

按相互适应的方法对交易方程式的各个因子做了修正后,尚余各年份 P 的数字未变成百分率的形式。既然将 1909 年作为价格指数的基础年份,各年 P 的数字便照此标准调整,然后各年 T 的数字亦照此调整。这种变动会扰乱按照原数比例测定校正系数的方法,使 1909 年的校正系数变成零。一般说,这种方法使距离 1909 年近的各年份的 P 与 T 的数字有较小的修正系数,而使距离 1909 年远的各年份的 P 与 T 的数字有较大的修正系数。即使这样,T 的校正系数从未超过 10%,P 的校正系数从未超过 6%。由于上述整个校正方案纯属著者判断,各个数字均按数字本身在各种情形下所占的地位"医治",此处似乎无必要详细叙述调整过程。调整后的各数见图 12.6.1、12.7.1、12.7.2 及 12.7.3,文中已有说明,可谓一目了然。

490

第十二节　信贷与现金交易
——和金莱估计值的比较
(第十二章第十一节的参考)

这些数字和从金莱调查资料粗略计算出来的结果极相符合,令人吃惊。金莱找出 1896 年 7 月 1 日的货币存款占所有存款额的 7.4,1909 年的 3 月 16 日占比是 5.9%。这两组数字都太低,不能代表货币**交易**的百分比,原因是货币在存入银行之前,通常流通不止一次,支票流通则普遍不超过一次。由于 1896 年 7 月 1 日的支票存款数超过平时,当年的货币存款占比尤其太低。事实上,很大程度上是因为 1896 年的数字在此点备受苛责,金莱才做了 1909 年的货币存款调查。当然,金莱没有完全照支票和货币交易比例来计算货币存款额,他意识到这样计算的得数是货币交易的比例太低,支票交易的比例太高。他坚信,支票交易比例的最低数在 1896 年是 75%[①],在 1909 年是 88%。这意味此两年的货币流通的最高数分别是 25% 和 12%。金莱教授的目的似乎是确定货币存款额的最高限,而不是求出确切的估计值。将金莱的调查数字列成表 21.12.1,即可求出货币交易额占总交易额的百分比:

表 21.12.1　1896 年与 1909 年的价格指数

(1) 年份	(2) 最高限度(金莱的估计值)	(3) 最低限度(照存款额计算)	(4) 前两列的平均数	(5) 目前的估计值
1896	25	7.4	16½	14
1909	12	5.9	9	9

根据此表,若以货币存款在银行存款所占百分比为货币交易额的最低限,以金莱的估计值为最高限,且将两数平均,所得结果和本书第十二章用更确切的方法计算出的结果几乎相同[②]。表 21.12.1 最后一列载录这些结果,以备比较。故此,本书的结果醒目地证实了金莱的估计值。商界人士流行的印象是,约 90% 的交易额是支票交易,本书第十二章计算出的结果也与之非常吻合。

---

① 金莱的最初估计值是 80%。但为保险起见,他采用了 75% 的数字。参见 *Journal of Political Economy*, Vol. V, p. 172, and "Money," p. 44, and pp. 108, 14。

② 若以金莱的初始估计值为准,支票交易额的最高限是 80%,因此现金交易额的最高限是 20%,则表 21.12.1 所得数字是 14%,而不是 16.5%,从而使得表最后两列的数字完全相等。

第十三节　本书第二版的补遗[①]
（第十二章的参考）

通过给本书（英文原著第一版）第 304 页和 317 页的表格增加 1910 年、1911 年及 1912 年数字，并在第 306 页和 307 页之间插入一幅新图，本书第二版的数字就包括了近年的情形。对这些数字的详尽解释，参见本书卷首第 23 页和刊载于《美国经济评论》的下述文章：1911 年 6 月期的"'从 1896 到 1910 年'的交易方程式"；1912 年 6 月期的"'1911 年'的交易方程式及未来价格预测"；1913 年 6 月期的"'1912 年'的交易方程式及未来价格预测"。

米切尔教授（Wesley Clair Mitchell）曾把他行将在加利福尼亚大学出版社刊印的《商业循环》（Business Cycles）一书纲要惠视本人。该书以略微不同的方法计算可用支票提取的存款额，搜集的有些数据是本书著述时尚未找到的材料。

倘若当时我正在修改本书，一定会采用米切尔教授更完善的方法及结果。若现在要采用这些资料，必将因最终结果的细微差异，要对本书进行大篇幅的修改。故自感满意的做法，是将米切尔教授的数目列成表 21.13.1，表中包括和著者的数目比较大小的各列。

[①]　本节附录是原著 1922 年新修订版的补遗内容，故全文根据从自由基金会联网在线资料下载的 1922 年新修订版的英文译出，没有标注编码。——译者

货币的购买力

表 21.13.1　米切尔教授的可用支票提取的存款额估计值

和著者目前估计值及已报估计值的比较

（1） 年份	（2） 米切尔的数目	差数	
		（3）未调整的	（4）已调整的
1896	2.69	−0.01	＋0.02
1897	2.75	＋0.05	＋0.11
1898	3.20	−0.01	＋0.02
1899	3.87	＋0.03	＋0.01
1900	4.21	＋0.19	＋0.23
1901	4.96	＋0.17	＋0.17
1902	5.37	＋0.06	＋0.03
1903	5.54	＋0.16	＋0.19
1904	5.85	−0.05	−0.08
1905	6.56	−0.02	−0.02
1906	6.86	−0.02	−0.05
1907	7.11	＋0.02	＋0.02
1908	6.52	＋0.08	＋0.05
1909	6.81	−0.06	−0.13
1910	7.71	−0.47	−0.48
1911	8.24	−0.46	−0.46

附录九　第十三章的参考[①]
——论美元价值的标准化

自本书付梓问世以来，第十三章讨论金汇兑本位制时论列的稳定价格水平(英文原书第一版第 340—346 页)并以此稳定货币购买力的方案，已经有更详尽、更广泛的解释。[②] 对此问题最完整的阐释可参阅 1913 年 2 月期的《经济学季刊》。

鄙人也希望不久出版一本专著，专门讨论这个特别的问题。下面一段文字刊发于 1913 年 3 月期的《美国经济评论》(*American Economic Review Supplement*)增刊，是 1912 年 12 月在波士顿美国经济协会演说的摘要。

简言之，这种方案采用多本位制，其计价单位是由许多主要商品构成的"复合吨"(composite ton)或"一揽子商品"(composite package)。只是这一整套东西不是物质的，而是和金块等价的数

---

① 本章附录是英文原书 1922 年第二版(新修订版)增补的内容。全文根据从自由基金会联网在线资料下载的 1922 年新修订版的英文附录译出，无标注编码。——译者

② 参阅 *e. g.*，Report of International Congress Chambers of Commerce，September 26，1912；*Independent*，January 2，1913；*New York Times*，December 22，1912；*British Economic Journal*，December，1912. The most complete statement is that in *The Quarterly Journal of Economics*，February，1913。

量。本质上，这种计价单位只是改变美元的含金量或美元含金量的标准重量。目的是通过增加美元必需的金的格令数，补足每格令金损失的购买力。

无论是从理论还是从事实看，一个正确的原理是：美元愈轻，其购买力愈小，物价亦愈高；美元愈重，其购买力愈大，物价亦愈低。显然，若能找到一种增加美元重量的方法，增加的重量恰好能补偿每格令金损失的购买力，就能得到一种完全的"补兑美元"（compensated dollar）。也就是说，这种美元始终能补足由金贬值所损失的任何购买力。

现有美元的重量是固定的（25.8 格令），其购买力是变动的。若按建议的币制方案，美元的重量变动，它的购买力不变动。

但是，如何才能让美元的重量变动而无不断重铸金币之劳呢？进一步说，若能如此变动，我们又如何知道美元在不同时间应有的重量，而不交由一些政治家的任意摆布？这是两个极其重要的问题。

现暂时假设在流通市场上没有实在的金币，只有金币流通券。这个提议的原理解释起来稍微容易些，可用为解答上述两个问题的准备。事实上，这个假设和美国的实际情况相差不远，因为美国除加利福尼亚州以外，在市场流通的实物金币极少。相反，在市场流通的金券约有十亿，代表美国的国库存金量。不妨暂时假定除此法外，金在市场不能流通。在这种情况下，基础的美元显然都以条块形式保存在美国的国库里，市场上是看不见的。这种金块的每25.8 格令为一单位标准金元（virtual dollar），是在市场流通的 1 元金券的担保品。重 25800 格令的标准条块实际包含 1000 美元。

金矿采掘者将这种标准条块的金送至铸币厂,按每25.8格令重的金换1元金币流通券的比例,将存入的标准金块换成金券返回,而不会等待这些金块被熔铸成金币。另一方面,金币流通券持有人因输出、珠宝制造、镶牙及镀金等需要金块时,也可按1元金券换25.8格令金的比例随时取回金块。因此,政府按照1美元换25.8格令金块的比例随时换出或收回货币,虽不见标准美元的影子,1美元金券却值25.8格令的金块,且$\frac{9}{10}$是纯金。

依照上述提案,要抵消美元的价值变动,就须改变美元的重量。若无金币,不难做到这一点。譬如,若币价跌落1%,即金的购买力跌落1%,则宣告构成标准美元的金块重量须增加1%,由25.8格令变成26.058格令;若金的购买力增加,则标准美元的重量照比例减少。无论何时,金矿采掘者将金送至铸币厂,都未必照25.8格令标准金换1元的比例收取金券,兑换的金券不论多少,都须根据当时的情况决定,且换回的数量总是有相同的购买力。同样,金券持有人若想将金券兑换成标金输出国外或制造工艺品,也未必按1元金券换25.8格令金的比例兑换,兑得的标金不论多少,亦须视当时情况决定。因此,政府依照行情从金矿采掘者收购金,将之出售给珠宝商。但1元金券能兑换的金的重量是变动的,而不是武断地固定在25.8格令。任何时候,1元金券可赎回的美元的重量是标准金元,也是唯一的标准美元。很明显,在这种情况下,增加或减少美元的重量——即可和1元金券相互兑换的金块的重量——是完全可行的,而不须重新铸造金币,亦无改造货币外观标记的必要。

读者应该知悉，以上道理也可用另一种方式阐述。倘若喜欢，我们可以说是政府在买卖金块，而不是政府让铸币厂用金券收购金块。政府用金券从淘金者手里收购金块，又将金块出售给要求以金券兑现的珠宝商。当时，政府买卖金块的价格是 1 盎司金块值 18.6 元金券，金块是纯度 $\frac{9}{10}$ 的标准金。从美元的重量算出此数比较容易，因为现在的美元重量是 25.8 格令，一盎司等于 480 格令，故每盎司金块包含 18.60 个标准币。因此，说美元的重量固定为 25.8 格令，就等于说政府买卖金块的价格固定为每盎司 18.6 元金券。若将美元的重量增加 1%，由 25.8 格令增至 26.058 格令，就等于说降低政府买卖金块的价格，从 18.6 元金券减至 18.42 元金券。

现在讨论第二个问题：如何才能知道标准美元重量的合理调整，即可与一元金券相互兑换的金块的重量，不使危险的裁量权落入政府官员之手？换言之，如何才能让标准美元的重量调整成为自动的？答案是：利用称为"价格指数"的统计资料。目前，公布这类统计资料的有伦敦的《经济学人》（*Economist*）、美国劳工局（Bureau of Labor）、加拿大劳动部（Canadian Department of Labour），以及许多诸如布拉德斯特里特的商业机构。劳工局的价格指数是以 257 种商品的批发价为基础编制的，显示价格每年涨跌的整体幅度——所有 257 种商品价格的**平均**变动。

指数的计算方法有多种，但彼此符合的实际程度引人注目。一种指数一旦被决定采用，数值计算就成了纯粹的文书工作。统计局（例如，现在的劳工局及国家统计局）会按期编辑、发布这些统计资料,以及这些资料所根据的实际物价。不论什么时候,若官方的指数显示价格水平已经较之标准上涨 1%,则可以预断标准美元的重量必将增加 1%。

故此方案的第一步,是规定价格指数由官方计算编制;第二步,是依照指数增减标准美元的官方重量,按已调整的标准美元重量向淘金者发行金券,或由珠宝商以金券兑换美元。换言之,政府调整官方的金价,随时依公众的选择买卖金块。

这就是方案的概要。此方案的实质是:精确地按照价格指数增加或减少的比例增减标准美元的重量,即增减金块的价值。

现在,可以简要叙述此方案有效运行必须的几个重要细节。读者可能仍在疑惑,如何在这种制度中使用实物金币。当然,不断地改铸金币,不只完全不可行,亦无必要。已铸成的金币仍为每美元 25.8 格令,新铸金币采用同样的重量。金币和银币并无区别,仅属代表性的铸币。或进一步说,它们像金券一样,只是存货的收据,或者说是存入国库的金块的支票。换一种说法,**金铸币只是刻在金上的不是印在纸上的金券**。金铸币的用途恰与金券相同,可在收购金块时发行给淘金者,也可为需要金块输出国外或制造工艺品的人兑换金券。

金块的重量超过它自己铸成的标准美元的重量的差数,通常被称为"铸币税"。因此,在一定程度上可以说此方案恢复了对造币征收铸币税的古风。故此,无论什么时候,若标准美元是 35.8格令,比 25.8 格令重量的 1 美元铸币多 10 格令,此 10 格令超过数就是铸币税。每当金矿采掘者将 35.8 格令的标准金块送至铸币厂时,淘金者可选择取回纸的金券或金的金券,后者是现时仍含

25.8格令标金的1单位美元。任何新旧金币的持有人和金券持有人,都可以照官方在不同时间宣布的比例,从政府那里兑换金块。由此兑得的金块数量,要多于美元含有的金块。像其他铸币一样,金铸币美元作为货币的价值超过它作为金块的价值。今天,正如金券或任何其他纸币的价值是由基础的金块决定一样,美元的价值也是由可与之相互兑换的基础的金块决定,此种金块的重量超过美元本身的重量。

若按现有的重量及纯度铸造美元,可能发生的唯一真正的复杂情况是,当物价有跌至兑现平价或此制开始施行的标准之下的趋势时,此制的运行会受限制。标准美元的重量绝不能减少至已铸成的美元的重量之下,若如此,铸币税就变成负数,所有的美元都会立即被熔化成条块,因为条块的价值超过铸币的价值。故实施此制有一个限制性条件:标准美元的重量绝不能低于25.8格令,政府买卖金块的价格绝不能多于每盎司18.60美元的金券。也许由于对目前高物价的不满,许多人不反对允许物价跌落至当前水平以下,但不允许物价继续升涨的限制。但是,不双向奏效的规则不是好规则。故我虽判断未来价格有上涨趋势,也不拒绝未来价格有跌落的可能性。为了这个目的,可仿效菲律宾政府的做法,必要时可先收回金铸币,改铸成较轻的货币。最近上涨的银价致使银比索面临被熔化的威胁,菲律宾政府因之收回比索(Philippine peso),改铸时减轻了比索的重量。但我不赞成"未至桥边即思过桥之策",更倾向于预先制定"倘至桥边可以渡桥"的方案。有两种方法可以达到这一目的。可以规定,当将来的价格水平跌至原初的兑现平价或此制开始实施的价格水平之下10%时,就应从流通市场收回所有的金铸币,发行金券。如此一来就能避免使用金铸币的任何难题,此后便可自由地调高或调低标准美元的重量。或者愿意,也可考虑这样的计划,若物价跌至原初的水平线下,超过 10% 的规定限度时,就减轻重量,改铸美元。此种做法仅仅意味减轻赖以印制金券的金的重量,当然不比美元的价值跌至超过菲律宾比索的重量所减少的程度。上面言及菲律宾比索的改铸,也源于同样的救治目的。或举一个大家熟悉的例子,倘金铸币价值有减少的必要,则减少之数绝不至超过半个世纪以前银制辅币重量所减少的 10%。

上述两种方案若选择后一种,金铸币中减少的重量应留有继续减少的余地,以备将来发生类似的紧急需要。此后的货币重铸将因之被延至长时间以后,亦可规定类似的限制。本人赞成采用前项方案,完全废除金铸币。

另一个重要的细节是防范金的投机的限制性条款,因为金投机对政府是灾难性的。方法是政府对铸造货币收取少许费用,譬如 1% 的铸币税。这种费用以前就有,称为铸造货币费(brassage),指无论何时,政府收购金块的价格略低于出售金块的价格。若无此种价差保护政府免遭损失,则显然当政府提高金块的价格,比如从 1 盎司 18 元增至 18.10 元时,投机者若预料政府将要提价,就会照一盎司 18 元的价格悉数购买国库存放的金块,待至价格增高后,又立刻出售给政府,转手每盎司金块获得 0.1 元的利润,导致政府受损。

同样,若金价从 18.10 美元跌至 18 美元时,就会刺激反向的投机行为。金块持有人就会照每盎司 18.10 美元的价格向政府急速售出金块,待至价格跌落后,又照每盎司 18 美元的价格从政府手里回购金块,倒手每盎司金块也获得 0.1 美元的利润,使政府利益受损。但是,若政府有 1‰ 的货币铸造费的保护,又规定买卖金块的两种价格无论皆增加或皆降低,都不能超过货币铸造费或收购价与出售价的差额,则显然不会发生投机活动,因为此时向政府支付的货币铸造费要多于由金价变动可能获得的投机利润。

其他细节涉及的限制性条款是,在没有金准备的地方,首先设立与维持金准备。在美国,已存放国库的金块达 5000 万盎司,可用以兑现在外流通的 9 亿金券。

除最重要的、最普遍的购买力单位外,商业上的各种其他单位均已有标准的定制。短时间商人们按布的码数或煤的吨数签订合同,倘若不能确定一码的长短或一吨的多少,商人如何可能协商同意?从前一个人的腰围为一码,为使之恒久不变,我们才规定了他的标准长度。我们甚至对电流电阻、电压、功率等也制定了新的标准单位,比如欧姆、千瓦、安培及伏特。但是,美元仍然受金开采量的影响。起初,我们无法为电流的单位定制标准,是因为没有适当的工具测量这些捉摸不定的量值。一俟发明出测量仪器,这些单位皆被标准化为定制。迄今为止,美元未能定制成购买力的标准单位,也未能成为延期支付标准,亦有一个类似的理由:无测量的工具或使之适用于实践的方法。不过,自从指数与根据指数调整铸币税的方法发明后,就具备了照科学的方法为美元的价值定制标准的一切材料,也拥有了实现长期向往的"多本位制"的价值理想的工具。这样,社会一旦选择这些目标,也就有能力制造一个标准货币的尺码——价值固定的金元。

增补的内容

（修订版 304、317 页给出了 1910 至 1912 年的数字。也可参见 492 页）

对第十二章的统计数据，近期已有算至 1910 年底的资料，兹表列如下：

1910 年交易方程式各因子的值

	M	M'	V	V'	P	T	$MV + M'V'$	PT
首次算出的值	1.64	7.24	21	52.8	103.7	397	416	412
最后更正的值	1.64	7.23	21	52.7	104.0	399	415	415

表中数字说明，第一次计算出的数值极好地符合交易方程式。要使他们完全符合，只有一个数字需要的调整幅度多至 0.5%。

从调整后的数字我们可以计算现金交易与支票交易的百分比，即 $MV \div (MV + M'V')$ 和 $M'V' \div (MV + M'V')$，分别是 8% 与 92%，可加入 317 页的表内。存款对货币的比率（M'/M）是 4.4，较之 1909 年的比率有大幅度增加。这种存款相对于货币不成比例的增长和过快的存款流通速度（52.7），大致等于 1909 年的数值，是一个前所未有的现象。这些特点令人担忧，其作用仅在于证实了本书的预言。

帮助计算出补遗内容各数值的是作者的 3 位学生。他们是

H. A. W. 达科特先生(H. A. W. Duckert)、J. M. 少特里夫(J. M. Shortliffe)先生、M. G. 哈斯汀(M. G. Hastings)先生。在此表示感谢。

$M.$ 在第 432 页表格最后一列 1—8 行加入:1910、3.42、3.42、0.32、1.41、3.3%、1.46、1.64。

$M'.$ 由于 1910 年通货监理司的报告(第 54 页)首次提供了可开支票的银行存款数(78.2 亿),故第 435 页的表格不必全填。不过,78.2 亿需要三点修正:(1)减去不应包括的"储蓄存款"2.9 亿(由通货监理司估计,注释 a 中数值的一半,下表 54 页,通货监理司报告);(2)减去 5.4 亿的"票据交换所交易"(= 5/4 倍的全国银行交易);(3)加上通货监理司估计的、未报告的 2.5 亿可开支票存款。经过这些修正,我们得到 7.24 亿。

$V.$ 作者根据以前各年货币流通速度 V 的统计值(第 478 页)和它与存款流通速度 V' 的关系,简单地认定货币流通速度约 21 次是保险的数值。

$M'V'.$ 给第 448 页表格 1—7 列加入如下各项:1910、97.3、66.4、429.3、0.89 (用外推法求出,不甚确切)、382、52.8。

$P.$ 根据第 487 页表格的原理,P 的数值是从 1910 年批发价格指数 131.6 和股票平均价格 96.2 算出。前一数字由美国劳动统计局出版发布前提供给作者,后一数字刊布在《商务与财政月报(*Commercial and Financial Chronicle*)》。这两个数值分别和 1909 年对应的两个数值 126.5 与 97.5 作比较。以 10 作为 1910 年批发价格的权衡数,以 1 作为该年股票价格的权衡数,再将合并求得的结果变化,使 1909 年的平均数成为 100。

$T. T$ 的数值由下述方法求出:(a)在第 479 页表格 1—5 列插入 1910、160、113、162、154(加入 1910 年第 2 列的数值所根据的材料,要比第 480 页至第 482 页列举的完整);(b)将求得的第 5 列的结果 154 与铁路运输数值相加,得 1909 年数值是 1980 万,1910 年的数值是 2230 万,再以 10 乘第 5 列的数值,以 1 乘铁路的运输数值,得 1909 年的交易量指数为 1718,1910 年的交易量指数为 1763,说明指数增长 2.6%,用之估计 1909 年的绝对交易量为 3870 亿(已修正的),1910 年的绝对交易量为 3970 亿。

(此处有机会修正第 480 页及之后各页的纰漏。这里应予说明的是,所列 44 种物品有些是互相替代的,而非独立品,即这些物品有相同的名目,区别只是市场份额的多少不同;同样,所载日期并不意味逆时令的物品在每个市场都有销售,这些物品只在有产出的计算时段才有售出数)。

显而易见,1910 年的商业变化和 1909 年比较,在某种程度上是不规则的:股票销售额减少,进出口额均下降了大约 10%。

四十四个指数公式通过八种检验的情况

表 20.7.6　四十四个指数公式通过八种检验的情况(1)

检验编号	公式编号 价格指数表及其符合各检验的程度			(1) $\dfrac{\sum p_1}{\sum p_0}$	(2) $\dfrac{\sum p_1 Q_1}{\sum p_0 Q_0}$ ($\sum Q_1$ / $\sum Q_0$)
		检验的明目	检验的说明		
(一)	等比	价格	若各商品价格比例皆相等,价格指数也必与它们相等(a)	1	0
(二)		交易量	若各商品交易量比例皆相等,交易量指数也必与它们相等(b)	0	1
(三)	确定性	价格	价格指数(及关联的交易量指数)不因单独一种商品的价格变成零数,也变成零数、无穷数或不确定数	1	1
(四)		交易量	交易量指数(及关联的价格指数)不因单独一种商品的数量变成零数,也变成零数、无穷数或不确定数	1	1
(五)	剔除或计入;减去或加上	价格	价格指数不因加入或剔除一种与指数不矛盾的商品价格比例受影响	1	0
(六)		交易量	交易量指数不因计入或减去一种与指数不相矛盾的商品数量比例受影响(c)	0	(1)
(七)	变更基础年份	价格 交易量	前后倒置或易移基础年份不影响价格指数的各比例(及关联的交易量指数的各比例)	1	1
(八)	变更计量单位	价格 交易量	变更计量单位不影响价格指数的各比例(及关联的交易量指数的各比例)	0	0
价格指数完全通过 7 种检验的总"分数"。(注:舍去检验 6 后,可能的最高分是 7 分)				5	4

(a)故关联的交易量指数应和所比较两年的交易总值的比例相等,总值是按照其中一年的商品价格计算的;(b)故关联的价格指数应和所比较两年的交易总值的比例相等,总值是按照其中一年的商品价格计算的;(c)此行的得分皆在括弧内,表示它们没有关于价格指数的意义。

四十四个指数公式通过八种检验的情况　　　**503**

表 20.7.6　四十四个指数公式通过八种检验的情况(2)

检验编号	公式编号			(3) $\dfrac{\sum p_1}{\sum p_0}{\Big/} n$	(4) $\dfrac{\sum p_1 Q_1}{\sum p_0 Q_0}{\Big/}\dfrac{\sum \dfrac{Q_1}{Q_0}}{n}$
	价格指数表及其符合各检验的程度				
	检验的明目		检验的说明		
(一)	等比	价格	若各商品价格比例皆相等,价格指数也必与它们相等(a)	1	0
(二)		交易量	若各商品交易量比例皆相等,交易量指数也必与它们相等(b)	0	1
(三)	确定性	价格	价格指数(及关联的交易量指数)不因单独一种商品的价格变成零数,也变成零数、无穷数或不确定数	0	1
(二)		交易量	交易量指数(及关联的价格指数)不因单独一种商品的数量变成零数,也变成零数、无穷数或不确定数	1	1
(五)	剔除或计入;	价格	价格指数不因加入或剔除一种与指数不相矛盾的商品价格比例受影响	1	0
(六)	减去或加上	交易量	交易量指数不因计入或减去一种与指数不相矛盾的商品数量比例受影响(c)	(0)	(1)
(七)	变更基础年份	价格	前后倒置或易移基础年份不影响价格指数的各比例(及关联的交易量指数的各比例)	0	1
		交易量			
(八)	变更计量单位	价格	变更计量单位不影响价格指数的各比例(及关联的交易量指数的各比例)	1	0
		交易量			
价格指数完全通过 7 种检验的总"分数"。(注:舍去检验 6 后,可能的最高分是 7 分)				4	4

(a)故关联的交易量指数应和所比较两年的交易总值的比例相等,总值是按照其中一年的商品价格计算的;(b)故关联的价格指数应和所比较两年的交易总值的比例相等,总值是按照其中一年的商品价格计算的;(c)此行的得分皆在括弧内,表示它们没有关于价格指数的意义。

货币的购买力

表20.7.6　四十四个指数公式通过八种检验的情况(3)

检验编号	公式编号 价格指数表及其符合各检验的程度			(5) $\dfrac{n}{\sum \dfrac{p_0}{p_1}}$	(6) $\dfrac{\dfrac{\sum p_1 Q_1}{\sum p_0 Q_0}}{\dfrac{n}{\sum \dfrac{Q_0}{p_1}}}$
	检验的明目		检验的说明		
(一)	等比	价格	若各商品价格比例皆相等，价格指数也必与它们相等(a)	1	0
(二)		交易量	若各商品交易量比例皆相等，交易量指数也必与它们相等(b)	0	1
(三)	确定性	价格	价格指数(及关联的交易量指数)不因单独一种商品的价格变成零数，也变成零数、无穷数或不确定数	0	1
(四)		交易量	交易量指数(及关联的价格指数)不因单独一种商品的数量变成零数，也变成零数、无穷数或不确定数	1	0
(五)	剔除或计入；减去或加上	价格	价格指数不因加入或剔除一种与指数不相矛盾的商品价格比例受影响	1	0
(六)		交易量	交易量指数不因计入或减去一种与指数不相矛盾的商品数量比例受影响(c)	(0)	(1)
(七)	变更基础年份	价格 交易量	前后倒置或易移基础年份不影响价格指数的各比例(及关联的交易量指数的各比例)	0	0
(八)	变更计量单位	价格 交易量	变更计量单位不影响价格指数的各比例(及关联的交易量指数的各比例)	1	1
价格指数完全通过7种检验的总"分数"。(注：舍去检验6后，可能的最高分是7分)				4	3

(a)故关联的交易量指数应和所比较两年的交易总值的比例相等，总值是按照其中一年的商品价格计算的；(b)故关联的价格指数应和所比较两年的交易总值的比例相等，总值是按照其中一年的商品价格计算的；(c)此行的得分皆在括弧内，表示它们没有关于价格指数的意义。

四十四个指数公式通过八种检验的情况   **505**

表 20.7.6　四十四个指数公式通过八种检验的情况(4)

检验编号	公式编号		(7) $\sqrt[n]{\dfrac{p_1}{p_0} \cdot \dfrac{p'_1}{p'_0}}$	(8) $\dfrac{\sum p_1 Q_1}{\sum p_0 Q_0} \Big/ \sqrt{\dfrac{Q_1}{Q_0} \cdot \dfrac{Q'_1}{Q'_0}}$
	价格指数表及其符合各检验的程度			
	检验的明目	检验的说明		
(一)	等比	价格	若各商品价格比例皆相等,价格指数也必与它们相等(a)	1	0
(二)		交易量	若各商品交易量比例皆相等,交易量指数也必与它们相等(b)	0	1
(三)	确定性	价格	价格指数(及关联的交易量指数)不因单独一种商品的价格变成零数,也变成零数、无穷数或不确定数	0	1
(四)		交易量	交易量指数(及关联的价格指数)不因单独一种商品的数量变成零数,也变成零数、无穷数或不确定数	1	0
(五)	剔除或计入;	价格	价格指数不因加入或剔除一种与指数不相矛盾的商品价格比例受影响	1	0
(六)	减去或加上	交易量	交易量指数不因计入或减去一种与指数不相矛盾的商品数量比例受影响(c)	(0)	(1)
(七)	变更基础年份	价格	前后倒置或易移基础年份不影响价格指数的各比例(及关联的交易量指数的各比例)	1	1
		交易量			
(八)	变更计量单位	价格	变更计量单位不影响价格指数的各比例(及关联的交易量指数的各比例)	1	1
		交易量			
价格指数完全通过 7 种检验的总"分数"。(注:舍去检验 6 后,可能的最高分是 7 分)			5	4

(a)故关联的交易量指数应和所比较两年的交易总值的比例相等,总值是按照其中一年的商品价格计算的;(b)故关联的价格指数应和所比较两年的交易总值的比例相等,总值是按照其中一年的商品价格计算的;(c)此行的得分皆在括弧内,表示它们没有关于价格指数的意义。

表 20.7.6 四十四个指数公式通过八种检验的情况(5)

检验编号	价格指数表及其符合各检验的程度			(9) $\dfrac{p_1}{p_0} \cdot \dfrac{p_1'}{p_0'}$ 的中位数	(10) $\dfrac{\sum p_1 Q_1}{\sum p_0 Q_0}$ $\dfrac{Q_1}{Q_0} \cdot \dfrac{Q_1'}{Q_0'}$ 的中位数
	检验的明目		检验的说明		
(一)	等比	价格	若各商品价格比例皆相等,价格指数也必与它们相等(a)	1	0
(二)		交易量	若各商品交易量比例皆相等,交易量指数也必与它们相等(b)	0	1
(三)	确定性	价格	价格指数(及关联的交易量指数)不因单独一种商品的价格变成零数,也变成零数、无穷数或不确定数	1	1
(四)		交易量	交易量指数(及关联的价格指数)不因单独一种商品的数量变成零数,也变成零数、无穷数或不确定数	1	1
(五)	剔除或计入;减去或加上	价格	价格指数不因加入或剔除一种与指数不相矛盾的商品价格比例受影响	$\dfrac{1}{2}$ *	0
(六)		交易量	交易量指数不因计入或减去一种与指数不相矛盾的商品数量比例受影响(c)	(0)	$\left(\dfrac{1}{2}\right)$
(七)	变更基础年份	价格 交易量	前后倒置或易移基础年份不影响价格指数的各比例(及关联的交易量指数的各比例)	$\dfrac{1}{2}$ **	$\dfrac{1}{2}$
(八)	变更计量单位	价格 交易量	变更计量单位不影响价格指数的各比例(及关联的交易量指数的各比例)	1	1
价格指数完全通过 7 种检验的总"分数"。 (注:含去检验 6 后,可能的最高分是 7 分)				5	$4\dfrac{1}{2}$

(a)故关联的交易量指数应和所比较两年的交易总值的比例相等,总值是按照其中一年的商品价格计算的;(b)故关联的价格指数应和所比较两年的交易总值的比例相等,总值是按照其中一年的商品价格计算的;(c)此行的得分皆在括弧内,表示它们没有关于价格指数的意义。

四十四个指数公式通过八种检验的情况 **507**

表 20.7.6 四十四个指数公式通过八种检验的情况（6）

检验编号	公式编号			(11) $\dfrac{\sum p_1 Q_1}{\sum p_0 Q_1}$	(12) $\dfrac{\sum p_1 Q_0}{\sum p_0 Q_0}$
	价格指数表及其符合各检验的程度				
	检验的明目		检验的说明		
（一）	等比	价格	若各商品价格比例皆相等,价格指数也必与它们相等(a)	$\dfrac{1}{2}$	$\dfrac{1}{2}$
（二）		交易量	若各商品交易量比例皆相等,交易量指数也必与它们相等(b)	1	1
（三）	确定性	价格	价格指数（及关联的交易量指数）不因单独一种商品的价格变成零数,也变成零数、无穷数或不确定数	1	1
（四）		交易量	交易量指数（及关联的价格指数）不因单独一种商品的数量变成零数,也变成零数、无穷数或不确定数	1	1
（五）	剔除或计入;	价格	价格指数不因加入或剔除一种与指数不相矛盾的商品价格比例受影响	$\dfrac{1}{2}$	1
（六）	减去或加上	交易量	交易量指数不因计入或减去一种与指数不相矛盾的商品数量比例受影响(c)	(1)	$\left(\dfrac{1}{2}\right)$
（七）	变更基础年份	价格	前后倒置或易移基础年份不影响价格指数的各比例（及关联的交易量指数的各比例）	0	0
		交易量			
（八）	变更计量单位	价格	变更计量单位不影响价格指数的各比例（及关联的交易量指数的各比例）	1	1
		交易量			
价格指数完全通过 7 种检验的总"分数"。(注:舍去检验 6 后,可能的最高分是 7 分)				5	$5\dfrac{1}{2}$

(a)故关联的交易量指数应和所比较两年的交易总值的比例相等,总值是按照其中一年的商品价格计算的;(b)故关联的价格指数应和所比较两年的交易总值的比例相等,总值是按照其中一年的商品价格计算的;(c)此行的得分皆在括弧内,表示它们没有关于价格指数的意义。

表 20.7.6　四十四个指数公式通过八种检验的情况(7)

检验编号	公式编号		(13) $\dfrac{\dfrac{\sum p_1 Q_1}{\sum p_0 Q_1} + \dfrac{\sum p_1 Q_0}{\sum p_0 Q_0}}{2}$	(14) $\dfrac{2}{\dfrac{\sum p_0 Q_0}{\sum p_1 Q_0} + \dfrac{\sum p_0 Q_1}{\sum p_1 Q_1}}$
	价格指数表及其符合各检验的程度			
	检验的明目	检验的说明		
(一)	等比	价格	若各商品价格比例皆相等,价格指数也必与它们相等(a)	$\dfrac{1}{2}$	$\dfrac{1}{2}$
(二)		交易量	若各商品交易量比例皆相等,交易量指数也必与它们相等(b)	$\dfrac{1}{2}$	$\dfrac{1}{2}$
(三)	确定性	价格	价格指数(及关联的交易量指数)不因单独一种商品的价格变成零数,也变成零数、无穷数或不确定数	1	1
(四)		交易量	交易量指数(及关联的价格指数)不因单独一种商品的数量变成零数,也变成零数、无穷数或不确定数	1	1
(五)	剔除或计入;减去或加上	价格	价格指数不因加入或剔除一种与指数不相矛盾的商品价格比例受影响	0	0
(六)		交易量	交易量指数不因计入或减去一种与指数不相矛盾的商品数量比例受影响(c)	(0)	(0)
(七)	变更基础年份	价格	前后倒置或易移基础年份不影响价格指数的各比例(及关联的交易量指数的各比例)	0	0
		交易量			
(八)	变更计量单位	价格	变更计量单位不影响价格指数的各比例(及关联的交易量指数的各比例)	1	1
		交易量			
价格指数完全通过 7 种检验的总"分数"。(注:舍去检验 6 后,可能的最高分是 7 分)			4	4

(a)故关联的交易量指数应和所比较两年的交易总值的比例相等,总值是按照其中一年的商品价格计算的;(b)故关联的价格指数应和所比较两年的交易总值的比例相等,总值是按照其中一年的商品价格计算的;(c)此行的得分皆在括弧内,表示它们没有关于价格指数的意义。

四十四个指数公式通过八种检验的情况 **509**

表 20.7.6　四十四个指数公式通过八种检验的情况(8)

检验编号	公式编号			(15)	(16)
	价格指数表及其符合各检验的程度			$\sqrt{\dfrac{\sum p_1 Q_1}{\sum p_0 Q_1} \cdot \dfrac{\sum p_1 Q_0}{\sum p_0 Q_0}}$	
	检验的明目		检验的说明		
(一)	等比	价格	若各商品价格比例皆相等,价格指数也必与它们相等(a)	$\frac{1}{2}$	$\frac{1}{2}$
(二)		交易量	若各商品交易量比例皆相等,交易量指数也必与它们相等(b)	$\frac{1}{2}$	$\frac{1}{2}$
(三)	确定性	价格	价格指数(及关联的交易量指数)不因单独一种商品的价格变成零数,也变成零数、无穷数或不确定数	1	1
(四)		交易量	交易量指数(及关联的价格指数)不因单独一种商品的数量变成零数,也变成零数、无穷数或不确定数	1	1
(五)	剔除或计入;减去或加上	价格	价格指数不因加入或剔除一种与指数不相矛盾的商品价格比例受影响	0	0
(六)		交易量	交易量指数不因计入或减去一种与指数不相矛盾的商品数量比例受影响(c)	(0)	(0)
(七)	变更基础年份	价格	前后倒置或易移基础年份不影响价格指数的各比例(及关联的交易量指数的各比例)	$\frac{1}{2}$	$\frac{1}{2}$
		交易量			
(八)	变更计量单位	价格	变更计量单位不影响价格指数的各比例(及关联的交易量指数的各比例)	1	1
		交易量			
价格指数完全通过 7 种检验的总"分数"。(注:舍去检验 6 后,可能的最高分是 7 分)				$4\frac{1}{2}$	$4\frac{1}{2}$

(a)故关联的交易量指数应和所比较两年的交易总值的比例相等,总值是按照其中一年的商品价格计算的;(b)故关联的价格指数应和所比较两年的交易总值的比例相等,总值是按照其中一年的商品价格计算的;(c)此行的得分皆在括弧内,表示它们没有关于价格指数的意义。

表20.7.6 四十四个指数公式通过八种检验的情况(9)

公式编号			(17) $\dfrac{\sum p_1\left(\dfrac{Q_1+Q_0}{2}\right)}{\sum p_0\left(\dfrac{Q_1+Q_0}{2}\right)}$	(18) $\dfrac{\dfrac{\sum p_1Q_1}{\sum p_0Q_0}}{\dfrac{\sum Q_1\left(\dfrac{p_1+p_0}{2}\right)}{\sum Q_0\left(\dfrac{p_1+p_0}{2}\right)}}$
检验编号	价格指数表及其符合各检验的程度			
	检验的明目	检验的说明		
(一)	等比 价格	若各商品价格比例皆相等,价格指数也必与它们相等(a)	$\dfrac{1}{2}$	$\dfrac{1}{2}$
(二)	交易量	若各商品交易量比例皆相等,交易量指数也必与它们相等(b)	$\dfrac{1}{2}$	$\dfrac{1}{2}$
(三)	确定性 价格	价格指数(及关联的交易量指数)不因单独一种商品的价格变成零数,也变成零数、无穷数或不确定数	1	1
(四)	交易量	交易量指数(及关联的价格指数)不因单独一种商品的数量变成零数,也变成零数、无穷数或不确定数	1	1
(五)	剔除或计入; 价格	价格指数不因加入或剔除一种与指数不相矛盾的商品价格比例受影响	$\dfrac{1}{2}$	0
(六)	减去或加上 交易量	交易量指数不因计入或减去一种与指数不相矛盾的商品数量比例受影响(c)	(1)	$\left(\dfrac{1}{2}\right)$
(七)	变更基础年份 价格	前后倒置或易移基础年份不影响价格指数的各比例(及关联的交易量指数的各比例)	$\dfrac{1}{2}$	$\dfrac{1}{2}$
	交易量			
(八)	变更计量单位 价格	变更计量单位不影响价格指数的各比例(及关联的交易量指数的各比例)	1	1
	交易量			
价格指数完全通过7种检验的总"分数"。(注:舍去检验6后,可能的最高分是7分)			5	$4\dfrac{1}{2}$

(a)故关联的交易量指数应和所比较两年的交易总值的比例相等,总值是按照其中一年的商品价格计算的;(b)故关联的价格指数应和所比较两年的交易总值的比例相等,总值是按照其中一年的商品价格计算的;(c)此行的得分皆在括弧内,表示它们没有关于价格指数的意义。

四十四个指数公式通过八种检验的情况　　　　**511**

表 20.7.6　四十四个指数公式通过八种检验的情况(10)

检验编号	公式编号		(19)	(20)
	价格指数表及其符合各检验的程度		$\dfrac{\sum p_1\left(\dfrac{2}{\dfrac{1}{Q_1}+\dfrac{1}{Q_0}}\right)}{\sum p_0\left(\dfrac{2}{\dfrac{1}{Q_1}+\dfrac{1}{Q_0}}\right)}$	$\dfrac{\dfrac{\sum p_1 Q_1}{\sum p_0 Q_0}}{\dfrac{\sum Q_1\left(\dfrac{2}{\dfrac{1}{p_1}+\dfrac{1}{p_0}}\right)}{\sum Q_0\left(\dfrac{2}{\dfrac{1}{p_1}+\dfrac{1}{p_0}}\right)}}$
	检验的明目	检验的说明		
(一)	等比　价格	若各商品价格比例皆相等,价格指数也必与它们相等(a)	$\dfrac{1}{2}$	0
(二)	交易量	若各商品交易量比例皆相等,交易量指数也必与它们相等(b)	0	$\dfrac{1}{2}$
(三)	确定性　价格	价格指数(及关联的交易量指数)不因单独一种商品的价格变成零数,也变成零数、无穷数或不确定数	1	1
(四)	交易量	交易量指数(及关联的价格指数)不因单独一种商品的数量变成零数,也变成零数、无穷数或不确定数	1	1
(五)	剔除或计入;价格	价格指数不因加入或剔除一种与指数不相矛盾的商品价格比例受影响	$\dfrac{1}{2}$	0
(六)	减去或加上　交易量	交易量指数不因计入或减去一种与指数不相矛盾的商品数量比例受影响(c)	(0)	$\left(\dfrac{1}{2}\right)$
(七)	变更基础年份　价格交易量	前后倒置或易移基础年份不影响价格指数的各比例(及关联的交易量指数的各比例)	$\dfrac{1}{2}$	$\dfrac{1}{2}$
(八)	变更计量单位　价格交易量	变更计量单位不影响价格指数的各比例(及关联的交易量指数的各比例)	1	1
价格指数完全通过 7 种检验的总"分数"。(注:舍去检验 6 后,可能的最高分是 7 分)			$4\dfrac{1}{2}$	4

(a)故关联的交易量指数应和所比较两年的交易总值的比例相等,总值是按照其中一年的商品价格计算的;(b)故关联的价格指数应和所比较两年的交易总值的比例相等,总值是按照其中一年的商品价格计算的;(c)此行的得分皆在括弧内,表示它们没有关于价格指数的意义。

表 20.7.6　四十四个指数公式通过八种检验的情况(11)

检验编号	公式编号		(21)	(22)
	价格指数表及其符合各检验的程度		$\dfrac{\sum p_1 \sqrt{Q_0 Q_1}}{\sum p_0 \sqrt{Q_0 Q_1}}$	$\dfrac{\dfrac{\sum p_1 Q_1}{\sum p_0 Q_0}}{\sum \dfrac{\sqrt{p_0 p_1 Q_1}}{\sqrt{p_0 p_1 Q_0}}}$
	检验的明目	检验的说明		
(一)	等比 — 价格	若各商品价格比例皆相等,价格指数也必与它们相等(a)	$\dfrac{1}{2}$	$\dfrac{1}{2}$
(二)	等比 — 交易量	若各商品交易量比例皆相等,交易量指数也必与它们相等(b)	$\dfrac{1}{2}$	$\dfrac{1}{2}$
(三)	确定性 — 价格	价格指数(及关联的交易量指数)不因单独一种商品的价格变成零数,也变成零数、无穷数或不确定数	1	1
(四)	确定性 — 交易量	交易量指数(及关联的价格指数)不因单独一种商品的数量变成零数,也变成零数、无穷数或不确定数	1	1
(五)	剔除或计入;价格	价格指数不因加入或剔除一种与指数不相矛盾的商品价格比例受影响	$\dfrac{1}{2}$	0
(六)	减去或加上 — 交易量	交易量指数不因计入或减去一种与指数不相矛盾的商品数量比例受影响(c)	(0)	$\left(\dfrac{1}{2}\right)$
(七)	变更基础年份 — 价格、交易量	前后倒置或易移基础年份不影响价格指数的各比例(及关联的交易量指数的各比例)	$\dfrac{1}{2}$	$\dfrac{1}{2}$
(八)	变更计量单位 — 价格、交易量	变更计量单位不影响价格指数的各比例(及关联的交易量指数的各比例)	1	1
价格指数完全通过 7 种检验的总"分数"。(注:舍去检验 6 后,可能的最高分是 7 分)			5	$4\dfrac{1}{2}$

(a)故关联的交易量指数应和所比较两年的交易总值的比例相等,总值是按照其中一年的商品价格计算的;(b)故关联的价格指数应和所比较两年的交易总值的比例相等,总值是按照其中一年的商品价格计算的;(c)此行的得分皆在括弧内,表示它们没有关于价格指数的意义。

四十四个指数公式通过八种检验的情况　　　**513**

表 20.7.6　四十四个指数公式通过八种检验的情况(12)

检验编号	检验的明目		检验的说明	(23) $\dfrac{\sum p_1\left(\dfrac{p_1Q_1+p_0Q_0}{p_1+p_0}\right)}{\sum p_0\left(\dfrac{p_1Q_1+p_0Q_0}{p_1+p_0}\right)}$	(24) $\dfrac{\dfrac{\sum p_1Q_1}{\sum p_0Q_0}}{\dfrac{\sum Q_1\left(\dfrac{p_1Q_1+p_0Q_0}{Q_1+Q_0}\right)}{\sum Q_0\left(\dfrac{p_1Q_1+p_0Q_0}{Q_1+Q_0}\right)}}$
(一)	等比	价格	若各商品价格比例皆相等,价格指数也必与它们相等(a)	$\dfrac{1}{2}$	0
(二)		交易量	若各商品交易量比例皆相等,交易量指数也必与它们相等(b)	0	$\dfrac{1}{2}$
(三)	确定性	价格	价格指数(及关联的交易量指数)不因单独一种商品的价格变成零,也变成零数、无穷数或不确定数	1	1
(四)		交易量	交易量指数(及关联的价格指数)不因单独一种商品的数量变成零,也变成零数、无穷数或不确定数	1	1
(五)	剔除或计入;减去或加上	价格	价格指数不因加入或剔除一种与指数不相矛盾的商品价格比例受影响	$\dfrac{1}{2}$	0
(六)		交易量	交易量指数不因计入或减去一种与指数不相矛盾的商品数量比例受影响(c)	(0)	$\left(\dfrac{1}{2}\right)$
(七)	变更基础年份	价格交易量	前后倒置或易移基础年份不影响价格指数的各比例(及关联的交易量指数的各比例)	$\dfrac{1}{2}$	$\dfrac{1}{2}$
(八)	变更计量单位	价格交易量	变更计量单位不影响价格指数的各比例(及关联的交易量指数的各比例)	1	1
价格指数完全通过 7 种检验的总"分数"。(注:舍去检验 6 后,可能的最高分是 7 分)				$4\dfrac{1}{2}$	4

(a)故关联的交易量指数应和所比较两年的交易总值的比例相等,总值是按照其中一年的商品价格计算的;(b)故关联的价格指数应和所比较两年的交易总值的比例相等,总值是按照其中一年的商品价格计算的;(c)此行的得分皆在括弧内,表示它们没有关于价格指数的意义。

514 货币的购买力

表 20.7.6　四十四个指数公式通过八种检验的情况(13)

检验编号	价格指数表及其符合各检验的程度		公式编号	(25) $\dfrac{\sum\left(\dfrac{p_1}{p_0}\right)p_1Q_1}{\sum p_1Q_1}$	(26) $\dfrac{\left(\dfrac{\sum p_1Q_1}{\sum p_0Q_0}\right)^2}{\sum p_1Q_1\left(\dfrac{Q_1}{Q_0}\right)}$
	检验的明目		检验的说明		
(一)	等比	价格	若各商品价格比例皆相等,价格指数也必与它们相等(a)	$\dfrac{1}{2}$	0
(二)		交易量	若各商品交易量比例皆相等,交易量指数也必与它们相等(b)	0	$\dfrac{1}{2}$
(三)	确定性	价格	价格指数(及关联的交易量指数)不因单独一种商品的价格变成零数,也变成零数、无穷数或不确定数	0	1
(四)		交易量	交易量指数(及关联的价格指数)不因单独一种商品的数量变成零数,也变成零数、无穷数或不确定数	1	0
(五)	剔除或计入;减去或加上	价格	价格指数不因加入或剔除一种与指数不相矛盾的商品价格比例受影响	$\dfrac{1}{2}$	0
(六)		交易量	交易量指数不因计入或减去一种与指数不相矛盾的商品数量比例受影响(c)	(0)	$\left(\dfrac{1}{2}\right)$
(七)	变更基础年份	价格 交易量	前后倒置或易移基础年份不影响价格指数的各比例(及关联的交易量指数的各比例)	0	0
(八)	变更计量单位	价格 交易量	变更计量单位不影响价格指数的各比例(及关联的交易量指数的各比例)	1	1
价格指数完全通过 7 种检验的总"分数"。 (注:舍去检验 6 后,可能的最高分是 7 分)				3	$2\dfrac{1}{2}$(原书错)

(a)故关联的交易量指数应和所比较两年的交易总值的比例相等,总值是按照其中一年的商品价格计算的;(b)故关联的价格指数应和所比较两年的交易总值的比例相等,总值是按照其中一年的商品价格计算的;(c)此行的得分皆在括弧内,表示它们没有关于价格指数的意义。

四十四个指数公式通过八种检验的情况 **515**

表 20.7.6 四十四个指数公式通过八种检验的情况(14)

检验编号	公式编号		(27)	(28)
	价格指数表及其符合各检验的程度		$\dfrac{\sum \left(\dfrac{p_1}{p_0}\right) p_1 Q_1}{\sum p_1 Q_1}$	$\dfrac{\dfrac{\sum p_1 Q_1}{\sum p_0 Q_0}}{\dfrac{\sum p_1 Q_1 \left(\dfrac{Q_1}{Q_0}\right)}{\sum p_0 Q_1}}$
	检验的明目	检验的说明		
(一)	等比 价格	若各商品价格比例皆相等,价格指数也必与它们相等(a)	1	0
(二)	交易量	若各商品交易量比例皆相等,交易量指数也必与它们相等(b)	0	1
(三)	确定性 价格	价格指数(及关联的交易量指数)不因单独一种商品的价格变成零数,也变成零数、无穷数或不确定数	0	1
(四)	交易量	交易量指数(及关联的价格指数)不因单独一种商品的数量变成零数,也变成零数、无穷数或不确定数	$\dfrac{1}{2}$	0
(五)	剔除或计入; 价格	价格指数不因加入或剔除一种与指数不相矛盾的商品价格比例受影响	1	0
(六)	减去或加上 交易量	交易量指数不因计入或减去一种与指数不相矛盾的商品数量比例受影响(c)	(0)	$\left(\dfrac{1}{2}\right)$
(七)	变更基础年份 价格 交易量	前后倒置或易移基础年份不影响价格指数的各比例(及关联的交易量指数的各比例)	0	0
(八)	变更计量单位 价格 交易量	变更计量单位不影响价格指数的各比例(及关联的交易量指数的各比例)	1	1
价格指数完全通过 7 种检验的总"分数"。(注:含去检验 6 后,可能的最高分是 7 分)			$3\dfrac{1}{2}$	4

(a)故关联的交易量指数应和所比较两年的交易总值的比例相等,总值是按照其中一年的商品价格计算的;(b)故关联的价格指数应和所比较两年的交易总值的比例相等,总值是按照其中一年的商品价格计算的;(c)此行的得分皆在括弧内,表示它们没有关于价格指数的意义。

表 20.7.6 四十四个指数公式通过八种检验的情况(15)

检验编号	公式编号			(29) $\dfrac{\sum w\left(\dfrac{p_1}{p_0}\right)}{\sum w}$	(30) $\dfrac{\dfrac{\sum p_1 Q_1}{\sum p_0 Q_0}}{\dfrac{\sum w\left(\dfrac{Q_1}{Q_0}\right)}{\sum w}}$
	价格指数表及其符合各检验的程度				
	检验的明目		检验的说明		
(一)	等比	价格	若各商品价格比例皆相等,价格指数也必与它们相等(a)	1	0
(二)		交易量	若各商品交易量比例皆相等,交易量指数也必与它们相等(b)	0	1
(三)	确定性	价格	价格指数(及关联的交易量指数)不因单独一种商品的价格变成零数,也变成零数、无穷数或不确定数	0	1
(四)		交易量	交易量指数(及关联的价格指数)不因单独一种商品的数量变成零数,也变成零数、无穷数或不确定数	1	0
(五)	剔除或计入;减去或加上	价格	价格指数不因加入或剔除一种与指数不相矛盾的商品价格比例受影响	1	0
(六)		交易量	交易量指数不因计入或减去一种与指数不相矛盾的商品数量比例受影响(c)	(0)	(1)
(七)	变更基础年份	价格交易量	前后倒置或易移基础年份不影响价格指数的各比例(及关联的交易量指数的各比例)	0	0
(八)	变更计量单位	价格交易量	变更计量单位不影响价格指数的各比例(及关联的交易量指数的各比例)	1	1
价格指数完全通过 7 种检验的总"分数"。(注:舍去检验 6 后,可能的最高分是 7 分)				4	3

(a)故关联的交易量指数应和所比较两年的交易总值的比例相等,总值是按照其中一年的商品价格计算的;(b)故关联的价格指数应和所比较两年的交易总值的比例相等,总值是按照其中一年的商品价格计算的;(c)此行的得分皆在括弧内,表示它们没有关于价格指数的意义。

表 20.7.6　四十四个指数公式通过八种检验的情况(16)

检验编号	公式编号		(31)	(32)
	价格指数表及其符合各检验的程度		$\dfrac{\sum p_0 Q_1}{\sum\left(\dfrac{p_0}{p_1}\right)(p_0 Q_1)}$	$\dfrac{\dfrac{\sum p_1 Q_1}{\sum p_0 Q_0}}{\dfrac{\sum p_1 Q_0}{\sum p_1 Q_0\left(\dfrac{Q_0}{Q_1}\right)}}$
	检验的明目	检验的说明		
(一)	等比 价格	若各商品价格比例皆相等,价格指数也必与它们相等(a)	$\dfrac{1}{2}$	0
(二)	交易量	若各商品交易量比例皆相等,交易量指数也必与它们相等(b)	0	$\dfrac{1}{2}$
(三)	确定性 价格	价格指数(及关联的交易量指数)不因单独一种商品的价格变成零数,也变成零数、无穷数或不确定数	0	1
(四)	交易量	交易量指数(及关联的价格指数)不因单独一种商品的数量变成零数,也变成零数、无穷数或不确定数	1	0
(五)	剔除或计入; 价格	价格指数不因加入或剔除一种与指数不相矛盾的商品价格比例受影响	$\dfrac{1}{2}$	0
(六)	减去或加上 交易量	交易量指数不因计入或减去一种与指数不相矛盾的商品数量比例受影响(c)	(0)	$\left(\dfrac{1}{2}\right)$
(七)	变更基础年份 价格 交易量	前后倒置或易移基础年份不影响价格指数的各比例(及关联的交易量指数的各比例)	0	0
(八)	变更计量单位 价格 交易量	变更计量单位不影响价格指数的各比例(及关联的交易量指数的各比例)	1	1
价格指数完全通过 7 种检验的总"分数"。(注:舍去检验 6 后,可能的最高分是 7 分)			3	$2\dfrac{1}{2}$

(a)故关联的交易量指数应和所比较两年的交易总值的比例相等,总值是按照其中一年的商品价格计算的;(b)故关联的价格指数应和所比较两年的交易总值的比例相等,总值是按照其中一年的商品价格计算的;(c)此行的得分皆在括弧内,表示它们没有关于价格指数的意义。

货币的购买力

表20.7.6 四十四个指数公式通过八种检验的情况(17)

	公式编号		(33) $\dfrac{\sum p_0 Q_0}{\sum \left(\dfrac{p_0}{p_1}\right)(p_0 Q_0)}$	(34) $\dfrac{\dfrac{\sum p_1 Q_1}{\sum p_0 Q_0}}{\dfrac{\sum p_0 Q_0}{\sum (p_0 Q_0)\left(\dfrac{Q_0}{Q_1}\right)}}$
检验编号	价格指数表及其符合各检验的程度			
	检验的明目	检验的说明		
(一)	等比	价格	若各商品价格比例皆相等,价格指数也必与它们相等(a)	1	0
(二)		交易量	若各商品交易量比例皆相等,交易量指数也必与它们相等(b)	0	1
(三)	确定性	价格	价格指数(及关联的交易量指数)不因单独一种商品的价格变成零数,也变成零数、无穷数或不确定数	0	1
(四)		交易量	交易量指数(及关联的价格指数)不因单独一种商品的数量变成零数,也变成零数、无穷数或不确定数	1	0
(五)	剔除或计入;	价格	价格指数不因加入或剔除一种与指数不相矛盾的商品价格比例受影响	$\left(\dfrac{1}{2}\right)$	0
(六)	减去或加上	交易量	交易量指数不因计入或减去一种与指数不相矛盾的商品数量比例受影响(c)	(0)	$\left(\dfrac{1}{2}\right)$
(七)	变更基础年份	价格 交易量	前后倒置或易移基础年份不影响价格指数的各比例(及关联的交易量指数的各比例)	0	0
(八)	变更计量单位	价格 交易量	变更计量单位不影响价格指数的各比例(及关联的交易量指数的各比例)	1	1
价格指数完全通过7种检验的总"分数"。(注:舍去检验6后,可能的最高分为7分)			$3\dfrac{1}{2}$	3

(a)故关联的交易量指数应和所比较两年的交易总值的比例相等,总值是按照其中一年的商品价格计算的;(b)故关联的价格指数应和所比较两年的交易总值的比例相等,总值是按照其中一年的商品价格计算的;(c)此行的得分皆在括弧内,表示它们没有关于价格指数的意义。

四十四个指数公式通过八种检验的情况　　　**519**

表 20.7.6　四十四个指数公式通过八种检验的情况(18)

检验编号	公式编号 价格指数表及其符合各检验的程度		（35） $\sum p_i Q_i \sqrt{\left(\dfrac{p_1}{p_0}\right)^{p_1 Q_1 \cdots}}$	（36） $\dfrac{\sum p_1 Q_1}{\sum p_0 Q_0}$ $\Bigg/ \sum p_i Q_i \sqrt{\left(\dfrac{Q_1}{Q_0}\right)^{Q_1 Q_i \cdots}}$
	检验的明目	检验的说明		
（一）	等比 价格	若各商品价格比例皆相等，价格指数也必与它们相等（a）	$\dfrac{1}{2}$	0
（二）	交易量	若各商品交易量比例皆相等，交易量指数也必与它们相等（b）	0	$\dfrac{1}{2}$
（三）	确定性 价格	价格指数（及关联的交易量指数）不因单独一种商品的价格变成零数，也变成零数、无穷数或不确定数	0	1
（四）	交易量	交易量指数（及关联的价格指数）不因单独一种商品的数量变成零数，也变成零数、无穷数或不确定数	1	0
（五）	剔除或计入；价格	价格指数不因加入或剔除一种与指数不相矛盾的商品价格比例受影响	$\dfrac{1}{2}$	0
（六）	减去或加上 交易量	交易量指数不因计入或减去一种与指数不相矛盾的商品数量比例受影响（c）	(0)	$\left(\dfrac{1}{2}\right)$
（七）	变更基础年份 价格	前后倒置或易移基础年份不影响价格指数的各比例（及关联的交易量指数的各比例）	0	0
	交易量			
（八）	变更计量单位 价格	变更计量单位不影响价格指数的各比例（及关联的交易量指数的各比例）	1	1
	交易量			
价格指数完全通过 7 种检验的总"分数"。 (注：舍去检验 6 后，可能的最高分是 7 分)			3	$2\dfrac{1}{2}$

(a)故关联的交易量指数应和所比较两年的交易总值的比例相等,总值是按照其中一年的商品价格计算的;(b)故关联的价格指数应和所比较两年的交易总值的比例相等,总值是按其中一年的商品价格计算的;(c)此行的得分皆在括弧内,表示它们没有关于价格指数的意义。

货币的购买力

表 20.7.6　四十四个指数公式通过八种检验的情况(19)

检验编号	价格指数表及其符合各检验的程度			公式编号 (37) $\sum p_0 Q_0 \sqrt{\left(\dfrac{p_1}{p_0}\right)^{p_0 Q_0, \cdots}}$	(38) $\dfrac{\sum p_1 Q_1}{\sum p_0 Q_0} \Big/ \sqrt{\left(\dfrac{Q_1}{Q_0}\right)^{p_0 Q_0, \cdots}}$
	检验的明目		检验的说明		
(一)	等比	价格	若各商品价格比例皆相等,价格指数也必与它们相等(a)	1	0
(二)		交易量	若各商品交易量比例皆相等,交易量指数也必与它们相等(b)	0	1
(三)	确定性	价格	价格指数(及关联的交易量指数)不因单独一种商品的价格变成零数,也变成零数、无穷数或不确定数	0	1
(四)		交易量	交易量指数(及关联的价格指数)不因单独一种商品的数量变成零数,也变成零数、无穷数或不确定数	1	0
(五)	剔除或计入;	价格	价格指数不因加入或剔除一种与指数不相矛盾的商品价格比例受影响	1	0
(六)	减去或加上	交易量	交易量指数不因计入或减去一种与指数不相矛盾的商品数量比例受影响(c)	(0)	(1)
(七)	变更基础年份	价格	前后倒置或易移基础年份不影响价格指数的各比例(及关联的交易量指数的各比例)	0	0
		交易量			
(八)	变更计量单位	价格	变更计量单位不影响价格指数的各比例(及关联的交易量指数的各比例)	1	1
		交易量			
	价格指数完全通过 7 种检验的总"分数"。(注:舍去检验 6 后,可能的最高分是 7 分)			4	3

(a)故关联的交易量指数应和所比较两年的交易总值的比例相等,总值是按照其中一年的商品价格计算的;(b)故关联的价格指数应和所比较两年的交易总值的比例相等,总值是按照其中一年的商品价格计算的;(c)此行的得分皆在括弧内,表示它们没有关于价格指数的意义。

四十四个指数公式通过八种检验的情况 **521**

表 20.7.6　四十四个指数公式通过八种检验的情况(20)

检验编号	公式编号 价格指数表及其符合各检验的程度		(39) $\sum p_1 Q_1 \sqrt{\left(\dfrac{p_1}{p_0}\right)^{p_1 Q_1 \cdots}}$	(40) $\dfrac{\sum p_1 Q_1}{\sum p_0 Q_0} \sqrt{\left(\dfrac{Q_1}{Q_0}\right)^{p_0 Q_1 \cdots}}$
	检验的明目	检验的说明		
(一)	等比　价格	若各商品价格比例皆相等,价格指数也必与它们相等(a)	1	0
(二)	交易量	若各商品交易量比例皆相等,交易量指数也必与它们相等(b)	0	1
(三)	确定性　价格	价格指数(及关联的交易量指数)不因单独一种商品的价格变成零数,也变成零数、无穷数或不确定数	0	1
(四)	交易量	交易量指数(及关联的价格指数)不因单独一种商品的数量变成零数,也变成零数、无穷数或不确定数	1	0
(五)	剔除或计入;　价格	价格指数不因加入或剔除一种与指数不相矛盾的商品价格比例受影响	$\dfrac{1}{2}$	0
(六)	减去或加上　交易量	交易量指数不因计入或减去一种与指数不相矛盾的商品数量比例受影响(c)	(0)	$\left(\dfrac{1}{2}\right)$
(七)	变更基础年份　价格 交易量	前后倒置或易移基础年份不影响价格指数的各比例(及关联的交易量指数的各比例)	0	0
(八)	变更计量单位　价格 交易量	变更计量单位不影响价格指数的各比例(及关联的交易量指数的各比例)	1	1
价格指数完全通过 7 种检验的总"分数"。(注:舍去检验 6 后,可能的最高分是 7 分)			$3\dfrac{1}{2}$	3

(a)故关联的交易量指数应和所比较两年的交易总值的比例相等,总值是按照其中一年的商品价格计算的;(b)故关联的价格指数应和所比较两年的交易总值的比例相等,总值是按其中一年的商品价格计算的;(c)此行的得分皆在括弧内,表示它们没有关于价格指数的意义。

表 20.7.6 四十四个指数公式通过八种检验的情况(21)

检验编号	价格指数表及其符合各检验的程度		(41) $\sum p_1 Q_1 \sqrt{\left(\dfrac{p_1}{p_0}\right)^{p_0 Q_1, \cdots}}$	(42) $\dfrac{\dfrac{\sum p_1 Q_1}{\sum p_0 Q_0}}{\sum p_1 Q_1 \sqrt{\left(\dfrac{Q_1}{Q_0}\right)^{p_1 Q_1, \cdots}}}$
	检验的明目	检验的说明		
(一)	等比 价格	若各商品价格比例皆相等,价格指数也必与它们相等(a)	$\frac{1}{2}$	0
(二)	交易量	若各商品交易量比例皆相等,交易量指数也必与它们相等(b)	0	$\frac{1}{2}$
(三)	确定性 价格	价格指数(及关联的交易量指数)不因单独一种商品的价格变成零数,也变成零数、无穷数或不确定数	0	1
(四)	交易量	交易量指数(及关联的价格指数)不因单独一种商品的数量变成零数,也变成零数、无穷数或不确定数	1	0
(五)	剔除或计入; 价格	价格指数不因加入或剔除一种与指数不相矛盾的商品价格比例受影响	$\frac{1}{2}$	0
(六)	减去或加上 交易量	交易量指数不因计入或减去一种与指数不相矛盾的商品数量比例受影响(c)	(0)	$\left(\frac{1}{2}\right)$
(七)	变更基础年份 价格 交易量	前后倒置或易移基础年份不影响价格指数的各比例(及关联的交易量指数的各比例)	0	0
(八)	变更计量单位 价格 交易量	变更计量单位不影响价格指数的各比例(及关联的交易量指数的各比例)	1	1
	价格指数完全通过 7 种检验的总"分数"。(注:舍去检验 6 后,可能的最高分是 7 分)		3	$2\frac{1}{2}$

(a)故关联的交易量指数应和所比较两年的交易总值的比例相等,总值是按照其中一年的商品价格计算的;(b)故关联的价格指数应和所比较两年的交易总值的比例相等,总值是按照其中一年的商品价格计算的;(c)此行的得分皆在括弧内,表示它们没有关于价格指数的意义。

四十四个指数公式通过八种检验的情况　　523

表 20.7.6　四十四个指数公式通过八种检验的情况(22)

检验编号	价格指数表及其符合各检验的程度		公式编号 (43) $\dfrac{\sum p_1 Q \sqrt{\dfrac{p_1 Q_1 \cdots}{\cdots}}}{\sum p_0 Q \sqrt{\dfrac{p_1}{p_0}\cdots}}$	(44) $\dfrac{\sum p_1 Q_1}{\sum p_0 Q_0}$ $\dfrac{\sum p_1 Q \sqrt{\dfrac{Q_1}{\cdots}}}{\sum p_0 Q \sqrt{\dfrac{Q_0 \cdots}{p_1 Q_1 \cdots}}}$
	检验的明目	检验的说明		
(一)	等比	价格	若各商品价格比例皆相等,价格指数也必与它们相等(a)	0	0
(二)		交易量	若各商品交易量比例皆相等,交易量指数也必与它们相等(b)	0	0
(三)	确定性	价格	价格指数(及关联的交易量指数)不因单独一种商品的价格变成零数,也变成零数、无穷数或不确定数	0	1
(四)		交易量	交易量指数(及关联的价格指数)不因单独一种商品的数量变成零数,也变成零数、无穷数或不确定数	1	0
(五)	剔除或计入;减去或加上	价格	价格指数不因加入或剔除一种与指数不相矛盾的商品价格比例受影响	0	0
(六)		交易量	交易量指数不因计入或减去一种与指数不相矛盾的商品数量比例受影响(c)	(0)	(0)
(七)	变更基础年份	价格	前后倒置或易移基础年份不影响价格指数的各比例(及关联的交易量指数的各比例)	1	1
		交易量			
(八)	变更计量单位	价格	变更计量单位不影响价格指数的各比例(及关联的交易量指数的各比例)	0	0
		交易量			
价格指数完全通过 7 种检验的总"分数"。(注:舍去检验 6 后,可能的最高分是 7 分)			2	2

(a)故关联的交易量指数应和所比较两年的交易总值的比例相等,总值是按照其中一年的商品价格计算的;(b)故关联的价格指数应和所比较两年的交易总值的比例相等,总值是按照其中一年的商品价格计算的;(c)此行的得分皆在括弧内,表示它们没有关于价格指数的意义。

索　引

奥雅奇(Aldrich)《批发物价报告》，第259、260、399页。

《1908年的阿尔德瑞希-弗瑞兰德法案》，第136页注释。

美国殖民地的纸币，第256—258页。

商品数量、价格及其平均数的排列、用途与计算，第355—362页和367—368页。

工艺品、黄金消费对货币数量的影响，第103页。

银行的资产必须足以清偿负债，第38—39页；其形式必须能迅速地清偿负债，第42—47页。

指券(Assignats)：法国大革命家的经验，第252—253页。

安特金森(Atkinson，F. J.)论"印度的白银价格"，第243页。

奥派提特(Aupetit，Albert)的著作，第157、234、237、240页。

澳大利亚1851—1852年发现金矿后，导致物价上涨。第241—242页。

奥地利1892年采用金本位，第243页；施行纸币的经验与对纸币的感受，第255—256页；对货币制度(体系)的论述及引述，第341—342与344页。

对平均数的讨论及解释，第23—24页、198—203页与349—352页。

银行支票。参阅支票条目。

危机爆发前及危机持续期银行存款的流通，第267—270页。参阅存款通货条目。

银行存款(总额)。参阅存款条目。

"银行金币，"第115页注释1。

银行存款增加比较多，部分原因是最近的银行业务法，第315页。

钞票，第38—39页；钞票在经济危机爆发前、经济危机持续期、经济危机停息后的流通，第267—270页。

物物交换(易货贸易)是用商品交换商品，第13页。

编制价格指数的基础年份及其选择问题，第203页。

财富的利益及其含义；财富的未来
利益所指,第 6 页。

汇票、各种物价的比较适应性,第
186 页。

复本位制的运行机制,第 115 及后
续各页;完整复本位制的两个前
提:两种金属按固定比例自由地、
无限制的铸造货币,按该比例铸
造的任何一种金属货币都是无限
制的法币(法偿货币),第 117 页;
法国的复本位制和拉丁货币同盟
的历史经验为复本位制的运行机
制提供了例证,第 132—135 页;
复本位制稳定物价的主张,第
324—325 页;复本位制被证明是
一种普通的价格水平波动的补救
方法,第 325—326 页;复本位制
崩溃的可能性,第 326 页;复本位
制一种令人担忧的风险:高估一
种货币金属的价值可能破坏物价
的稳定,第 327 页;复本位制赖以
施行的两种货币金属的比例界
限,第 378 页。

1878 颁布布兰德-埃力逊法案,第
142 页。

艾伯特·博莱斯(Bolles, Albert
S.)的著作,第 257 页。

债券及其价格属于最不易调整的范
畴,第 186—187 页;股票价格的
不可调整性表现在股票对货币数

量及流通速度的超敏感性,第
190—192 页。

记账(账面信用)会增加货币的流通
速度,第 81—83 页;账面信用对
交易方程式的影响,第 370—371
页;第 491—492 页。

导致危机的繁荣时期,第 58—67
页。

波特吉内西(Bortkiewicz, L. von)
的著作,第 32 页。

布雷斯(Brace, Harrison H.)的著
作《黄金的生产与未来的物价》,
第 80、241、249 页。

布朗(Brown, Harry G.)的著作,第
37 页注释,第 212 页注释 2,第
65、269、426 页。

金条银块以及将硬币熔化成金条银
块对货币数量的影响,第 96—99
页。

"生意晴雨表"(商情指标),第 322、
478 页。

物价增长是由于在加利福尼亚发现
了金矿,第 241—242 页。

资本的定义是某个时间点的商品存
量,第 7 页;资本积累及其对交易
量的影响,第 76 页。

"记账"增加货币的流通速度,第
81—83 页;账面信用的习惯及其
对各种存款影响,第 88—89 页。

支票、银行及其功能,第 33—35 页。

使用支票对货币的流通速度的影响,第 83 页;交易中增加支票的使用,交易量增加又引起更多地使用支票,第 165 页;根据 1909 年的支付的统计资料,第 305—306 页;根据 1896 年、1909 年总的商品劳务交易量的统计资料,第 317—318 页;支票交易占一国所有交易的 $\frac{9}{10}$;计算存款的方法受支票交易额的影响,第 434—411 页。

经常账户金额的统计资料摘自 1896—1909 年美国各年用支票提取的银行存款量,第 281—282 页、491—492 页。

支票交易和现金交易孰多孰少的问题,就是支票交易和货币交易哪一个更为重要的问题,第 317—318 页。

智利在 1895 年采用金本位,第 243 页。

中国的物价在 1874—1893 年期间的增长,第 243—244 页。

流通信用或银行存款通货,第 33 页及后续各页。参阅存款条目。

美国的流通媒介及其分类,第 12—13 页。参阅通货条目。

货币流通额摘自 1896—1909 年流通中的货币量统计资料,第 280—281 页。

参见流通速度条目。

纸币与银行存款在危机爆发前和危机持续期的流通,第 267—270 页。

货币流通额的意思是用货币交换商品的总金额,第 13 页;计算货币流通额的完整的通用的公式,第 448—460 页;用该公式计算 1896—1909 年的货币流通额,第 460 页及后续各页。

克拉克(J. B. Clark)的著作,第 267—270 页。

相关系数及其应用,第 294—296 页。

硬币周转速度的概念,第 353 页。

国内外商业的比较,第 305—306 页、484—486 页。

英国科学进步协会委员会根据指数提交的报告,第 228—229 页。

物品的定义,第 2 页;各种物品价格可调整性的比较,第 186—187 页;物价变化引起物品的数量发生变化,第 194—195 页;物品的种类及其比较,第 382—384 页。

查尔斯 A. 柯南特(Charles A. Conant)著作,第 132、140、223 页。

南部邦联的黄金价值与物价指数,第 263—265 页;大陆纸币,第 257—258 页。

合同限制物价的自由变动,第 185、

189 页;物价的不可调整性随合同
期限的不同而不同,第 189 页;通
过物价指数可测量贷款合同的增
值或减值,第 208—225 页。

哥斯达黎加 1896 年采用金本位,第
243 页。

"生活费"随物价的增长而增长,结
论是"生活费增加"只是一般物价
变化的一部分,第 316 页。

信贷流通或银行存款通货,第 33 页
及后续各页。

信贷循环周期及其历史,第 58—72
页;说明信贷循环周期顶峰的记
录表;第 271—273 页;通过价值
记表本位制减轻物价波动以控制
物价水平的方案,第 335 页。

"73 犯罪"(1873 年,美国国会通过
一项废除标准银元的法案),第
141 页。

危机是价格上涨的顶点,第 65 页;
利率调整滞后是危机的原因之
一,第 66 页;货币流通量、私人存
款和危机的一致性,第 265—270
页;危机的先决条件,第 266 页;
危机的定义是物价停止了上涨,
第 266 页;危机的国际特征,第
266—270 页。

通货或流通媒介是充当交易手段的
任何种类的财产权,第 10 页;通
货或流通媒介主要有两类:货币

与可开支票的银行存款,第 10
页;银行存款(总额),第 33 页及
后续各页。参阅存款条目。

达尔文(Darwin, Leonard)的著作
《论复本位制》,第 127 页。

戴维尼尔子爵(D'Avenel, Vicomte)
的估计值,第 234、237 页。

指数可用来度量各种延期付款的增
值或减值,第 208—225 页。

德·劳内(De Launay)的著作《世界
的黄金》,第 98 页。

德尔玛(Del Mar)的著作《贵金属历
史》,第 237、239 页。

对特定商品需求的增加和对商品普
遍需求的增加的影响是不同的,
第 180 页。

贬弃银币降低了金本位制国家的物
价,第 242—245 页。

人口密度增加对货币流通速度和商
品交易量的影响,第 164—166
页、315 页。

存款及银行(存款通货)对交易方程
式以及由此对货币购买力的影
响,第 33 页及后续各页;特定社
会的存款及银行(存款通货)与货
币数量的关系,第 51—52 页、151
页;存款及银行(存款通货)在物
价增长期间的扩张,第 58—60
页、273 页;存款及银行(存款通
货)在物价跌落期间的收缩,第

67—70 页;存款及银行(存款通货)的流通速度随人口密度的增加而增加,第 87 页;存款及银行(存款通货)对货币数量的依赖,第 162 页;货币数量和存款及银行(存款通货)之间比率变化的影响,第 162—163 页;存款及银行(存款通货)的增加对货币流通速度和商品交易量不会产生显著的影响,但会稍微抬高物价,第 163—164 页;存款及银行(存款通货)的变化(尤其是在商业危机和经济萧条期间)对物价的影响,第 265 页及后续各页;源自 1896—1909 存款及银行(存款通货)的统计资料表明(第 281—285 页),在这十四年期间,存款及银行(存款通货)的数量增加了三倍,流通速度增加了 50%,第 304—305 页;1909 年的人均存款及人均银行(存款通货)数量的统计资料,第 305 页;人均存款及人均银行(存款通货)数量的增加,证明是物价增长的重要原因,第 307—311 页;人均存款及人均银行(存款通货)数量的增加,以及流通速度的增加的主要原因,主要是由于人口的集中,第 315 页;人均存款及人均银行(存款通货)的计算方法,第 434—441 页。

大萧条发生的各种原因,第 58—67 页、71—72 页。参阅危机条目。

杜威(Davis Rich Dewey)的著作,第 258 页;用中位数表示工资指数,第 428 页。

价格的离中趋势,第 184 页及后续各页;价格的离中趋势是由先前签订的合同、法律限制与习惯造成的,第 185—189 页;价格的离中趋势是货币金属制品的价格不变引起的,第 189—190 页;价格的离中趋势是受供求规律影响的单个商品价格的变动引起的,第 190—194 页。

朱毕士(Drobisch, M. W.)的著作,第 396 页。

邓巴(Dunbar's)的著作《银行业务的理论与历史》,第 35 页。

经济学可定义为关于财富的学问,第 1 页。

厄瓜多尔 1899 年采用金本位制,第 243 页。

埃奇沃斯(Edgeworth, F. Y)的著作,第 25 页注释、167、199、218、220、325、328、334、392、396、397、423、426、427 页。

埃及 1885 年采用金本位制,第 189—190 页、243 页。

英国物价变动的统计资料,第 238—240 页;英国施行纸币的经验记录,第 238—239 页、253—255 页；
金融危机爆发的时间,第 267 页。

英伦(England, Minnie Throop)的
统计资料,第 174、273 页。

交易方程式的定义是连接商品权利
的转让流和相等的货币或货币替
代物转让流之间的等式,第 7 页；
交易方程式是对特定社会一定时
期实现的总交易量的数学形式的
表述,第 15—16 页；交易方程式
一方是货币,另一方是商品,第
16—17 页；方程式中的一个重要
因子被称为流通速度或周转速
度,第 17 页；交易方程式的算术
表解释,第 17—21 页；交易方程
式的机械力学表述,第 21—24
页；交易方程式的代数表述,第
24—28 页、364、368 页；银行存款
通货对交易方程式的影响,第 33
页及后续各页；包括银行存款或
流通信用的交易方程式,第 48—
49 页；价格过渡期间交易方程式
的扰动,第 55 页及后续各页；交
易方程式不包含任何因果关系,
第 149—150 页及后续各页；交易
方程式的统计证明,第 276—318
页；编制价格指数必须满足交易
方程式规定的条件,第 198 页及
后续各页(参阅指数条目)；拥有
交易方程式的完整知识对商界人

士的利益,第 322—323 页；远期
信用对交易方程式的影响,第
370—371 页；国际贸易要求修正
交易方程式,第 372—375 页。

埃萨尔(Essars, Pierre des.)的著
作,第 63、87、269、270 页。

伊夫林爵士(Evelyn. Sir G. S)编制
指数数列的早期尝试,第 208 页
注释。

交换是由两笔相互自愿的财富转让
构成,第 3 页。参阅交易方程式、
可交换性、可交换性的特征、可交
换性让一种物品成为商品货币,
第 9 页；不动产、不动产抵押借
款、公司证券、政府债券、汇票、即
期汇票和支票的可交换程度是不
同的,第 9—10 页。

交换分为三类:用商品交换商品,即
物物交换；用货币交换货币,即货
币互换；用货币交换商品,即商品
买卖。第 13 页。

货币价值预期对物价的影响,第
262—263 页。

导致商业破产的各种原因,第 64—
67 页。

费尔查尔德(Fairchild, F. R.)的文
章,第 193 页。

福克纳(Falkner, Roland P.)批发价
指数,第 229 页。

利息率变化对农业土地价值的影

响,第 193 页。

费特(Fetter, Frank)的著作,第 221
页。

苏格兰施行的"市场价"(fiars
prices),第 334 页。

信用货币的定义,第 11 页。

费雪(Fisher, Irving)的著作《资本
与收入的性质》,第 1、44、214 页;
其《利息论》,第 66、57、58、65、70、
210、214、216、224、266 页;其散
论和文章,第 25 注释、2、115、
174、190、210、211、244、384 页。

弗利特伍德(Fleetwood, Bishop
William)的著作,第 208 页注释。

商品流量和商品存量(或储备)之间
的区别,第 7 页;除收入流量外,
经济流量有三类,第 7 页。

弗拉科斯(Flux, A. W.)的著作,第
423 页。

食品批发价格的增长和物价普遍变
化的比较,第 316 页。

对物价的经济预测,第 321—322
页。

对外贸易对货币数量的影响,第
90—96 页;对外贸易数量和国内
贸易数量的比较,第 305—306
页、484—486 页。

林地价值对利率变化的敏感程度,
第 193 页。

福克斯威尔(Foxwell, H. S.)的著

作,第 218 页。

法国复本位制的经验,第 132—135
页;法国纸币方案的经验,第
252—253 页;法国金融危机的时
间,第 267 页。

贸易自由对贸易量和价格水平的影
响,第 77—78 页。参阅关税条
目。

地理位置对贸易量的影响,第 75
页。

"乔治·斯密斯的钱,"第 47 页。

德国在 1871—1873 年期间采用金
本位制,第 242—243 页。

吉芬(Giffen, Robert),第 206、392
页。

金是货币商品的典型,第 2 页;金制
品的价格有相对的不可调整性,
第 187 页、189—190 页;黄金年生
产量增加的统计资料,第 235—
236 页;由于黄金生产量的增加,
预测物价继续增长,第 248—249
页;黄金的生产量持续增加,第
249 页;绿背纸币和黄金的统计比
较,第 259 页;寻找代替黄金用作
交易媒介的替代品的诸多困难,
第 323—324 页;所建议的各种替
代方案:复本位制、多本位制、可
兑换的纸币、价值的记表本位制、
金汇兑本位制和记表本位制结合
等,第 324—348 页;白银和银生

产量的变化,第 326 页注释。

价值相等的金块和金铸币,第 97—99 页。

金铸币是美国唯一的本位币,第 13 页。

金汇兑本位制被视为一种带部分兑现特征的币制,第 131—132 页、337 页;金汇兑本位制在英印度的施行,第 138—140 页;金汇兑本位制在菲律宾、墨西哥和巴拿马的施行,第 140 页。

金矿的采掘是货币增加的主要原因,第 315 页。

1873—1896 年期间普遍采用金本位的结果是物价的跌落,第 242—243 页。

古德邦迪(Goodbody, Robert)的文章,第 188 页。

商品一词的定义,第 6 页。

绿背纸币在美国的发行,第 141 页;一个无效的异常现象,第 145 页;"绿背纸币"的贬值,第 258—260 页;对 1861—1879 年期间商品的金铸币价格和绿背纸币价格的比较,第 259 页;绿背纸币价值的大小是由公众对政府赎回的预期决定的,第 261 页。

格雷欣法则指劣币驱逐良币现象,第 122 页及后续各页。

格瑞斯·沃尔德(Mr. Robert N.

Griswold)所做的计算工作,第 484 页。

哈德利(Hadley, A. T.)的著作《经济学》,第 25 页注释 2 页。

哈代(Hardy, S. M.)的论文,第 227 页注释 2 页。

哈泽德(Hazard, Thomas)的账簿,第 256—257 页。

赫兹卡(Hertzka)提出的"联合本位制",第 328 页。

西柯内尔(Hickemell, W. F.)编制的货币表,第 146、147 页。

希尔德布兰(Hildebrand)的著作,第 161 页。

霍尔特(Holt, Byron W.)的著作,第 186 页。

亨特(Hunt, William C.)的估算值,第 465—467 页。

收入的定义是源自商品(资本)存量的利益流,第 7 页。

指数的功用是表示全体物品的价格,第 184 页;表示整个社会的交易量,第 195—196 页。

编制指数的必要性在于价格的离中趋势,第 184—196 页;各种形式指数的比较,第 198 页及后续各页;简单或无加权的平均数,第 198—199 页;加权平均数,第 199—203 页;指数的编制方法,第 200—202 页;编制指数对基础年

份的选择,第 203 页;连续性基础
年份法或连锁式指数,第 203—
204 页;商品价格的选择,第 204
页及后续各页;用指数度量资本
和收入;第 205 页;指数用于度量
比较六类商品的价格,第 205—
206 页;指数可用作贷款合同的基
础,或延期支付的手段,第 208 页
及后续各页;英国科学进步协会
委员会报告,第 228—229 页;中
位数相对其他形式的指数的优
点,第 230—231 页;1896—1909
年的物价指数,第 290—293 页、
486—487 页;1896—1909 年的交
易量指数,第 290、478 页及后续
各页;交易量指数在控制价格水
平计划的价值记表本位制中的功
用,第 332—337 页;每种形式的
物价指数皆包含关联形式的交易
量指数,第 385—391 页;完善的
指数的八种检验,第 400—417
页。

印度施行跛足本位制的经验,第
138—140 页;印度 1893 年采用金
本位制,第 243 页;施行跛足本位
制的结果是物价增长,第 243—
244 页。

通货膨胀使得利率上涨,第 57—58
页。

银行业的破产,第 43 页。

银行现金不足的限制,第 43—45
页。

利息。参见利率条目。

国际贸易要求修正交易方程式,第
90—96 页、372—375 页。

发明创造是金融稳定的干扰力量,
第 70 页;发明创造对交易量和价
格水平的影响,第 77 页。

不兑现纸币对物价的影响,第 238—
239 页、250 页及后续各页。参阅
纸币条目。

意大利过量发行纸币的案例,第 114
页。

雅各布(Jacob, William, F. R. S.)
的著作,第 237 页。

日本 1897 年采用金本位制,第 243
页;结果导致日本物价增长,第
243—244 页。

杰文斯(Jevons, W. S.)的著作,第
8、9、12、80、88、186、195、237 注
释、241、249、254、332、336、397
页;计算货币流通速度的各种困
难,第 286 页援引;复本位制有助
于稳定物价的主张,第 325 页援
引。

约翰逊(Johnson, J. F.)的著作《货
币与通货》,第 136、251、333 页。

联合本位制方案,第 328 页。

朱格拉(Juglar, Clément)的著作,第
65 页注释、266、267、269、270 页。

索　引　533

凯莫莱(Kemmerer, E. W.)的论著,第 14 页注释、25 页注释 2、45、139、140、213、226、279、282、331、487 页;其对货币数量论进行统计检验的开创性成果,第 276—278 页、430—432 页。

金莱(Kinley)的著作《论货币》,第 60、87、212 页;《信用工具》,第 226、444、462 页;其原始的统计成果, 第 282—283、 461—462、491—492 页。

柯南普(Knapp, G. F.)的著作,第 32 页。

生产的技术知识对交易量的影响,第 76 页。

劳动分工对交易量的影响,第 75 页。

货币购买力的劳动标准建议,第 222 页。

工会没有能力影响一般的价格水平,第 179—180 页。

莱克(Lake, A. C.)撰写的小册子,第 347 页注释。

拉蒂(Landry, Adolphe)的著作,第 84、85 页。

拉丁货币同盟,第 134—135 页。

洛克(Lauck)的著作,第 269 页。

拉福林(Laughlin)的著作,第 14 页注释、50 页注释、140 页、242 页注释 2 页;并在 104 页注释、165 页

注释中援引。

劳奈(Launay, L.)的著作,第 248 页。

罗伊(Law, John)纸币方案,第 252 页。

法偿货币的构成,第 8 页。

莱斯利(Leslie, Cliffe) 的著作,第 236 页。

铸币厂的"公差限度",第 114—115 页。

跛足本位制的货币制度,第 127 页;金汇兑本位制是一种跛足本位制,第 131—132 页;英印度跛足本位制的经验,第 138—140 页;美国的跛足本位制,第 140—148 页;瓦尔拉斯的配有"银调节器"的金本位制是跛足本位制的变种,第 328—329 页。

指数用以度量贷款合同的增值或减值,第 208 页及后续各页。参阅合同条目。

洛根(Logan, Walter S.)的文章,第 188 页。

黄金消费造成的金损耗对货币数量的影响,第 103 页。

卢沃尔(Lowe, Joseph)建议使用货币价值指数或货币价值记表本位制,第 208 页注释、332 页。

麦克劳德(Macleod, H. D.)的著作《经济学说史》,第 112 页。

梅吉(Magee，J. D.)关于"世界金银的产量"的数字，第235页注释、241页。

法国指令币(指券)之后是授权币、法国纸币，第253页。

对生产的边际成本的解释，第99—101页。

阿尔弗里德·马歇尔(Marshall)的著作《经济学原理》，第71—72页援引；马歇尔提议的平行本位制币制，第328页、第423页。

殖民地时期的马萨诸塞州的纸币，第256页。

中位数相对其他形式指数的优点，第230—231页、425—428页。

门格尔(Menger)的著作，第5页。

梅林亚姆(Merriam，Lucius S.)的文章，第221页。

墨西哥1905年采用金本位制，第243页。

穆勒(Mill，J. S.)的著作，第25页注释2，第31、102、200页。

采矿地的价值，也受利率变化的影响，第193页。

铸币的铸造和熔化对货币数量的影响，第96—99页。

米切尔(Mitchell，W. C.)的著作，第141、200、258、259、260、265、426、486页；米切尔将中位数用作价格指数，第428页。

货币的定义是任何在交换中被普遍接受的物品，第2、8页；货币一词有三重含义：财富、财产、财产权的书面证据(钞票、支票、股票)，第5页；货币流通是货币转让流或货币替代物的转让流，第7页；沙金与块金、烟草、贝类念珠、贝壳等被用作货币，第8—9页；物品的可交换性的特征使之成为货币，第9—10页；可开支票的银行存款与钞票的区别，第11页；货币物权是收款人遵循"法偿货币"法律或沿袭久行不悖习惯的无条件接受，第11页；本位货币和信用货币，第11—12页；货币流通额的意思是用货币交换商品的总金额，第13页；货币的购买力是一定量的货币所能购买的其他商品的数量，第13—14页；钞票，第38—39、47页；格雷欣法则指劣币驱逐良币现象，第122页及后续各页；欧洲货币存量和价格水平的比较，第237—238页；1896—1909年流通中的货币量的统计资料，第280—281、430—434页；统计资料证明十四年期间货币流通量几乎增至两倍，第304—305页；货币实际流通量的统计资料，第305—306页；支票交易量和现金交易量的统计表，第317—318

页、491—492 页；货币替代物与其他替代物的区别，第 376—377 页。也可参阅货币数量题目。

货币互换即用货币交换货币，第 13 页。

"钱荒"的原因，第 67—69 页。

莫诺维茨（Morawetz，Victor）的著作，第 45 页。

抵押票据的价格是最不易调整的，第 186—187 页。

穆雷曼（Muhleman，Maurice L.）的计算结果，第 245、433—434 页。

莫尔霍（Mulhall）编纂的《统计学词典》，第 240 页。

美国的国民银行钞票，第 145—146 页。

新西兰在 1875—1876 年期间采用金本位制，第 243 页。

纽科姆（Newcomb，Simon）的著作《政治经济学原理》，第 25 页注释 2。

尼克尔森（Nicholson，J. S.）的著作，第 206、392 页。

尼提（Nitti）的著作，第 199 页。

诺加诺（Nogaro，Bertrand）的著作，第 32、127 页。

诺顿（Norton，J. Pease）的著作，第 59 页；诺顿编制的指数，第 230 页。

埃斯米法则（Oresme，Nicolas），第

112 页。

东方"大银池"，第 236、247 页。

两种金价的方法，第 343—344 页。

帕尔格雷夫编纂的《政治经济学词典》，第 8 页。

金融恐慌及其原因，第 64—66 页。

在 1801—1820 年期间英国不可兑现纸币对物价的轻微影响，第 238—240 页；可兑现纸币和不可兑现纸币对物价的通常影响，第 250 页及后续各页；纸币价值的不稳定性，第 251—252 页；不同国家发行纸币的经验，第 252 页及后续各页；法国纸币的罗伊计划，第 252 页；英国施行纸币的经验记录，第 253—255 页；奥地利施行纸币的经验记录，第 255—256 页；美国政府发行的大陆纸币，第 257—258 页；美国施行纸币的经验，第 258—263 页；美国邦联期间的纸币，第 263—265 页；稳定物价的计划是可兑换纸币，第 331—332 页。

帕累托（Pareto）的著作，第 70 页。

纸币的票面价值，著者建议的方案是调节金价以控制价格水平，第 341—342 页、344—345 页。

皮尔森（Pearson，Karl）的"对比系数（相关系数）"，第 294 页。

皮尔森教授（Persons，Professor）的

数据,第278—279页、294页。

"人手周转"速度的概念,第353页、362—363页。

秘鲁1879年采用金本位制,第243页。

菲律宾的外汇买卖,第337页、338页。

稳定货币本位制方案的多本位制建议,第327—328页。

人口密度的增加会加快货币与支票的流通,第164—165页;人口密度的变化引起商品交易量和货币流通速度的变化,第165—166页;人口集中是货币流通速度增加的主要原因,第315页。

波特(Porter, Morgan)对金银产量变化百分比的计算结果,第326页注释。

普阿斯(Price, L. L.)的著作《货币及其与物价的关系》,第235、237、241页。

价格水平取决于三个因素:流通中的货币数量、货币的"效率"或流通速度以及商品交易量,第14页;货币"数量论"是指物价照货币变动的比例而变动,第14页、157—159页、296—297页;价格水平和流通中的货币数量同方向变化,和流通速度同方向变化,和它实现的交易量反方向变化。第

29页;所有的货币面额增至两倍对价格水平的影响,第29—30页;减少货币的含金量对价格水平的影响,第30页;铸币元数增至两倍对价格水平的影响,第30—31页;价格水平上涨与跌落对利率的影响,第56页及后续各页;导致经济危机的价格上涨时期的史实叙述,第58—67页;相应的价格跌落时期的经济下行过程,第67—70页;降低价格水平的各种外部原因:自然资源在地理上的差异、劳动分工、生产的技术知识、资本积累,第74—76页;人类欲望的变化也会降低价格水平,第76—77页;运输工具的增加、贸易自由程度的提高、货币制度与银行体系效率的改进、经营信心的增强降低价格水平,第77—79页;记账即账簿信用提升价格水平,第81—83页;人口密度与运输便利的增加提升价格水平,第88页;国际贸易和区际贸易对价格水平调节,第90—96页;保护性关税对价格水平作用,第93—95页、312—314页;货币数量增加的正常效果是引起价格水平完全等比例增加,第157—159页;商品交易量变化对价格水平的轻微影响,第166—169页;

价格水平不是交易方程式任何其他因子变化的独立原因,第 169 页及后续各页;价格水平通常是交易方程式中一个绝对被动的因子,第 172 页;着重研讨各种商品价格彼此之间的关系和价格水平的区别,第 175 页;价格水平不由单个商品价格决定,第 175—180 页;行业托拉斯或劳动界的各种联合不能影响价格水平,第 179—180 页;对各种商品总需求增加的结果是价格下跌,第 180 页;价格离中趋势的影响,第 184—197 页;价格水平的普遍增长,第 234 页;美洲发现金银矿和金银产量增加对价格水平的影响,第 235—236 页;欧洲不同时期货币金属存量和价格水平的比较,第 237—238 页;19 世纪期间价格水平变化概要,第 240—242 页;价格水平在 1789—1809 年期间的迅速上涨,第 240—241 页;以金属货币表示的价格水平在 1809—1849 年期间跌落 2/5,第 241 页;价格水平在 1849—1873 年上涨了 1/3 到 1/2,第 241—242 页;价格水平在 1873—1896 年期间跌落,第 242 页;普遍采用金本位制对价格水平的影响,第 242—243 页;其他国家采用金本位制对施行银本

位制国家价格水平的影响,第 243—245 页;价格水平从 1896 年至今一直在上涨,第 245—246 页;预计价格水平由于金产量的增加将继续上涨,第 248—249 页;存款通货的变化对价格水平的影响,第 265 页及后续诸页;结论是存款通货的扩张抬高价格水平,而不是物价的上涨导致存款通货的增加,第 273 页;在 1896—1909 年期间总体物价指数的统计资料,第 291—292 页;理解货币数量和价格水平成正比例规律的重要性,第 296—297 页;统计资料表明价格水平在 1896—1909 年期间上涨了 2/3,第 304—305 页;价格水平在 1896—1909 年期间的增长情况和原因概括,第 307 页;讨论并分析引起价格水平增长的单独因素,第 307—311 页;结论是货币数量增加在导致价格上涨的原因中是最重要的,第 311 页;由于货币溢出国外的消散效应,美国的记录不反映货币数量对价格水平的全部影响,第 311—312 页;能否控制价格水平的问题,第 319 页及后续各页;维持稳定价格水平的方法建议是复本位制,第 324—327 页;多本位制、平行本位制、联合本位制和其他的

纯粹理论性的方案,第 328—329 页;用不兑换的纸币维持价格水平稳定,第 329 页;用变动的货币铸造税维持价格水平稳定,第 330—331 页;用随时可兑现的纸币维持价格水平稳定,第 331—332 页;用价值记表本位制计划维持价格水平稳定,第 332—337 页;通过记表本位制和金汇兑本位制的结合维持价格水平稳定,第 337—346 页;单个商品价格的变化不必然影响价格水平,第 382—384 页。

单个商品价格的计算方法,第 3 页;价格的离中趋势,第 184 页及后续各页;价格指数,第 184 页、486—487 页;一些商品价格缺少变化必然引起其他商品价格更大比例的变化,第 185 页及后续各页;价格的不可调整性缘于合同、习惯及法律限制,第 185 页、187—189 页;按价格的可调整性程度对商品进行分类,第 186—187 页;货币金属制品的价格变动幅度小,第 189—190 页;通过供求规律发挥作用影响价格的因素,第 192—194 页;利率变化对价格的影响,第 193 页;物价不可能都发生同样的变化,第 194—195 页;商品交易量随物价的变化

而变化,第 194—195 页。

本位货币和信用货币,第 11—12 页。

生产技术知识对商品交易量的影响,第 76 页。

财产或财产权的定义是享有财富服务或财富利益的权利,第 4 页;财产权和财富之间的区别,第 4 页;财产权的度量单位,第 4—5 页;财产权和财产权证书之间的区别,第 5 页。

商品买卖就是用货币交换商品,第 13 页。

货币购买力和交易方程式的关系,第 8 页及后续各页;一定量的货币所能购买的其他商品的数量显示了货币的购买力,第 13—14 页;存款通货对货币购买力的影响,第 33 页及后续各页;价格过渡期货币购买力的扰动,第 55—73 页;对货币购买力的各种间接影响——生产和消费的条件、个人习惯、对外贸易、铸币的熔化和金银的采掘等等,第 77 页及后续各页;货币制度对货币购买力的影响,第 112—148 页;货币数量对货币购买力的影响,第 149 页及后续各页;货币购买力指数,第 184—233 页;使货币购买力更为稳定的问题,第 319—348 页。参

阅价格水平条目。

每种商品价格的变化相对应,商品的交易数量也会发生变化,第194—195页、382—384页。

货币数量和物价的关系,第14页、157—159页、296—297页(参阅数量理论条目);存款通货通常和货币数量保持一定的比例,第49—53页;货币数量的增加是金融均衡扰动的原因之一,第70页;交易方程式以外影响货币数量的各种原因,第90页及后续各页;对外贸易对货币数量的影响,第90—96页;铸币的熔化和铸造对货币数量的影响,第96—99页;货币金属的生产和消费对货币数量发生的影响,第99—104页;货币制度对货币数量的影响,第112页及后续各页;货币数量增至两倍会使存款增至两倍,但不会影响货币的流通速度,而会成比例地增高物价,第151—159页;货币数量和价格水平成正比例的规律,第157—159、296—297页;存款和货币数量之间的比例,第162页;货币流通速度的变化对货币数量的影响,第164—165页;商品交易量的变化对货币数量的影响,第165页;商品交易量的变化对货币数量的影响,第165

页;货币数量是抬高物价的因素的重要证据,第307—311页;由于货币溢出国外的消散效应,美国不能反映货币数量增加的全部影响,第311—312页;使货币数量增加的各种原因,第315页。

货币数量论指物价与货币量成正比例变化,第14、157—159、296—297页;导致货币数量论发生争议的各种原因,第14—15页;交易方程式,第15—31页(参阅交易方程式条目);交易方程式的三种证明,第29—31页及后续各页;交易方程式的成立依赖这样的事实,货币没有满足人类欲望的能力,只有购买确有这种能力的东西的能力,第32页;交易方程式中的因果关系,第151页及后续各页;货币数量论在价格过渡期不能严格成立,第159—162页。

利率的变化对采石场价值的影响,第193页。

铁路系统对货币流通速度的影响,第88页。

银行业务利率的决定,第45页;上涨的物价和下跌的物价对利率的影响,第56—58页、266页注释1;物价上涨时期价格上涨超过利率的增长,第59—60、271—273页;利率调整滞后导致商业危机,

第 66、71—72 页;物价下跌时期
的利率降落缓慢,第 68 页;利率
变化对单个商品价格的影响,第
193 页;利率的调整不足以补偿货
币价值的增减,第 223、232—233
页。

不动产是一种财富,其范围包括……,
第 1—2 页;租赁不动产价格的相
对适应性,第 186 页;租赁不动产
价格属于最不易调整的价格范
畴,第 186 页;不动产的价值受利
率变化的影响,第 193 页;不动产
交易在美国的全部商业交易中只
占很小的一部分,第 226 页。

现金收支次数增加对货币流通速度
的影响,第 83—85 页;现金收支
的规律性对货币流通速度的影
响,第 83—85 页。

准备金及银行业务,第 45 页及后续
各页;准备金的法律调整,第 45
页;上涨的物价对准备金的影响,
第 64—65 页;货币数量、存款额
和准备金之间的比率,第 162 页。

关于零售价的相对重要性和可调整
性的数据,第 226—227 页。

罗得岛州殖民地的纸币,第 256—
257 页。

李嘉图(Ricardo)提出交易方程式理
论,第 25 页注释 2;李嘉图的著作
第 31 页注释、第 44、188、250、343

页。

罗伯特森(J. Barr Robertson)的文
章,第 244 页注释 2、第 245 页。

罗斯(Ross, Edward A.)的文章,第
221 页。

物价上涨时期引起的"银行挤兑",
第 65 页。

俄罗斯 1897 年采用金本位制,第
243 页。

萨卡塔(Sakata)的译文,第 243 页注
释 2。

薪水被视为一种有相对不可调整性
的价格,第 187 页。

沙伯克(Sauerbeck)的统计资料,第
238—240、242 页。

斯堪的纳维亚货币同盟 1873 年采
用金本位制,第 243 页。

施瓦波(Schwab, J. C.)的著作《美
国南部邦联》,第 263—265 页。

斯科特(Scott)的著作《货币银行
学》,第 15 页注释引述。

斯科鲁普(Scrope, G. P.)建议用指
数表示价值标准,第 208 页注释、
第 332 页。

西格尔(Seager)的著作《经济学导
论》,第 144 页注释。

货币与存款数量的季节性变化对货
币流通速度的影响,第 72、161
页。

海洋中的金矿,第 249 页。

西奇维克（Sedgwick，H.）的著作，第 200 页。

货币铸造税是将金块铸成金币需要交纳的费用，第 98 页；通过调整铸币税控制金属货币供给量的提议，第 330—331 页。

席勒（Shaler，N. S.）的著作，第 324 页援引。

肖（Shaw W. A.）的著作《货币史》，第 133、134、136 页。

1890 年通过"谢尔曼法案"，第 142—143 页。

农作物歉收是一种干扰金融稳定的因素，第 70 页。

从希伯利亚输入黄金的结果，第 241 页。

白银的年生产量增加的统计资料，第 235—236 页；黄金和白银生产量的变动，第 326 页注释；在实行复本位制的情况下，高估白银价值的危险，第 327 页。

美国的银元券（银券），第 143—145 页。

其他国家采用金本位制对银本位制国家的影响，第 243—245 页。

简单的平均数，第 198—199 页。

斯麦丽（Smiley，W. Y.），第 484 页提到。

斯密斯（Smith，J. Allen）的文章，第 335 页。

苏特比尔（Soetbeer，Adolf）关于世界黄金白银生产量的数字，第 235 页注释、第 237 页。

布拉格（Sprague，O. M. W.）编辑的邓巴（Dunbar's）著作《银行业务的理论与历史》，第 35 页、第 269 页注释 1。

商品流量和商品存量之间的区别，第 7 页。

股票价格的可调整性，第 187 页；股票对货币价值的变动极其敏感，第 190—192 页；挂牌证券交易占美国商业交易的 8%，第 226 页。第 269 页注释 1。第 35 页，第 269 页注释 1。第 35 页，第 269 页注释 1。

斯托克斯（Stokes）的"联合本位制"方案，第 328 页。

替代品的价格和所替代商品的价格涨跌一致，第 189—190 页；货币的替代品和其他商品的替代品是不同的，第 376—377 页。

萨姆纳（Sumner，W. G.）的著作，第 8、9、255、256 页注释 1。

通过供求原理影响单个商品价格的因素，第 192—194 页。

金银合金本位制（金银混合本位制）又称平行本位制，第 328 页。

维持价格水平稳定的价值记表本位制计划，第 332—337 页；反对价值记表本位制计划的主要理由，第 335—337 页；记表本位制和金汇兑本位制的结合建议，第 338—346 页。

关税对货币购买力的影响，第 93—95 页；保护性关税的暂时影响是导致受保护国家的价格水平上涨，第 312 页；此后关税不再影响价格水平，除非它妨碍国际贸易，第 312—313 页；1897 年和 1909 年两次修订保护性关税法，第 313—314 页。

技术知识对商品交易量和价格水平的影响，第 76 页。

电报增加了存款的流通速度，第 88 页。

价格指数和交易量指数的检验，第 400—417 页。

托姆（Thom，De Couroy W.）的译著，第 266、267、268 页。

节俭对货币与存款的流通速度的影响，第 79—81 页。

利率变化对林地价值的影响，第 193 页。

时间和财富、财产与利益的关系，第 6—7 页。

周转时间的概念，第 354、363 页。

英国宗教"什一税平均数，"第 333 页。

称为代币物的信用货币种类，第 12 页。

贸易的定义是转让流量，第 7 页；对外贸易对货币数量的影响，第 90—96 页；国际贸易量和国内贸易量的比较，第 305—306 页、484—486 页。参阅贸易量条目。

财富的转让是交换其所有权，第 3 页。

价格过渡期对交易方程式的暂时影响，第 55 页及后续各页；价格过渡期的特征是物价的涨跌，第 56 页；物价涨跌对交易方程式的影响，第 159—162 页。参阅危机条目。

运输设施对商品交易量的影响，第 77 页；货币流通速度和运输便利的关系，第 88、166 页。

行业托拉斯不能影响一般价格水平，第 178、180 页。

周转速度，第 17 页；个人的周转率是由支出额决定的，第 167 页；耶鲁大学的统计资料，第 379—382 页。参阅流通速度条目。

美国货币制度概况，第 140 页及后续各页；绿背纸币的发行，第 141 页；美国币制许多复杂、令人反感的特征，第 143 页及后续各页；美国施行纸币的经验，第 258—263 页；美国发生金融危机的时间，第 267 页。

未加权的平均数,第 198—199 页、349—352 页。

必须区分财富的功用和财富的效用,第 6 页。

货币购买力的效用标准,第 220—222 页。

价值数量的测定,第 3 页;任何一笔财富的价值都是其价格乘以其数量,第 3—4 页。

价格水平受货币的流通速度的影响,第 14 页及后续各页;流通速度的定义,第 17 页、352 页及后续各页;交易方程式以外影响流通速度的原因,第 79—89 页;"记账"的习惯或账面信用增加货币的流通速度,第 81—83 页;用支票而不是现金结算增加货币的流通速度,第 83 页;现金收支次数增加提高货币的流通速度,第 83—85 页;现金收支的规律性对货币流通速度的影响,第 85—86 页;人口密度的增加会提高货币的流通速度,第 87 页、315 页;运输的范围与速度影响货币的流通速度,第 88 页;货币的流通速度不受货币数量或存款数量的影响,第 151—154 页;流通速度的变化影响物价但不影响货币数量或商品交易量,第 164—165 页;商品交易量增加对货币流通速度

的影响,第 165—168 页;危机爆发前、危机持续期、危机停止后的货币流通速度,第 270 页;1896—1909 年银行存款流通速度的统计资料,第 282—285 页;1896—1909 年货币流通量的统计资料,第 285—290 页;统计资料表明货币流通速度十三年来仅增加 10%,第 304—305 页;货币流通速度在 1909 年为每年 21 次,第 305—306 页;存款通货的流通速度在 1909 年为每年 53 次,第 305 页;货币流通速度是促使物价增长的无足轻重的因素,第 307—311 页;存款流通速度是促使物价增长的重要因素,第 307—311 页;对流通速度概念的讨论,第 352—354 页;货币周转法和人手周转法的概念,第 353 页、362—363 页;周转时间的概念,第 354、363 页;存款流通速度的计算方法,第 441—446 页。

委内瑞拉 1896 年采用金本位制,第 243 页。

价格水平受商品交易量的影响,第 14 页、18—21 页、24 页及后续各页;交易方程式以外影响商品交易量的原因:自然资源在地理上的差异、劳动分工、人类欲望的程度与种类等,第 74—79 页;商品

交易量不受货币数量的影响（价格过渡期除外），第155—156页；商品交易量的增加会增加流通中的货币量，165页；商品交易量对流通速度的影响，第165—168页；1896—1909年商品交易量的统计资料，第290—291页、304—306页；1896—1909年商品交易量的计算方法，第478页及后续各页；商品交易量指数，第479页。

工资支付的次数对货币流通速度的影响，第83—85页；工资是一种比较不易调整的价格，第186—187页；计算工资的实际指数，第207—208页；工资只占美国全部商业交易的3％，第226页。

沃克（Walker，Francis A.）的著作，第8、11、251、265、333页。

瓦尔拉斯提议的配有银调节器的金本位制方案，第328—329页。

沃尔什（Walsh，C. M.）的著作，第199、208页注释、223、225、393、394、396、397、398页。

财富定义为人类所拥有的物质实体，第1页；财富的两个基本属性是物质性与占用性，第1页；财富分为不动产、物品与人力三种，第1—2页；财富都可以用物质单位度量，第2—3页；财富的转让、交换、价格和价值的定义，第3—4页；财富的所有权或财产，第4页；"财富利益"的含义，第6页。

加权平均数，第199—203页、349—352页。

韦尔斯（Wells，David A.）的著作，第176页提及。

安德鲁·怀特（White，Andrew D.）的文章《法国纸币的膨胀》，第252页。

贺睿斯·怀特（White，Horace）的著作《货币银行学》，第47页。

维克塞尔（Wicksell，Knut）的文章第59、60页。

工人的劳务价格的相对可调整性，第186—187页。

耶鲁大学的货币人手周转速度的统计资料，第167页、379—382页。

兹泽柯（Zizek，Franz）的著作，第349页。

楚克肯德（Zuckerkandl）的著作，第14页注释。

图书在版编目(CIP)数据

货币的购买力:它的决定及其与信贷、利率和危机的
关系/(美)欧文·费雪著;张辑译.—北京:商务印书馆,
2021
（经济学名著译丛）
ISBN 978 - 7 - 100 - 20394 - 4

Ⅰ.①货…　Ⅱ.①欧…　②张…　Ⅲ.①货币理论—
研究　Ⅳ.①F820

中国版本图书馆 CIP 数据核字(2021)第 195960 号

权利保留,侵权必究。

经济学名著译丛
货币的购买力
——它的决定及其与信贷、利率和危机的关系
〔美〕欧文·费雪　著
张辑　译

商 务 印 书 馆 出 版
(北京王府井大街36号　邮政编码100710)
商 务 印 书 馆 发 行
北京艺辉伊航图文有限公司印刷
ISBN 978 - 7 - 100 - 20394 - 4

2021 年 11 月第 1 版　　　开本 850×1168　1/32
2021 年 11 月北京第 1 次印刷　　印张 18
定价:86.00 元